마인

남의 것도 내 것으로 만드는
소유의 **법칙**

마인
MINE!

마이클 헬러, 제임스 살츠먼 지음 | 김선영 옮김

흐름출판

남의 것도 내 것으로 만드는 소유권의 마법

"내 거야!(Mine!)" 이 원초적 외침은 아이들이 처음 배우는 말 중 하나다. 아이들은 모래 놀이터에서 플라스틱 양동이를 놓고 아웅다웅 다투다면서 이런 말을 내뱉는다. 하지만 어른들에게 소유권은 자연스러운 개념이라서 논쟁의 여지가 없어 보인다. 집을 새로 마련할 때든 마지막 남은 파이 한 조각을 먹겠다고 선포할 때든 우리는 내 것으로 한다는 게 무슨 의미인지 잘 안다. 내 것이라는 개념만큼 단순한 것도 없지 않은가.

그런데 소유권처럼 잘못 알려진 것도 없다. 그래서 소유권 원칙이 '실제로' 어떻게 작동하는지 알고 나면 여러 사건의 이면에 숨겨진 진실에 눈 뜰 수 있다.

국가, 기업, 힘 있는 사람들은 누가 무엇을 어떤 근거로 손에 넣는가에 대한 원칙을 끊임없이 바꿔왔다. 그리고 그 원칙에 따라 승자와 패자가 나뉘었다. 이는 유사 이래 늘 있어왔던 일이다. 소유권이 권력자들만의 무기라고 말하려는 것은 아니다. 소유권은 우리가 식량이나 물, 금, 음식, 성적 파트너 등 부족한 자원을 놓고 다툴 때 이를 해결하는 역할을 한다. 덕분에 우리는 주먹이나 총을 드는 대신 분쟁을 해결할 수 있었다.

성경에 등장하는 에덴동산 이야기도 그 중심에는 소유권이 있다. 하나님은 아담과 이브에게 지식의 나무와 그 열매가 오직 하느님의 것이라고 선포했다. "그건 내 것이니, 손대지 말거라." 그렇지만 최초의 인류는 선악과를 따먹는 바람에 에덴동산에서 쫓겨났고 인류의 역사가 시작됐다. 그때 이후로 소유권은 인간에게 열린 개념이 됐다.

- 무릎보호걸쇠 -

사업가 제임스 비치는 키가 180센티미터가 넘는 거구의 남자다. 뉴저지 주 뉴왁에서 콜로라도 주 덴버로 가는 유나이티드항공 비행기가 이륙하자, 비치는 12열 중간 좌석 등받이에 달린 접이식 테이블을 내린 후 준비해온 무릎보호걸쇠Knee Defender를 부착했다. 인터넷 쇼핑몰에서 21달러 95센트에 파는 이 장비는 단순하게 생긴 플라스틱 걸쇠로, 금속 접이식 테이블에 장착하면 앞좌석을 뒤로 젖힐 수 없다. 이 물건을 파는 쇼핑몰은 이렇게 설명한다. "비행기 앞좌석의 등받이를 고정시켜 무릎을 보호하세요." 비치는 이 물건으로 작업 공간을 확보한 후 노트북을 펼쳤다.

무릎보호걸쇠 광고는 사실이었다. 비치 앞에 앉은 여성 승객이 등받이에 기대 느긋하게 비행을 즐기려고 등받이 조절 레버를 밀었지만 의자는 꿈쩍하지 않았다. 여성 승객은 승무원에게 항의했다. 승무원이 비치에게 걸쇠를 제거해달라고 요청했지만 그는 미적거렸다. 이에 격분한 여성 승객이 등받이를 뒤로 확 젖혔고, 그 바람에 걸쇠가 툭하고 빠지면서 비치의 노트북을 내리쳤다. 비치는 재빨리 앞좌석을 밀어붙이고는 걸쇠를 다시 걸었다. 그러자 여성 승객이 뒤돌아 비치의 얼굴에 음료수를 뿌렸다. 고도 1만미터 위에서 벌어진 실랑이는 다행히 여기서 끝났다. 조종사가 항로를 변경해 시카고에 비상착륙했기 때문이다. 두 승객을 강제로 내리게 한 뒤 항공기는 다시 덴버로 향했다. 운항은 1시간 38분 지연됐다.

최근 들어 이와 유사한 갈등이 여기저기서 터져 나오고 있다. 가장 최근에 벌어진 사건은 유튜브에서 볼 수 있다. 루이지애나 주 뉴올리언스에서 노스캐롤라이나 주로 향하던 비행기에서 웬디 윌리엄스는 평소처럼 좌석을 뒤로 눕혔다. 불행히도 마지막 열이었던 뒷좌석의 승객은 뒤로 기댈 공간이 없었다. 그 승객은 메트로놈처럼 윌리엄스의 좌석 등받이를 비행 내내 주먹으로 툭툭 쳤다. 당연히 신경이 잔뜩 곤두설 수밖에 없었던 윌리엄스는 이 고공 신경전을 촬영해 온라인에 올렸고 영상은 삽시간에 퍼졌다.

이런 사건이 터질 때마다 각종 블로그에는 독선적인 비난 글이 수백 개씩 올라오고, 저마다 자신의 원칙이 옳다고 주장한다. 이 사건의 경우를 살펴보자. 토크쇼 사회자 엘렌 드제너러스는 앞좌석 승객을 두둔했다. "다른 사람 좌석을 주먹질해도 되는 경우는 단 하나뿐입니다. 그 좌석이 먼저 공격해 오는 경우입니다." 델타항공 최고경영자 에드 바스티안의 입장은 달랐다. "좌석을 뒤로 눕히려면 먼저 양해를 구하는 게 예의죠. 그런데 윌리엄스는 양해를 구하지 않았습니다." 당신은 누구의 행동이 옳다고 생각하는가?

윌리엄스의 입장은 간단하다. 팔걸이 버튼을 누르면 좌석이 뒤로 기울어진다. 따라서 뒤로 젖힐 수 있는 공간은 앞좌석의 몫이다. '내 소유물에 딸려 있기 때문에 내 것이다'라는 귀속 논리는 소유권을 정당화하는 매우 오래된 근거 중 하나로, 그 기원이 수천 년 전으로 거슬러 올라간다. 비치는 이에 또 다른 귀속 논리로 맞섰다. '누구든 땅을 소유하면 위로는 천국, 아래로는 지옥까지 그의 영역이다'라는 중세 시대 이래로 내려온 불문율을 들어 좌석에서 위아래 수직 공간은 자신의 영역이라고 주장한 것이다. 위로는 수하물 칸, 아래로는 합성고무 카펫까지는 그의 소유이므로 앞좌석이 수직 공간에 불쑥 들어오는 것은 바람직한 질서에 대한 도전이자 침입이라고 항변했다.

귀속 논리는 소유권 논쟁에서 가장 널리 받아들여지는 논리 중 하나다. 이런 논리가 있기에 텍사스의 토지 소유자들은 지하에 묻힌 원유와 가스를 마음대로 추출하고, 캘리포니아 센트럴밸리의 농민들은 지반이 가라앉을 만큼 지하수를 뽑아 쓴다. 한편 같은 논리를 활용해 알래스카 주는 베링 해의 어류 남획을 제한한다. 귀속 논리는 2차원 탑승권, 토지 문서, 영토 지도를 희소 자원에 대한 3차원적 통제권으로 바꿔놓는다.

그렇지만 소유권과 관련된 주장에 귀속 논리만 있는 건 아니다. 비행이 시작되는 순간, 모든 승객은 승무원의 지시에 따라 좌석을 '완전히 똑바로 세워 원위치'에 놓아야 한다. 그 순간, 비치는 자기 앞쪽 공간에 대한 독점권을 얻는다. 그 비좁은 공간을 제일 먼저 차지하기 때문이다. '먼저 차지한 사람이 임자'라는 주장은 또 다른 원초적이고 본능적인 소유권 논리다. 선착순이 얼마나 본능적인 논리인지는 놀이터에서 노는 아이들이 그네를 어떻게 타는지 보면 금방 이해할 수 있다. 또 다른 논리도 있다. 비치가 무릎보호걸쇠를 채우고 노트북을 연 순간, 그 비좁은 공간을 사실상 물리적으로 점유했다는 점을 떠올려보자. 이처럼 항공 여행이 활발해지면서 서로 충돌하는 소유권 논리가 주목받고 있다. 그 논리란 바로 '귀속, 선착순, 점유'다.

무릎보호걸쇠 사건에 대해 사람들의 의견을 물으면 대개 "결론은 뻔하지 않냐", "논쟁할 게 뭐 있냐"라는 반응을 보인다. 그러나 논의를 좀 더 진행하고 거수로 의견을 물어보면, 상반된 주장이 서로 팽팽히 맞선다. 그리고 양쪽 모두 서로를 이해할 수 없다는 듯 바라본다. 이 사건에 사람들의 이목이 집중되자 미 일간지 〈유에스에이 투데이〉가 3000명을 대상으로 여론조사를 했다. 응답자의 절반은 의자를 "뒤로 눕힐 수 있다면 눕히겠다"라고 답했고, 나머지 절반은 "아니다. 그냥 눕히면 안 된다"라고 답했다. 다들 자기 생각이 옳다고 주장했는데, 이는 윌리엄스와 비치도 마찬가지였다. 그래서 윌리엄스는 직접 찍은 영상을 당당하게 올렸고, 비치는 앞좌석을 밀치는 데 주저함이 없었다. 둘 다 '내 것에 손대지 마'라는 메시지를 강하게 표출한 것이다.

그런데 왜 이제 와서 이런 갈등이 터져 나오는 걸까? 전에는 좌석문제로 이렇게까지 싸우지 않았다. 이유가 있다. 얼마전까지만 해도 기내 좌석 간격이 지금보다는 널찍해서 등받이를 뒤로 젖히거나 접이식 테이블을 내려도 공간이 넉넉했다. 그래서 그 틈새 같은 공간이 누구 차지인지 다들 신경 쓰지 않았다. 그런데 항공사들이 좌석 간격을 줄이기 시작하면서 이 같은 갈등이 불거지기 시작했다. 얼마 전까지만 해도 88센티미터였던 좌석 간격이 지금은 78센티미터로 줄었다. 어떤 항공기는 좌석 간격이 고작 71센티미터에 불과하다. 고작 10센티미터 공간이지만 항공사 입장에서 보면 이익이 크게 좌우되는 공간이다. 예를 들어 모든 좌석의 앞뒤 간격을 2.5센티미터씩 줄이면 항공기 1대당 좌석을 6개까지 더 팔 수 있다. 이런 이유로 항공사는 이윤을 늘리려고 금속 기체에 싣는 승객들을 더욱 밀착시키고 있다. 그런데 과거와 비교해 승객들의 몸집은 점점 커졌고, 접이식 테이블은 값비싼 노트북의 거치대로 사용되고 있다. 승객들의 이해관계도 커진 것이다.

무릎보호걸쇠를 발명한 이라 골드만(그의 웹사이트 트래픽은 덴버 항공기 사건 이후 500배 증가했다)은 이런 갈등이 빚어지는 이유를 다음과 같이 지적했다. "지금 항공사들은 나한테 다리 놓을 공간을 팔고는 다른 사람에게 그 공간을 또 팔고 있습니다. 내 앞좌석 승객에게 의자를 뒤로 젖히라며, 나한테 팔았던 그 공간을 팔고 있는 거죠. 결국 항공사는 하나의 공간을 두 사람에게 파는 셈입니다."

항공사들이 이래도 되는 걸까? 이에 대해 법은 침묵하고 있다. 2018년 미국 연방항공청은 항공기의 좌석 규제를 항공사 자율에 맡겼다. 그러자 항공사들은 비밀 무기를 활용해 운항할 때마다 같은 공간을 두 번 팔기 시작했다. 여기서 비밀 무기란 '전략적 모호성'으로, 소유권 설계를 정교하게 해주는 도구 중 하나다. 대다수 항공사에는 승객이 좌석 버튼을 눌러 뒤로 기댈 수 있다는 내부 규정이 있지만, 이를 입밖에 내지 않는다. 승무원은 극단적 상황이 아니면

이 규정을 승객에게 알리거나 시행하지 않는다.

모호성은 항공사에 유리하게 작용한다. 앞으로 설명하겠지만 소유권은 모호한 경우가 많다. 소유권이 모호하면, 사람들은 대개 정중하고 예의 있는 태도로 문제를 해결하려 한다. 수십 년 동안 항공사들은 기내 예절에 호소하며 틈새 공간에 대한 애매한 소유권 문제를 어물쩍 넘어갔다. 델타항공 CEO 바스티안도 이러한 해결책을 옹호했다. 항공사는 이러한 갈등이 수백만 건 터져도 승객끼리 협상해 조용히 해결하라고 떠넘긴다. 좌석 중간에 놓인 팔걸이 때문에 신경전을 벌일 때도, 좌석 위 짐칸 문제로 서로 다툴 때도 마찬가지다(한 연구에 따르면 승객들의 4분의 3은 뒷좌석에서 음료수나 간식을 주면 의자를 뒤로 넘기지 않겠다고 답했다).

그런데 항공사가 좌석 간격을 계속 좁히면서 밀착된 앞뒤 공간을 둘러싼 무언의 규칙이 깨졌다. 누가 무엇을 소유할 것인지 합의가 안 됐을 때, 자원 부족은 의견차를 더욱 벌리고 사람들은 서로에게 더욱 이해할 수 없는 존재가 된다. 무릎보호걸쇠는 기존 갈등을 더욱 도드라지게 했다. 골드만은 소유권의 모호성에서 사업 기회를 발견하고 기술적 처방을 내놓았다. 그렇지만 일방적으로 좌석을 고정시키는 행동은 예의에 어긋난다는 게 문제였다. 양해도 없이 뭔가를 빼앗은 격이기 때문이다.

무릎보호걸쇠는 얼핏 유치한 발명품 같지만 우리 사회의 거대한 혁신 동력이 작동하는 방식을 보여준다. 소중한 자원이 부족해질수록 인류는 각자 선호하는 소유권 논리를 적용하려고 치열하게 싸우고, 기업은 여기서 이윤을 뽑아낼 새로운 방법을 찾아낸다.

이와 유사한 충돌이 1800년대 미국 서부 지역의 풍광을 근본적으로 바꿔놓았다. 당시 갈등하던 세력은 농부와 목장주였다. 우리가 열광하는 서부의 장대한 소몰이 광경은 사실 몇십 년 정도밖에 존재하지 않았다. 거대한 소 떼가 시장으로 이동하면서 사유지를 밟고 지나갈 때, 정착민들은 이를 막아낼 뾰족한 방법이 없었다. 소는 침입 금지라는 팻말을 읽지 못했고, 울타리는 설치 비용이 만만치 않았다. 카우보이들은 소 떼를 몰고 울타리가 없는 사유지 수 킬로미터를 마음대로 지나 기차역이 있는 애빌린과 닷지시티로 이동했다.

1874년 조셉 글리든이 이중 철조망 특허를 내면서 모든 게 바뀌었다. '서부 개척 시대의 가장 위대한 발명품'으로 불리는 이중 철조망은 무릎보호걸쇠만큼 단순하지만 싼값에 효율적으로 소 떼를 몰아냈고 농부들이 차지하는 구역은 명확해졌다. 글리든의 철조망은 '공기보다 가볍고, 위스키보다 강하며, 먼지보다 싸다'라고 묘사됐다. 카우보이들도 가만히 있지 않았다. 울타리 끊기 전쟁이 시작됐고, 총격에 살인까지 벌어졌다. 1883년 한 소몰이꾼은 이렇게 기록했다. "생각만 해도 짜증난다. 양파와 감자가 자라는 저곳에, 원래는 야생 조랑말이 뛰어놀고 시장에 내다 팔 네 살배기 수송아지가 자라야 한다." 그러나 최종 승자는 농부였다.

글리든의 발명품으로 북미 대평원의 지형이 바뀌었다. 농부들은 작물을 보호할 수 있었지만 영세 목장주는 소 떼를 끌고 시장에 갈 통로가 막히자 몰락했다. 카우보이는 대형 목장의 일꾼이 되었다. 다수의 아메리카 원주민은 '악마의 밧줄'인 철조망 때문에 유목 생활을 끝낼 수밖에 없었다. 철조망은 말하자면 소유권 침해를 막는 데 결정적 역할을 한 혁신기술이었다. 이후 이런 방식의 소유권 보호가 현대 미국인의 삶을 상당 부분 규정했다.

소유권과 관련된 기술의 변화는 고통을 동반한다. 북미 대평원에서 벌어진 치열한 싸움과 1만미터 상공에서 전개되는 영역 다툼이 바로 그 증거다. 철조망 덕분에 농부가 소 떼를 몰아낼 방법이 생겼듯이, 저렴한 무릎보호걸쇠 덕분에 앞좌석의 침입을 방지할 수 있게 됐다. 다시 말해, 철조망과 무릎보호걸쇠 덕분에 원하는 자원에서 각자 선호하는 소유권 논리를 밀어붙일 수 있는 효율적 수단을 얻은 것이다. 환경의 변화와 기술의 발달로 낡은 관습이 퇴장하고 나면 어떤 새로운 원칙을 세울 것인지를 놓고 논쟁이 벌어진다.

이와 동일한 소유권 분쟁이 요즘 온라인에서도 벌어지고 있다. 비행기 좌석보다 훨씬 더 중요하지만 크게 주목받지는 못하지만, 클릭스트림(clickstreams, 인터넷 이용자가 방문한 웹 사이트 기록─옮긴이) 싸움이 바로 그것이다. 클릭스트림은 우리가 무엇을 사고 누구를 팔로우하고 어디에 살며 어떻게 투표하는지 등 우리 사생활을 세세히 노출시킨다. 그래서 그 소유권이 당연히 우리에게 있어야 할 것 같지만 전 세계 대부분의 지역에서 데이터의 소유권은 회색 지대로 남아 있다. 메타(옛 페이스북), 구글을 비롯한 인터넷 거대 기업들은 (다수의 첩보기관과 더불어) 경쟁적으로 데이터 소유권을 주장하고 있다. 이들은 좌석 등받이처럼 클릭스트림 추적 장치를 우리의 사적 공간에 불쑥 침투시켜서 섬뜩하게도 취향과 외모 같은 개인정보를 모아 수조 원의 광고 수수료를 챙기고 있다.

유럽연합과 캘리포니아 주 등 몇몇 지역은 온라인에서도 무릎보호걸쇠 같은 장비를 제공하려고 잠정적 조치를 취하고 있다. 이러한 보호 장치가 생기면 상황이 달라질까? 아무도 모른다. 아직은 데이터 소유권에 대한 지배적인 원칙도, 정해진 답도 없다. 클릭스 트림과 좌석 문제뿐 아니라 부족한 자원을 놓고 갈등하는 수천 개의 보이지 않는 전장에 아직 뚜렷한 해결책은 없다.

서로 소유권을 주장하는 싸움은 대개 수면 아래에서 진행되다가 저렴한 무릎보호걸쇠 같은 도구가 등장한 뒤에야 그 치열한 양상이 드러난다. 그리고 이 싸움의 전리품은 소유권이 실제 어떻게 작동하는지 잘 아는 사람이 챙긴다.

- 뉴저지에 사는 어떤 남자 -

맨해튼의 한 동네 술집에서 놀던 제나 워덤과 친구들은 서로의 저녁 일정을 묻다가, 다들 HBO 방송사의 인기 드라마 〈왕좌의 게임Game of Thrones〉 새 시즌을 기다리고 있다는 사실을 알았다. 그런데 한 가지 문제가 있었다. HBO의 드라마를 보려면 스트리밍 서비스를 구독해야 했다. 워덤의 친구들 중 구독자는 없었고 각자 다른 장소에서 드라마를 볼 생각이었다. 워덤과 친구들은 같이 드라마를 볼 방법을 찾다가 다른 사람의 계정으로 접속해서 보기로 했다. 누구의 계정이었을까? 워덤이 '전에 멕시코 음식점에서 한 번 만난 적 있는 뉴저지에 사는 어떤 남자'의 계정이었다.

특별할 것 없는 이야기다. 타인 계정으로 인기 미디어 서비스에 접속해 드라마를 보는 건 흔한 일이다. 이 사연에서 특별한 점이 있다면 워덤이 〈뉴욕타임스〉 기자라는 것뿐이다. 다른 HBO 가입자의 계정을 빌려 쓴 행동을 대수롭지 않게 여긴 워덤은 그날 밤 친

구들과 있었던 일을 가볍게(보기에 따라서는 뻔뻔하게) 활자로 털어
놓았다. 워덤(과 〈뉴욕타임스〉)은 그런 행동이 컴퓨터 사기 및 남용
방지법Computer Fraud and Abuse Act에 따라 최대 징역 1년까지 처벌 가
능한 연방범죄라는 사실을 알지 못했던 것 같다. 남의 아이디로 몰
래 드라마를 보는 것은 흔히 있는 일이지만, HBO의 이용약관을 보
면 이는 명백히 불법이다. 미국 경제지 〈포브스〉의 한 필자는 워덤
의 행위를 두둔하는 주장을 펼쳤지만, 이는 절대로 합법적legalish 행
동이 아니다. 연방법에 따르면 워덤의 행위는 범죄에 해당한다.

그렇지만 여기에 신경 쓰는 사람은 거의 없는 분위기다. HBO
도 마찬가지다. 주변을 살펴보면 딱히 합법이 아닌 방식으로 스트
리밍 서비스를 이용하는 사람들을 쉽게 볼 수 있다. 수업 시간에 (무
려 법대!) 학생들에게 스트리밍 서비스를 불법적으로 이용해본 경험
이 있는지 물어보니 거의 모두가 손을 들었다. 그중 절반 정도는 자
신의 행동이 불법이라고 생각조차 하지 못했다.(우리 강의를 듣고 있
으면서도 그랬다!). 나머지 절반은 어쨌든 불법임을 알면서도 했다.
콘텐츠 절도가 이렇게 만연한데도 왜 우리 사회는 이토록 관대한
걸까?

일단, 스트리밍 서비스의 불법 이용은 절도라는 느낌이 들지
않는다. 계정 공유는 〈왕좌의 게임〉 DVD를 매장에서 훔치는 행위
와는 느낌이 전혀 다르다. 워덤이나 그 친구들이 매장에서 계산도
안 하고 걸어 나오는 일은 없을 것이다. 만일 그런 일을 했더라도
인쇄 매체에 떠벌리는 일은 절대 없을 것이다.

불법 스트리밍과 매장에서의 절도는 단지 발각 가능성에 차이
가 있는 것 같기도 하다. 그렇지만 그게 전부는 아니다. HBO는 자

사 콘텐츠를 누가 도둑질하는지 쉽게 알아낼 수 있는 시스템을 갖추고 있지만 모른척 하고 있다. 비슷한 경우에 처했을 때 미국음반산업협회는 정반대 조치를 취했다. 음악 팬들이 파일 공유 프로그램 냅스터로 불법 다운로드를 하자 이들의 신원을 일일이 파악해 수백만 달러의 손해를 봤다며 고소한 적이 있다.

우리는 어렸을 때부터 남의 물건에 함부로 손대지 말라고 배운다. 이는 인간 두뇌의 가장 원초적 영역에 자리 잡은 본능과 잘 맞아떨어진다. 불도그, 새, 곰도 다른 동물의 영역과 거리를 둬야 한다는 사실을 본능적으로 안다. 그런데 우리의 직관은 아이디어처럼 형체가 없는 대상에 대해서는 다르게 받아들인다. 한 연구에 따르면, 유치원생이 "내 거야"라고 외치는 소리를 들었을 때 사람들은 보통 아이가 뺏긴 게 농담이나 이야기, 노래가 아니라 장난감이나 음식일 것이라고 매우 확신한다. 이런 면에서 볼 때 스트리밍은 인간 뇌의 원초적 영역을 활성화하지 않는 듯하다. 이런 이유로 인간은 계정 공유를 도덕적으로든 법적으로든 잘못이라고 느끼지 않는다.

콘텐츠 소유자들도 이 사실을 잘 알고 있다. 그래서 그들은 디지털 콘텐츠에 대한 인식을 바꾸기 위해, 또 콘텐츠 자체에 구체적이고 물질적인 느낌을 불어넣기 위해 (늘 성공하지는 못했어도) 꾸준히 노력해왔다. 그런 시도 중 하나가 DVD를 틀면 첫머리에 등장하는 인터폴의 무시무시한 공지다. '저작권 침해는 피해자 없는 범죄가 아니다.' 지식재산권이라는 용어도 이러한 싸움의 산물이다. 저작권·특허·상표권 분쟁 전문 변호사는 물질에 대한 인간의 직관에 편승해 의뢰인의 문제를 해결하기 위해 이런 표현을 만들어냈다.

이들은 인간의 원초적 자아가 저작권을 재산으로 보지 않는다는 사실을 잘 알고 있다.

콘텐츠 소유자가 소유권을 주장하는 논리는 뭘까? 항공기의 좌석 갈등을 부추기는 귀속 논리나 선착순, 점유 같은 논리는 아니다. HBO의 주장은 우리의 또 다른 소유권 노리, 즉 노동이 소유를 정당화한다는 아이디어에서 나온다. 한마디로, "내가 심은 것은 오직 나만 거둘 자격이 있다."

노동에 대한 보상은 보통 신성하고 정당해 보이지만, 이것 역시 서로 맞서는 소유권 논리 중 하나일 뿐이다. 패션계는 노동에 대한 보상이 제대로 이뤄지지 않는 대표적인 분야다. 패션 디자이너는 서로의 창작물을 베끼며 부를 쌓는다. 이때 오리지널 드레스를 디자인한 노동은 보호받지 못한다. 모방knockoffs은 표절theft과 다르다. 모방은 완전히 합법이다. 우리는 현대 경제의 무수한 영역, 예를 들어 요리사의 조리법, 운동코치의 전술, 스탠드업 코미디언의 공연을 비롯한 다수의 창의적 영역에서 창의적 노동을 소유권으로 보상해 주기보다는 치열한 경쟁과 제약 없는 혁신의 장을 마련하는 게 더 중요하다고 선택했다. 다시 말해, 남이 뿌린 것sow을 내가 거둘 때도 있다는 뜻이다. 매해 패션 디자이너들은 내가 바느질sew한 것은 내가 거둘 수 있게 법을 바꿔달라고 의회를 압박하지만, 번번이 실패하고 있다.

반면 음반업계는 의류업계보다는 의회 로비를 성공적으로 했다. 이들은 디지털 음악에도 음반업계의 소유권 개념을 적용하도록 의회에 압력을 넣었다. 관련법이 만들어지자 음반업계는 최소 3만 명을 상대로 고소하고, 합의하고, 법적 조치를 취하겠다고 경고했다. 그렇지만 대형 음반사들로선 아쉽게도 모든 파일 공유가 불법으로 판결나지는 않았다. 그래도 불법 다운로드에 대한 대중의 인식이 비판적으로 돌아서게 하는 데는 성공했다.

HBO는 온라인 매체 〈테크크런치〉의 지적대로 "계정 공유는 온라인 스트리밍 세계에서 일반적으로 회색지대"라는 사실을 알고 있었다. 음반업계와 달리 HBO는 전략적 모호성을 포용하기로 했다. 정신 나간 소리처럼 들리겠지만, HBO는 자사 제작물을 훔치도록 부추기고 있다. HBO 경영진은 당신이(또는 당신의 자녀와 우리 학생들이) 불법으로 스트리밍한다는 사실을 알지만 고객들을 범죄자로 다루지 않는다. 오히려 이런 행동을 방조해 워텀과 그 친구들이 했던 것처럼 자기네 드라마를 보도록 유도한다.

HBO 방송사 최고경영자 리처드 플레플러는 해적질 포용 전략을 "차세대 시청자를 겨냥한 훌륭한 마케팅"이라며 자랑스러워했다. 또 계정 공유가 "우리 브랜드를 널리 알리고, 더 많은 사람들이 우리 콘텐츠에 빠져들 기회를 만들어낸다"라고 설명했다. 플레플러는 인터넷을 뜨겁게 달군 다음과 같은 발언을 덧붙였다. "지금 우리가 하는 활동은 중독자를, 더 정확히는 영상물 중독자를 만드는 일이다. 이를 위해 우리는 영상, 브랜드, 드라마를 사람들에게 더욱 많이 노출시킬 것이다."

HBO의 경쟁사들은 소유권에 대한 HBO의 전략을 재빠르게 따라했다. 넷플릭스 최고경영자 리드 헤이스팅스는 이렇게 말했다. "우리는 넷플릭스 계정 공유를 반긴다. 이는 긍정적인 일이지 절대로 부정적인 일이 아니다." (그렇지만 넷플릭스의 베이직 요금제는 한 번에 한 대의 기기에서만 재생 가능하게 설계됐다.)

HBO와 넷플릭스의 전략은 워덤 같은 시청자들이 영상을 조금만 훔쳐보겠다고 생각해야 가능한 전략이다. 플레플러와 헤이스팅스는 현재 유료 구독자든 아니든 다수의 시청자를 영상으로 사로잡고 싶어 한다. 지금은 불법으로 스트리밍하더라도 나중에 소득이 생기면 요금을 내고 합법으로 감상하기를 바라면서 말이다.

- 소유권의 숨은 원칙 -

이 책은 항공기 좌석 싸움과 스트리밍 서비스 계정 공유 문제를 다룬다. 또 이주자가 기존 식당들 사이에서 푸드트럭 사업을 해도 되는지, 생명을 살리는 약이 왜 시장에 나오지 않는지를 비롯해 사회의 각종 과제와 수수께끼에 대해 고민한다. 그렇지만 결국 하려는 이야기는 소유 방식의 차이가 이 모든 난제와 연결된다는 사실이다. 간단히 말해, 미국의 IT 신흥 귀족의 득세부터 기후변화 해결책까지 세상만사가 소유권과 관련 있다. 이 책을 덮을 때쯤 몇 가지 근본적 통찰을 얻은 독자들은 주변이 새롭게 보이는 놀라운 경험을 하게 될 것이다.

우리와 여정을 떠나기에 앞서 우리가 왜 이 책을 썼는지 짚고 넘어가겠다. 우리 두 사람은 25년 넘게 학생들을 가르쳤다. 학생들의 반응이 나쁘지 않아서 둘 다 '올해의 교수'로 선정되기도 했고 지금까지 변호사, 사업가, 환경운동가 등 5000명이 넘는 사람들을 가르쳤다. 우리가 가장 보람을 느끼는 순간은 우리 수업을 듣는 이들이 인간의 행동을 지배하는 소유권 원칙은 미리 정해진 게 없다는 사실과 단순한 몇 가지 소유권 논리가 복잡한 세상을 끌고 간다는 진실을 전구에 불 들어오듯 깨달을 때이다.

이 책은 우리가 교육자이자 학자로서 진행한 연구의 핵심을 담고 있다. 따라서 독자들은 로스쿨의 비싼 수업료를 내지 않고도 우리의 통찰을 얻을 수 있을 것이다. 일단 맛보기로, 앞서 말한 비치의 무릎보호걸쇠와 워덤의 계정 공유 사례로 다시 돌아가 그 상황에 담긴 소유권의 세 가지 원리를 조명해보자.

첫째, 소유권의 핵심 논리는 늘 변해왔다.

일단 소유권과 관련해 통용되는 격언들이 얼마나 많은지 살펴보자. 우리는 이 논리들을 바탕으로 어린 시절부터 소유의 개념을 배운다. 여기에 정리한 여섯 가지 격언은 결과적으로 부족한 자원이 맨 처음 어떤 식으로 소유되는지를 보여준다.

- 먼저 오면 먼저 대접받는다.(선착순)
- 점유의 법적 권한은 90퍼센트다.(점유)
- 내가 뿌린 것은 내가 거둔다.(노동)
- 나의 집은 나의 성城이다.(귀속)
- 내 몸은 나의 것이다.(자기 소유권)
- 온유한 자들이 땅을 상속받는다.(상속)

드론 택배에 찬성하든 사생활 보호를 주장하든, 장기 매매에 찬성하든 극구 반대하든, 줄서서 기다리는 성격이든 우선권을 선호하는 편이든, 소유권을 주장할 때는 이 격언들 중 어느 하나가 동원

된다.

그런데 지금도 이 격언들이 널리 쓰이고 있지만 어느 하나 딱히 진실이라 하기는 어려워졌다. 이 격언들이 오늘날 진실과 멀어진 이유는 기본적으로 소유권에 대한 이분법적 시각에 머물러 있기 때문이다. 껐다 켰다 하는 스위치처럼 우리는 어떤 대상을 볼 때 '내 것' 아니면 '남의 것'이라고 생각한다. 이 단순한 개념은 호소력이 있는 만큼 오도하기도 쉽다. 갈수록 늘어나는 소유권 갈등을 보면 '먼저 와도 나중에 대접받고, 점유의 법적 권한은 10퍼센트이며, 남이 뿌린 것을 내가 거둔다'라고 말하는 게 더 정확할 듯싶다.

미국이 독립할 당시만 해도 내 것 아니면 네 것이라는 이분법적 원칙은 여러 소유권 갈등을 꽤 적절하게 해결했다. 초기 미국 사회 같은 농업경제에서 사람들은 주로 손에 잡히고 눈에 보이는 유형의 자산을 놓고 다퉜다. 대표적인 대상은 농지와 가축이며, 가장 끔찍한 대상은 아프리카계 미국인의 신체 소유권이었다. 노예제는 미국 역사에서 도덕과 정의를 다루는 핵심 질문일 뿐 아니라 소유권 갈등의 핵심 쟁점이었다.

20세기에 들어 다양한 소유권 논쟁을 경험하면서 단순한 이분법 논리에 금이 가기 시작했다. 사람들은 사유재산과 공적 통제 사이의 모호한 경계를 놓고 마찰을 빚었다. 백인 전용 식당이 다른 인종에게도 음식을 팔아야 하는지, 토지 주인이 경작물 제한 지침을 꼭 따라야 하는지, 과학 연구에 쓰려고 잘라낸 세포를 환자가 소유해야 하는지를 놓고 다퉜다.

오늘날 이 논쟁들은 다시 한 번 방향을 틀고 있다. 해결이 시급한 갈등 중에는 개인 간의 소유권이 부딪히는 경우가 많다. 즉 과거 어느 때보다 '내 것'과 '내 것'이 충돌하고 있다. 이전과 달라진 세상에서 오래된 격언들은 더욱 현실과 유리되고 있다.

우리는 킨들(Kindle, 아마존의 전자책 서비스-옮긴이)에서 '바로 구매'를 눌러 책을 사면 그 책을 당연히 소유하게 된다고 믿는다. 점유의 법적 권한은 90퍼센트라고 하니 말이다. 그런데 아마존의 의견은 다르다. "고객이 얻는 것은 극히 제한된 라이선스뿐입니다." 아마존은 이용자의 기기에서 책을 임의로 삭제할 수 있고, 실제로 삭제한 적도 있다.

아마존의 소유권 설계 능력은 과소평가받는 능력 중 하나다. 아마존은 소유권 개념이 유연하고 조율 가능하다는 사실을 누구보다 빨리 깨달았다. 또한 소유권의 윤곽을 다듬고 마음에 안 드는 항목은 없애도 된다는 것도 알았다. 여러 연구에서 밝혀졌듯, 그리고 아마존도 알고 있듯, 이용자들은 전자책이나 종이책이나 소유권이 동일하며, 온라인 소유권 역시 전과 다를 바 없다고 믿는다. 그렇지만 두 소유권은 동일하지 않다. 우리는 아마존에 미경과 보험료 unearned premium(보험회사가 받은 보험료 중 아직 서비스를 제공하지 않은 기간에 해당하는 금액-옮긴이)를 지불하는 것일 뿐, 우리가 구입한 전자책의 소유권은 아마존의 것이다.

'고객은 항상 옳다'라는 말이 있지만 늘 그렇지는 않다. 우리가 소유했다고 '느끼는 것'과 '실제' 소유한 것 사이의 격차는 갈수록 벌어지고 있다.

둘째, 소유권은 단 여섯 가지 논리가 치르는 전투다.
우리가 소유한 것은 대부분 다른 사람들이 내게 팔았거나 그

낭 준 것들이다. 그렇다면 그 사람들의 소유권은 어디에서 왔을까? 최초의 소유자는 앞서 언급한 선착순, 점유, 노동, 귀속, 자기 결정권, 상속이라는 여섯 가지 직관 중 하나를 주장해 소유권을 얻었다.

이 직관을 둘러싼 싸움은 정치인의 선거전과 비슷한 면이 있다. 서로 다른 주장이 우리의 충성심과 신뢰를 얻으려고 경합한다. 이 싸움은 소유권의 구성 요건에 대해 서로 상반되지만 강력한 직관에 호소하기 때문에 확실한 답이나 해결책을 찾기 어렵다. 만약 우리가 소유권을 설계하는 도구 및 기법과 더불어 소유권의 유연한 특성을 알게 된다면, 요즘 시대에 더 설득력 있는 논리가 무엇인지 판단하는 능력을 가질 수 있을 것이다.

다리가 긴 승객은 '무릎을 보호할 권리'를 주장하고, 피곤한 승객은 '의자를 뒤로 젖힐 권리'를 주장한다. 이때 항공사는 어느 한쪽을 쉽게 편들 수 있다. 항공사 내부 규정을 좌석 뒷부분에 써 붙이거나 승차권에 공지해서 승객이 이에 따르도록 할 수도 있다. 아니면 모든 좌석을 일정 각도 이상 못 움직이게 '고정'할 수도 있다. 이는 몇몇 저가 항공사들이 실제로 쓰고 있는 방법이다.

그런데 대다수 항공사는 모호한 상황을 선호한다. 이코노미석에 좌석을 더 많이 채우고, 같은 공간을 계속해서 두 번씩 팔 생각이기 때문이다. 화가 나고 불안한 승객들은 항공사가 승객들의 소유권 갈등을 이용하고 있다는 사실을 전혀 눈치채지 못한 채 서로 다툰다. 부유한 승객들은 이러한 불편을 피하려고 더 쾌적하고 소란이 덜한 비싼 좌석을 찾기 때문에 항공사에 갈등은 곧 이익으로 연결된다. 소유권 설계에 능한 자들은 좌석 갈등에 일부러 모호한 태도를 보여야 자신에게 경제적으로 이익이 된다는 사실을 알고 있다. 이것이 바로 고공에서 벌어지는 좌석 싸움의 내막이다.

계정 공유와 클릭스트림 역시 마찬가지다. 현재 디지털 콘텐츠 및 이용자 데이터의 통제를 둘러싸고 정치적 관심과 소송, 기사와 책들이 쏟아지면서, 마치 온라인에서 근본적으로 새로운 소유권 개념이 생긴 것처럼 보인다. 그렇지 않다. 이는 무릎보호걸쇠 싸움의 변형일 뿐이다. 그렇다면 우리는 어떻게 기업들이 데이터 추적기를 우리의 무릎 위로 불쑥 들이밀지 못하게 막을 수 있을까?

모든 소유권 갈등에는 서로 상반된 논리들이 존재한다. 각자 자기 주장에 도덕적 우위를 부여하는 논리를 내세우고, 소유권 원칙에 자신의 견해가 반영되길 원한다. 그렇지만 '내 것'과 '내 것'이 충돌하는 구도에서는 소유권 갈등을 어떤 식으로도 자연스럽고 명쾌하게 풀 수 없다. 단지 이 딜레마를 해결하기 위한 더 낫거나 못한 선택이 있을 뿐이다. 이때 우리가 선택하지 않으면 다른 이가 대신 결정하게 된다.

셋째, 소유권은 일상을 조정하는 리모컨이다.

소유권 원칙은 우리가 생각해낼 수 있는 모든 상황에서 승자와 패자를 나눈다. 교통 혼잡 시간대에 카풀 전용선에서 쌩쌩 달리고 싶은가? 동행자를 태우면 된다. 어떤 지역에선 전기차를 몰면 전용선에서 달릴 수 있다. 비행기에 먼저 탑승하고 싶은가? 항공사 단골 고객이 되거나 더 비싼 비행기표를 사면 된다. 선착순이라는 오랜 원칙은 더 이상 공평하게 작동하지 않는다.

희소한 자원을 소유한 이들은 강력한 리모컨을 가지고 있다. 이들은 늘 특정한 원칙을 설계해 남들을 조종하려 든다. 이윤은 최대한 뽐고 소란은 가급적 줄이는 방향으로 우리의 마음과 행동을 유도한다. 자원 소유자들은 소유권 개념을 조금만 고쳐도 귀중한 자원에 대한 통제권을 이용해 우리를 은밀하지만 강력하게 조종할 수 있다. 이 리모컨이 힘을 발휘하는 이유는 소유권 개념이 우리 일상에 깊이 침투한 탓에, 잘게 쪼개고 살짝 다듬고 새로 만든 원칙들이 나를 조정한다는 사실도 눈치 못 채기 때문이다. 정부는 추월차선을 카풀 전용선이나 전기차 전용선으로 바꿔서 교통 혼잡과 대기오염을 줄이도록 사람들의 행동을 유인하고, HBO는 당분간 계정 공유를 눈감아줘서 이용자를 끌어들이고 미래의 가입자를 '중독'시키고 있다.

소유권 설계는 인간 행동을 은밀하고도 단호하게 조정할 수 있는 사회공학적 도구다. 자원을 가진 이들이 우리 행동을 그들 뜻대로 유도하는 방법을 알게 되면 우리도 그 리모컨을 쥐고서 우리 삶을 개선하거나 공익을 꾀할 수 있을 것이다.

– 왜 지금 소유권에 대해 생각해야 할까? –

우리는 이 책에서 소유에 대한 흔한 표현과 직관에서 출발해 우리 삶을 통제하는 소유권의 설계 원리를 파헤칠 것이다. 그 과정에서 우리가 함께 고민해볼 만한 몇 가지 문제가 있다.

- 시카고에서는 태풍이 온 후에 길바닥에 놓아둔 의자로 주차 공간을 확보할 수 있지만, 뉴욕에서는 이를 허용하지 않는

다. 이유가 뭘까? 뉴욕의 일부 술집에서는 술잔에 냅킨을 올려두면 잠시 자리를 비운다는 뜻이지만, 시카고 술집에서는 이게 통하지 않는 이유가 뭘까?

- 디즈니랜드는 거금(최소 3000달러)을 내면 남들보다 먼저 탑승할 수 있는 VIP 티켓을 판다. 이보다 가격을 조금 낮추면 수익이 더 늘어날 텐데 고가를 유지하는 이유가 뭘까? 또 입장객들은 인종차별적 놀이기구에 항의하는 시위는 못 참으면서, 이들 1퍼센트 고객의 새치기는 왜 그냥 넘어가는 걸까?
- 혈장 판매는 가능한데 신장 판매는 왜 안 될까? 미시간 주에서 불법인 대리모 거래가 왜 캘리포니아 주에서는 합접적인 사업일까?
- 당신 집 수직 상공 위로 비행기는 날아갈 수 있는데 드론은 왜 안 될까? 또 미국인 중 절반이 울타리 없는 남의 땅에 허락 없이 들어가 야생 식물을 채취할 수 있는데, 왜 사과는 따 먹으면 안 될까?

이 모든 질문의 답은 소유 방식에 있다. 이어지는 장에서 우리는 소비자, 사업가, 시민의 삶과 구석구석 맞닿아 있는 수십 가지 난제의 답을 찾아갈 것이다. 이를 통해 우리는 '내 것 아니면 남의 것'처럼 자연스럽고 고정된 듯 보이는 경계가 사실은 모두가 원하는 부족한 자원을 어떻게 통제할지 정부, 기업, 그 밖의 여러 주체가 선택한 결과임을 알게 될 것이다.

한 가지 애매한 문제에서 시작해보자. 버 맥도웰은 1973년 업스테이트 뉴욕에서 사망했다. 그는 자신이 쓰던 흔들의자를 장성한 자녀 아서와 밀드레드에게 남긴다고 유언장에 적었다. 낡아빠진 흔들의자는 전혀 값어치가 없었지만, 두 자녀는 의자에 애착을 보이며 어떻게든 서로 가지려고 했다. 두 사람은 의자를 어떻게 나눌지 합의를 보지 못했다. 맥도웰의 유언장에는 이에 대한 언급이 없었다. 그런데 아서가 아버지 집에 있던 의자를 자기 집에 들고 갔다. 밀드레드가 의자를 도로 갖다놓으라고 요청했지만 아서는 거절했다. 그래서 미국에서는 흔하디 흔한 방법이 동원됐다. 밀드레드가 소송을 제기한 것이다. 거짓말 같지만 실제로 있었던 소송이다.

당신이 이 사건의 판사라면 어떻게 하겠는가? 뉴욕 주 법령에는 이에 대한 아무런 지침이 없고, 참고할 만한 판례도 없다. 그저 두 자녀와 의자 하나를 놓고 알아서 판단해야 한다. 내가 판사라면 어떻게 판결할지 잠시 생각해보자. 떠오르는 방법이 많지만 그중 몇 가지만 나열해보면 다음과 같다.

- 동전을 던진다.
- 의자를 먼저 차지한 아서에게 의자를 넘긴다.
- 법원에 먼저 찾아온 밀드레드에게 의자를 준다.
- 경매에 부친다. 한 사람은 의자를 얻고, 다른 사람은 현금을 얻는다.
- 두 사람이 타결 볼 때까지 판사가 흔들의자에 앉아 흔들거

린다.

- 의자를 절반으로 톱질해 반쪽씩 준다.
- 하루 또는 일 년씩 돌아가며 의자를 가지라고 명령한다.
- 의자를 그냥 태워 없앤다.

당신이라면 어떤 선택을 하겠는가? 어떤 판결을 내리든 그것은 소유권과 관련된 당신의 핵심 믿음과 성향을 고스란히 반영할 것이다.

판사인 당신은 의자의 소유자로 둘 중 1명을 선택하고 그 이유를 제시해야 한다. 양쪽 다 똑같은 자격이 있더라도 그래야 한다. 당신이 선택할 수 있는 판결을 하나씩 따져보자.

우선, 선착순은 호소력이 있다. 하지만 이 상황에는 어떻게 적용해야 할까? 의자를 먼저 가져간 사람은 아서이고, 법정에 먼저 온 사람은 밀드레드다. 어느 쪽을 택하든 도덕적 행동에 대한 보상으로 보이지 않는다. 아서가 의자를 물리적으로 차지한 것은 판단의 근거로 설득력이 없다. 의자를 경매에 넘기면 논쟁이 빨리 종결되겠지만, 가족간의 유대를 중요하게 생각한다면 경매는 더 잘 사는 자녀를 우대하는 것으로, 그리 좋은 방법이 아니다. 두 사람이 합의볼 때까지 의자를 묶어두는 것은 부모들이 좋아할 법한 방법이지만 고집 센 쪽이 유리할 뿐, 논리적 해결이라고는 보기 어렵다. 의자를 반으로 톱질해서 솔로몬의 지혜 같은 반전을 기대해볼 수도 있겠으나, 이에 선뜻 응할 사람은 없을 것이다.

자녀들이 돌아가며 맡는 것이 그나마 그럴듯한 해결책이다. 실제 소송에서 판사가 내린 판결도 이것이었다. 두 사람 중 1명이 사망할 때까지 반년마다 돌아가며 의자를 맡으라고 판사는 명령했다. 나름 괜찮은 판결이다. 사이 나쁜 두 남매가 계속 법원의 감시를 받아야 한다는 점만 빼면 말이다. 그런데 어느 1명이 의자를 너무 세게 흔들어서 이음새가 헐거워지면 누가 수리비를 물어야 할까? 밀드레드가 아서에게 한 주 늦게 의자를 돌려주면 어떻게 해야 할까? 이렇게 번거로운 상황과 의자를 주고받는 비용은 양육권 다툼과 비슷하게 해결해도 되지만, 의자는 아이가 아니다. 또한 돌아가면서 의자를 맡는 것은 가구를 운반하는 데 시간을 쏟을 만큼 여유 있는 자녀에게 유리한 방법이다.

이것저것 모두 귀찮다면, 의자를 그냥 태워버리는 건 어떨까? 그러면 두 사람에게 교훈을 남기고, 형제자매끼리 다투다가 법정에 오는 일도 줄어들 것이다. 판사들 시간 빼앗지 말고 알아서 해결하라는 메시지도 전달할 수 있다. 그렇지만 이는 아서와 밀드레드에게 가혹한 처사다.

이처럼 의자 같은 사소한 물건조차 누가 왜 얻어야 하는지 결정하기란 쉽지 않은 일이다. 하지만 누군가는 해야하는 결정이다. 판사나 의원 같은 제3자에게 의지해서 나에게 유리한 답을 구하면 어떨까? 이는 그냥 다른 사람 손에 리모컨을 맡기겠다는 말이나 다름없다. 내 삶의 주인이 되고 싶다면 소유자, 소비자, 시민으로서 직접 소유권 싸움에 뛰어들어야 한다. 그럴 경우 무엇을 더 중시해야 할까? 기회인가 근거인가, 시간인가 돈인가, 신속함인가 강점인가, 정의인가 효율성인가, 보상인가 처벌인가? 소유권에 대한 판단을 내릴 때마다 우리가 중시하는 가치가 어쩔 수 없이 드러나고 반영된다.

자, 이제부터 소유권을 둘러싼 논쟁과 그 안에 담긴 논리들을 하나씩 알아보자. 이 여정이 당신에게 지혜를 얻는 경험이 되길 바란다.

차례

1장 선착순의 딜레마
먼저 와도 나중에 대접받는 세상

2장 자리 싸움
점유의 법적 권한은 10퍼센트

1장
선착순의 딜레마

먼저 와도
나중에 대접받는 세상

– 줄 서기 대행업체를 소개합니다 –

워싱턴DC에서 최고의 무료 공연장은 연방대법원이다. 연방
대법원은 화려하지만 친밀감이 드는 곳이다. 이곳에 가면 미국 최
고 법원 대법관과 불과 몇 걸음 떨어진 곳에 앉아 최고 수준의 변호
사들이 펼치는 수준 높은 변론을 들을 수 있다. 이는 민주주의의 가
장 큰 효용으로 누구나 누릴 수 있는 권한이다. 낙태, 총기 규제, 종
교적 자유에 관한 최종 판결이 궁금하다면, 이곳에 와서 지켜보면
된다. 다만 일찍 와야 한다. 일반인에게 허용된 방청석은 100석 미
만이고 입장도 먼저 온 순서로 하기 때문이다.

세간의 관심이 쏟아지는 사건의 경우, 사람들은 재판을 참관
하기 위해 캠핑 의자, 침낭, 판초에 휴대폰 보조 배터리까지 챙겨서
하루나 이틀 일찍 법원에 온다. 이들은 줄 서서 서로를 감시한다. 대

법원 경찰들이 줄 서기에 관여하지 않기 때문이다. 화장실에 가야 하면 주변 사람이 자리를 맡아준다. 새치기하거나 친구를 슬쩍 끼워주는 사람은 없는지 감시하는 것도 이들 몫이다. 혹시라도 슬며시 끼어들었다가는 "새치기하지 마세요", "뒤로 가서 줄 서요"라는 핀잔과 비난이 쏟아진다.

그런데 법원에 입장할 때쯤 이상한 광경이 펼쳐진다. 앞줄에 서 있던 남루한 행색의 사람들이 회색 정장 차림의 남녀와 자리를 바꾸는 것이다. 잠시 후 이들 말끔하게 차려입은 사람들은 법정에 들어가 제일 좋은 자리에 앉는 반면 뒷줄에 서 있던 사람들은 인원 제한에 걸려 돌아가야 한다. 어찌 된 일일까?

줄 서기 대행 서비스를 소개하겠다! 이 업체들은 아르바이트생이나 노숙자를 고용해 고객 대신 며칠 일찍 가서 앞자리를 차지한 다음 계속 기다려주는 서비스를 제공한다. 입장하기 바로 직전, '법 앞에 동등한 정의EQUAL JUSTICE UNDER LAW'라고 새겨진 연방 대법원 출입구를 지날 때쯤 줄 서기 아르바이트생은 입금한 고객에게 자리를 양보한다. 이들은 앞자리를 살 돈은 있지만 줄 서서 기다릴 시간이나 인내심은 없는 사람들이다. 라인스탠딩닷컴, 스킵더라인, 워싱턴 익스프레스 같은 소규모 대행업체들은 '공짜' 좌석을 얻어주는 대가로 많게는 6000달러까지 부르는데, 비와 추위에 떨며 대신 줄 서는 사람들에게는 최저 급료를 준다.

줄 서기 대행업체는 연방대법원 변론 현장뿐 아니라 국법을 논하는 의회 공개 청문회장에서도 자리를 차지하는 방식을 바꿔 놓았다. 청문회장은 한때 누구나 와서 기다렸다가 직접 선출한 대표들이 활동하는 모습을 지켜보는 곳이었다. 이제 청문회장을 가득 메운 사람들은 변호사와 로비스트로, 다들 돈 주고 입장한 사람들이다. 연방청사에서 여권을 새로 발급받거나 시청에서 건축 허가를 받으려고 줄을 서는 경우에도 예전과는 입장 방식이 달라졌다.

줄 서기 서비스는 민간 영역에서도 활발하게 이뤄지고 있다. 돈만 내면 애플 매장에서 신형 아이폰을, 슈프림 매장에서 인기절정의 스케이트보드 의류를, 브로드웨이에서 예매하기 힘든 공연 티켓을 구할 수 있다. 심지어 뉴욕 시에서 열리는 메이시스 추수감사절 퍼레이드를 명당자리에서 구경할 수도 있다. 줄 서기 대행사 솔드는 인기리에 방영중인 창업 리얼리티 TV쇼 샤크 탱크에서 오디션을 보려는 고객을 위해 43시간 동안 줄 서주는 서비스를 제공하기도 했다.

온라인에도 똑같은 변화의 바람이 불고 있다. 뮤지컬 〈해밀턴 Hamilton〉은 초연 이래 수년째 브로드웨이에서 매진을 기록한 공연이다. 제작사는 공연 티켓을 대부분 웹 사이트에서 선착순으로 판매했다. 문제는 기술에 빠삭한 암표상들이 컴퓨터 프로그램 봇bot을 만들어 발매 티켓을 바로 쓸어간다는 점이었다. 공연자와 연출가는 티켓 액면가의 수입밖에 얻지 못하는데 팬들은 스텁허브 같은 티켓 판매 사이트에서 티켓 가격의 몇 배에 달하는 금액을 암표상에게 지불해야 했다. 수 주 동안 암표상이 〈해밀턴〉으로 번 돈은 연출가와 공연자가 얻은 수익보다 많았다. 봇 프로그램이 매번 마우스를 앞지르는 상황에서 선착순 방식은 무용지물이었다. 〈해밀턴〉 제작사가 온라인 암표상을 막으려고 티켓 일부를 공연장 매표소에서 판매하자, 이번에는 솔드 같은 줄 서기 대행사가 아르바이트생들을 풀어 표를 낚아챘다.

브로드웨이에서 매진 공연을 이어가던 가수 브루스 스프링스틴은 다른 방법을 썼다. 그는 팬 인증 시스템Verified Fan을 갖춘 예매 사이트와 손잡았다. 이 온라인 시스템은 봇과 줄 서기 아르바이트생을 걸러내서 적어도 티켓 중 일부가 진짜 팬들 손에 들어가게 했다. 그렇지만 그런 티켓조차 재판매 시장에 나오는 경우가 종종 있었다.

돈으로 앞자리를 차지하는 사람이 급증하는 현상을 어떻게 받아들여야 할까? 대부분의 사람이 이러한 변화를 매우 불공정하고 비민주적이라고 말한다. 한 여성은 2015년 연방대법원의 동성결혼 합법화 판결을 보려고 며칠 동안 줄을 섰지만 허탈하게도 법정에 들어가지 못했다. 그녀는 사실상 "부유한 백인이 가난한 흑인에게 돈을 주고 대신 줄 세우는 것 아니냐"며 푸념했다. 다른 한편, 줄 서기 대행을 유익한 서비스로 보는 시각도 있다. 자본주의의 효용이라는 관점에서 보면 프로그래머는 봇 프로그램을 만들고 가난한 노숙자는 줄을 서는 등 새로운 분야의 일자리를 창출했기 때문이다.

우리는 지금까지 이런 고민을 해본 적이 없다. 그러나 이제는 해야 한다. 선착순 원칙이 안에서부터 무너지고 있기 때문이다.

- 인류와 함께한 선착순 원칙 -

인류 역사 대부분의 시기에 대다수 자원의 최초 소유자를 정하는 방식은 고대 로마 법에 나오는 다음 지침을 따랐다. "누구든 먼저 온 자가 더 강한 권리를 갖는다." 다시 말해 선착순이 최고의

미덕이었다.

어린 시절에 들은 성경 수업을 떠올려보자. 왜 야곱은 팔에 털 가죽을 두르고 눈먼 아버지 이삭을 속여 털북숭이 형 대신 축복을 받았을까? 먼저 태어났다는 이유로 형 에서가 아버지의 축복을 받을 자격이 있었기 때문이다. 첫째이면 아버지의 축복뿐 아니라 세속의 보물도 물려받았다. 야곱이 속임수를 써서 새치기를 한 이유다.

맏아들이 유산을 물려받는 장자 상속제는 오래전부터 전 세계 왕실의 승계 원칙이었다. 이런 관행이 비난받자 스웨덴이나 네덜란드에선 이를 약간 평등하게 고쳐 장남이 아닌 먼저 태어난 자녀에게 왕권을 물려준다.

선착순은 식민지 개척을 정당화하는 논리이기도 하다. 유럽 열강이 신세계의 식민지를 분할할 때, 탐험가가 먼저 국기를 꽂는 나라가 그 땅을 차지했다. 사람이 살지 않는 땅이라면 이는 직관적 호소력이 있겠지만, 이미 원주민이 살고 있는 땅이라면 어떻게 해야 할까? 먼저 존재한 사실이 중요하다면, 당연히 아메리카 원주민의 소유권이 더 강해야 한다. 그렇지만 당시 국제법은 그렇게 보지 않았다. 유럽 열강이 만든 법이었기 때문이다. 아메리카에 온 유럽인들은 '최초'의 뜻을 이렇게 규정했다. '최초의 기독교 발견자.'

바로 여기 소유에 관한 고대의 지침을 이해할 수 있는 핵심이 있다. '누가 먼저인가'는 마치 사실을 근거한 것처럼 보이지만 그 자체로 정의되지 않는다. 따라서 '누가 먼저인지를 누가 정하는지' 따져봐야 한다. 미국 법은 연방대법원장 존 마셜이 존슨 대 매킨토시 Johnson v. M'Intosh 사건에서 내린 판결에 따라 '정복자가 영역의 경계를 정하게' 했다. 1823년 연방대법원이 내린 이 판결은 대다수 법대 생이 1학년 때 배우는 내용이다. 최초의 기독교 유럽인이라는 자격 은 카리브해, 텍사스, 멕시코, 캘리포니아 지역에 대한 스페인의 소 유권을 법적으로 정당화했다. 또 뉴올리언스, 캐나다, 중앙아메리 카 상당수 지역에 대한 프랑스의 소유권과 뉴잉글랜드와 버지니아 에 대한 영국의 소유권도 정당화했다.

그렇다면 1969년 7월 닐 암스트롱이 달에 성조기를 꽂았을 때 왜 전 세계가 들고 일어나지 않았을까? 그 행위는, 유럽이 초기 아 메리카 대륙을 자기네 영토로 삼았듯 미국이 달을 자국 영토로 만 들겠다는 의도로 보일 수도 있었는데 말이다. 그 답은, 1960년대 각 국이 '발견과 정복을 기준으로 최초를 논하지 않는다'고 선언했기 때문이다. 1967년 미국은 소비에트연방을 비롯한 수십 개국과 함 께 UN 우주조약U.N. Outer Space Treaty을 체결해 지구 밖 우주 자원에 대한 선점 행위를 명백히 금지했다.

그래서 암스트롱은 인류 최초로 달에 도착했어도 달이 미국 영토라고 주장하지 않았다. 실제로 미국 의회는 이러한 의사를 분 명히 하고자 미국 우주비행사가 달에 깃발을 꽂은 것은 '달 착륙 업 적에 대한 국가적 자부심을 상징적으로 표현한 것이지, 주권을 내 세워 국가적 전유專有를 주장하려는 게 아니다'라고 명시한 법안을 1969년 떠밀리듯 통과시켰다.

그래도 각국은 지금도 '누가 먼저인가'라는 게임을 계속하며 쟁탈전을 벌이고 있다. 2007년 러시아 해군이 작은 티타늄 국기를 북극해 바닥에 꽂자 국제사회가 술렁였다. 러시아는 광물 자원이 풍부한 북극 해저와 북극을 가로지르는 해상 운송로에 대한 상징적 소유권을 주장했다. 이곳은 기후변화로 빙하가 녹아내리면서 접근 가능해진 지역이었다. 단지 깃발을 먼저 꽂아 자원을 선점하겠다는 러시아의 발상에 국제사회가 분노했으나, 이 전략은 오랜 세월 인 정되어온 방식이다. 이 책의 4장에서 살펴보겠지만 중국은 현재 이 와 비슷한 전략을 구사해 남중국해에 인공 섬을 만들고 영유권을 주장하고 있다.

선착순 원칙은 영유권 주장과 유산 상속에 국한되지 않는다. 주인 없는 온갖 대상에 대해 소유권을 주장할 때도 누가 먼저 차지 했는가를 기본 원칙으로 삼아왔다. 1848년 캘리포니아 골드러시 때 채굴자들은 이런 방식으로 소유권을 주장했다. 1889년 원주민 들이 살던 오클라호마의 땅은 랜드 런land run 정책을 통해 개척자들 의 정착지로 개방됐다. 랜드 런은 총성과 함께 출발선에서 달려 나 가 깃발을 먼저 꽂은 사람에게 땅을 주는 정책이다(오클라호마 주의 별칭인 수녀sooner 스테이트에서 선수친 자 '수녀'는 총성이 울리기도 전에 먼저 뛰쳐나간 사람을 가리키는 말로 경멸의 뜻이 담겨 있다).

오늘날 투자 자금이 넉넉한 스타트업들은 달을 채굴하거나 소 행성에 작살을 던져 물과 백금, 금을 얻으려고 한다. 이 모든 행위는 국제사회가 UN 우주 조약으로 합의한 소유권 원칙에 어긋난다. 우 버, 에어비앤비, 유튜브 등 다수의 인터넷 기업체가 법망을 피해 시 장을 개척하고 장악하는 방식도 이와 유사하다. 소유권의 모호성은 대담하고 저돌적이며 법망을 피해 가는 자들, 즉 먼저 달려 나가는 자들에게 유리하다.

법은 누가 소유권을 주장하는지 살필 뿐만 아니라 소유권을 주장한 땅에서 어떤 행동을 하는지도 따진다. 1800년대 정착민이

160에이커의 토지를 얻으려면 남보다 먼저 땅을 차지해야 할 뿐 아니라 나무를 베고 초목을 태우고 울타리를 치고 작물을 심어 여러 해 동안 생계를 유지하고 있음을 증명해야 했다. 이는 당시 법원이 아메리카 원주민은 선조들의 땅을 소유한 게 아니라고 판결한 또 다른 근거였다. 원주민들은 낚시와 사냥을 하며 숲을 헤집고 다녔는데, 유럽인들은 이런 노동이 원소유권을 주장할 만큼 생산적이라고 보지 않았다. 유럽인은 '먼저'를 '먼저 노동하는 것'으로 정의했는데, 이는 당시 농업과 상업을 하던 정착민의 기질에 맞춘 해석이었다.

이처럼 '먼저'는 애매한 개념이다. 결코 단순한 경험적 사실을 뜻하지 않으며, 법적으로 따져봐야 하는 개념이다. 고전이 된 동화책 《어린 왕자》에는 별을 세는 사업가 이야기가 나온다. 어린 왕자가 왜 별을 세느냐고 묻자, 사업가는 이렇게 답했다. "저 별들은 내 것이거든. 나보다 먼저 별을 갖겠다고 생각한 이가 없으니 저 별들은 내 거야." 그렇지만 별의 소유를 먼저 생각했다고 해서 별에 대한 소유권이 생기는 것은 아니다. 대체로 법원과 정부가 '먼저'의 개념을 정하면, 이 은밀하고도 단호한 지침에 따라 사람들은 사회가 인정한 형태로 부족한 자원과 상호작용을 한다.

130만 명에 달하는 미국 변호사들은 여우 사냥 논쟁을 다룬 1805년 피어슨 대 포스트 사건Pierson vs. Post을 통해 이러한 통찰을 배운다. 어느 화창한 날, 말에 올라탄 로그윅 포스트가 사냥개를 이끌고 여우 한 마리를 쫓고 있었다. 당시 법원의 표현에 따르면 임자 없는 '황무지'로 불렸던 해안가로 '해로운 야생 짐승'을 쫓았다. 추격이 막바지에 이르러 여우가 완전히 지쳐버린 순간, 갑자기 피어슨이라는 사내가 나타나 여우를 손쉽게 죽이더니 가져가버렸다. 포스트는 피어슨이 자신의 소유물을 가져갔다며 그를 고소했다. 포스트는 자신이 먼저 사냥에 나섰고 여우를 죽이기 직전까지 갔으니 여우는 본인 것이라고 주장했다.

법은 누구의 손을 들어줬을까? 재판을 맡은 판사들은 선착순으로 야생동물을 소유하는 것에는 다들 동의했다. 그렇지만 무엇을 '먼저'의 기준으로 삼아야 할지 논쟁이 벌어졌다. 여기서 소유권 설계에 대한 판사들의 의견은 크게 갈렸다. 명백한 기준bright-line rule을 적용할 것인지 표준적 잣대standard를 들이댈 것인지로 나뉜 것이다. 명백한 기준 원칙은 명확한 용어로 규정하기 때문에 예측 가능하고, 다양한 사건에 적용하기 쉽다. 표준적 잣대는 전반적인 지침을 제시하므로 세심한 판단이 가능하고 개별 사건에서 더욱 공정한 결과를 끌어낼 수 있다. 고속도로 표지판에 쓰인 '시속 55km 속도 제한(명백한 기준)'과 '상황에 맞게 안전 운전(표준적 잣대)'이라는 문구를 비교해보면 그 차이가 이해될 것이다.

대부분의 판사는 명백한 기준을 선호했다. 그들은 판결에 실망한 사냥꾼들이 법정에 몰려와 정확한 추격 시점을 따지는 상황을 원치 않았다. 그래서 포획의 원칙the rule of capture이라는 것을 만들어 '뻔뻔한 침입자' 피어슨에게 유리한 판결을 내렸다. 여우를 "야생동물에게 치명상을 입히고 일정한 통제하에 가져가는" 자의 몫이라고 규정한 것이다. 여기에서 '먼저'의 기준은 일의 마무리였다. 여우 사냥을 먼저 생각했다거나 여우를 먼저 추격한 게 아니었다.

이에 한 판사가 반대하며 약삭빠른 네발짐승의 숨통을 최대한 끊어놓은 행동이 '먼저'의 기준이 되어야 한다고 주장했다. 그는 이를 판단하려면 포획에 대한 합리적 전망이 있었는지 포스트에게 물어봐야 한다고 했는데, 이는 열려 있는 표준 잣대에 해당한다. 소수 의견을 낸 판사는 포스트에게 상당한 전망이 있으므로, 포스트가 먼저이고 여우의 주인이라고 주장했다. 이는 어느 정도 직관적으로 납득되는 설명이다. 내가 열심히 추격해서 지치게 한 여우를 막판에 지나가던 사람이 낚아채도 된다면, 말에 올라타 사냥개를 끌고 여우를 뒤쫓은 내 노력은 허사가 되기 때문이다. 그러나 이는 어디까지나 소수 의견이었고, 법은 피어슨의 손을 들어주었다.

그렇다면 피어슨이 승소한 후 어떤 일이 벌어졌을까? 여우 사냥이 자취를 감췄을까? 아니다. 그 반대였다. 남보다 먼저 포획해야 인정받는 세상에서 사냥꾼들은 사냥 기술을 더욱 발달시켰다. 시간이 흐를수록 다수가 손을 들어준 명백한 기준 원칙은 포획 기술의 혁신에 박차를 가했는데, 이것이 적용된 분야는 비단 여우 사냥만이 아니었다. 어떤 야생동물이든 '먼저' 차지하려면 가장 치명적인 방법을 써야 했다. 이러한 사냥 원칙은 유사성에 따라 다양한 천연자원으로 범위가 확장됐다. 미국의 여러 지역에서 물, 원유, 천연가스 등 풍부한 지하자원을 차지하고 싶다면 혁신적인 기술로 먼저 퍼내야 했다.

오늘날 발명의 소유권에도 동일한 원칙이 적용된다. 두 세기 동안 미국은 일종의 합리적 전망을 바탕으로 먼저 발명한 사람에게 특허 독점을 주었다. 이렇게 열려 있는 표준적 잣대는 숱한 소송을 낳았다. 그러다 2011년부터 미국은 명백한 기준 원칙인 선출원주의first to file rule(먼저 출원한 자에게 특허권을 부여하는 제도-옮긴이)로 돌아섰다. 서로 경쟁하는 발명가들이 진척 정도와 상관없이 특허청에 먼저 달려가면 특허권을 얻게 된 것이다. 미국은 특허 분야에서 가장 늦게 포획의 원칙을 채택한 국가다. 이는 의회가 2세기 전 피어슨 사건의 다수 의견과 반대 의견을 충분히 검토한 후 내린 결정이었다.

포획의 원칙에는 상당한 이점이 있다. 더 열심히 더 빨리 뛰도록 자극한다. 그렇지만 선점을 명확히 정의한 탓에 치러야 하는 대가도 있다. 천연자원의 경우, 이 원칙 때문에 어종이 소멸하고 어장이 파괴됐다. 이 같은 환경적 비극에 대한 처방은 4장과 7장에서 살펴볼 것이다.

선점의 기준에 대한 격렬한 논쟁은 점차 포획의 원칙을 따르는 것으로 결론났다. 사냥꾼, 발명가, 국가, 영화표 구매자 등 관련 공동체가 포획의 원칙을 받아들이면서 고전적인 상황뿐만 아니라 우리를 둘러싼 모든 상황에서 경쟁 모드가 발동했고 있다. 각국이 정지 궤도위성의 대기 궤도를 확보할 때도, 음식점에서 샌드위치를 주문할 때도 모두 이렇게 외친다. "앞에 서야 한다. 분발하자." 요약하면, 선착순은 강력한 사회공학적 도구로, 복잡한 세상이 원만하게 굴러가게 하기 위한 기본 원칙이다.

그런데 왜 선착순일까? 선착순은 본질적으로 어떤 이점이 있을까? 우선, 피어슨 사건에서 다수의 판사가 인정했듯 선착순은 이해하기 쉽고 적용하기 편하다. 어린아이도 선착순을 곧잘 응용한다. 놀이터에서 그네에 먼저 앉으면 원하는 만큼 탈 수 있다. 누가 먼저인지 따지는 것은 비용이 적게 들고 신속히 결정할 수 있다. 정보를 많이 모으거나 오래 토론할 필요가 없다. 부모나 선생님이 개입하지 않아도 된다. 줄을 세우면 보통 알아서 깔끔하게 해결된다.

선착순은 공정성에 대한 원초적이고 직관적인 감각에 호소한다. 시간상 앞서면 도덕적 권리가 생기는 것 같다. 앞줄에 서려고 노력했고 규칙에 어긋나지 않았다면, 우리는 먼저 들어가도 된다고 서로 인정한다. 이는 민주주의와 평등주의를 지향하는 우리 정서와 잘 맞는 듯하다. 왕자든 거지든 앞줄에 설 기회는 모두에게 똑같다. 시간은 부족한 자원을 차지하려는 싸움에서 위대한 균형추The great equalizer 역할을 한다. 그래서 선착순은 공정해 보인다.

이처럼 역사와 전통이라는 이유로, 효율성과 생산성을 추구한다는 이유로, 행정과 조정의 편리함 때문에, 그리고 정의와 공정을 위해 우리 사회는 시간상 앞서면 권리도 먼저라는 원칙을 고수해왔다. 지금까지는 그랬다. 그런데 선착순에는 치명적 결함이 있다. 다수의 이익을 지향하지 못하고, 소유권 원칙을 잘 아는 자가 악용할 수 있다. 정부, 기업, 일부 사업가들은 선착순에서 벗어나야 더 큰 가치를 얻는다는 사실을 깨닫고 있다.

현재 우리는 정확히 말하면 먼저 가도 나중에 대접받는 세상에 살고 있다. 그 이유를 알기 위해 다른 줄 서기 경쟁으로 넘어가보자. 바로 대학 농구라는 열광적인 세상이다.

– 농구에 미친 사람들 –

이 책의 저자 중 한 명인 제임스 살츠먼이 듀크대 법대 교수로 부임했을 때, 법대 학장은 이렇게 말했다. "연봉은 협상 가능하지만 농구 시합 티켓은 논외야. 그건 내가 도와줄 수 없어."

듀크대 농구팀은 미국에서도 강팀으로 손꼽힌다. 전미대학스포츠협회 남자 농구 챔피언십 5회 우승, 미국 대학 농구 최다승 기록 보유자인 마이크 시셰프스키 감독, 비좁고 오래된 캐머런 실내 체육관, 미국에서 가장 열성적인 학생 팬덤 캐머런 크레이지가 이 농구 명문을 상징한다. 듀크대 농구 시합은 티켓 구하기가 쉽지 않다. 교수들도 어려운데, 학생들은 오죽할까.

매해 9월 셋째 주 주말이 되면 듀크대 대학원생들은 캠프아웃Campout이라는 유명한 야영 행사에 참가한다. 금요일 밤부터 일요일 아침까지 대학원생들은 경기장 바깥에서 야영을 한다. 행사가 진행되는 2박 3일 동안 밤낮을 가리지 않고 무작위로 사이렌이 울리면 이들은 10분 내로 본부 천막에 가서 출석 체크를 해야 한다. 행사를 위해 경영대 학생들은 보통 매트리스가 깔린 레저용 차량이나 트럭을 빌린다. 영문학과와 역사학과 학생들은 불편하지만 침낭에 들어가 비가 오지 않기만을 기도한다.

축제 분위기의 캠프아웃 행사는 에너지가 흘러넘치지만, 솔직히 행사가 끝날 무렵이면 기다림에 지치기도 한다. 인고의 시간을 보낸 학생들은 일요일 아침, 드디어 농구 입장권 추첨 기회를 얻는다. 야영을 버텼다고 티켓을 살 순 없다. 운 좋은 당첨자만 입장권을 구입할 수 있으며, 코트 바로 옆 학생 전용 응원석에서 경기를 볼 수 있다. 이들은 할인된 가격에 티켓을 구입할 수 있는데, 대다수 학생이 듀크대 홈경기를 보려고 기꺼이 내는 액수보다 훨씬 저렴한 액수다. 입장권은 재판매할 수 없다. 경기장에 입장할 때 신분증을 보여주고 들어가야 하기 때문이다. 어찌 됐든 듀크대 학생이라면 2박 3일의 캠프아웃 경험 때문이라도 액면가의 몇 배를 불러도 입장권을 팔 생각이 없을 것이다.

듀크대에서 캠프아웃은 특별한 행사로 자리 잡았다. 많은 대학원생들이 이를 듀크대에서의 인상 깊은 경험으로 꼽는다. 그렇더라도 농구 시합 티켓을 기이한 방식으로 판매하는 것은 사실이다. 듀크대는 다른 농구 명문 대학들처럼 줄 서기나 웹 사이트를 통해 선착순으로 표를 나눠줘도 되는데, 왜 굳이 대학원생들을 36시간 동안 야영시키는 걸까?

소유권을 장악하는 데서 비롯되는 힘을 이해하면 그 답이 보인다. 듀크대는 딜레마가 있다. 희소자원, 즉 코트 바로 옆에서 경기를 관람할 수 있는 티켓과 이를 원하는 다수의 학생들이 있다. 이때 핵심은 듀크대가 티켓 소유권으로 무엇을 얻으려고 하는지 살피는 것이다.

듀크대는 그저 관중석을 채우길 원하지 않는다. 그저 열정적인 학생들도 원하지 않는다. 듀크대가 바라는 것은 '캐머론 크레이지'다. 경기 내내 일어서서 발을 동동 구르며 목이 쉬어라 응원하는 그런 학생들을 원한다. 듀크대를 상징하는 파란색으로 얼굴을 페인트칠하고 듀크대 구호처럼 '파란 피를 흘릴' 학생들을 원한다. 또 수백만 명의 TV 시청자에게 미국 최고의 농구 명문으로 인정받길 원한다. 캠프아웃은 외부인이 보기에 황당한 행사이지만, 듀크대의 이익에는 크게 기여한다.

선착순은 티켓을 배부하는 쉬운 방법이지만, 진짜 팬이 아닌 사람에게도 표가 돌아간다는 맹점이 있다. 그런 점에서 캠프아웃은 듀크대가 티켓 소유권을 이용해 특별한 팬을 가려낼 수 있는 확실한 방법이다. 캠프아웃이라는 고난은 듀크대 농구 티켓에 색다른 의미를 부여한다. 바로 아주 특별한 팬덤에 들어갈 수 있는 자격이다. 비가 오든 안 오든, 그저 농구 경기 티켓 추첨 기회를 얻으려고 36시간 내리 야영하는 사람은 캐머론 크레이지 말고는 없다. 게다가 이렇게 동고동락한 경험은 이들을 하나의 공동체로 묶어준다(훗날 후한 기부금을 요청할 수 있는 충실한 동문이 되는 것은 말할 것도 없다).

하찮고 요상한 문화처럼 보이지만 캠프아웃에는 깊은 함의가 있다. 듀크대는 소유권과 관련해서 중요하고 미묘한 뭔가를 발견했다. 선착순이 보편적이고 공정해 보인다고 해서 이를 꼭 따라야 하는 것은 아니다. 소유권 원칙은 소유자의 이익을 실현하기 위해 사람들의 행동을 통제하고 바꾸도록 설계할 수 있다. 듀크대의 관심사는 농구 경기 티켓이라는 귀하고 한정된 자원을 특정 목적에 이바지하도록 최적으로 분배하는 것이다. 다시 말해, 남다른 팬을 가려내기 위해 색다른 규칙을 적용한다는 뜻이다.

듀크대의 부유한 동창들은 캠프아웃과는 거리가 먼 또 다른 방식으로 티켓을 구할 수 있다. 일단 연회비 8000달러를 내고 아이언 듀크 클럽에 가입하면 티켓 구매 자격이 생긴다. 그런 다음 대기자 명단에서 자기 순번이 올 때까지 기다려야 한다. 때로는 차례가 되기까지 몇 년이 걸리기도 한다.

세 번째 티켓 배부 방식은 듀크대 학부생에게 해당된다. 바로 옛날 방식인 선착순이다. 학부생들은 공짜로 경기장에 입장할 수 있는데, 보통 경기가 시작되기 전에 와서 몇 시간 동안 줄을 서면된다. 단, 중요한 경기는 예외다. 듀크대가 라이벌 노스캐롤라이나대학과 맞붙는 다면, 학부생들도 두 달 전부터 캐머론 체육관 앞 셰프스키빌 잔디밭에 텐트를 치고 줄을 서야 한다. 일단 텐트를 친

다음, 일정 수의 학생들이 상주하면서 시합 당일까지 앞줄을 지킨다. 두 시간짜리 경기를 보려고 두 달을 기다리는 셈이다. 학부생들은 잔디밭에서 야영을 하거나 일반 경기를 보기 위해 줄 서서 기다리면서 서로간에 싹트는 동지애를 즐기는 듯하다.

듀크대는 정교한 티켓 배부 정책을 통해 세 가지 가치를 끌어낼 수 있었다. 열광적인 팬덤, 관중이 꽉 찬 경기장, 괜찮은 수익이 바로 그것이다. 듀크대는 먼저 온 사람에게 보상하지 않는다. 대신 티켓을 사회공학적 도구로, 특정 행동을 끌어내는 정교한 리모컨으로 활용한다. 듀크대가 대학원생은 며칠씩, 학부생은 몇 달씩 아무 불만 없이 열성적으로 야영시키면서 추구하고자 하는 가치를 최대한 끌어냈다는 사실이 놀랍기만 하다.

나름의 목적을 달성하기 위해 선착순 제도에 변화를 준 곳은 듀크대만이 아니다. 희소한 자원을 쥐고 있는 각종 소유자들은 끈기 있게 기다린 사람에게 보상해주는 방식에서 벗어나면 훨씬 더 많은 가치를 얻을 수 있다는 사실을 깨닫고 있다. 이와 관련해 디즈니랜드를 능가할 자는 없다. 고객을 이리저리 조종하는데도 고객들이 고마워하는, 이 분야의 진정한 달인 이야기를 들어보자.

- 소유권 설계의 달인, 디즈니랜드 -

디즈니랜드는 새로운 놀이기구를 개발하는 능력이 뛰어나지만, 대기 줄을 다루는 능력은 더욱 뛰어나다. 9·11 테러사태 이후 항공사들은 보안검색이 강화되면서 끔찍하게 길어진 줄을 해결하려고 디즈니랜드 직원들을 초빙했다. 디즈니랜드에는 전 세계 테마 파크에서 대기 줄을 세심하게 관리하며 쌓은 전문 지식이 있다.

수십 년 동안 아이들은 스페이스 마운틴, 정글 크루즈 등 디즈니랜드의 인기 놀이기구를 타기 위해 줄을 섰다. 놀이공원이 붐비면 몇 시간씩 기다려야 한다. 아이들은 인내심이 없는 편이지만, 선착순이 규정이니 이에 따라야 한다. 사람들은 줄 서서 기다리면서 달리 할 일이 없기 때문에 새치기하는 사람은 없나 계속 두리번거린다. 디즈니랜드 팬 게시판에는 새치기를 목격하고 화가 난 이용객이 주먹을 휘둘렀다는 글이 심심찮게 올라온다.

1990년대 디즈니랜드는 긴 대기 줄 때문에 방문객들의 불만이 커지고 있다는 사실을 알고 고민에 빠졌다. 그렇지만 놀이기구가 매 시간 태울 수 있는 인원은 정해져 있다. 탑승 방식을 바꿔 줄서기 스트레스를 줄이면서도 수익을 높이는 방법을 찾아야 했다.

디즈니랜드가 찾아낸 답은 패스트패스플러스FastPass+ 예약 제도였다. 놀이공원에 오기 전 방문객이 지정된 인기 놀이기구 중 세 개를 예약하면 정해진 시간에 바로 탈 수 있는 제도다. 참을성이 부족하거나 계획적으로 움직이는 것을 선호하는 방문객은 이 시스템을 이용하면 끝없이 기다려야 하는 긴 대기 줄을 피할 수 있다. 남는 시간에는 여기저기 돌아다니거나, 덜 인기 있는 놀이기구를 타다가 예약한 시간에 맞춰 패스트패스플러스 전용 대기줄에 서서 바로 놀이기구를 즐기면 된다. 가족 방문객의 경우, 이렇게 당일 패스권 세 개를 다 쓰면 보호자 한 명이 한두 시간 후 탑승할 수 있는 패스권을 또 끊으러 가고 그사이 아이들은 돌아다니면서 논다. 패스트패스플러스는 디즈니랜드마다 규정이 조금씩 다르지만 효과적

으로 방문객을 분산시켜서 이들에게 더 기분 좋은 경험을 선사하고
있다.

그런데 패스트패스플러스가 부리는 진짜 마법은 따로 있다.
패스트패스플러스 입장객들은 일반 입장객보다 놀이공원에 더 오
래 머물고, 돈을 더 많이 쓴다. 패스트패스플러스 이용객들은 최소
한의 시간만 기다리면서 놀이기구를 즐기는데, 일반적으로 다음 탑
승 때까지 한두 시간 정도 여유가 생긴다. 그사이 그들은 무엇을 할
까? 다음에 탑승할 놀이기구는 멀리 떨어져 있다. 그곳까지 가려면
사람들의 욕망을 자극하도록 치밀하게 설계된 길을 지나가야 한다.
이 통로에 들어서면, 끝없이 늘어선 캐릭터 상품이 구매욕을 자극
하고 파인애플 슬러시가 마셔보라고 손짓을 한다. 패스트패스플러
스 이용객은 줄 서기를 하려고 뛰는 대신에 지갑을 열게 된다.

디즈니랜드의 고민은 듀크대와 비슷했다. 인기 놀이기구라는
희소자원이 있었고, 그동안 이 자원을 선착순으로 할당했다. 선착
순은 모두를 똑같이 대우한다는 점에서 공정해 보였다. 디즈니랜드
에선 놀이기구를 이용하기 위해 요즘도 수천 명이 몇 시간씩 줄 서
서 기다리고 있지만, 그래도 누구나 똑같이 이용할 수 있는 패스트
패스플러스가 있다는 사실을 모두 안다. 아주 편리하지는 않아도
우두커니 서서 기다리는 것보다는 나은 제도다.

패스트패스플러스 덕분에 디즈니랜드는 세 가지 이익을 얻었
다. 첫째, 오래 기다리기 싫어하는 고객에게 편의를 제공했다. 둘째,
줄에서 빠져나온 방문객이 여기저기 돌아다니며 물건을 구입했다.
패스트패스플러스의 마지막 세 번째 효과는 미묘하지만 디즈니랜
드에는 훨씬 더 가치 있다. 놀이공원 방문객은 이제 선착순이 아닌

다른 방식으로도 놀이기구에 탑승할 수 있다는 사실을 받아들이게 됐다.

이제 디즈니랜드는 다음 단계로 넘어갔다. 여기서 소유권 설계에서 매우 천재적인 발상이 등장한다. 일부 부유층은 시간보다는 돈이 훨씬 더 많다. 예를 들어, 변호사나 로비스트 가족들은 줄 서기 아르바이트생을 고용해 연방대법원 방청권을 얻고 신형 아이폰을 발매 첫날 구입한다. 이와 같이 디즈니랜드의 잇츠 어 스몰 월드(배를 타고 전통의상을 입은 인형을 관람하는 놀이기구-옮긴이)를 바로 이용할 수 있다면 비용이 얼마나 들든 개의치 않는 부류가 있다. 디즈니랜드는 바로 이런 고객들을 위해 프라이빗 VIP 투어를 만들었다. 말하자면 초초패스트패스플러스플러스SuperDuperFastPass++로, 줄을 건너뛰어서 온종일 모든 놀이기구를 즐길 수 있는 상품이다. 스플래시 마운틴을 다섯 번 연속 타고 싶다면, 얼마든지 타도 된다. 부유한 고객은 이 정도 혜택이라면 거액을 써도 아깝지 않다고 생각한다.

그렇지만 주의 사항이 있다. 부유한 방문객을 너무 많이 앞줄로 이동시키면 참을성 있게 기다려온 다른 방문객의 원성을 사게 된다. 디즈니랜드는 이 문제를 프라이빗 VIP 투어 가격을 올리는 것으로 해결했다. 줄 서서 기다리는 방문객들의 심기를 건드리지 않으면서 어느 정도 이윤을 늘릴 수 있는지 그 수준을 찾아내야 했다. 이는 계산하기가 꽤 까다로운 문제였다. 계산 결과, 최적의 새치기 요금대는 철마다 조금씩 다르지만 3000~5000달러 정도였다. 디즈니랜드는 이 요금을 내면(입장료는 별도다) 그룹당 최소 일곱 시간 동안 계속 새치기할 수 있는 권한을 준다. 아무리 부자여도 스플래쉬 마운틴을 한껏 즐기는 데 그 정도 시간이면 충분하다. 이 요금을 내면 디즈니랜드가 붙여준 인솔자를 따라 조심스럽고도 잽싸게 줄을 건너뛸 수 있다. 보통 VIP 그룹은 패스트패스플러스 전용줄로 입장하기 때문에 다른 이들은 이상한 낌새를 눈치채지 못한다. 그렇지만 일부 놀이기구는 프라이빗 VIP 투어 인솔자가 옆쪽 출입구나 비상구를 통해 임무를 수행해야 했다.

디즈니랜드는 이외에도 다양한 방식으로 우선 탑승 서비스를 제공하고 있다. 그중 가장 논란을 낳은 것은 장애인 방문객에게 편의를 제공하기 위해 만든 장애인 전용선이다. 놀이공원 정문에서 장애인 패스권을 발급받으면, 장애인 1명과 최대 6명의 동반자가 놀이기구를 빠르게 즐길 수 있었다. 그런데 당황스럽게도, 디즈니랜드는 장애인들이 시간당 130달러 정도를 받고 자기 몸을 대여해 비장애인 가족이 우선 탑승할 수 있도록 돕는다는 사실을 알게 됐다.

일부 사람들은 휠체어 대여소에서 장애인 행세를 해서 통행증을 받아가기도 했다. 이런 꼼수를 알아챈 어느 방문객은 이렇게 지적했다. "암시장에서 장애인 가이드를 구하면 줄을 안 서도 되는데, 누가 돈 주고 VIP권을 산답니까?" 장애인을 고용한 뉴욕의 한 고객은 전혀 죄책감이나 부끄러움 없이 무덤덤하게 말했다. "디즈니랜드 이용객 중 1퍼센트의 사람들이 디즈니랜드에 이렇게 해달라고 요구하지 않나요?"

디즈니랜드는 결국 장애인 우대제를 폐지하면서 이렇게 공지했다. "장애인을 고용해 (우리의) 호의를 악용하려는 이용객이 있다는 점을 매우 유감스럽게 생각합니다." 그렇지만 지금도 새치기를

원하는 1퍼센트에게 디즈니랜드는 돈을 받고 새치기 서비스를 제
공하고 있다.

선착순 제도에 균열을 일으키는 이런 행동은 공정하지 못한
것일까? 이를 비판해야 할까? 어찌 됐든 캠프아웃은 듀크대 학생들
에게 특별한 경험으로 남는다. 패스트패스플러스는 고객들의 스트
레스를 줄여준다. 프라이빗 VIP 투어는 적어도 디즈니랜드 주주들
에게는 이익을 선물한다.

- 푸드트럭 대 점포사업자 -

소유권 규칙을 새롭게 바꿀 때마다 승자와 패자를 꼭 구분할
필요는 없다. 달라진 상황에 대한 평가는 내가 앉은 위치에 따라 달
라진다. 현재 미국 여러 도시에선 카풀 차량이나 전기차량에 전용
선을 배정하는 정책을 도입하고 있다. 이 정책에 대한 대중의 반응
은 꽤 좋은 편이다. 이 정책으로, 도로에 차량이 줄고 공기가 맑아
졌다. 그런데 경유차를 혼자 운전하는 사람이 혼잡통행료 명목으로
추가 요금을 내고 전용선을 이용할 수 있다면, 카풀 전용선에 대한
긍정적 인식이 낮아질까? 혼잡통행료는 원활한 통행 속도를 유지
하기 위해 운전자에게 시시각각 다른 요금을 청구하는 제도다.

2016년 12월, 버지니아 주에서 워싱턴 D.C.로 진입하는 66번
간선도로 이용자를 대상으로 출퇴근 시간대에 혼잡통행료 제도가
실시됐다. 정책을 시행하기 전 진행한 인터뷰에서 운전자들은 혼잡
통행료 정책에 찬성한다고 말했다. 이론상 몇 달러만 더 내면 더 빨

리 통과할 수 있는데 누가 싫어하겠는가. 그러던 어느 날 도로 정체가 극심해지자 통행료가 10마일당 35달러까지 치솟았다. 이에 대해 한 여성 운전자는 〈워싱턴 포스트〉 기자에게 "어이없다"라고 불평했다.

그렇지만 이것이 바로 혼잡통행료의 본래 취지다. 통행 요금이 오르자 1인 운전자 다수가 66번 간선도로에서 빠져나갔고, 덕분에 도로 정체가 풀렸다. 운전 속도는 평균 시속 60킬로미터에서 75킬로미터로 빨라졌다. 요금을 더 내고 빨리 달리려는 운전자에게는 행복한 속도다. 아마 이 사람들은 돈으로 의회 청문회 좌석을 사고, 디즈니랜드에서 프라이빗 VIP 투어를 하는 1퍼센트에 해당하는 이들일 것이다. 그렇지만 정작 도심에 빨리 진입해야 하는 사람은 일반 직장인이지 않을까?

버지니아 주는 듀크대나 디즈니랜드처럼 소유권 설계를 주도하는 위치에 있다. 선착순이라는 오랜 원칙은 교통 혼잡과 대기오염이라는 비용을 낳았다. 반면 혼잡통행료는 운전자에게 시간과 돈 둘 중 하나를 선택하게 한다. 결과적으로 카풀 전용선에서 혼잡통행료를 받으면 세상은 더 맑고 건강해진다. 버지니아 주가 늘어난 수입을 버스 전용선에 투자하면 도로를 달리는 개인 차량은 더욱 줄어들 것이다. 물론 반대 시나리오도 가능하다. 심한 경우, 도로는 부자들만 이용하는 또 다른 장소가 될지도 모른다.

선착순 원칙이 사회공학적 도구로 어떻게 작동하는지에 대한 마지막 통찰을 얻기 위해, 최근 논란이 되고 있는 푸드트럭, 푸드카트의 주차 공간 논쟁을 살펴보자. 최근 유행하는 푸드트럭은 미국 요식업계에서 매우 혁신적인 분야로, 여기서 선보인 메뉴가 주류 문화로 편입되고 있다. 2008년 로스앤젤레스에서 로이 최는 고기 Kogi BBQ 푸드트럭을 통해 한국 불고기에 멕시코 음식 타코를 접목한 신메뉴를 소개했다. 이 한국식 타코는 맛이 뛰어나고 여러 메뉴로 변형 가능해 지금은 고급식당의 메뉴판에도 등장했다.

푸드트럭과 푸드카트는 식문화에 기여할 뿐 아니라 미국에 이민 와서 정착하려는 이민자들에게 중요한 발판이 되어주고 있다. 그러나 길거리 음식점이 우후죽순 늘어나자 종래의 점포식당들은 경계의 시선을 보내고 있다. 점포식당은 월세와 공과금을 내고, 엄격한 보건 안전 지침을 따르며 영업한다. 운영비가 많이 들다 보니 식당 근처 주차장에 날로 늘어나는 푸드트럭이 공정한 경쟁 상대로 보일 리 없다. 그래서 점포식당 주인들은 행정부에 푸드트럭을 막아달라는 요구를 하고 있다. 그런데 이러한 다툼이 선착순과 어떤 관련이 있을까?

알고 보면 모든 것과 맞닿아 있다. 식당들은 주차장 논쟁에 선착순이라는 잣대를 들이댔다. 이들은 경쟁자들이 기존 식당 주변에 주차할 수 없게 해달라고 지역 공무원에게 로비했다. 식당이 먼저 자리 잡았으니, 푸드트럭과 푸드카트는 들어올 수 없다는 게 그들의 논리였다. 인근 주차장은 먼저 온 순서대로 주차하는 게 맞지만, 그 '먼저'의 의미를 다른 요식업 경쟁자를 몰아내는 쪽으로 다듬으려 한 것이다.

이에 설득된 볼티모어 카운티 관계자들은 식당 반경 60미터 이내에는 푸드트럭이 주차하지 못하게 했다. 활발한 상권에서 푸드트럭을 사실상 몰아낸 것이다. 시카고도 이와 동일한 규정을 시행하면서, 푸드트럭에 시에서 추적 가능한 GPS 장치를 부착하도록 의무화했다. 현재 시카고는 푸드트럭이 70개에 불과한 반면, 주차 제한 규정이 없는 오리건 주 포틀랜드는 면적이 시카고의 4분의 1인데도 푸드트럭이 500개가 넘는다. 이는 우연한 결과가 아니다. 그러다 보니 이들 지역은 음식 풍경도 전혀 다르다. 얼핏 주차 규정에서 어느 쪽에 동의하느냐는 전통 식당과 퓨전 타코트럭 중 어느 쪽을 선호하느냐의 문제로 보인다.

여기에는 더 중요한 쟁점이 있다. 주차 제한 규정은 기존에 영업하던 식당을 보호하고 시의 과세 기반을 지킬지 모른다. 그렇지만 요식업의 혁신을 억누르고 신규 고용을 제약한다. 이주자들의 활로도 막아버린다. 바로 이것이 선점의 기준을 놓고 다투는 주차장 논쟁의 핵심이다. 이는 신참자와 토박이가 대립하는 존슨 대 매킨토시 사건('정복자가 영역의 경계를 정한다')의 재연에 다름아니다. 그렇지만 이번에는 새로 온 자들이 패배했다.

명심해야 할 점은 선착순에 대한 모든 규정이 일종의 사회공학적 도구로, 보통 드러나지 않는 다른 목적을 위해 쓰인다는 점이다. 누구든 소유권 설계를 주도하는 자는 타인의 행동에 교묘한 영향력을 행사해 소유자의 이해를 실현한다. 듀크대가 얼굴에 파란색 페인트칠을 하고 응원하는 독특한 팬들을 선별하는 것, 디즈니랜드가 이윤을 극대화하려고 새로운 이용권을 선보이는 것, 버지니아 주가 환경에 유익한 통행료 정책을 시행하는 것 등이 그런 사례들다. 소유자가 보기에, 끈기 있게 줄 서는 사람에게 보상하는 방식으로는 자신들의 목적을 충분히 달성할 수 없다. 이들에게 선착순은 구식이고 손해 보는 장사다.

　우리는 하루에도 수백 번 정확히 어떤 소유권 원칙이 내가 원하는 자원을 통제하고 있는지 무의식적으로 간파해야 한다. 술집에서 주문하러 자리를 뜰 때, 해변에서 타월 깔 자리를 고를 때 우리는 자연스럽게 묻는다. "어떻게 해야 이 자리를 찜하지?" 사회화가 잘된 성인으로 성장하려면, 어떤 맥락에서 어떤 소유권 원칙이 작동하는지 세심하게 파악하는 능력이 필요하다.

　선착순은 여전히 많은 경우에 적용된다. 차를 끌고 도착한 마트 주차장은 선착순을 기본 원칙으로 한다. 어디든 비어 있는 곳에 주차하면 된다. 선착순 말고 다른 규칙을 적용할 경우, 주차장 주인은 그 대안을 아주 뚜렷하게 제시해야 한다. 도로 바닥에 스텐실 도장 공사로 이름을 새기든가, '허가받은 사람만 주차 가능', '장애인 전용 주차 공간'이라고 쓴 표지판을 설치해야 한다. 이는 해안가나 영화관, 음식점, 대법원 방청석 대기줄도 마찬가지다.

　다음에 줄 서서 기다릴 일이 있으면 내 앞에 선 사람들이 아르바이트생은 아닌지 의심하며 시간을 보내지 말고, 왜 이런 줄 서기를 설계했을까 생각해보자. 귀중한 자원을 가진 이들이 다른 방식도 아닌 줄 서기로 자원을 배분하려는 이유가 무엇인지, 특정 행동을 유도하는 복합적인 시스템이 작동하고 있는 것은 아닌지 살펴보자. 결론적으로 선착순은 소유자가 어떤 목적을 달성하기 위해 내리는 기술적이고 도덕적인 판단이다. 그 목적은 우리의 지갑을 여는 것, 카풀 차량을 늘리는 것, 경쟁자를 밀어내는 것, 얼굴에 파란 칠을 하게 하는 것 등 보통은 언급하지 않는 것들이다.

이런 의도를 알고 나면, '내가 원하는 행동을 남들에게서 끌어
내려면 소유권을 어떻게 설계해야 할까?'라는 질문이 떠오를 것이
다. 무작정 옛날 방식인 선착순이 우리의 이익을 최대한 실현시켜
줄 거라고 전제하지는 말자. 당신이 부모나 교사라면 어떤 아이에
게 사탕을 주겠는가? 큰 목소리로 먼저 말한 아이인가, 앞줄에 선
아이인가? 아니면 다른 어떤 행동을 기준으로 삼겠는가? 당신이 에
어비앤비의 호스트(숙소 제공자)라면 맨 먼저 문의한 사람에게 방을
빌려주겠는가, 아니면 특별한 VIP 게스트에게 대여하겠는가? 그도
아니면 나름의 세심한 기준을 세우겠는가?

선착순은 이점이 많다. 다루기 쉽고, 공정과 평등을 따지는 우
리의 직관과도 잘 맞는다. 선착순이 유사 이래 지금까지 살아남은
건 그만한 이유가 있기 때문이다. 그렇지만 선착순은 섬세하지 못
하며, 악용되거나 변질되기 쉽다. 또 목표를 온전히 달성하지 못
하고 엉뚱한 고객이 꼬이기도 한다. 때로 줄 서기 아르바이트 같은 대
행업체들이 자원을 장악해 이를 인내심 없는 부유한 입찰자에게 되
팔아 가치를 얻는다. 어떤 경우는 소유자들이 직접 변화를 주도한
다. 모두에게 동일한 가격으로 팔지 않고 돈을 더 낸 소수에게 특별
한 경험을 선사하는 식으로 바꾸는 것이다. 이를 통해 소유자는 부
족하고 한정된 자원에서 더 많은 가치를 뽑아낼 수 있다.

이러한 소유권 연금술에는 돈이 티켓 구매자에게서 암표상 주
머니로 옮겨가는 것 이상의 더 깊은 의미가 숨겨져 있다. 현재 솔드
같은 줄 서기 대행사들은 우리를 사회적 혁신으로 이끌고 있다(이
혁신이 좋으냐 나쁘냐는 논쟁의 여지가 있다). 이는 조용하지만 매우 획
기적인 변화로, 돈을 받고 시간을 팔면 이윤이 생긴다는 사실을 깨

달으면서 가능해졌다.

선착순은 우리 사회의 핵심 가치에 대한 계속되는 논쟁과 운명을 같이할 것이다. 줄 서기 대행 서비스는 현 사회의 그림자일까 새로운 해결책일까? 평범한 시민이 줄 서기 대행사와 경쟁하지 않고도 대법원 방청이 가능하도록 해야 할까, 아니면 수천 달러를 내고 방청석을 사려는 변호사와 로비스트에게 좌석을 배정하는 편이 사회적으로 더 가치가 있을까? 연방대법원은 학생들을 위해서 방청석을 따로 남겨놓아야 할까? 방청석을 경매해 얻은 수익을 고등학생들이 대법원 청사를 견학하는 데 쓰는 것은 어떨까? 이건 저자들의 생각인데, 아예 다른 식으로 접근해볼 수도 있다. 이를테면 법정 공방을 스트리밍 서비스로 제공해 누구나 온라인에서 접할 수 있게 하는 것이다. 코로나19 봉쇄 기간 동안, 연방대법원은 이와 비슷한 시도로 오디오 스트리밍 서비스를 제공했는데, 이것 때문에 사법 행정에 어떤 문제가 생기거나 하지는 않았다.

모든 소유권 원칙은 각자 중시하는 가치에 보상을 해준다. 머리말에서 다룬 흔들의자 소송에서 여러 가지 해결책이 나온 것도 서로 가치 판단이 다르기 때문이다. 과거부터 이어져온 방식인 선착순은 남들보다 일찍 가서 인내심 있게 기다릴 만한 시간적 여유가 있는 사람에게 보상해준다. 시간의 양은 모두가 똑같다. 내게 하루 24시간이 있으면, 남들도 마찬가지다. 반면 먼저 가도 나중에 대접받는 방식은 부유한 사람에게 혜택을 준다. 이는 시간은 부족하지만 지불 능력은 있는 사람, 또는 남의 시간을 돈 주고 살 능력이 있는 사람에게 유리하다.

이 정도 배경지식을 갖추면, 세계적으로 성공한 기업들이 왜 다음과 같은 고객 서비스를 제공하는지 의문이 풀릴 것이다. 이를 테면 대기 시간 없이 바로 음료를 찾아가는 스타벅스의 사전 주문 앱, 단골 승객이 먼저 기내에 오르는 유나이티드 항공사의 우선 탑승권, 구매 상품이 20개 이하일 때 사용 가능한 월마트의 소량 계산대 등의 서비스 말이다. 오래된 기업일수록 선착순에 대한 기존 통념을 귀신같이 바꾸어 고객이 자신의 시간이나 돈 또는 둘 다를 거리낌 없이, 심지어 기뻐하며 내주도록 만들고 있다.

소유권 설계는 초콜릿 아이스크림과 바닐라 아이스크림 둘 중 하나를 고르는 문제가 아니다. 소유권에는 우리가 가장 중시하는 가치가 걸려 있다. 경제 전반에 걸쳐 소유권은 먼저 온 사람이 아닌 나중에 온 사람을, 시간보다는 돈을, 평등보다 특혜를 인정해주는 쪽으로 기본 원칙을 조용히 바꾸고 있다. 이 모두가 소유자의 이익을 위한 것으로, 우리들의 이익과는 딱히 관계가 없다. 이러한 선택은 영원하지도, 불가피하지도 않다. 그렇지만 그 선택은 우리가 현대 생활의 필수 재화를 놓고 상호작용할 때 소비자로서 그리고 시민으로서 어떤 존재여야 하는지 되돌아보게 한다.

2장
자리 싸움

점유의 법적 권한은
10퍼센트

– 보스턴 주차 의자 –

눈이 많이 내리는 미국 도시에서 자란 사람이라면 다들 알 것이다. 눈보라가 친 다음 날이면 밖으로 터벅터벅 걸어 나가 눈더미에 깔린 내 차를 찾아낸 다음, 삽으로 눈을 파내기 시작한다. 힘들게 눈을 치우고 차를 빼낸 후, 차를 몰고 일하러 간다. 그런데 걱정이 하나 있다. 다른 운전자가 내가 눈을 치운 자리를 발견하고는 얼씨구나 하고 차를 대면 어쩌지? 퇴근하면 어디에 주차해야 할까? 거리에는 아직 눈이 잔뜩 쌓여 있는데 말이다. 그래서 등장한 게 주차 의자다.

예전부터 보스턴 사람들은 폭설이 오면 눈을 치운 자리에 적치물을 둬서 주차 공간을 확보했다. 이러한 관행을 시카고에서는 딥스dibs, 필라델피아에서는 세이브지즈savesies라고 부른다. 필라델피아를 제외한 다른 펜실베이니아 주 지역들은 '피츠버그 주차 의자'로 공간을 확보한다. 이 모든 지역은 눈이 다 녹고 평상시 규칙을 다시 적용할 수 있을 때까지 의자로 자리 맡기를 허용한다. 적어도 눈이 내리고 나서 며칠 동안은 주민들이 자율적으로 거리의 주차장을 통제하며, 시 공무원들은 이를 용인한다. 지역 주민들은 이러한 비공식 관행에 자부심을 가지고 있다. 주민 모두 이 불문율을 인지하고 트집 잡지 않는다. 주황색 주차고깔, 진공청소기, 부서진 다리미판 등 그 무엇을 갖다놔도 인정된다. 심지어 시리얼 상자도 괜찮다. 다른 운전자에게 '이곳은 내가 맡았음'이라고 선언할 수만 있으면 된다.

나이 지긋한 주민들이 기억하기로, 노상 주차장이 부족할 만큼 차량이 늘어나면서 보스턴에 주차 의자가 등장했다. 사우스 보스턴에서 나고 자란 브라이언 마호니는 이렇게 말했다. "어린 시절에는 동네 사람들이 밖에 물건을 세워둘 필요가 없었어요. 다들 이웃집 주차 공간이 어딘지 알았기 때문이죠. 당시만 해도 같은 거리에 지나다니는 사람이 누군지 다 알았어요." 사우디(사우스 보스턴 출신-옮긴이) 주민들은 다 같이 눈을 치웠고, 거리를 지켜봤고, 낯선 사람의 접근을 막았다. 굳이 의자로 자신의 주차 구역을 표시할 필요가 없었다.

그러다가 1970년대 후반 콘도가 낡은 3층 주택을 밀어내고, 타지 사람들이 유입되면서 모든 게 달라졌다. 거리의 주차 공간은 한정돼 있는데 돌아다니는 차량은 많아졌다. 주차 의자가 등장한 계기를 1978년 미국 동북부 폭설로 보기도 한다. 이때 주민들은 적치물로 간단하게 자신의 주차 구역을 표시했고, 이웃들은 대부분이 신호를 받아들였다. 이를 무시하는 사람은 차량이 훼손되거나 폭행을 당했다.

주차 의자의 등장으로 눈이 내릴 때면 안 그래도 부족한 주차 공간이 더 부족해졌다. 그러나 보스턴 시 당국은 별다른 조치를 취하지 않았다. 장사하는 사람들은 손님이 주차할 곳이 없다며 불평했다. 서비스직 종사자들은 주차 공간을 찾을 수 없었다. 호텔 투숙객은 동네를 빙빙 돌아야 했다. 상황이 이런데도 주차 의자가 놓인 공간은 온종일 '주인'이 돌아올 때까지 비어 있었다. 불만의 목소리가 커지자 2005년 보스턴 시는 폭설이 온 후 48시간 동안만 주차의자를 허용하겠다고 발표했다. 주민들은 바로 반발했다. 보스턴 시의회 의원 제임스 켈리도 시의 지침에 반대했다. "이것은 미국인의 정체성을 건드리는 문제다. 금광 채굴자와 서부 개척자처럼, 주민들도 자신의 소유권을 주장할 권리가 있다." 사우디 주민들은 처음에는 48시간 제한 규정을 무시했다. 근래에 와서야 시의 조치가 서서히 받아들여지고 있다.

그러나 93번 주간 고속도로를 사이에 두고 사우스 보스턴과 마주보는 부촌 사우스 엔드는 다른 방식을 취했다. 2015년 지역주민연합회들이 뭉쳐 압력을 행사하자, 시의회는 사우스 엔드를 '적치물 없는 시범 마을'로 선포했다. 이 정책으로 사운스 엔드 주민이 당국에 요청하면 폐기물 처리반은 '버려진 가구'를 바로 수거했다. 48시간 점유는 용납되지 않았다. 마티 월시 시장은 바뀐 정책을 지지했다. "거리는 개인의 공간이 아니다. 눈에 파묻힌 차를 꺼내려고 수고한 것은 맞지만 이곳은 보스턴 시의 거리다." 시장의 말은 일리가 있었다. 어쨌든 주민들은 이동하려면 눈을 치우고 차를 꺼내야 했다. 눈 치우는 수고를 했다고 공용 공간을 독차지할 권리가 있을까?

보스턴 원주민 애덤 레스코는 주차 갈등을 돌이켜보며, 늘어난 주차 의자가 달라진 동네 분위기에 대한 일종의 항거라고 평했다. "넓게 보자면 터줏대감인 올드 가드old guard에게 이는 이웃과의 유대를 지키는 한 가지 방법이었습니다. 오랜 이웃이 집값 때문에 동네를 떠나는 모습을 보며, 주민들은 이렇게라도 해서 동네 분위기를 지키고 싶어 했죠."

보스턴 주민 브룩 글리든은 새로운 규칙과 동네 관습 사이에 끼어 난처한 상황에 놓인 적이 있다. 글리든은 2015년 뉴욕에서 사우스 보스턴으로 이사 왔다. 전에 살던 곳에서는 눈 치운 자리에 의자를 두었다가는 주차 자리도 잃고 의자도 잃었다. 글리든은 눈에 파묻힌 차를 꺼낸 다음, 뉴욕의 관행대로 다른 운전자를 위해 공간을 비워두었다. 평소 주차할 때도 글리든은 선한 이웃의 자세로 의자가 없는 곳을 찾아 주차했다. 그러던 어느 날, 밤늦게 귀가한 글리든은 고깔이 놓인 자리에 주차했다. 며칠 전 폭설이 내린 이후 그 자리에는 계속 꼬깔이 놓여 있었다. 다음 날, 글리든의 차 앞 유리창에 빨간 유성펜으로 이렇게 적혀 있었다. '내 고깔 어디 있어? 그것도 네가 가져갔냐?'

글리든은 경찰에 신고했지만, 보스턴 경찰은 주차 의자 싸움에 개입하려 들지 않았다. 글리든은 물러서지 않았다. 그는 며칠 후 같은 장소에 있던 또 다른 고깔을 치우고 주차했다. 글리든은 "다른 사람의 소유물에 낙서한 것은 그 어떤 변명도 통하지 않는 행위다"라고 말했다. 그래도 글리든은 가볍게 넘어간 편이다. 주차 갈등은 때로 심각한 결과를 빚어내기도 한다. 고깔이나 의자를 무시하고 주차했다가 열쇠로 차를 긋거나 창문을 깨거나 타이어에 바람을 빼 놓는 일이 벌어졌다. 드문 일이지만, 물건을 놓았던 사람이 이를 무시하고 주차한 사람을 때리거나 총으로 쏘기도 했다.

주차 의자 정책은 동네의 관행, 새로 온 주민과 상인들의 요구, 폭력에 대한 주민들의 바닥난 인내심 사이에서 오락가락했다. 사우디에 오래 산 주민들은 주차 의자로 점유를 주장했다. 반면 글리든 같은 다른 주민들은 선착순을 고수했다. 로체스터나 버펄로 등 뉴욕 주 북부 도시들은 보스턴보다 눈이 많이 내리지만 의자를 놓아 둔다고 해서 얻을 수 있는 것은 없다. 보스턴보다 남쪽에 위치한 필라델피아에서는 '#노세이브지즈#nosavesies' 캠페인을 시작했다. 이는 사우스 엔드의 '적치물 없는 마을'과 비슷한 시도다. 그러나 다수의 도시들은 여전히 주차 공간의 점유 원칙에 대한 결론을 내리지 못하고 있다. 따라서 주차 의자를 치우려면 위험을 각오해야 한다.

주차 의자로 상징되는 점유는 어린 시절 비밀스러운 언어로 익히는 개념으로, 사회화가 잘된 성인을 구분하는 척도다. 다른 언어들처럼 점유도 끊임없이 바뀌는 개념이어서 주민, 기업, 정부 모두 그 의미를 다듬으려고 서로 다툰다. 우리는 하루에도 수백 번 주차장과 카페, 엘리베이터, 놀이터, 그밖의 장소에서 타인의 점유권을 무의식적으로 받아들인다. 이러한 주장은 대개 암묵적 신호나 존중, 관습의 형태를 띤다. 점유 신호에 대한 이해는 우리가 앉고 서고 움직이는 위치를, 그리고 일상에서 소중한 자원과 상호작용하는 방식을 결정한다. 이번 장에서는 그 신호를 파악하고 활용하는 법을 알아보자.

좁게 보면 이웃, 사업가, 정부는 점유의 상징을 이용해 우리의 행동을 교묘히 조종한다. 넓게 보면 정치 지도자는 우리의 점유 본능을 이용해 전쟁과 정복을 정당화한다. 한마디로, 점유는 자원을 소유한 자가 자신이 원하는 대로 현실을 구현하는 강력한 도구다. 또한 점유 원칙은 보통 법이 아니지만 법보다 강력한 힘을 발휘한다.

- 계산하기 전 카트에 넣어둔 빵은 누구 것일까 -

왜 사우디 주민들은 자신이 꼬깔을 놓아둔 자리에 주차한 차를 망가뜨리고도 자신의 행동이 정당하다고 생각할까? 이런 태도는 단지 외부인과의 의견 차이를 보여주는 게 아니다. 이들의 주장은 선착순(1장을 참고하라)이나 생산적 노동(3장을 참고하라)에 근거하기도 하지만, 점유 자체가 이들의 소유권을 구성한다. 손꼽히는 재산법 연구자인 캐럴 로즈는 "제설 작업이라는 유용한 행동은 다른 차량의 진입을 가로막는 '물체'만큼 명백하게 의사를 전달하지 못한다"라고 지적했다.

예배나 체육 수업 때 '내가' 항상 앉던 자리를 딴 사람이 차지한 경험이 있을 것이다. 상대에게 거칠게 반응하지는 않았겠지만, 그때 심정이 어땠는지 기억해보라. 물리적 점유에 근거한 주장, 쉽게 말해 내가 차지했으니 내 것이라는 주장은 소유권에 관한 우리의 가장 원초적인 이해를 반영한다. 여기서 원초적이라는 표현은 말뜻 그대로다. 원시적 본능인 점유는 동물의 행동에 뿌리박혀 있고 인간의 두뇌에 내장되어 있다.

물리적 점유욕은 아동 발달 초기 단계부터 등장한다. 첫돌 무렵, 모든 문화권의 아기들은 담요 같은 특정 물건에 강한 점유욕을 보인다. 이를 이행 대상^{transitional object, 移行對象}이라 하는데, 엄마 품에서 떨어져 나와 기어 다니기 시작하는 아이에게 안도감을 준다. 아이에게 이 물건들은 자아의 연장에 다름 아니다. 18개월 무렵 아이가 쓰는 단어에서 '내 것'은 중요한 표현이다.

어떤 물건을 물리적으로 장악하겠다고 신호를 보내는 것은 자아와 독립심을 형성하는 데 결정적인 역할을 한다. 아이가 어떤 인형이나 트럭을 내 것이라고 말하면, 이는 네 것도 아니고 다른 누구의 것도 아니라는 뜻이다. 아이는 끊임없이 자기가 원하는 것을 손에 넣으려고 애쓴다. 인간은 이렇게 어린 시절의 투쟁을 거치면서 자기 것을 주장하고 지키는 법을 배워가는 한편, 남들이 하는 그런 주장도 이해하고 받아들이기 시작한다.

점유욕은 성인의 행동에도 중요한 영향을 미친다. 노벨상을 수상한 경제학자 대니얼 카너먼과 리처드 탈러는 '지금 내가 갖고 있다'라는 생각만으로도 평범한 물건에 부여하는 가치가 달라진다는 사실을 보여주었다. 이제 고전이 된 한 실험에서, 카너먼과 탈러는 일부 학생들에게 평범한 머그컵을 건넨 다음, 이 물건을 포기하는 대가로 얼마를 받겠는지 물었다. 또 다른 학생들에게는 현금을 준 다음, 동일한 머그컵을 사는데 얼마를 쓰겠는지 물었다. 두 학자는 두 경우 모두 부르는 가격이 비슷할 것이라고 예상했다.

실험 결과는 예상과 달랐다. 몇 번을 되풀이해도, 머그컵을 포기해야 하는 학생들은 머그컵을 사려는 학생들보다 그 가치를 두

배 이상 높게 불렀다. 구체적으로 5.78달러 대 2.21달러였다. 초코바, 농구 시합 티켓, 복권, 음반 등으로 물건을 바꿔가며 정교한 실험을 수백 번 반복해봤지만, 결과는 같았다. 침팬지와 꼬리감는원숭이를 대상으로 실험을 해봐도 결과는 마찬가지였다.

이 모든 실험에 담긴 기본 심리는 동일하다. 인간은 물리적으로 어떤 물건을 차지하고 나면, 그 가치를 전보다 높게 매긴다. 물건에 대한 애착이 가치로 바뀌면서 물건을 먼저 받고 이를 포기할 때 부르는 가격이, 현금부터 받고 부르는 가격보다 높게 나타난다. 머그컵을 파는 학생들은 평범한 머그컵을 파는 게 아니다. 자신의 일부를 포기하면서 '나의' 머그컵을 내주는 것이다. 그래서 가격에 프리미엄이 붙는다. 탈러는 이를 소유 효과Endowment Effect라고 불렀다.

소유 효과는 우리 일상에 많은 영향을 준다. 가장 최근 쇼핑 카트에 물건을 담아 계산대 앞에 섰던 경험을 떠올려보자. 낯선 사람이 다가와 내 쇼핑 카트를 유심히 들여다보더니, 빵을 꺼내고 우유 한 통을 집어 든다. 누가 봐도 정신 나간 행동이다. 물론 그런 일은 현실에선 일어나지 않는다(생각해보니 코로나가 처음 터졌을 때, 화장실 휴지를 훔쳐간 사람들이 있긴 했다). 이런 상황에 맞닥뜨린다면 당신은 그 사람에게 소리칠 것이다. "이봐, 당신 지금 뭐하는 거야? 내 물건이잖아!" 그런데 생각해보라. 쇼핑 카트에 담긴 빵과 우유가 왜 당신 것인가? 아직 결제도 하지 않았다. 물리적으로 점유했다고 법적 소유권이 생기는 것도 아닌데, 무엇을 근거로 자신 있게 호통 치는 건가?

이러한 점유 본능을 잘 아는 소매업체들은 이를 이용해 제품에 대한 애착이 구매로 이어지도록 유도한다. 애플이 뻥 뚫린 개방형 매장을 통제된 무질서 상태로 운영하는 것도 이런 이유에서다. 애플 매장 직원은 고객이 아이폰, 아이패드 같은 매력적인 제품을 얼마든지 자유롭게 체험하게 두라고 교육받는다. 고객이 제품과 물리적 유대가 깊어져 소유욕이 생기면, 아이패드에 부여하는 가치는 그만큼 올라간다. '그 아이패드'가 '내 아이패드'로 바뀌면 예전만큼 제품 가격이 비싸다는 생각이 들지 않는다.

옷가게 점원이 입어보라고 권하고, 자동차 딜러가 시승을 부추기는 것도 점유의 본능에서 그 이유를 찾을 수 있다. 새 옷을 입거나 새 차를 몰아보고 나면 내 물건이라는 느낌이 더 생생해진다. 이런 이유로 온라인 신발 쇼핑몰 자포스는 제품을 쉽게 반품할 수 있도록 시스템을 개선해서 고객이 다양한 신발을 신어보게 하고, 매트리스 판매업체는 무료 반품 기간을 6개월이나 둬서 제품을 충분히 써보게 한다. 일부 기업이 제품을 먼저 받아보고 나중에 결제하도록 하는 것도 같은 맥락에서다. 내 물건이라는 생각이 들면 물건을 떠나보내기 어려워진다. 물리적 유대가 생기면 물건에 부여하는 가치가 올라가기 때문이다.

법 또한 우리의 물리적 점유 본능에 편승하려고 한다. 우리가 매일 갖고 다니는 소지품을 생각해보라. 지갑, 휴대폰, 백팩, 옷이나 빗, 그리고 책상 위에 놓아둔 이 책을 떠올려보라. 누가 이 물건을 가져가려고 할 때, 내 소유임을 어떻게 증명할까? 보통 그 답은 놀랍게도 물리적 점유에 있다. 그게 전부다. 내가 당신 책을 가져가면, 법은 단지 당신이 나보다 먼저 점유했다는 사실 하나로 당신의 소유권을 인정해준다.

이 원칙은 또 다른 중요한 경제적 관계를 가능하게 한다. 내 옷을 세탁소에 맡기거나 자동차 열쇠를 대리주차요원에게 넘기는 경우를 생각해보자. 내 정장과 차량 열쇠를 돌려받는다는 확신은 어디에서 올까? 바로 물건을 넘기기 전 내가 물리적으로 점유하고 있었다는 사실에서 온다. 계약서나 증서, 또는 내가 실제 법적 소유 자임을 보여주는 법원 기록을 꺼내들 필요는 없다. 세탁소나 주차 요원이 건네준 보관증만 있으면 된다. 이런 과정을 법률 용어로 '위 탁bailment'이라고 한다. 내 소유권을 유지한 채 특정 목적을 위해 일 정 기간 물건의 물리적 점유를 넘기는 것이 위탁이다. 우리는 놀랍 게도 귀중품을 낯선 사람에게 주저 없이 위탁한 후 아무 조건 없이 돌려받을 거라고 믿는다.

물리적 점유에서 오는 확신이 있기에, 유용한 경제 활동이 방 대하게 이뤄진다. 이는 책, 선글라스 등 여러 물건을 구입한 영수증 을 내 주머니에 가득 넣고 다닐 필요가 없다는 뜻이다. 또한 소매치 기가 내 바지에서 지갑을 슬쩍했다고 지갑 주인이 되지는 않는다 는 뜻이다. 불법 침입자가 내 땅에 발을 들여놓았다고 해서 내 땅의 주인이 되지는 않는다는 뜻이기도 하다. 내가 떨어뜨린 시계를 주 웠다고 해서 그 사람이 시계 주인이 되는 것은 아니다. '주운 사람이 임자, 잃은 사람은 우는 자Finders keepers, losers weepers'라는 속담은 얼 핏 맞는 말 같지만 법과 관행은 그와 반대되는 이야기를 한다. '물건 을 주운 사람은 이를 돌려주는' 게 현실의 규칙이다. 다들 살면서 물 건을 돌려준 경험이 한 번쯤 있을 것이다. 대부분의 사람은 거의 언 제나 이전 소유자에게 물건을 돌려주려고 한다.

이처럼 물리적 점유는 갈등을 해결하는 아주 간단하고, 오래

됐으며, 비용이 적게 들고, 입증하기 쉬운 방법이다. 다른 모든 조건이 같을 때 이전에 물건을 보유한 사람은 나중에 취득한 사람보다 앞선다.

그렇지만 늘 그렇지는 않다.

– 콜로라도에서는 18년만 버티면
남의 땅도 내 땅이 된다 –

1980년대 돈 컬린과 수지 컬린 부부는 콜로라도 주 볼더 시 하드스크래블 드라이브에 인접한 토지를 구입했다. 로키 산맥의 지류인 프론트 산맥의 멋진 풍광이 한눈에 들어오는 곳이었다. 부부는 나중에 땅을 팔아 노후 자금으로 사용할 계획이었다. 그래서 땅을 개발하지 않고 그냥 뒀다. 이후 땅값이 100만 달러로 뛰면서 이는 안목 있는 투자로 보였다. 적어도 컬린 부부의 생각은 그랬다.

볼더 시장을 지낸 볼더 카운티 판사 리처드 맥린과 그의 아내 에디 스티븐스는 컬린 부부가 구입한 공터 옆에 살았다. 20년 동안 이들은 컬린 부부의 땅 중 3분의 1을 자기네 뒤뜰처럼 사용했다. 주기적으로 파티를 열고, 장작을 모았으며, 공터를 가로지르는 '에디의 길'을 만들어 관리했다. 실제 부지의 경계를 모르는 사람이라면 땅 주인이 맥린과 스티븐스라고 생각했을 것이다.

2007년 맥린 부부는 이 모든 의심을 해소하기 위해 '자기네 뒤뜰'에 대한 소유권 확인 소송을 제기했다. 컬린 부부는 충격을 받았다. 자기네 땅을 불법으로 침입한 자들이 뻔뻔하게 소유권까지 주장하고 나섰기 때문이다. 판사가 맥린과 스티븐스의 편을 들자, 컬린 부부는 더 큰 충격을 받았다. 분노한 사람은 컬린 부부만이 아니었다. 판결이 나온 직후 맥린과 스티븐스는 총알과 협박 편지가 들어 있는 익명의 소포를 받았다. '과거 서부 개척 시대였으면, 너희 같은 족속은 처단되고도 남았다.'

그렇지만 협박 편지에 적혀 있는 내용은 사실과 다르다. 서부 개척 시대에는 물리적 점유에 근거한 소유권이 지금보다 훨씬 더 강하고 넓게 인정받았다. 당시 서부에 정착해 땅을 일구며 살던 사람들은, 아득히 먼 옛날의 신뢰하기 힘든 공식 기록을 들이밀며 소유권을 주장하는 부재 지주에게 총을 겨누기도 했다. 놀랍게도 미국에서 상당수의 토지 소유권은 그 기원이 1800년대의 불법적 토지 점유로 거슬러 올라간다. 당시 클레임 클럽claims clubs이란 이름으로 뭉친 불법 점유자들은, 초창기 주 의회를 압박해 자신들이 점거한 땅에 대한 소유권을 인정받았다. 요즘도 이를 표준 관행으로 삼는 국가가 많다.

맥린과 스티븐스가 꺼내든 카드는 '점유에 의한 취득adverse possession'이었다. 이 고대의 규칙은 4000년 전 함무라비 법전에 처음 등장하지만 그 이전부터 존재했을 가능성이 있다. 소유권에 대한 격언인 '점유의 법적 권한은 90퍼센트'도 이 오래된 법에서 따온 것이다.

오래 전 성립된 이 원칙은 다소 차이가 있지만 오늘날에도 여전히 통용된다. 어떤 사람들이 내 땅에 허락도 없이 들어와 충분히 오랜 세월(콜로라도 주의 경우 18년) 공공연하게 차지하고 살았다면 그들은 그 땅이 자신의 것이라고 주장할 수 있다. 물론 18년이 되기 전에는 이들을 쫓아낼 수 있다. 어쨌든 내 집은 나의 성城이기 때문이다. 정당방위법Stand your ground law을 시행하는 주에서는 침입자가 내 목숨을 위협하지 않았어도 살상무기를 써서 내쫓을 수 있다. 그러나 불법 침입자가 내 땅에 들어와 정착하는 데 성공하면 원칙이 달라진다. 나는 이제 무력을 쓸 수 없다. 침입자를 쫓아내려면 오래 걸리고 비용도 많이 드는 법정 싸움을 해야 한다. 내가 쫓아내지 못했고 세월이 충분히 흘렀다면, 침입자는 법적으로 새로운 주인이 된다. 맥린 부부의 소송은 단지 현실의 이런 법을 확인했을 뿐이다. 바로 물리적 점유가 법적 소유권으로 이어진다는 것 말이다.

모든 미국 도시의 광장과 넓은 보도에 있는 작은 청동판에는 다음과 같은 아리송한 문구가 새겨져 있다. '이곳은 사유지임. 통행은 가능하나 언제든 취소 가능.' 소유주들은 보행자가 보도를 '불법'으로 이용하는 게 아니라고 안심시키는 것 같지만 사실은 통행 허가가 소유권의 포기를 뜻하는 것은 아니라고 선언하고 있는 것이다.

컬럼비아대학은 여기서 한 발 더 나아갔다. 대학 측은 여름철 고요한 일요일 오전 시간대에 칼리지 워크(중앙캠퍼스를 양분하는 산책로-옮긴이)로 통하는 문을 물리적으로 폐쇄한다. 유지보수 때문이 아니라 통행을 막거나 허용하는 권한이 대학 측에 있음을 보여주기 위해서다. 록펠러 센터도 같은 방식으로 광장을 차단한다. 다수의 기관들도 공공장소 같은 사유지의 소유권을 이런 방식으로 지키려고 노력한다. 왜 이런 번거로운 조치를 반복할까? 물리적 통제권을 드러내면 대중이 불법 이용을 근거로 소유권을 주장하지 못하게 막을 수 있기 때문이다.

법대 학생들은 불법 점유에 대해 배우고 나면 다들 놀랍다는 반응을 보인다. 부당하고 절도 같고 너무 원시적이기 때문이다. 컬린 부부도 분명 부당하다고 느꼈을 것이다. 그렇지만 학생들 100명 중 10명 정도는 본인 가족도 실생활에서 불법 점유에 알게 모르게 엮여 있다는 사실을 깨닫는다. 이웃집 꼬마가 당신 집 마당을 가로지르는 길을 만들지 않았는지, 당신 집 담벼락을 따라 핀 장미꽃은 누가 관리하는지, 공동 진입로에 대해 계약서에 뭐라고 적혀 있는지, 당신 집 울타리는 실제 토지 경계선과 일치하는지 살펴보라. 이 중 법정 다툼으로 번지는 경우는 드물지만 불법 점유는 소수만 겪는 문제가 아니다.

불법 점유는 인간 심리에 깊이 뿌리내린 욕구를 반영한다. 존경받는 연방대법관 올리버 웬델 홈즈 2세는 1897년 이런 판결문을 남겼다.

소유물이든 견해든 당신이 오랜 세월 누리거나 사용한 것은 당신 존재에 뿌리내렸으므로, 이를 어떻게 얻었든 당신의 분노와 저항 없이는 당신에게서 떼어낼 수 없다. 법은 인간의 깊은 본능보다 더 나은 정당화 근거를 찾아내지 못했다.

이는 본질적으로 맥린과 스티븐스 주장의 핵심이다. 이들은 넓어진 뒷마당에 정이 들었다. 이들은 그 땅의 주인처럼 행세했고, 외부에서 보기에도 그들이 주인 같았다. 반면 컬린 부부의 소유권은 상대적으로 약하고 추상적으로 보였다.

우리 사회는 소유권을 중시하지만 넓게 보면 적극적인 물리적 점유를 훨씬 더 인정하고 있다. 여기에는 그럴 만한 이유가 있다. 대체로 불법 점유자들은 부재 지주에 비해 자신의 권리를 더 강력히 주장하고, 눈에 잘 띄며, 토지 개발에도 적극적이다. 환경운동가는 불법 점유자의 주장을 이길 수 없다. 땅을 자연 상태로 내버려두는 사람은 주인 자격이 없기 때문이다. 미국에서는 실제로 물리적 점유를 통해 땅을 개간하는 쪽이 땅문서와 법정 기록, 인내심 있는 투자자의 노후 계획보다 우위에 설 수 있다.

그러나 요즘은 환경보호나 투자를 위해 토지를 소극적으로 이용하는 것이 맥런과 스티븐스가 타인의 토지를 뒷마당으로 쓴 것처럼 토지를 적극적으로 이용하는 것 못지않게 가치가 있다는 목소리에 힘이 실리고 있다. 실제로 컬린 부부가 패소했다는 소식에 대중이 분노하자, 콜로라도 주 의회는 불법 점유자가 승소하기 어렵게 법을 개정했다. 현재 콜로라도 주는 판사 재량으로 불법 점유자에게 획득한 토지의 대가를 시세대로 지불하라고 명령할 수 있다.

한편, 맥런과 스티븐스는 승소 이후 한 발짝 물러났다. 항소 절차를 밟는 동안 이들은 판사가 인정해준 땅의 3분의 1만 취하기로 컬린 부부와 합의했다. 왜 이들은 나머지 땅을 포기했을까? 돈 컬린은 이렇게 짐작했다. "친구들이 두 사람을 외면했습니다. 이들은 지역에서 자신들의 떨어진 위신을 회복해야 했지요." 우편으로 총알을 받은 사람이 컬린 부부가 아니라 맥런과 스티븐스였다는 사실을 기억하자.

물리적 점유에 본능적 뿌리가 있더라도 그 경계가 너무 커지면, 공동체가 반발하면서 "괘씸한 인간들!"이라는 험담이 돌기 시작한다. 법도 중요하지만 때로 평판이 더 중요하다. 그래서 요즘은 불법 점유자들이 소유권을 주장할 근거가 충분해도 법정에서 이를 강력하게 주장하는 일이 드물며, 이들이 승소하는 경우는 더욱 드물다. 이는 콜로라도 주뿐만 아니라 미국 전반의 분위기다. 현재 미국에서 불법 점유의 법적 권한은 90퍼센트 아래로 뚝 떨어졌다.

– 그렇다면 아메리카 원주민은? –

하드스크래블 드라이브의 토지 논쟁은 사실 작은 소동에 불과하다. 인류 역사는 불법 점유를 둘러싼 대대적인 갈등의 연속이었다고 해도 과장이 아니다. 정복, 집단 학살, 역사적 비극, 강탈은 새로운 토지 소유권을 낳았다. 시간이 흐르면서 이 잔혹하고 파괴적인 사건들은 소유권을 주장하는 근거가 됐다. 이는 옳지 못하다. 공정하지도 않다. 그렇지만 주위를 둘러보면 이런 사례는 어디에서나 발견할 수 있다. 최소한 미국에서는 그렇다.

내가 주택을 구입하면 그 소유권은 등기계보chain of title를 통해 추적 가능하다. 이는 최초의 소유자부터 현재 소유자까지 주택을 사고 팔 때 소유권이 변동한 과정을 기록한 문서다. 그 계보는 보통 연방정부 또는 각 주가 아메리카 원주민을 정복하고 불하한 토지에서 시작된다. 원주민의 소유권은 기록에서 지워졌다. 한 가지 예를 들면, 1830년 인디언 강제 이주법Indian Removal Act of 1830이 제정된 후 체로키족, 세미놀족 등 여러 부족 출신 원주민들은 연방군에 의해 조상 대대로 살던 남동부 지역을 떠나 오클라호마 주로 이주해야 했다. 그 과정에서 다수의 원주민이 사망했다. 이 잔혹한 여정을 훗날 '눈물의 길Trail of Tears'이라 불렀다. 그렇다면 왜 생존한 원주민의 후손에게는 가족들이 쫓겨난 노스캐롤라이나 주 땅에 대한 소유권이 없는 걸까?

마뜩잖은 답이겠지만, 현재 그 땅의 소유권은 170년이 넘는 점유에 근거한다. 연방군이 아메리카 원주민을 몰아낸 후 그 땅을 차지한 백인 정착민이 점유의 주인공들이다. 결국 이 소유권의 뿌리는 일종의 불법 점유로, 오랜 세월 흐르면서 정당화됐다. 이런 사례는 노스캐롤라이나 주뿐만 아니라 사실상 전 세계 모든 지역에서 목격할 수 있다.

베를린 장벽이 무너지고 공산권 국가들이 시장경제를 도입했을 때 물리적 점유는 매우 민감한 사안 중 하나였다. 1990년대 구 공산권 국가에서 연구를 수행한 헬러는(이미 잊었겠지만 이 책의 저자 중 1명이다), 여러 탈사회주의 국가에 사유재산을 위한 법률 체계를 어떻게 세워야 하는지 조언했다. 정부 지도자들은 몰수 재산 반환을 요구하는 공산화 이전 소유자들(과 그 후손들)과 현재 자신의 집을 지키려고 애쓰는 점유자들 사이에서 결단을 내려야 했다. "공산주의자들이 우리 가족을 죽이고, 당에 충성하는 자를 부다페스트에 있는 우리 집에 살게 했다"라고 주장하는, 해외에 사는 한 헝가리인에게 국가는 어떤 조치를 해야 할까? 빛바랜 서류를 내보이며 "나치가 1942년에 나와 내 가족이 살던 바르샤바 아파트를 빼앗아갔다"라고 주장하는 나이 든 유대인에게는 어떤 답을 해야 할까? 공산주의와 나치주의가 저지른 악행을 바로잡아야 할 책임이 있지 않을까?

이는 진심 어린 논쟁이다. 그렇지만 앞서 살폈듯이 소유권은 항상 국가의 강압적 권력이 뒷받침하는 서로 맞서는 담론들 사이에서 선택을 내려야 한다. 원거주민을 쫓아내고 몰수한 아파트에서 헝가리, 폴란드, 체코, 러시아 사람들은 여러 세대에 걸쳐 수십 년 동안 가족을 부양해왔다. 원주민을 몰아내고 정착한 오늘날의 노스캐롤라이나 주 주민들과 근본적으로 다르지 않다. 점유자들은 대부분 평범한 가족들로, 이전 소유자의 재산을 개인적으로 빼앗은 것이 아니다. 이들은 대부분 세입자들로, 공산주의 정권이 지정해준 곳에 산 죄밖에 없다. 또한 이들이 그 집을 수십 년간 물리적으로 점유한 사실, 그 가족들이 집에 대해 느끼는 애착, 이곳 말고는 갈 곳 없는 신세라는 점 등은 멀리 떨어져 사는 원거주민 후손들의 빛바랜 증서보다 더 무게감이 있다.

딜레마에 놓인 탈사회주의 국가들은 대부분 과거 소유자가 아닌 현 점유자의 주장을 수용해 이들이 계속 살던 곳에서 거주할 수 있도록 했다. 왜 그랬을까? 그 결정은 어느 정도 대법관 홈즈의 충고와 일치한다. 즉, 장기간의 점유는 "당신 존재에 뿌리내렸으므로 당신의 분노와 저항 없이는 당신에게서 떼어낼 수 없"기 때문이다. 단순한 물리적 점유를 명백한 소유권으로 전환함으로써, 소련 해체 후 등장한 탈사회주의 국가들은 수억 명의 아파트 거주자를 시장경제 지지자로 돌아서게 했다. 구체제에서 보통 가장 좋은 아파트를 차지했던 공산당 기관원들аппара́тчик 조차 자본주의의 성공적 정착과 관련해서 물질적 이해관계를 갖게 되었다.

현 점유자를 그대로 살게 했다고 해서 옛 소유자를 완전히 배제한 것은 아니다. 소유권 설계에서 양극적 선택을 해야 하는 경우는 드물다. 중동부 유럽 국가들은 몰수 재산에 대해 현금, 바우처,

주식 같은 일련의 보상책을 제안했다. 일부 국가는 공개 사과만 했지만 각국 정부들은 각자의 역량과 가치관에 맞게 독자적 경로를 선택했다. 핵심은 시장경제를 출범시키는 것이지, 과거 소유자의 후손에게 정확한 보상을 해주려고 법정 싸움에 몰두하는 게 아니었다. 현 점유자를 내쫓는다면 이제 막 태동한 부동산 시장이 얼어붙고 대중적 저항을 초래했을 것이다.

토지 소유를 둘러싼 분쟁 목록은 지구의 둘레만큼이나 길고 흘러온 시간만큼 오래됐다. 오늘날 예루살렘을 뒤흔들고 있는 이스라엘과 팔레스타인의 충돌, 아바나의 현지 주민과 재산을 몰수당하고 마이애미로 건너간 쿠바 망명자 사이의 갈등, 인도와 파키스탄의 카슈미르 분쟁, 러시아와 우크라이나의 크림반도 분쟁 등을 떠올려보자. 물리적 점유는 호소력이 있지만 역사적 정의와 도덕성 같은 추상적 개념과 늘 행보를 같이하는 것은 아니다.

불법 점유의 그림자는 문화재에도 드리워져 있다. 이라크가 뉴욕 메트로폴리탄 박물관에 바빌로니아 조각상을 반환하라고 법적으로 요구할 수 있을까? 이집트가 전 세계 수집가들에게 미라와 조각상을 돌려달라고 요청할 수 있을까? 중국, 캄보디아, 그리스, 페루, 그리고 서아프리카 베냉이 약탈당한 보물에 대해서도 똑같은 질문을 던질 수 있다. 홀로코스트 피해자에게 강탈한 예술 작품도, 그것이 신원을 알 수 있는 피해자에게 빼앗았다고 해서 다른 것은 아니다.

국제연맹과 국제연합은 국제법을 통해 국가와 국민이 애초에 물리적 점유를 하지 못하도록 상당한 노력을 기울여왔다. 정복과 몰수는 국제법에 따라 이제 엄연한 불법이다. 그렇지만 군대와 약탈자들은 이에 귀 기울이지 않으며, 시간은 그들에게 유리하게 작용한다. 우리는 '힘이 곧 정의'라고 단순명쾌하게 말하지 못한다. 다만 부족한 자원을 둘러싼 싸움을 지배하는 냉혹한 등식에 고개를 끄덕일 뿐이다. 바로 '점유 + 시간 = 소유권'이라는 등식 말이다.

– 자리 싸움 –

대부분의 점유권 주장은 그 자체만으로는 물리적 지배구을 얻지 못한다. 따라서 '내 물건이니 손대지 마시오'라고 전달할 보완책이 필요하다. 그래서 우리는 물리적 점유에 상징적 점유를 덧붙인다. 이는 앞서 다룬 주차 의자 문제를 떠오르게 한다. 로즈의 주장처럼 점유는 "모두가 알아듣게 큰 소리로 외치는 것과 비슷하다. 대중이 알아듣게 '이건 내 거야'라고 먼저 말하는 사람이 원하는 것을 얻는다."

이는 비단 사람에게만 해당하지 않는다. 봄철 등산객의 귀를 즐겁게 하는 짹짹 지저귀고 휘파람 부는 듯한 새소리는 다른 새들에게 전혀 다른 메시지를 전한다. 2003년 개봉작 〈니모를 찾아서 Finding Nemo〉에 나오는 갈매기 떼처럼 새들은 가끔 먹잇감을 표시하려고 울어댄다. 영화에서 니모의 아빠 말린과 그의 친구 도리를 노리던 갈매기 떼는 이 둘을 위기에서 구해내는 펠리컨 나이젤을 위협적으로 뒤쫓으며 "내 거! 내 거! 내 거! 내 거! 내 거! 내 거! 내 거!"라고 시끄럽게 외친다. 과학자들이 연구한 바에 따르면, 새들은 영역 표시를 하거나 구애 활동을 할 때 우는 경우가 더 많다. 앞가

습이 붉은 울새의 울음소리는 사람들의 귀에 달콤한 노래처럼 들리지만, 다른 울새에게는 이런 외침이다. "이봐, 형씨. 비키라고! 여기 끝내주게 좋은 땅은 내 거야. 저리 썩 꺼져!" 새들은 물리적으로 차지할 수 있는 것보다 더 많은 자원을 차지하려고 한다. 그래서 새들은 그렇게도 울어댄다.

산책하는 개는 오줌을 싸려고 나무나 전봇대를 신중히 고르는 것처럼 보이지만, 이는 사실 자기 영역을 상징적으로 표시하고 동시에 다른 개의 영역을 살피는 행동이다. 하이에나도 소변으로 영역 표시를 한다. 코뿔소는 대변으로, 벌들은 향선香腺의 분비물로, 곰은 나무에 몸을 비벼 뚜렷한 표식을 남긴다. 그런데 시간이 흐르면 이런 흔적들은 부패하거나 희미해진다. 정글에서 영역 표시를 정확히 하고 이를 잘 살피는 것은 생사가 걸린 문제다. 이 냄새나 표시가 최근 것인가? 나보다 강한 놈이 남겼나? 내 짐작이 틀려서 잡아먹히지는 않을까?

다시 인간 세계로 돌아오면, 이 무언의 언어는 세 가지 간단한 단계로 재구성된다. 당신이 지정 좌석제를 운영하지 않는 영화관에 들어왔고, 이제 막 영화가 시작된다고 해보자. 몇 안 남은 빈 좌석을 둘러보다가 등받이에 냅킨이 붙어 있는 자리를 발견했다. 그러면 머릿속에 이런 생각이 스칠 것이다.

(1) 인지: 보통 재킷으로 자리를 맡던데 냅킨으로도 하나?

(2) 평가: 냅킨으로 표시하더라도, 글쎄, 좌석이 몇 안 남았는데 이건 아니지.

(3) 행동: 내가 여기 앉는다고 누가 뭐라고 하겠어. 혹시 냅킨 주인이

나타나면, "와, 덩치 정말 좋으시네요. 죄송합니다" 하고 자리를 내주자.

사우스 보스턴에서 브룩 글리든도 이런 생각을 했다. 글리든은 주차 고깔을 보고 그 의도를 알았지만 그냥 무시하기로 했다. 그 결과, 차량 앞 유리가 훼손됐다.

상징적 점유를 이해하기 어려운 이유는 지역마다 언어가 다르고, 같은 상징도 세 단계 모두 다르게 해석되기 때문이다. 뉴욕 시의 일부 술집에서는 유리잔에 냅킨을 얹어놓으면, 곧 자리에 다시 돌아올 테니 잔을 치우지 말라는 신호다. 펜실베이니아 주 일부 지역과 위스콘신 주에서는 똑같이 유리잔에 얹어놓은 냅킨이 술을 다 마셨으니 자리에서 일어난다는 뜻으로 해석된다. 또 일부 유럽 지역에서는 요청하지 않는 한, 술을 갖고 오지 말라는 신호다. 따라서 똑같이 잔 위에 냅킨을 올려두더라도 상대에 따라 엉뚱한 신호를 보내서 술값을 더 내야 하거나, 술자리를 빼앗기거나, 괜한 싸움에 휘말릴 수 있다.

사람들이 자리를 맡아두는 장소는 술집 말고도 무수히 많다. 극장에서, 교회에서, 익명의 알코올중독자 모임에서, 열차에서, 디즈니랜드 공연장에서, 야구장 외야석에서 다들 자리를 맡는다. 매해 대통령이 국정 연설을 할 때도 어떤 의원들은 몇 시간 일찍 하원 회의장에 와서 눈에 잘 띄는 통로 쪽 자리를 맡는다. 그래야 대통령과 하이파이브 하는 모습이 방송에 나가기 때문이다.

사람들은 맥락과 장소에 맞게 신호를 바꾸기도 한다. '임자 있는 자리'라는 표시로 영화관에서는 꽉 찬 팝콘 봉지를, 교회에서는 수놓은 쿠션을 사용한다. 록밴드 피시 콘서트에서 관객들은 형형색색 방수포로 자리를 맡는다. 맥락에 맞는 물건으로 자리를 맡으면 보통은 받아들여진다. 그러나 가끔 자원이 부족해지면 갈등이 폭발하기도 한다. 평소 점잖던 피시 팬들도 지나치게 커다란 방수포를 가져오면 불만을 드러낸다.

당신은 자리 맡기 논쟁에서 양쪽 입장을 다 경험해봤을 것이다. 그렇다면 당신은 어떤 경우에 재킷, 쿠션, 방수포를 인정하는가? 요즘 사우스웨스트 항공의 자율좌석제 때문에 말이 많다. 이 제도에 따르면 승객들은 A, B, C 세 그룹으로 나뉘어 순서대로 탑승한다(보통 출발 전날 탑승 수속을 밟은 순서로 그룹이 정해지는데, 추가 비용을 내면 A 그룹에 배정받는다). 일단 기내에 들어가면, 선착순으로 자리를 잡을 수 있다. A 그룹 탑승자는 C 그룹 탑승자보다 선택의 폭이 넓고, C 그룹은 마지막에 타기 때문에 보통 중앙 좌석이나 맨 뒤쪽 좌석에 앉아야 한다.

그런데 먼저 탑승한 승객이 나중에 들어오는 B 그룹이나 C 그룹의 친구나 가족을 위해 자리를 맡는 경우가 있다. 이로 인해 승객들끼리 갈등이 심해지다 보니 심리학 저널 〈사이콜로지 투데이〉에 '부처라면 사우스웨스트 항공에서 어떻게 했을까?'라는 제목의 글까지 실렸다. 제목만으로도 충분히 내용을 짐작할 수 있듯, 기사를 쓴 앨리슨 카르멘은 '부처라면 자신의 좌석 위치에 크게 신경 쓰지 않았을 것이다. 뿐만 아니라, 친구 대신 자리를 맡은 승객에게 성불하시라는 말도 건넸을 것이다'라고 썼다.

아무튼 스튜 와인쉥커는 부처가 아니었다. 그는 사우스웨스트 항공을 자주 이용하는 영업사원으로, 물리적 점유를 적극 찬성하는 사람이다. 그는 휴가를 맞아 사우스웨스트 항공에 15~25달러 정도를 더 지불하고 먼저 탑승하는 A 그룹에 배정받았다. 라스베이거스행 비행기에 부인과 함께 올랐을 때 그는 완벽한 좌석 2개를 발견했다. 비상구 쪽에 있는 서로 마주보는 통로 쪽 좌석으로, 아무도 앉아 있지 않았다. 그중 한 좌석에 아이패드가 놓여 있다는 사실 빼고는 모든 게 완벽했다. 그런데 그 좌석 바로 옆, 중앙 좌석에 앉아 있던 아이패드 주인이 와인솅커에게 남자 친구 자리를 맡아놓은 것이라고 말했다. 남자 친구는 승객 100명이 다 탄 다음에 입장하는 C 그룹에 있었다. 와인솅커는 사우스웨스트 항공은 자율좌석제라며 여성에게 정중히 아이패드를 건네고는 대신 창가 쪽 자리를 맡으라고 권했다. 〈USA 투데이〉에 따르면, 몇 분 후 남자 친구가 기내에 들어오자 여성은 갑자기 울음을 터뜨리며 옆자리 승객이 자신을 위협했다고 말했다.

여성은 좌석에 둔 아이패드로 자신이 맡은 자리라는 상징적 신호를 보냈다. 와인솅커는 그 신호를 완벽히 이해했지만, 그냥 무시한 채 아이패드를 치우고 앉았다. 누가 몰상식한 사람일까? 자리를 맡은 사람일까 아니면 자리에 앉은 사람일까? 사우스웨스트 항공의 좌석 규정은 상징적 점유(아이패드)의 손을 들어줄까 아니면 물리적 점유(의자에 눌러앉기)의 손을 들어줄까?

이러한 갈등을 둘러싼 논쟁은 언제나 입장차가 극명하게 갈린다. 온라인 댓글 중 절반은 자리에 앉는 쪽을 편들며, 상대편을 '꼼수로 자리 맡기', '자리에 집착하는 사람', '쩨쩨한 인간들'이라고 비난했다. 나머지 절반의 댓글은 와인솅커에게 동조하는 사람들을 향해 '성격 참 까다롭네', '다른 자리를 찾아야지', '아이패드가 못마땅하면 다른 비행기를 타든가', '#배부른고민#firstworldproblem'이라고 비난했다. 다시 말해, 부처처럼 살라는 소리다. 점유 논쟁에서 어느 쪽 입장에 서느냐는 자신이 어떤 쪽에 속하느냐가 좌우하는 것인지도 모른다.

그런데 이상하게도 사우스웨스트 항공에 화를 내는 목소리는 찾아보기 어렵다. 상냥한 항공사라는 이미지를 내세우는 사우스웨스트 항공이야말로 자율좌석제를 도입해 승객끼리 다투게 한 원인 제공자가 아닌가? 사우스웨스트 항공은 좌석 맡기를 허용한다고 인정하지도 않지만, 그런 관행을 금지한다고 말하지도 않는다. 자리 맡기 싸움에서 이쪽도 저쪽도 아닌 애매한 입장을 취한다. 그런데 사우스웨스트 항공은 당장이라도 갈등을 해결할 수 있다. '자리 맡기 금지', '비상구 열은 자리 맡기 금지', '좌석 앞쪽 절반은 자리 맡기 금지'라고 발표하면 된다. 한 자리만 맡을 수 있다거나 한 열을 통째로 맡아도 된다고 해도 된다. 아니면 상징적 점유와 물리적 점유 둘 다 거부하고 다른 항공사들처럼 지정좌석제를 적용해도 된다. 사우스웨스트 항공은 뭐든 원하는 대로 좌석 규정을 바꿀 수 있다. 그런데 그렇게 하지 않는 이유는 뭘까?

한 가지 이유는, 자율좌석제가 지정좌석제보다 탑승 속도가 빨라서 항공기를 더 많이 띄울 수 있고 그만큼 이익이 커지기 때문이다. 또 와인쉥커처럼 탑승우선권을 구입하는 부지런한 승객들 덕분에 추가 이윤을 얻을 수 있다. 무엇보다도 사우스웨스트 항공은 자율좌석제 같은 전략적 모호성을 취해서 세 가지 기업 목표를 동시에 달성했다. 특유의 느긋한 브랜드 이미지를 강조하고(원하는 좌석을 직접 고르게 한다), 다시 찾은 고객에게 어느 정도 만족감을 주며

(좌석을 맡게 한다), 그리고 수익을 극대화했다(지상에서 보내는 시간을 줄인다). 좌석을 맡은 고객들은 '저렴한' 좌석에 보너스까지 얻은 기분이 든다. 머그컵 실험을 참고해 승객들이 특별 보너스를 받은 기분이 들도록 탑승 과정을 설계한 것이다. 일단 자신의 좌석을 맡은 후 다른 사람 좌석까지 맡으면 승객들은 더 높은 가치를 얻었다고 생각한다.

사우스웨스트 항공의 전략은 머리말에 소개한 무릎보호걸쇠 사례를 연상시킨다. 그 사례에서 우리는 항공사들이 등받이를 눕히는 비좁은 공간을 두 번 판매하며, 갈등이 생기면 앞뒤 승객들끼리 알아서 해결하도록 내버려둔다는 사실을 알았다. 사우스웨스트 항공도 이와 비슷하게 동일한 좌석을 놓고 아이패드냐 엉덩이냐로 승객들끼리 서로 다투는 상황을 만들어낸다.

사우스웨스트 항공의 자율좌석제는 공중에서 벌어지는 정글의 법칙이다. 냄새를 남기거나 나무를 긁는 대신 아이패드와 재킷으로 영역을 표시한다. 한 승객이 사우스웨스트 항공 커뮤니티 게시판에 이 상황을 명쾌하게 요약해놓았다.

사우스웨스트 항공기에서 자리를 맡고 싶은 사람은, '이 자리는 임자가 있다'라고 말해라. 내가 찜한 자리를 지킬 방도가 없다면, 맡아도 맡은 게 아니다.

결과가 어찌 됐든 이는 사우스웨스트 항공이 이익을 얻으려고 택한 소유권 전략에서 비롯된 문제다. 의도적 모호성은 사우스웨스트 항공에 유리하게 작용한다. 승객끼리의 자잘한 협상으로 수백만 건의 갈등이 해결되기때문이다.

그렇지만 모든 갈등이 해결되는 건 아니다. 실제로 사우스웨스트 항공은 다툼이 벌어지면 승무원에게 해결하라고 떠넘겨왔다. 사우스웨스트 항공 승무원 노조위원장 오드리 스톤은 "그런 상황이 생기면 승무원들만 난처해진다"라고 말했다. 좌석 다툼은 비행 때마다 생기는 사건으로, 그때마다 사우스웨스트 항공 승무원들은 모두에게 상냥하지만 아무에게도 도움이 안 되는 응대를 한다. 승무원들은 재킷으로 자리를 맡아도 된다고 주장하는 승객을 편들지 않으며, 재킷으로 '맡은' 자리에 앉아버린 승객에게 주의를 주지도 않는다. 승무원들은 승객들의 말다툼을 저지하면서 실랑이가 공공연한 폭력으로 번지지 않게 단속하는 역할만 할 뿐이다.

기억해야 할 것은, 기내 좌석을 소유한 자는 와인쉥커도, 다른 A 그룹 승객도 아닌 사우스웨스트 항공사다. 사우스웨스트 항공은 비용이 너무 많이 들지 않는 한, 이를테면 인내심이 바닥난 고객들이 다른 항공사를 이용하거나 승무원들이 태업을 하지 않는 이상, 앞으로도 모호한 소유권에 일부러 기댈 것이다. 고객 이탈이 나타나고 나서야 상징적 점유의 범위를 줄이려고 할 것이다(먼저 탑승한 고객이 추가로 한 자리까지만 맡게 하는 식으로).

승객간의 주먹다짐이 늘어나는데도 사우스웨스트 항공이 아무런 조치를 취하지 않는다면, 연방규제기관이 개입해 지정좌석제를 도입하라고 시정 명령을 내릴 수도 있다. 항공사뿐 아니라 연방항공청도 상징적 점유를 없애고 다른 적절한 원칙으로 대체시킬 수 있는 권한이 있다. 보스턴의 주차 의자 문제처럼 여러 층위의 소유권 원칙을 마련하는 것도 가능하다. 사람들이 자기들끼리 상징적 점유의 언어를 만들고, 기업과 정부가 위로부터 공식적 법률을 서서히 도입하는 방식으로 말이다.

– "미안하지만, 임자 있는 자리입니다" –

지난 휴가 때 찾은 수영장이나 해변을 떠올려보자. 두리번거리며 비치의자를 찾다 보면 잡지와 타월만 덩그러니 놓여 있고 주변에 아무도 없는 의자를 봤을 것이다. 타월을 치우고 의자에 누워 괜한 소동을 일으킬 게 아니라면 아쉽지만 그냥 지나쳤을 것이다. 그런데 이러한 상징적 점유가 연출된 가짜라는 사실을 알았다면, 다르게 반응했을까?

리조트에서 의자 관리 직원들은 내부 사정을 잘 아는 손님들을 위해 은밀한 부업을 한다. 예를 들어, 손님이 비치의자 하나당 20달러를 주면 직원은 다음 날 아침 일찍 일어나 조용히 의자를 맡고는 너덜너덜한 잡지나 여름용 소설책, 수영장 장난감 등으로 그럴싸하게 꾸며둔다. 이 물건들은 다른 피서객에게 '이 의자는 다른 손님이 맡았다'라는 신호를 보내고, 결정적으로 리조트 경영진에게는 '우리의 소중한 고객들끼리 알아서 문제를 해결하니, 이곳은 아무 문제가 없다'라고 안심시키는 메시지를 보낸다.

이처럼 최종 소유자가 면밀히 신경 쓰지 않으면, 자칭 중간 '소유자'에게 수익 창출의 기회가 열린다. 주변을 둘러보면, 리조트 직원들처럼 실제 소유권이 아닌 오로지 상징적 점유 신호를 이용해 돈을 버는 틈새 사업가들이 보일 것이다. 리조트 직원은 '점유의 법적 권한은 90퍼센트'라는 점에 착안해 수수료를 받고 신호를 보내는 사업을 한다.

리조트 운영자는 틈새 사업가와 고객 두 부류가 의자를 독식한다는 사실을 익히 알고 있다. 또 두 부류 중 어느 쪽이 차지하든 의자 부족으로 다른 고객들이 불평할 거라는 사실도 알고 있다. 이런 문제는 국경을 넘어서도 일어난다. 국제 타블로이드판 신문기사에 따르면, 스페인에 간 영국 피서객은 독일 여행객이 의자를 독차지한다고 생각하며 독일인은 그 반대로 생각한다. 유람선 여행 전문 사이트 크루즈크리틱닷컴의 편집장 캐롤린 스펜서 브라운은 이렇게 말했다. "유람선의 의자 독식 문제는 주류 반입 다음으로 민감한 문제다. 승객들은 정말 예민하다. 돈 내고 온 휴가지에서 시스템을 악용하는 사람들 때문에 부당한 일을 겪기 때문이다."

여행 전문사이트 트립어드바이저에서 실시한 해변 및 수영장 에티켓에 대한 설문조사에 따르면, 응답자의 84퍼센트가 소지품으로 비치의자를 맡아놓은 모습을 보면 짜증난다고 답했다. 86퍼센트는 의자를 한 시간 이상 독차지하는 건 참을 수 없다고 했다. 반면 '의자를 30분 이상 맡지 못하도록 제한해야 한다'에 찬성한 응답자는 37퍼센트에 그쳤다. 피서객들의 인내심은 30분이 넘어가면 바닥을 쳤다.

손에 든 설문 자료와 시야에 들어온 텅 빈 의자를 바라보며 유람선 관광업체 카니발 크루즈는 어떤 조치를 내렸을까? 상징적 점유 시간을 줄이기 위해 수영장 직원이 물건만 있는 비치의자에 시간을 기록한 메모를 남겨두도록 했다. 40분이 지난 뒤 직원들은 의자에 놓인 타월, 잡지 등 자잘한 상징적 점유물을 치웠다. 그리고 의자를 다른 손님이 이용하게 했다. 업체 측에 따르면 고객들의 반응은 "압도적으로 긍정적"이었다. 노르웨지안 크루즈도 물건만 놓인 비치의자에 파란색 도트 스티커를 붙여 점유 시간을 45분까지로 제한했다. 애틀랜틱 시티 보르가타 호텔 워터 클럽은 여기서 한 단계 더 나아갔다. 물건만 놓아둔 비치의자를 쓸 대기자 명단을 만든 후, 30분이 지나면 의자에 놓인 물건을 싹 치우고 대기자에게 의자를 쓰라고 문자를 보냈다.

달라진 상징적 점유 원칙은 리조트 경영진에게 반가운 소식이었지만, 틈새 사업을 노리던 직원들에게는 악몽이었다. 권한도 보수도 가장 적은 직원들은 늘어난 업무에 시달렸고, 일부는 은밀한 부업을 완전히 잃어버렸다. 손님들과 나누던 친밀한 대화는 줄었고, 의자를 독식하다 밀려난 손님들의 불만은 날로 커져갔다. 직원들은 팁을 벌던 중개 아르바이트를 하는 대신 이제는 메모판을 들고 돌아다니며 시간을 기록하고 소지품을 주워 담아야 했다.

소유권 체계는 저마다 일장일단이 있다. 붐비는 리조트는 불만을 가진 고객들이 많을 것이기 때문에 상징적 점유를 줄이는 게 리조트 소유주에게 이득이다. 비치의자를 소극적 이용자보다 적극적 이용자에게 할애하면, 고객 만족도가 올라가고 단골 고객이 확보되므로 더 많은 가치를 얻을 수 있다. 단, 이는 소유권을 적절히 설계했을 때의 이야기다. 시간 제한 규정은 리조트 운영 원칙 및 부업을 하는 직원들에 대한 고객의 불만을 해소하기 위한 처방이다. 기존의 상징적 점유 문제에 "우리도 어쩔 수 없다"고 발뺌하면 리조트의 수익에 나쁜 영향을 줄 수 있다. 그래서 경영진은 고객의 빗발치는 불만을 연료 삼아 변화에 시동을 걸었다. 사우스웨스트 항공과 달리 크루즈업체들은 고객들의 자잘한 다툼을 당사자끼리 해결하라고 떠넘기지 않았다.

최종 소유자가 개입하지 않아도 점유의 언어는 계속 진화한다. 모든 상징적 점유는 어느 정도 물리적 요소를 포함한다. 재킷, 잡지, 담요 등 어떤 '사물'이 포함돼 있다. 그런데 이런 물건은 직접 목소리를 내지 못한다. 물건은 해석이 필요하고, 그 의미는 늘 곡해될 여지가 있다. 그래서 보스턴 주차 의자의 유효 기간이 폭설 후 하루인지 일주일인지, 사우스웨스트 항공기에서 승객 1명이 비상구 열 좌석을 통째로 맡아도 되는지 해석 싸움이 벌어지는 것이다. 새와 사자처럼 사람들은 점유의 경계를 넓히려는 경향이 있지만, 반대로 이를 밀어내는 사람들도 있다.

붐비는 뉴욕 지하철에서 승객들은 예전부터 배낭으로 좌석을 여러 개 독차지해왔다. 손잡이를 잡고 서서 가던 점잖은 승객이라면 이렇게 물을 것이다. "이 자리에 앉을 사람이 있나요?" 좀 더 배짱 있는 승객은 배낭을 옆으로 옮기고 "괜찮죠?"라고 형식적으로 물은 후 그냥 앉을 것이다. 이와 비슷한 사례가 다리를 벌리고 앉는 경우다. 쩍벌 자세로 두 자리 이상 차지하고 앉는 남성 승객들이 있다. 이에 지하철 측은 쩍벌 금지를 나타내는 픽토그램pictogram(메시지를 상징적으로 시각화해 전달하는 그림문자-옮긴이)을 제작해 붙였고, 위반하면 벌금을 내거나 체포당할 수 있다는 규정도 만들었다. 그렇지만 지하철에서 이를 실제로 집행하는 경우는 거의 없다.

최근 뉴저지 주 해변 모래사장에도 쩍벌 행위가 등장했다. 바로 해변에 물건을 늘어놓는 행위다. 텐트, 냉장박스, 수건, 그릴 등 해변용 물품을 한가득 준비해온 피서객들이 공간을 잔뜩 차지한다.

일행 중 1명이 일찍 와서 명당을 차지한 다음, 물건만 늘어놓고 자리를 뜬다. 그러면 나중에 다른 사람들이 나타나 캠프를 즐긴다. 어수선하게 늘어놓은 물건들로 발 디딜 틈이 없다 보니 다른 피서객들은 해안선 근처에 앉아보지도 못한다. 그렇다고 남들의 냉장박스와 비치의자 사이를 비집고 들어가 앉는 것은 내키지 않는다. 이로인한 갈등이 매년 첨예해지고 있다. 인명 구조 요원을 고용해 해변을 관리하는 지역 주민들은 민폐를 끼치는 이런 피서객 때문에 다른 피서객이 바다에 발도 붙이지 못한다며 분통을 터뜨린다.

해변을 점유하는 방식은 지역마다 다르다. 이는 코로나 시대에 더욱 문제가 되고 있다. 백악관 코로나 전담팀 조정관 데버러 벅스는 해변 피서객에게 파라솔 주변 모래 반경에 신경써달라고 당부했다. "그만큼이 자신의 공간이라는 점을 잊지 마세요. 그 공간이 당신을 지켜줄 겁니다." 데버러는 전국적으로 해변의 거리두기 간격이 동일해야 한다고 주장했다. 잘못된 거리두기는 뉴저지, 플로리다를 비롯한 여러 지역에 치명적 결과를 낳을 수 있기 때문이다.

앞서 언급한 카니발 크루즈처럼 자원 소유자들은 상징 체계를 바꿔 점유를 제한할 수 있다. 한 가지 방법은 시간 제한을 두는 것이다. 그렇지만 이 방법은 계속 신경 써야 한다는 단점이 있다. 보스턴에서 주차 의자의 유효 기간을 폭설 후 이틀까지로 제한하려고 했을 때 사우스 보스턴 주민들은 달라진 규정을 대부분 무시했다. 48시간이 지나도 의자를 치우지 않았다. 지침대로 점유 신호(주차의자)의 시간 제한(폭설 후 48시간)을 따르게 하려면, 보스턴 시는 인력을 파견해 유효 시간을 확인하고 시간이 경과한 의자는 가차 없이 수거해야 할 것이다.

두 번째로 점유 상징물의 종류를 제한하는 방법이 있다. 이는 뉴저지 주 일부 타운에서 해변의 민폐객을 상대로 시도한 방법이다. 뉴저지 주 시사이드 하이츠는 대형 텐트 설치를 금지했다. 그런데 텐트 크기를 확인하려면 비용이 든다. 그래서 일부 타운에서는 특정 상징물을 완전히 금지하는 등 좀 더 집행하기 쉬운 정책을 택했다. 뉴저지 주 벨마는 간단하게 모든 종류의 해변 텐트를 금지하는 법안을 도입했다. 뉴저지 주 매너스콴은 한 걸음 더 나아가 그릴도 금지했다. 시사이드 하이츠는 서빙 접시, 보온판, 냄비, 프라이팬, 그리고 여타 조리용 기구의 사용을 금지했다.

이렇듯 자원 소유자들이 기존 점유 상징물의 범위를 좁힐 때마다 다른 소유권 원칙의 역할이 커지면서 때로 예기치 못한 결과를 낳기도 한다.

- 베이 보이즈와 바닷가재 갱단 -

오랜 역사를 가진 점유 체계는 일반적으로 치열한 투쟁을 통해 지켜져왔다. 이 책을 해변 휴가지에서 읽는 독자라면 모래사장에서 좋은 자리를 차지하려고 유쾌하게 경쟁하는 가족 피서객들의 모습이 보일 것이다. 그렇지만 캘리포니아 해안이라면 그리 점잖지 못한 점유 경쟁을 목격할 수 있다.

캘리포니아 해안의 서퍼들은 유쾌한 사람들이라는 평판이 있지만, 알고 보면 전혀 아닐 수도 있다. 어떤 서퍼들은 이 최고의 해변을 현지인만 이용해야 한다고 주장한다. 나머지 외부인은 '트롤'(아웃사이더)이나 '풋내기'(아마추어)로 여긴다. 로스앤젤레스 남쪽 루나다 베이 해변의 베이 보이즈Bay Boys(모두 중년 남성으로, '버릇 없는 금수저'를 일컫는 말)는 이 해변을 수십 년째 물리적으로 독점해왔다. 거대한 파도가 몰려오는 해변은 강렬하며 유혹적이다. 그렇지만 외부인인 당신이 이 해변에 들어갔다가는, 베이 보이즈에게 둘러싸여 괴롭힘을 당하거나 공격받을 수 있다. 해변 암벽에 올라갔다가는 이 서퍼들의 친구들까지 몰려와 절벽에서 흙덩이를 굴려 떨어뜨릴지도 모른다. 당신 차는 서핑 왁스와 모래로 엉망진창이 될 수도 있다. 베이 보이즈는 외부인을 조직적으로 공격하기 위해 해안 절벽에 석조 요새를 짓고 아이스박스와 테이블도 갖다 놓았다. 테이블 위 푯말에는 이런 문구를 새겨놓았다. '이곳을 존중하라.'

1991년 일간지 〈로스앤젤레스 타임스〉는 이 지역이 '유명한 스포츠 전쟁터'라고 보도했다. 현지 서퍼들은 자신들이 해변을 독차지하고 다른 사람들이 들어오지 못하도록 지키는 일을 전혀 부끄러워하지 않았다. "허접한 서퍼들이 몰려오면 파도를 제대로 즐길 수 없습니다. 멋진 사내들이 모두 서핑하게 내버려두면, 이곳에 100명도 넘는 사람들이 우글댈 거예요. 그러니 애초에 싹을 잘라야 합니다. 이곳이 붐비지 않는 건 우리들이 잘 보호했기 때문입니다." 또 다른 서퍼는 이렇게 말했다. "여기서 서핑했다가는 매순간 화끈한 맛을 보게 될 거예요."

조던 라이트는 L.A. 카운티 보안관인 아버지의 보호를 받으며 루나다 베이에 서핑하러 왔다가 쫓겨났다. 라이트는 "그들은 조직폭력배처럼 이곳을 관리합니다"라고 말했다. 코리 스펜서도 "나는 로스앤젤레스 경찰국 중남부지부에서 근무합니다. 용기를 내서 루나다 베이로 오기까지 한참 걸렸어요"라고 말했다. 그가 두 번째로 파도를 타던 날, 베이 보이즈 중 하나가 그를 공격했다. "그는 내 뒤로 족히 70미터는 떨어져서 파도를 타고 있었습니다. 서로 간격이 충분했는데도 서핑보드로 나를 찌르려고 하더군요. 덕분에 손에 멋진 흉터가 생겼습니다." 또다른 서퍼 조니 록우드의 말에 따르면, 말리부 해변도 험악한 분위기라고 한다. "나는 캘리포니아에 와보는 게 꿈이었어요. 이곳에 오면 모든 게 근사할 줄 알았습니다. 일종의 테러 같은 게 있을 줄은 정말 몰랐어요. 그들은 마치 벌 떼처럼 행동하더군요."

다른 지역의 서퍼들은 루나다 베이를 알로하 비치라고 이름을 바꿔 부르고, 서로 보호하며 집단 서핑을 하는 등 조직적으로 저항했다. 이들은 서퍼 커뮤니티를 만들어 규칙을 정하고, 자체적인 점유 원칙을 적용하자고 주장했다. 그렇지만 하루천하였다. 베이 보이즈는 다시 쇠주먹을 휘둘렀다. 현지 경찰은 이렇게 말했다. "그들에게 이곳은 자기네 놀이터입니다. 남들이 와서 그네 타는 꼴을 못 보는 거죠." 기존 점유자들이 텃세를 부리면 외부인과 아마추어까지 포괄하는 공동체를 만들기가 어렵다.

수년에 걸쳐 경찰과 지방정부는 화상카메라 설치, 소송, 벌금, 체포 등 강도 높은 전략을 써가며 루나다 베이와 말리부, 여타 서핑을 즐길 수 있는 해변을 개방하려고 애썼다. 얼마 전에는 공적 통제라는 주장에 힘이 실리면서 더욱 포용적인 서퍼 커뮤니티가 탄생하는 분위기였다. 루나다 베이 신임 경찰서장은 해안 절벽에 한 해에만 400여 차례 순찰을 보냈다. 주 규제기관인 캘리포니아 해안위원회는 베이 보이즈의 석조 요새를 강제로 철거했다.

그러자 베이 보이즈는 보란 듯이 요새를 다시 지었다. 이들을 상대로 한 소송은 계속 진행 중이다. 이들이 자기에게 유리한 원칙을 지키려고 격렬하게 싸우는 건 그렇다 치자. 대체 왜 지방정부는 그들의 원칙을 그렇게 오랫동안 눈감아줬을까? 이 질문은 그다지 올바른 접근법이 아니다. 소유권 설계의 핵심은 비교군을 무엇으로 잡느냐에 있다. 정부가 지역의 원칙을 싹 없애면 공적 소유권 원칙을 만들고 부과하고 집행하기 위해 자원을 써야 한다. 이런 원칙이 없으면 무법천지가 된다. 결국 외부인과 풋내기가 해변을 가득 메우고 서로 부대껴 그 누구도 쾌적한 서핑을 즐기지 못하게 된다. 점유는 난폭하고 소모적인 전략일지 모르나 부족한 자원을 관리해주는 이점이 있다.

이 마지막 부분을 설명하기 위해 메인 주의 바닷가재를 살펴보자. 어떻게 메인 주의 식당들은 해마다 랍스터롤(마요네즈에 버무린 랍스터를 핫도그 빵에 끼워 만든 샌드위치-옮긴이)을 안정적으로 판매할 수 있는 걸까? 메인 주 앞바다에 누군가 바닷가재 덫을 놓으니 가능한 일이겠지만, 너도나도 덫을 놓는다면 남획으로 메인 주 바닷가재의 씨가 마를 것이다. 그런데 다행스럽게도 메인 주 앞바다는 잘 관리되는 어장으로 손꼽힌다. 비결이 무엇일까?

캘리포니아 서핑 해변처럼 메인 주의 여러 항구에도 '바닷가재 갱단'이 있다. 이들은 오랜 유대 관계로 묶인 대가족 및 동맹자들로, 자체적으로 정한 해역을 공격적으로 지키고 독특한 부표가 달린 바닷가재 덫으로 그 영역을 표시한다. 바닷가재 갱단은 조업 시기, 어획량, 항구 설비와 판로, 난파 시 상호 원조 등 모든 것을 자율적으로 조율한다. 갱단 내부에서 또는 갱단끼리 논쟁이 생기면, 동네 술집과 교회, 가정에서 해결을 본다. 이들은 외부인의 접근을 막기 위해 다 같이 협력한다. 외부인이 그물을 놓으면, 일단 말로 경고한다. 그래도 거두지 않으면 그물과 낚싯줄을 끊어놓는다. 사우스 보스턴에서 차량 앞유리에 메모를 꽂아놓듯이, 이는 비교적 점잖은 경고에 해당한다. 신참자가 경고에도 물러서지 않으면, 대응 수위를 높여 배를 침몰시키거나 총격을 가한다.

이들 바닷가재 갱단은 법의 테두리 밖에서 움직이지만 이들이 가하는 제재 조치는 긍정적인 면이 있다. 낯선 외부인의 조업을 제한하기 때문에 오랫동안 바닷가재가 안정적으로 공급될 수 있었다. 이들이 정한 원칙은 아주 원활하게 작동한다. 당신이 내부인이거나 바닷가재 요리가 주요 관심사라면 그렇게 느낄 것이다. 이들은 지역의 어업 활동을 지원하며, 자녀들이 가업을 물려받게 해 여러 세대에 걸쳐 일자리를 보장해왔다. 이는 분명 중요한 장점이다. 반면 외부인과 신참자는 이곳에 접근하기 힘들다. 바닷가재 갱단이 정한 어획량은 전적으로 자기네 이익을 위한 것이다. 이들은 바닷가재가 다른 해양종과 어떻게 상호작용하는지, 더 큰 생태계에 어떤 영향을 주는지 따지지 않는다. 그래서 바닷가재 어부들은 수익성 있는 바닷가재와 경쟁하는 물고기를 몰아내 변화에 취약한 단일 어종 생태계를 만들어내기도 했다.

수십 년 동안 메인 주는 바닷가재 갱단을 그냥 내버려두었다. 쉽게 말해, 주의 규정으로 이들의 지배를 침범하지 않았다. 갱단의 점유권을 규제하려면 비용이 많이 든다. 갱단을 해체하고 외부인의 조업 활동을 보호하려면 치안에도 상당히 힘써야 한다. 그런 노력을 기울이면 메인 주 갱단의 점유권을 10분의 1 수준으로 낮출 수 있을 것이다. 그런데 그렇게 하면 뭐가 달라질까?

갱단의 점유를 대체하는 것은 의미 있는 목표일지도 모른다. 모두에게 더 공정하며, 전반적인 생태계 건강에도 도움이 된다. 그렇지만 이러한 처방이 현재 문제되는 상황보다 더 낫다고는 장담할 수 없다. 규제 기관이 갱단을 해체하는 데 성공하더라도 그물 수를 제한하지 못한다거나 새로운 어부가 몰려들어 마구잡이 어획을 할 수도 있다. 폭력이 사라지면서 바닷가재도 사라질지 모른다.

이해관계는 다르지만 루나다 베이의 과제도 이와 비슷하다. 베이 보이즈에게는 루나다 베이를 가장 잘 활용하기 위한 뚜렷한 청사진이 있다. 바로 소수의 서퍼들, 황홀한 파도타기, 즐거운 사진 촬영 등이다. 캘리포니아 당국이 루나다 베이를 모두에게 개방하는 데 성공한다면 베이 보이즈 외에 모두에게 더 공정한 처사일 것이다. 그런데 이는 곧 수백 명의 풋내기 서퍼들이 우글거리게 된다는 뜻이기도 하다. 몰려든 서퍼들 때문에 김빠진 서핑만 남을 수도 있다. 이렇게 극단적으로 다른 결과를 원한다면, 그건 자유다. 그런데 소유권은 어떤 경로로 이러한 결과를 낳게 될까?

- 진화하는 점유의 기술 -

자원 소유자들은 자신의 목적에 도움이 되면 개인들이 만든 점유 신호를 용인하지만, 그렇지 않으면 그 신호를 무력화한다. 이러한 사례들은 비슷한 궤적을 그린다.

점유자들은 상황이 원활히 돌아가면 "이것이 이곳 방식"이라고 입버릇처럼 말한다. 자원과 가까이 있는 사람들은 정교하게 다듬은 신호를 만들어 확실한 통제를 가하고 갈등을 해결한다. 지역 주민들은 그 언어를 이해하며 법적 강제 없이도 서로의 소유권을 흔쾌히 인정해준다. 마을의 소프트볼 경기장이나 교회, 술집에 떠도는 진실한 험담("그 사람 안되겠던데!")들은 인간이 고안한 강력한 징계 수단 중 하나로, 법보다 큰 힘을 발휘한다.

그렇지만 청중의 규모가 커지고 다양해지면 암묵적인 신호와 창피 주기는 효력을 잃는다. 그렇다고 모조리 사라지는 것은 아니다. 신호는 더 단순해진다. 이를테면 영화관 의자에 재킷 걸쳐두기, 사우스웨스트 항공기 좌석에 아이패드 놓기, 차량 앞 유리에 쪽지 남기기, 바닷가재 그물 수거하기 등이 그 예다. 보통 갈등이 생기면 신참자들은 점유 신호를 줄여서 문제가 해결되므로 폭력이나 변호사가 개입하는 상황까지는 가지 않는다. 요약하면, 매우 다양한 상황에서 상징적 점유만으로도 융통성 있고 비용이 낮으며 자율적이고 효과적으로 갈등을 해결할 수 있다.

그러나 시간이 흐르면, 점유 체계가 흔들리기 시작한다. 우리는 이미 내부의 붕괴 요인을 살펴보았다. 리조트 직원의 선 넘은 대행 아르바이트, 해변 민폐객의 자리 차지, 베이 보이즈의 폐쇄적 공동체, 바닷가재 갱단의 단계별 폭력적 조치 등이 그것이다. 여기에 세 가지 외부 흐름이 점유 신호를 압박한다. 바로 갈수록 늘어나는 인구, 부족해지는 자원, 그리고 신기술이다.

인구는 이동하고 성장한다. 뉴욕에서 이주해 온 글리든은 사우스 보스턴 주민들의 신호를 이해했지만, 그 신호에 따라야 할 이유는 찾지 못했다. '진실한 험담'으로는 새로 온 주민을 길들일 수 없다. 전입자는 동네 주민들과 어울리거나 술잔을 기울일 일이 없기 때문이다. 결국 정부가 개입해 지역 고유의 점유 신호를 완전히 없애야 한다. 도시가 성장할수록 지역의 관습은 존중받기 어려워진다.

경제 성장으로 기존 자원의 가치는 더욱 높아졌다. 희소성이 커지면 점유 원칙을 둘러싼 싸움이 더욱 중요해진다. 주차 공간을 찾아 10분간 헤매는 건 짜증나는 일이다. 한 시간 빙빙 돌고 나면 꼴 보기 싫은 고깔을 치워버리고 그 자리를 차지하고 싶어진다. 보스턴에서 기업과 서비스 제공업체들은 전입자들과 손잡고 주차 의자 반대 동맹을 결성했다. 결국 공청회에서 동네 주민의 통제권을 존중하는 것보다는 도시 전반의 경제 성장이 중요하다는 결론에 도달했다. 이제 시 공무원은 주차 의자를 배타적일 뿐 아니라 시대착오적이고 폭력적인 신호로 간주한다. 고깔은 더 이상 보스턴 백 베이에 있는 유서 깊은 연립주택처럼 소중히 보존해야 할 매력적 유산이 아니게 됐다.

마지막으로 점유권은 일종의 리걸테크Legal Tech(법률과 기술이 결합해 생겨난 서비스 분야-옮긴이)다. 이 말은 더 나은 기술이 기존 기술을 밀어낸다는 뜻이다. 사업가들은 예전부터 물리적 점유를 수익화하는 주차 앱을 도입하려고 노력했다. 줄 서기 대행업체가 돈을 받고 대신 줄 서는 것과 같은 이치다. 주차 앱을 깔면 주차 공간을 비울 때 근처에서 배회하는 운전자에게 점유권을 팔고 일정한 몫을 챙길 수 있다. 이런 식의 혁신을 시는 좋아하지 않았다. 실제로 보스턴, 로스앤젤레스, 샌프란시스코 등 일부 지역은 주차 앱을 금지했다. 주차로 얻는 수익이 있다면 그것은 시에서 챙겨야 한다고 봤기 때문이다. 각 시는 주차요금을 올렸다. 주차장 자리 경쟁을 줄이고, 주차장에서 발생하는 수익의 일부를 직접 걷기 위해서였다. 샌프란시스코는 주차요금 변동제를 시범적으로 도입했다. 이는 1장에서 살펴본 고속도로 혼잡통행료와 비슷한 기술 혁신이다. 탄력적 주차 미터기를 설치하면, 주차장이 붐빌 때는 주차요금이 올라가고 한산해지면 요금이 내려가서 지불 능력이 있는 차주는 늘 주차 공간을 확보할 수 있다.

최고 입찰자에게 경매하는 방식은 점유권 다툼을 대체할 수 있다. 그러면 시에 수익이 생기고, 지역 사업자는 고객을 얻고, 부유한 차주는 빈 공간을 바로 차지할 수 있다. 주차 공간을 찾아 주변을 배회하는 시간이 줄어드니 환경에도 좋다. 그렇지만 지역 주민과 서민들은 밀려난다. 이들은 어디에 주차해야 할까?

머지않아 미국 영화관에서 자리 맡는 모습은 역사 속으로 사라질 것이다. 로스앤젤레스의 아크라이트 시네마는 오래전에 지정좌석제를 도입했다. 대형 영화관 체인 AMC 시어터도 같은 방향으로 가고 있다. 소유주 입장에서도 지정좌석제가 운영 비용이 저렴하므로 자율좌석제를 고집해 고객을 짜증나게 할 이유가 없다. 영화관들은 '넷플릭스나 보면서 쉬려는Netflix and chill' 고객을 끌어내기 위해 치열한 경쟁을 해야 한다. 그러다 보니 점점 더 크고 안락한 좌석에 고급 요리와 음료까지 갖춰놓고 특별한 경험을 팔려고 한다. 이는 항공 산업과 정반대 흐름으로, 항공기는 고객 그 자체가 목적이 아니라서 좌석의 여유 공간이 점점 좁아지고 있다.

소유권 기술은 갈수록 자원을 저비용으로 세밀하게 통제하는 수단을 제공하는 쪽으로 발전하고 있다. 새로운 기술은 점유의 여러 미덕을 복제하면서도, 폭력성은 낮추고 유연성은 높이는 방식으로 소유주가 가치를 얻게 해준다. 이에 비하면 상징적 점유는 무딘 도구처럼 보이는데, 최종 소유자가 더 나은 소유권에 관심이 없거나 이를 설계할 만한 역량이 없을 때 쓰이기 때문이다. 시간이 흐르면 재킷을 의자에 올려놓는 행위는 선반에 꽂힌 브리태니커 백과사전(1768년에 창간해 2012년까지 종이책으로 발행했다)과 전화번호부(1883년부터 2019년까지 인쇄됐다)만큼이나 낡은 기술이 될 것이다.

점유는 소유권의 뿌리 깊고 강력한 근거였다. 이는 금방 사라지지 않을 것이다. 그러나 '내가 쥐고 있으니 내 것'이라는 주장은 오해를 낳기 쉽고, 신참과 외부인에게 불공정하며, 변화하는 시대와 갈등할 수밖에 없다.

– 배리 본즈의 홈런 볼은 누구의 것일까 –

2001년 후반, 샌프란시스코 자이언츠의 강타자 배리 본즈가 한 시즌 최다 홈런 기록 달성을 눈앞에 두자 미국 전역이 들썩였다. 그해 마지막 홈런 볼의 가치는 엄청날게 분명했다.

알렉스 포포프는 이 홈런 볼을 꼭 손에 넣고 싶었다. 그래서 본즈의 과거 홈런 볼의 궤적을 연구해서 공이 날아올 확률이 가장 높은 곳의 티켓을 구한 다음, 야구 글러브를 끼고 앉아 공을 기다렸다. 그의 예측은 옳았다. 본즈가 때린 73호 홈런 볼은 포포프가 앉아 있던 외야석으로 직행했다. 포물선을 그리며 내려오던 공은 포포프와 점점 가까워지더니 그의 오른손 글러브에 들어갔다. 그러나 아주 잠깐이었다. 바로 그에게 달려든 군중 때문에 포포프는 공을 놓쳐버렸다. 바닥에서 이리저리 튕기던 공을 운 좋은 사나이 패트릭 하야시가 주웠다. 그는 그냥 경기를 즐기러 온 팬이었다. 하야시는 신기록을 세운 홈런 볼을 손에 쥐고 경기장을 빠져나갔다. 그 홈런 볼의 가치는 100만 달러로 추정됐다.

사건은 그렇게 마무리될 수도 있었다. 그 공은 하야시가 물리적으로 점유했기 때문이다. 그런데 과연 그가 소유하는 게 맞을까? 포포프는 지체 없이 소송을 제기해 공의 소유권이 자신에게 있다고 주장했다. 그는 자신의 글러브에 들어와서 점유한 공을 군중이 달려드는 바람에 놓쳤을 뿐이라고 설명했다. 포포프의 주장에 따르면, 하야시는 공을 가로챈 셈이다.

하야시는 수십 년 동안 야구팬들은 한 가지 단순한 점유 원칙을 따랐다며 반박했다. 즉, 공은 쟁탈전 끝에 마지막으로 차지한 사람의 몫이지, 기대에 부풀어 중간에 잠깐 만진 사람의 것이 아니라고 했다. 하야시는 자신이 최종 점유자라는 사실이 무엇보다도 중요하다고 강조했다. 여우를 쫓은 포스트보다 여우를 포획한 피어슨이 우선한다는 얘기다.

이 사건은 기존 법령이나 판례로는 판결이 나지 않았다. 물론 여기에 적용할 만한 해결책은 많다. 동전 던지기, 번갈아 점유하기, 공을 반으로 가르거나 아예 없애기 등은 이 책 머리말의 흔들의자 소송에서 논의한 바 있다. 이러한 선택지는 이 사건에도 적용 가능하다. 추가로 이런 방법도 있다.

• 과거의 점유자 자이언츠 구단이 갖는다.

- 직접 노동해서 엄청난 가치를 창출한 본즈가 갖는다.
- 마지막 점유자 하야시가 갖는다.
- 군중이 달려드는 바람에 공을 놓친 최초의 점유자 포포프가 갖는다.
- 홈런 볼을 경매에 부쳐 수익금을 나눈다.

당신의 판단은 어떤가? 당신이 내린 판단은 소유권의 핵심 주장에서 어느 쪽을 지지하는지 드러낸다. 바로 결론을 이야기하자면, 스포츠팬들은 보통 하야시의 주장에 손을 들어주었지만 판사는 공을 경매에 넘겨 수익금을 나누라고 명령했다. 저자들은 포포프의 견해에 동조하는 편이다.

우선 위에 제시한 목록에서 처음 두 가지부터 살펴보자. 이전 점유자인 자이언츠 구단이 갖는 것은 어떨까? 자이언츠는 롤링스 야구공(메이저리그 공인구-옮긴이)을 구입해 경기장에 가져왔다(메이저리그 야구팀은 시합당 100개 정도의 야구공을 사용하며, 한 시즌에 사용하는 공은 20만 개가 넘는다). 본즈가 홈런을 치기 전 그 공의 소유자는 누가 봐도 자이언츠 구단이었다. 그렇다면 홈런을 친 후에 소유자가 아니란 법은 없다.

축구, 미식축구, 농구 구단은 공이 관중석으로 넘어가면 이를 다시 돌려달라고 요청하며, 팬들은 이에 따른다. 그런데 야구 구단은 다르다. 1920년대 이후 야구 구단은 경기장 밖으로 날아간 공에 대해서는 소유권을 포기하기로 했다. 법에 따르면 포기한 재산은 다음 점유자가 취할 수 있다. 자이언츠 구단은 기존 입장을 바꿔 공의 소유권을 포기하지 않기로, 이를테면 팬들의 폭력성이 지나쳐서 공을 구단에서 갖기로 결정할 수도 있다. 그런데도 현행 소유권 방침을 유지하는 것은 사업적으로 타당한 이유가 있어서다. 야구공은 저렴하다. 야구공을 팬에게 넘기면 팬들이 행복해한다. 야구장을 찾는 모든 아이들이 바라듯, 야구 시합 티켓을 사면 야구공을 쥐고 집에 돌아올 수도 있다는 기대를 품는다.

비범한 노동을 한 본즈는 우리 논의에서 두 번째 잠재적 소유자다. 소유권의 핵심 근거인 노동은 다음 장에서 탐구할 주제이기도 하다. 본즈는 사실상 그 공의 가치를 만들어냈다. 이 공이 논란거리가 된 이유는 본즈가 친 73번째 홈런 볼이 기존 홈런 기록을 깬 공이기 때문이다. 실제로 야구팬들은 점유가 아닌 강타자의 노력을 소유권의 근거로 인정해주는 관행이 있다. 팬들은 수천 또는 수십만 달러의 가치가 있는 공을 기꺼이 홈런을 친 선수에게 넘긴다. 그 대신 얻는 것은 사진 촬영 기회나 선수가 사인한 유니폼 정도다. LA 에인절스의 강타자 알버트 푸홀스가 개인 통상 600번째 홈런을 날렸을 때, 홈런 볼을 잡은 스콧 스테펠은 공을 돌려주며 이렇게 말했다. "이건 내 공이 아니에요. 푸홀스 것입니다. 당연히 그가 가져야 해요." 그렇지만 우리가 다루는 사건에서는 본즈가 자신의 소유권을 주장하지 않았고, 하야시나 프포프 둘 다 공을 내놓을 생각이 없었다.

야구팬들의 생각은 어떨까? 저자들이 만난 골수팬들은 쉬운 질문이라고 했다. 외야석 관행에 따라 하야시의 손을 들어줘야 한다고 했다. 서로 밀치락달치락했던 일은 그곳에 묻어두고, 누구든 마지막으로 점유한 자가 공을 소유해야 한다는 것이다. 일반적으로 공을 차지한 사람은 한 손으로 공을 들어 보이고 대형 TV 스크린을 향해 웃어 보인 다음, 몸을 좌우로 돌려가며 주변 팬들에게 자신의 공이라고 알린다. 이 원칙은 절차가 쉽고 간단해서 좋다. 가치를 따지거나 판사에게 호소할 필요가 없다. 야구팬들은 1장에 나온 여우 소송의 원칙을 따르는 셈이다. 게다가 이 원칙은 유사 이래 대부분의 시기에 물리적 점유가 해온 역할을 인정해준다. 이는 정글의 법칙처럼 원시적일지 몰라도 오랜 세월 검증된 방법이다.

홈런 볼 반환 소송을 담당한 케빈 매카시 판사는 더 나은 판결을 생각해냈다. 그가 보기에 이 논쟁은 점유의 의미를 따지는 게 핵심이었다. 홈런 볼이 잠시나마 포포프가 뻗은 글러브에 들어왔을 때, 공은 아직 잡히지 않았지만 바닥에 떨어지지도 않았다. 판사는 이렇게 말했다. "그 순간 관중이 도적 떼처럼 포포프에게 달려드는 바람에 공이 글러브에서 빠져나갔다." 하야시 역시 무고한 피해자로, 이 "무법자들"에게 떠밀려 넘어졌다가 공을 습득했다. 판사는 "두 사람 모두 그 누구보다 공에 대한 권리가 앞선다. 또 서로에게 똑같이 존엄한 존재로 대우받을 권리가 있다"라고 견해를 밝혔다. 매카시 판사는 아서와 밀드레드의 흔들의자 판결처럼 서로 돌아가며 공을 보유하라고 명령하는 대신 홈런 볼을 경매에 넘겨 그 수익금을 똑같이 나누라고 판결했다.

홈런 볼은 만화가 토드 맥팔레인에게 45만 달러에 낙찰됐다. 하야시는 변호사에게 성공 보수를 지급했고(환급금의 1퍼센트를 주기로 했다), 잠깐이지만 유명세를 즐기고 빚도 갚았다. 반면 포포프는 파산했다. 변호사에게 시간당 보수로 수십만 달러를 지급했기 때문이다. 여기서 얻는 인생의 교훈 하나, 변호사를 쓰려거든 수임료를 어떻게 책정할지 충분히 고민하라. 당신 변호사도 이를 분명 고민할 것이다. 또 하나 잊지 말 것이 있다. 소유권 분쟁 소송은 대개 무익하다.

종합적으로 볼 때, 저자들은 매카시 판사의 분배 판결에 회의적이며, 최종 점유자를 얼렁뚱땅 인정해주는 야구팬들의 방식도 탐탁지 않다.

잠시 이 구체적인 사건에서 벗어나 야구 시합 전반을 생각해보자. 한 해에 야구팬 1750명 정도가 관중석에서 부상을 입는다. 파울 볼에 맞거나 파울 볼 쟁탈전에서 팔꿈치에 찔려 다치는 경우가 많다. 일부 팬들(우연찮게도 가장 비싼 티켓을 구한 사람들)은 그물망으로 보호를 받는다. 나머지 우리 같은 사람들은 기민하게 공을 받아내는 게 최선의 방어다.

최종 점유자가 공을 갖는다는 야구팬들의 해결책은, 우리의 안전판인 글러브 낀 팬들에게는 김빠지는 소리다. 법이 군중의 규범을 인정해주고 따라서 하야시가 최종 승자라면, 누가 야구장에 글러브를 챙겨가겠는가. 매카시 판사의 판결도 크게 나을 건 없다. 글러브에 공이 닿아봤자 얻는 건 불확실한 소송 복권뿐이다.

우리는 야구공의 점유 개념을 법으로 명확히 해야 한다고 본다. 공을 경매에 넘기는 그런 보기 드문 사건이 아닌, 팬들이 평소 겪는 상황에 대처하기 위해서다. 이제 우리가 야구팬들에게 바라는 역할을 정한 다음, 팬들이 그렇게 행동하도록 소유권 리모컨을 조작해보자.

이런 원칙은 어떨까. '공이 당신 글러브에 닿았는데 군중이 우르르 몰려와 덮쳤다면, 그 공은 당신 소유다.' 이는 미래의 포포프들에게 반가운 메시지로, 이들 열성팬이 열심히 몸을 움직여 공을 잡으면 의도치 않게 우리 같은 관중은 보호받게 된다. 이 원칙은 열성 팬에게 이렇게 말한다. "글러브를 챙겨 와서 정신 바짝 차리고 있어라. 당신이 다른 관중을 보호해주면 법도 당신을 보호해줄 것이다. 달려드는 군중은 당신의 공을 뺏지 못한다." 또 홈런 볼에 달려드는 군중에게는 이렇게 말한다. "물러나 있어라."(스포츠에 비유하자면, 미식축구 반칙 중 패스 방해, 즉 쿼터백이 던진 공을 리시버가 받지 못하게 방해하는 행위에 해당한다) 팬들에게 패스 방해를 하지 말라고 설득하기란 쉽지 않다. 그렇지만 본즈의 홈런 볼처럼 대중의 주목을 받는 사건은, 보기 드문 사례인 만큼 관중에게 영향력을 줄 수 있다. 우리가 보기에 그 공은 명백히 포포프가 갖는 게 옳다.

우리의 해결책이 현실의 포포프나 하야시에게는 전혀 관심이 없다는 점을 눈치챈 독자들도 있을 것이다. 이는 의도적이다. 우리는 그들의 소유권 논쟁을 더 안전한 관람석을 만드는 계기로 바라봤다. 이 사건에서 우리는 어떤 야구공 점유 원칙이 관중에게 가장 안전할지 고민했다. 이는 소유권 설계에 대한 '사전적ex-ante' 접근으로, '일이 터지기 전에' 미래를 예측하려는 것이다. 이러한 추론은 장차 발생할 일을 인과적 경험에 기대(보통 근거 없이) 예측한다. 또 이 추론은 도덕적 틀을 적용해 어떤 원칙이 개별 팬과 사회 전체에 끼치는 영향을 고려한다. 그렇다면 우리의 원칙이 실제로 야구팬을 안전하게 지켜줄까? 알 수 없다. 그렇지만 팬들의 안전한 관람이 우리 논의의 목적이다. 날아오는 공을 잡을 확률보다 그 공에 맞을 확률이 훨씬 높기 때문이다.

반면 매카시 판사는 전혀 다르게 접근했다. 그는 두 주장 사이에서 균형을 유지하는 게 주목적이었다. 사법부의 판결이 사람들의 행동에 미치는 영향도 고려했지만, '사후적ex-post' 조사(일이 터진 후에 되돌아보는 것)에 더 비중을 두었다. 그래서 판사는 누구의 행동이 옳고 그른지 따지는 세심한 질문을 던졌다. 종합적으로 볼 때 법정에 온 두 사람에게 가장 공정한 결과가 무엇인지를 고민했다.

모든 소유권 선택은 결국 이러한 두 가지 전략으로 요약된다. 어느 법률 평론가는 "법대 1학년 학생들이 통달해야 할 이론적 도구를 딱 하나 고르라면, 사전적 관점과 사후적 관점의 구분을 꼽을 수 있다"라고 말했다. 우리도 이에 동의하지만, 논점을 더 확대하고자 한다. 모든 사람이 가장 강력한 소유권 도구에 접근할 수 있어야 한다.

본즈의 홈런 볼 이야기에서 우리가 꼭 기억해야 할 것이 있다. 점유권은 판사가 알아서 밝혀주는 개념도, 법이 강제하는 내용도 아니다. 점유의 개념은 서로 경합하는 소유권 담론에서 무엇을 선택하는가에 따라 달라진다. 이 선택은 자신이 추구하는 가치에 따라 더 나은 선택일 수도 더 못한 선택일 수도 있다.

3장
노동의 유통기한

남이 뿌린 것을
내가 거두는 세상

- 주식회사 마틴 루서 킹 -

마틴 루터 킹 주니어 목사 하면 어떤 장면이 가장 먼저 떠오르는가? 많은 이가 〈나에게는 꿈이 있습니다〉 연설을 꼽을 것이다. 1963년 8월 킹 목사는 링컨 기념관 계단에 올라 25만 명의 군중 앞에서 이렇게 선언했다. "나에게는 꿈이 있습니다. 나의 어린 네 자녀가 언젠가 피부색이 아닌 인격으로 평가받는 나라에서 살아가는 꿈입니다." 이 연설은 미국 역사상 가장 유명한 연설 중 하나로 손꼽힌다.

킹 목사가 이 연설을 한 지 얼마 지나지 않아, 몇몇 회사가 〈나에게는 꿈이 있습니다〉 연설문을 인쇄해서 팔기 시작했다. 한 달 후 킹 목사의 개인 변호사 클래런스 존스는 연설문의 저작권을 등록한 후 사용료를 내지 않고 무단복제한 업체들을 제소했다. 1968년 암

살당한 킹 목사는 사망 당시 부유하지 않았지만, 그의 재산 목록에는 저작권 등록을 마친 모든 것이 들어 있었다.

킹 목사가 남긴 유산은 하나의 브랜드가 되었다. 그의 어록, 영상, 편지, 창작물 모두가 영리회사인 킹 주식회사King Inc.의 자산이 됐다. 킹 목사가 이끈 1965년 셀마 행진을 다룬 에바 두버네이 감독의 영화 〈셀마Selma〉를 유심히 보면, 킹 목사의 연설이 원문과 다르다는 점을 눈치챌 수 있을 것이다. 두버네이 감독은 연설문 사용과 관련해 허락을 "구한 적도 없다"라고 말했다. 킹 주식회사가 이미 스티븐 스필버그 감독에게 영화 판권을 팔았기 때문이다.

킹 주식회사에 사용료를 내지 않으면 누구라도 킹 목사의 연설을 사용할 수 없다. 미국 CBS방송이 다큐멘터리를 제작하면서 자신들이 찍은 킹 목사의 연설 원본 영상을 일부 집어넣자 킹 주식회사는 소송을 제기했다. 워싱턴 D.C. 내셔널 몰에 킹 목사 기념관을 지을 때, 킹 주식회사는 자신들의 동의 없이 기념관 공사비를 모은 재단이 앞으로 킹 목사의 이름을 사용하지 못하게 막았다. 그래서 재단 이름은 그냥 '기념재단'이 되었다. 심지어 킹 주식회사는 클래런스 존스가 집필한 민권 운동을 다룬 책에 〈나에게는 꿈이 있습니다〉 연설을 사용하는 대가로 2만 달러를 요구했다. 존스가 이 연설의 초안 작성을 도왔는데도 말이다.

한편 킹 주식회사는 휴대폰, 컴퓨터, 자동차를 판매하는 광고에 킹 목사의 연설을 쓰는 조건으로 돈을 받았다. 2018년 픽업트럭 브랜드 닷지는 킹 목사의 또 다른 연설을 넣은 슈퍼볼 광고를 내보냈는데 원래 킹 목사의 연설에는 차량 광고주를 비판하는 내용이 들어 있었다. "여러분, 저 신사들은 거창한 말로 우리에게 설교합니다. 이웃의 부러움을 사려거든 이런 차를 몰아야 한다고 말입니다." 킹 주식회사는 킹의 목소리를 입힌 광고에서 닷지 측이 불편해할 부분을 편집하도록 허락해주었다.

킹 주식회사를 오래전부터 관리해온 사람은 킹 목사의 차남 덱스터다. 그는 킹 목사의 다른 자녀들이나 시민운동 지도자, 그 외 다수의 인물과 격렬한 언쟁을 벌이고 수차례 송사도 치렀다. 존스는 이렇게 말했다. "정말 가슴 아픈 일이다. 그들은 킹 목사의 유산 처분 문제로 다투는 것이겠지만, 결국 싸우는 이유는 대부분 돈, 돈, 돈 때문이었다." 시사주간지 〈뉴스위크〉가 전한 바에 따르면, "킹 목사 집안과 잘 아는 친구들이 덱스터에게 이윤 추구와 폭리 추구는 엄연히 다르다며 설득"한 적도 있다. 킹 목사는 자신의 업적이 아마도 다른 방식으로 기려지기를 바랐을 것이다.

더 기본적인 질문으로 돌아가보자. 왜 애초에 킹 주식회사가 킹 목사의 연설 소유권을 갖게 됐을까? 물론 그 연설에는 미국의 인종 차별을 바로잡으려던 킹 목사의 노력이 담겨 있다. 그러니 다른 작가나 예술가처럼 그도 '자신이 뿌린 것을 수확'하는 게 당연하다. 다른 한편, 킹 목사가 사망한 지 50년이 넘었다. 그런데 그 연설들을 다큐멘터리에서 빼거나 차량 광고에 쓰도록 허락하는 권한을 왜 아직도 킹 주식회사가 갖고 있을까? 질문을 더 확장한다면, 지식 노동의 소유권은 누구에게 언제까지 있어야 하는가?

뜻밖에도 미국 법은 기본적으로 지적 노동물에 대한 소유권을 인정하지 않는다. 미국 법은 복제를 권장하는데, 꼭 소유권이 있어야 창의성이 발휘된다고는 보지 않기 때문이다. 킹 목사는 금전적 이득을 기대하고 인권 운동의 상징이 된 연설문을 쓴 게 아니다. 그의 바람은 미국에서 흑인이 백인과 동등한 권리를 얻는 것이었다. 저작권은 그의 변호사가 나중에 생각해낸 것이다.

그렇지만 대부분의 창작자는 킹 목사와 다르다. 그들은 창의적 노동에 대한 대가를 기대한다. 경쟁업체에서 획기적인 신약을 그냥 복제하거나 연구개발 노력을 무시해도 된다면, 제약 회사가 신약 개발에 수십억 달러를 투자하고 직원들을 수천 명이나 고용할 이유가 없다. 이 관점에서 볼 때 생산적 혁신을 자극하려면 노동을 소유권으로 보상해야 한다. 이러한 보상 논리 덕분에 우리는 생명을 구하는 약, 첨단기술, 최신 유행 문화를 누릴 수 있는 것이다.

그러나 노동을 소유권으로 보상하는 것은 간단한 선택의 문제가 아니다. 킹 목사는 1968년 사망했지만, 킹 주식회사는 지금도 그 유산에 대한 이용 권한을 장악하고 있다. 우리는 누구에게 어떤 소유권을 언제까지 보상할 것인지 결정해야 한다. 그리고 누가 이런 판단을 내릴지도 정해야 한다. 연방의회인지 주 의회인지, 입법부인지 사법부인지 고민해야 한다. 이런 질문들은 범위가 좁아 보여도, 그 답은 우리의 행복과 모든 면에서 맞닿아 있다. 우리가 듣는 연설, 우리를 치장하는 패션, 우리가 즐기는 오락, 우리의 생명을 좌우하는 약까지 모든 것과 연결된다.

- 뿌린 대로 거두리라 -

내가 일해서 얻었으니 내 것(노동에 근거한 권리주장)이라는 주장은 소유권에 대한 세 번째 정당화 논리다. 간단히 말해, 온종일 열심히 일했으니 노동의 결실을 얻을 권리가 나한테 있다는 주장이다. 이 주장은 소유권에 대한 다른 여러 논리들을 뒷받침한다. 즉, 내가 앞줄을 차지하려고 서둘렀으니 남들보다 먼저 대접받아야 하고, 내가 삽질해서 눈에 파묻힌 차를 꺼냈으니 그곳에 내 주차 의자를 놓아도 된다.

이렇게 노동과 보상을 긴밀히 연결하는 관념은 오래전부터 있었다. '뿌린 대로 거두리라'라는 구절은 성경 전반에 걸쳐 표현을 바꿔가며 계속 등장한다. 고대 이스라엘 농경 민족에게 이 격언의 뜻은 문자 그대로였다. 대부분 경작하고 수확해서 먹고살았기 때문이다. 영국의 위대한 철학자 존 로크는 300년도 더 전에 쓴 책에서 이 긴밀한 관계를 소유권 이론의 핵심 개념으로 삼았다. 그는 먼저 자기 소유권self-ownership 개념을 깊이 고찰했는데, 이는 "모든 인간Man은 '자신' 안에 '재산'을 보유한다"라는 뜻이다. 이 기본 명제를 토대로 로크는 논지를 이어갔다. "자기 몸으로 한 '노동'과 자기 손으로 한 '작업'은 당연히 그의 소유라고 말할 수 있다." 그동안 임자가 없었던 자원도 우리의 노동과 뒤섞이면 소유권 개념이 생긴다.

로크에게 아메리카 대륙은 임자 없는 자원의 대표적인 예로, 노동을 통해 사유재산으로 바뀔 기다리는 자원이 흘러넘치는 곳이었다. 그는 "태초에 온 세상은 아메리카였다"라고 표현했다. 그렇지만 유럽인이 처음 이곳으로 건너왔을 때 아메리카는 비어 있는 대륙이 아니었다. 아메리카 원주민은 땅을 일구며 이곳에서 수백만 년을 살았다. 그렇다면 왜 원주민은 아메리카를 소유한 것이 아닐까? 어쨌거나 오래전부터 노동해온 땅이 아닌가.

미국을 세운 직후, 법원은 누구의 노동이 중요하고 어떤 노동을 인정할 것인지 결정해야 했다. 1장에서 살핀 1823년 존슨 대 매킨토시 사건에서 연방대법원은 이렇게 단언했다. "이 땅에 사는 인디언 부족은 지독하게 야만적이다. 그들에게 땅의 소유권을 맡기는 것은 이곳을 황무지로 내버려두는 것이나 다름없다." 연방대법원은 아메리카 원주민에 대한 편견을 드러내는 데 그치지 않았다. 물론 이것도 큰 부분을 차지했지만, 그들은 더 깊이 들어갔다.

미국 법원은 미국에서 소유권은 생산적 노동이라는 구체적 전망에 바탕을 둔다고 봤다. 야생 사냥감을 쫓고, 물고기를 잡고, 잘 익은 열매를 모으는 등 철마다 다른 활동을 하는 일부 아메리카 원주민의 수렵채집 활동을 노동에서 배제했다. 또 원주민 대다수가 땅을 일구며 살았지만, 마찬가지로 노동에서 배제했다. 대법원이 보기에 소유권은 황무지를 특정한 방식으로 이용해서 얻을 수 있는 것이어야 했다. 이를테면 나무를 베고, 땅을 개간하고, 돌담을 쌓아야만 성립하는 개념이었다. 다시 말해, 노동이 소유권으로 이어지려면 뉴 잉글랜드New England를 과거 이주민들이 떠나온 올드 잉글랜드Old England처럼 만들어야 했다. 이러한 논거가 약해 보인다고? 맞는 지적이다. 그렇지만 당시 연방대법원은 원주민에게서 아메리카를 빼앗을 때 이 정도 근거로도 충분하다고 봤다.

노동은 선착순, 점유와 마찬가지로 그 자체로 정의되지 않는다. 어떤 노동이 중요한지 결정하는 가치중립적 방법은 없다. 즉, 식민지 이주민과 법원이 누가 부족한 자원을 지배할 것인지에 대한 자신들의 선택을 어설프게 포장하며 만든 결과물이다.

이는 재산권에 대한 비전문적 견해와 법률적 견해가 크게 엇갈리는 부분으로, 법대를 다니는 학생들조차 이해하기 어려워한다.

소유권은 사회공학적 선택으로, 우리가 도출해낸 결론이지 발견해낸 사실이 아니다. 우선 우리는 소유권으로 달성하고 싶은 목표를 정한다. 다음으로 목표를 가장 확실하게 이룰 수 있는 수단을 정한다. 마지막으로 보통 숨겨진 가치 판단을 인과적 경험에 기댄 추측과 합친 후 여기에 '소유자'라는 법률 용어를 붙인다. 다시 말해, 소유권은 분석의 시작점이 아니라 종착점이다.

존슨 사건 판결에서 연방대법원이 고른 소유권의 정의는 유럽 농민과 상인의 세계관을 반영하고 강화한 것이었다. 그들의 선택은 요즘 시각으로는 잔혹하고 자의적이지만, 어린아이도 이해할 수 있다. 이때 어린아이란 당시 영국계 미국인의 가치관을 주입받고 자란 아이를 말한다.

이에 대한 증거를 한 특별한 아이에게서 찾을 수 있다. 바로 고전이 된 자전적 소설《작은 집Little House》 시리즈를 쓴 로라 잉걸스 와일더다. 로라의 세 번째 책《초원의 집Little House on the Prairie》은 1869년 로라 가족이 아메리카 원주민이 쫓겨난 지역에서 얻은 땅을 배경으로 한다. 그해 여름과 겨울, 백인 토지 무단 점유자squatter들은 당시 오세이지족 보호구역으로 대거 이주했다. 오세이지족에게 누구보다도 우호적이던 로라 아빠는 정착민의 토지 소유에 대해 이렇게 설명했다. "백인 정착민이 이 지역에 오면서 인디언들은 이주해야 했지. 그렇게 해서 우리가 이곳에 오게 된 거란다, 로라. 백인이 이 모든 땅에 정착할 테고, 우리 가족은 최고로 좋은 땅을 얻을 거야. 우리가 제일 먼저 왔으니 마음에 드는 땅을 고를 수 있거든. 아빠 말 이해했니?"

하지만 로라네 가족은 땅을 얻을 만큼 캔자스 주에서 오래 정

착하지 못했다. 땅이 척박했고, 겨울은 황량했으며, 아메리칸 원주
민의 저항은 거셌다. 그래서 로라 가족은 다른 곳으로 이동했다. 사
우스다코타 주에서 이들은 더 비옥한 원주민 땅을 발견했다. 나무
를 심었지만 이내 시들어 다시 심기를 반복하는 등 수년간 고생한
끝에, 로라네 가족은 마침내 노동에 대한 보상을 받았다. 로라네 가
족은 자영 농지법Homestead Act에 따라 땅의 소유권을 인정받았다.
이는 정착민이 노동해서 땅을 일구면 '원original' 소유주로 인정해준
일련의 법 중 하나다. 로라 아빠는 땅을 얻은 후 마차를 타고 돌아
오면서 정착민의 개척 정신을 북돋는 노래를 흥얼거렸다.

> 오, 이곳으로 오세요.
> 불안해할 것 없어요.
> 엉클 샘(Uncle Sam, 미국 정부-옮긴이)은 부자라서
> 우리 모두에게 농장을 주니까요!

1800년대 미국의 면적은 2배 이상 커졌다. 유럽인과 원주민
이 토지 소유권을 놓고 다투던 상황에서 연방정부는 새로운 공유지
를 필사적으로 확보하려 했다. 과제는 미시시피 주 서쪽 지역에 사
람들을 빨리, 눈에 띄게, 저렴한 비용으로 정착시키는 것이었다. 이
를 위해 연방정부는 로라 아빠처럼 노동한 자에게 보상을 해주기로
했다. 즉, 서부로 가서 땅을 일구면 토지 주인이 될 수 있었다. 최초
의 자영 농지법은 성인 시민 누구나 땅을 개간하고 거주지를 만들
어 5년 동안 경작하면 공유지 160에이커를 무상으로 주도록 했다.
자영 농지 정책으로 광활한 아메리카 대륙의 10퍼센트에 해당하는

2억 7000만 에이커의 땅이 공유지에서 사유지로 전환됐다.

1872년 도입한 일반 광업법General Mining Act도 이와 성격이 비슷하다. 이 법은 시민과 기업에 공유지의 소유권을 주었는데, 소유권을 얻으려면 시굴자들은 가치 있는 광물을 탐사하고, 광물이 매장된 사실을 증명하며, 매해 최소 100달러에 달하는 노동력을 투입하거나, 개선 활동을 해야 했다. 이러한 최소한의 조건을 충족하고 에이커당 2.5~5달러를 지불하면 땅에 묻힌 광물이나 토지에 대한 소유권을 얻을 수 있었다. 채굴권 수수료는 1872년 이후 전혀 오르지 않았다. 광산 회사들은 아직도 공유지에서 매해 20억~30억 달러에 이르는 광물 자원을 뽑아내고 있지만, 그 특권에 대한 대가는 거의 지불하지 않는다. 게다가 채굴권 때문에 서부의 공유지 전반에 걸쳐 꽤 넓은 사유지인 '인홀딩inholdings'이 군데군데 생기면서 산간 오지의 숲길과 손상되지 않은 황야에 대한 접근을 가로막고 있다.

서부 지역에선 이와 유사한 법들이 도입되면서 공공용수가 사적 용도로 쓰였다. 메마른 서부 지역에서는 물이 토지나 광물보다 값어치가 있다. 그래서 강줄기를 돌려 뚜렷하게 유익한 용도로 쓰면, 그 물은 개인의 것으로 인정받았다. 이렇게 100년도 더 전에 누가 어떤 노동을 했을 때 그 보상책으로 토지, 광물, 물에 대한 소유권을 줄 것인지 국가가 내린 결정이 오늘날 미국 서부 지형에 고스란히 반영되었다고 해도 과언이 아니다.

소유권을 얻으려면 땅을 확보하는 것만으로는 부족했다. 정착민은 노동을 해서 땅을 개간해야 했다. 그래야만 합법적 주인으로 인정받았다. 역사를 통틀어 법은 뿌리고 거두는 이 두 행위를 긴밀하게 엮었다. 적어도 특정 행동(개간)을 한 특정 부류(백인 정착민)에게는 이 원칙이 적용됐다.

그렇지만 세월의 흐름에 따라 소유권 개념은 새로 다듬어졌다. 이제 연방 토지에 정착하라고 장려하는 정책은 없다. 자영 농지법은 1976년 폐지됐다(알래스카 주에선 1986년까지 존속했다). 로라가 살던 세상은 사라졌다. 그렇다면 요즘은 어떤 노동을 중시할까?

– 죽은 월트 디즈니가 지금도 돈을 버는 이유 –

플로리다 주 할란데일에 있는 '소중한 아이를 위한 어린이집' 소송을 살펴보자. 예전부터 이 어린이집 놀이방 벽면에는 미키 마우스, 미니 마우스, 도날드 덕, 구피가 그려진 1.5미터 크기의 벽화가 있었다. 아이들에게 이곳은 행복한 곳이었다.

그렇지만 이곳에 무단도용한 캐릭터가 있다는 사실을 알게 된 디즈니 법무팀은 행복하지 않았다. 이들은 어린이집에 조사단을 파견해 문제가 된 벽화를 증거로 확보한 후, 법적 대응을 하겠다고 경고했다. 동시에 디즈니 법무팀은 할란데일에 있는 또 다른 어린이집 굿 갓머더와 템플 메시아닉에도 경고장을 보냈다. 이곳에도 미키 마우스를 불법복제한 벽화가 있었다.

아이들은 뽀로통해졌다. "벽에서 그림을 떼어가면 슬플 거예요." 다섯 살배기 크리스토퍼가 침울하게 말했다. 일곱 살 아만다는 "불공평해요"라며 불만을 드러냈다. 어린이집 원장 에리카 스코티는 아이들의 심경을 어른의 말로 전달했다. "정말 터무니없다고 생

각합니다." 그래도 원장은 디즈니 측 변호사와 합의하기 위해 협상

테이블에 앉았다.

할란데일 시는 이 소동에 개입해 어린이집을 지지하는 결의
안을 채택했다. 질 스타인 시장은 이렇게 밝혔다. "다른 기업도 아
니고 그 유명한 디즈니가, 그 천부적 재능과 더불어 미국 아이들의
코 묻은 돈 덕분에 거대해진 디즈니가, 이 정도 아량밖에 베풀지 못
한다는 사실이 매우 유감스럽습니다. 이 일로 할란데일 어린이들은
크게 상심할 것입니다." 그렇지만 '지상에서 가장 행복한 곳'을 소유
한 디즈니는 단호했다. 디즈니 대변인은 이렇게 통보했다. "이것이
우리의 마지막 답변입니다. 할란데일 시에는 더 이상 드릴 말씀이
없습니다." 미키 마우스는 사라질 운명이었다.

디즈니의 공격적 태도는 월트 디즈니의 개인 경험에서 비롯
된 것이다. 1923년 월트 디즈니는 처음으로 성공한 캐릭터 '운 좋은
토끼 오스왈드Oswald the Lucky Rabbit'를 만들었는데, 배급사에 판권
을 빼앗겼다. 무일푼이 된 디즈니는 처음부터 다시 시작해야 했다.
1928년 그는 새로운 캐릭터 '모티어 마우스Mortimer Mouse'를 선보였
다. 곧바로 '미키Mickey'로 이름을 바꾼 이 캐릭터는 디즈니 왕국의
토대가 되었다. 그는 전처럼 억울하게 당하지 않겠다고 결심하고
캐릭터 무단도용으로 보이는 사례에 강경하게 대처했다.

다행히 소중한 아이를 위한 어린이집의 사연이 전국에 보도
되면서 놀이공원계의 경쟁업체인 유니버설 스튜디오가 구원투수
로 나섰다. 카메라가 돌아가는 가운데, 유니버설 직원들은 할란데
일 어린이집 벽화를 덧칠한 후 자사 캐릭터인 고인돌 가족 플린스
톤, 스쿠비 두, 요기베어를 그려 넣었다. 전부 공짜였다. 야바 다바

두!Yabba dabba doo!(〈고인돌 가족 플린스톤〉의 주인공이 기분 좋을 때 외치는 말-옮긴이)

순수한 의도로 캐릭터를 사용한 다른 많은 이용자들에게는 운이 따라주지 않았다. 디즈니는 단호하게 조치했다. 디즈니 사내 법무팀 디스노이즈는 1년에 수백 건씩 소송을 걸고, 그보다 더 많은 횟수의 경고를 날린다. 어떤 기사는 이를 두고 "토끼가 번식을 좋아한다면, 마우스는 소송을 좋아한다"라고 표현했다. 월트 디즈니가 세상을 떠난 지 50년이 넘었고, 그가 처음 미키 마우스를 그린 지 한 세기가 되어가는데, 어떻게 디스노이즈가 아직도 사방을 돌아다니며 어린아이들의 행복을 위협할 수 있는 걸까?

그 답은 소유권 설계의 기본적인 차이에서 나온다. 소유권은 두 가지 종류의 노동을 보상한다. 육체노동과 지식노동이다. 사과 과수원을 가꾸는 일이 육체노동이라면, 사과파이 조리법을 만드는 것은 지식노동이다.

육체노동에 소유권을 인정해주는 것은 오랜 세월 검증된 방법이다. '뿌린 대로 거둔다'는 격언은 이러한 인식에서 비롯됐다. 생산자에게 소유권은 사과 재배를 늘리는 동기로 작용한다. 재배한 사과마다 가격을 매길 수 있기 때문이다. 소비자에게도 이롭다. 소유권은 누가 사과를 얻어야 하는지 쉽고 빠르게 결정해주기 때문이다. 누구든 시장가격을 지불하는 사람이 사과를 베어 물 수 있다. 이때 한 사람이 사과를 먹으면 다른 사람은 먹지 못한다.

이러한 상충 관계가 지식노동 소비자에게는 적용되지 않는다. 당신이 만든 조리법은 나도 이용하고, 당신도 이용하고, 사과파이를 좋아하는 사람 모두가 이용할 수 있다. 모든 지식재산권법이 이

한 가지 통찰을 갖고 씨름한다. 지식노동은 한 사람이 씨앗을 뿌려도 모두가 수확할 수 있다.

미국의 제3대 대통령 토머스 제퍼슨은 널리 회자되는 1813년 서신에서 양초를 예로 들어 이를 설명했다. "나한테 아이디어를 얻은 사람은 내 아이디어의 양을 줄이지 않고도 가르침을 얻는다. 내 양초 심지에서 불을 붙인 사람은 나를 어둡게 하지 않고도 빛을 얻는다." 다시 말해, 누가 조리법을 이용할지 정하기 위해 소유권, 가격, 시장이 필요하지 않다는 얘기다. 초대 특허청장을 지냈고 특허법 초안을 작성하기도 한 제퍼슨은 같은 편지에서 "특허 독점을 승인하면 사회에 유익하기보다 사회를 곤경에 빠뜨릴 수 있다"며 특허에 대해 회의적인 시각을 드러냈다. 소비자의 복지라는 면에서 볼 때, 지식노동은 주인이 없어야 했다.

이렇게 소비자들에 대한 염려 때문에 그동안 지식노동은 법으로 보호하지 않았다. 즉, 법률에 예외 조항이 있지 않은 한, 자유로운 복제를 기본 방침으로 삼았다. 디즈니가 만든 미키 마우스를 누구나 자유롭게 쓴다면, 디즈니는 이에 반대하겠지만 사회는 더 명랑해질 것이다. 킹 목사가 남긴 연설을 무료로 들을 수 있다면, 킹 주식회사는 망하겠지만 우리 모두는 혜택을 얻을 것이다. 생명을 구하는 약이 개발되고 이를 한 알당 10원에 제조할 수 있다면, 약을 못 구해 죽는 사람은 1명도 없을 것이다.

지식노동의 산물에 보호망이 없는 것이 소비자 입장에서는 최고의 원칙으로 보일 것이다. 그런데 문제가 하나 있다. 바로 생산자도 고려해야 한다는 점이다. 디즈니와 제약업체 화이자가 보호망이 없다는 사실을 안다면 미키 마우스도, 생명을 구하는 약도 개발되지 않을 것이다. 노동에 대한 금전적 보상이 없는데 누가 굳이 노동을 하겠는가? 이것이야말로 손실이고, 소비자에게도 손해다.

따라서 우리는 이율배반적 상황에 놓인다. 이는 지식재산권법을 두고 벌어지는 1조 달러짜리 난제다. 최소한 얼마를 보상해야 창작자들이 소비자에게 충분한 이익을 제공할까? 또 그 액수는 누가 정해야 할까?

미국 건국의 아버지들은 1780년대 연방정부의 토대를 닦을 때, 이미 이런 문제의식을 갖고 있었다. 그 해결책은 이와 관련된 몇 가지 결정 권한을 주 의회에서 가져오는 것, 다시 말해 주의 권한을 없애는 것이었다. 연방의회는 헌법에 따라 창의적 표현물의 저작권과 유용한 발명품의 특허권을 만들어 전국에 적용할 권한을 갖기로 했다. 즉, 연방의회는 자유로운 복제 원칙의 주요 예외 규정을 만들 수 있다. 더 나아가 헌법은 '과학의 진보와 유용한 기술을 촉진'하는 경우에 한해 소유권을 인정한다. 마지막으로 이러한 권리는 '한정된 기간'에만 유효하다. 그래야 대중의 이익이 대체로 유지되기 때문이다.

연방대법원은 이렇게 밝혔다. '저작권의 주요 목적은 저자의 노동을 보상하는 게 아니다. 저작권 보호의 기준은 이마에 흐르는 땀이 아니라 독창성Originality이다.' 미국에서 창작자의 권리는 제한적이며, 진보progress에 기여한 경우에 한해 인정받는다. 미국 초기 헌법 중 하나인 1790년 저작권법1790 Copyright Act에 따르면, 저자는 저작물에 대해 28년간 독점적 권한을 얻는다(처음에 14년 보장받고, 추가로 14년 연장할 수 있다). 그 기간이 지나면 대중은 해당 창작물 전체를 무료로 쓸 수 있다.

특허권도 이와 비슷하다. 발명가는 제한된 기간 동안 독점적 소유권을 얻는데, 현재 그 기간은 28년이다. 대신 발명가는 발명 원리를 바로 공개해서 공유 지식에 기여해야 한다. 특허 기간이 만료되면 발명 자체가 공유 저작물public domain로 풀리고 누구나 자유롭게 이용할 수 있다. 이는 수세기 동안 미국 의회가 저자 및 발명가와 맺은 기본 합의다.

그렇지만 창작자들은 보통 그 이상을 요구한다. 미키 마우스의 저작권 만료 시점이 다가올 때마다 디즈니는 의회에 로비 자금을 퍼부었다. 디즈니의 목표는 시장 지배력이 아니다. 이들은 창립자가 겪은 고난, 오스왈드와 미키 마우스, 그리고 창작 활동에 대한 보상을 이야기했다. 실제로 월트 디즈니는 미키 마우스를 무척 아꼈다. 10년 동안 만화영화에서 미키 마우스의 목소리를 직접 연기했을 정도다. 다른 사람이 미키 마우스 캐릭터를 고약한 목적에 써도 된다면, 이는 그의 창작 활동에 상당한 결례일 것이다. 세서미 스트리트 제작진도 한 영화의 예고편을 보다가 이런 무례함을 느꼈다. 예고편에 타락한 머펫들(세서미 스트리트의 인형 캐릭터-옮긴이)이 마약을 하는 충격적 장면이 나왔기 때문이다.

저작권 로비를 디즈니 혼자서 하지는 않았다. 어빙 벌린, 조지 거쉰과 아이라 거쉰, 리처드 로저스, 오스카 해머스타인 등 그레이트 아메리칸 송북Great American Songbook(20세기 미국에서 사랑받은 노래 모음집-옮긴이)에 곡이 실린 대표 작곡가들의 저작권을 보유한 개인과 기업들도 보호 기간 연장을 위한 로비에 동참했다.

로비 활동은 성과가 있었다. 원래 미키 마우스는 디즈니가 창작할 당시 시행된 저작권법에 따라 1984년부터 공유 저작물로 풀릴 예정이었다. 만료 시점이 다가오는 가운데 의회가 모든 저작물의 보호 기간을 연장하면서 미키 마우스의 저작권 보호 기간은 2003년까지로 늘어났다(플루토는 2005년, 구피는 2007년, 도날드 덕은 2009년까지다). 1998년 미키 마우스의 저작권 만료 시점이 다가오자, 디즈니와 동맹들은 로비 작업에 돌입했다. 이들은 의회를 설득해 다소 경멸적 이름이 붙은 미키 마우스 보호법Mickey Mouse Protection Act을 통과시켰다. 이 최신 저작권법에 따라 디즈니는 소중한 아이를 위한 어린이집처럼 미키 마우스를 아끼는 사람들을 2023년까지 경고하거나 고소할 수 있게 됐다. 최대 28년으로 시작한 저작권 보호 기간이 거의 한 세기로 늘어난 것이다.

디즈니가 미키 마우스 저작권 로비를 위해 쓴 자금은 모두 합해 수백만 달러에 이른다. 여기에는 1998년 저작권법 개정을 발의한 의원 25명 중 19명에게 직접 건넨 정치 기부금도 들어 있다. 이렇게 엄청난 자금을 쏟아부었지만, 디즈니와 그 동맹에게는 아주 수지맞는 장사였다. 경제지 〈포브스〉에 따르면 미키 마우스는 2004년 한 해 매출만 58억 달러로, 생사를 불문하고 그 어떤 유명인보다도 수입이 많아 세계에서 '가장 부자인 캐릭터'로 꼽힌다.

이는 디즈니 주주들에게(그리고 벌린과 해머스타인의 저작권 상속자에게) 무척 반가운 소식이다. 20년 연장으로 대중은 어떤 이익을 얻었을까? 전혀 없다. 1928년 당시 적용된 56년의 보호 기간은 월트 디즈니의 창작 의욕을 북돋기에 충분했다. 그는 1966년 사망할 때까지 자신이 뿌린 것을 열심히 거둬들였다. 그러나 오래된 저작권을 먼 미래까지 연장한다고 해서 죽은 그가 캐릭터를 더 만들거나 조지와 아이라 거쉰 형제가 곡을 더 써내지는 않을 것이다. 또한 젊은 만화가들에게 창작 의욕을 불어넣지도 못할 것이다. 기간 연장은 이들이 죽고 나서 수십 년이 지난 뒤의 이야기이기 때문이다. 미키 마우스 보호법은 그 어떤 공익도 낳지 못하며, 그 어떤 새로운 만화 캐릭터나 노래도 내놓을 가능성이 없다. 그저 기업의 이익만 보호해줄 뿐이다.

이러한 로비 활동은 디즈니와 그 동맹인 저작권 보유자들이 노동에 대한 보상 논리를 이용해 소유권 원칙을 자신들에게 유리하게 고치고, 다른 한편으로 공유 저작물을 대폭 줄여 나머지 사람들에게 피해를 주는 아주 적나라한 사례라고 할 수 있다. 이때 피해를 보는 사람은 어린이집의 아만다와 크리스토퍼만이 아니다. 지식노동의 소유권이 거듭 연장될 때 볼모로 잡히는 것은 바로 문화다.

1923년부터 나온 수천 개의 작품이 1999년 공유 저작물로 풀릴 예정이었다가 20년을 더 갇혀 있었다. 드디어 2019년부터 우리는 버지니아 울프의 〈제이콥의 방Jacob's Room〉과 로버트 프로스트의 〈눈 내리는 저녁, 숲가에 멈춰 서서Stopping by Woods on a Snowy Evening〉를 자유롭게 읽을 수 있게 되었다. 2020년에는 조지 거슈의 〈랩소디 인 블루Rhapsody in Blue〉와 토마스 만의 《마의 산The Magic Mountain》이 우리에게 왔고, 2021년에는 스콧 피츠제럴드의 《위대한 개츠비The Great Gatsby》와 찰리 채플린의 〈황금광 시대The Gold Rush〉가 풀려났다. 어느 평론가는 이렇게 말했다. "20세기 문화는 대부분 여전히 저작권에 묶여 있다. 저작권으로 보호받기 때문에 이용하지 못한다. 다시 말해, 우리는 상당수의 문화를 잃어버렸다. 아무도 그 작품들을 재출간하지 않고, 상영하지 않으며, 연주하지 않는다."

지식노동 소유권이 확대되면 소비자들은 피해를, 그것도 예기치 못한 방식으로 입는다. 저작권 보유자가 죽으면 그 소유권은 보통 상속인들이 나눠 갖는데, 이들은 자신에게 그런 소유권이 있는 줄도 모른다. 이후 소유권이 다시 쪼개져 상속인의 상속인들이 나눠 가지면, 이 책 6장에서 다루는 가족 소유권의 딜레마를 낳는다. 저작권의 경우, 신원을 모르는 저작권 보유자가 늘어나면 소유자는 있는데 절판되는 '고아 저작물orphan works'이 생겨난다. 잠재적 저작권이 있는 작품 중 70퍼센트 정도가 이런 상태에 놓여 있다. 이들 예술 창작물은 아무도 다시 만들어낼 엄두를 내지 못한다. 난데없이 저작권 상속자가 나타나 고소할 수도 있기 때문이다.

　고아 저작물 문제는 역설적이게도 현재 우리가 1900년대 중반에 나온 책보다 1800년대 후반에 나온 책을 더 많이 접하게 만든다. 왜 그럴까? 구글이 도서관과 손잡고 저작권이 만료된 1억 권이 넘는 책을 스캔해서 온라인에 올리면서 무료로 공개했기 때문이다. 이 책들은 거의 모두 1920년대 이전에 출판됐다. 구글은 저작권 보호를 받는 후대의 저작물에도 동일한 작업을 했고, 출판사 및 미국 작가협회와 포괄적 합의를 마쳤다. 이렇게 타협한 덕분에 고아 저작물은 유료로 다운로드 가능하며, 수익의 63퍼센트는 저작권 보유자에게 돌아간다. 그러나 구글이 동면 상태인 고아 저작물 시장을 독점할까 봐 우려한 미 법무부는 법원에 비판적 의견을 제출했고, 판사는 구글의 전자도서관 사업에 제동을 걸었다. 결론적으로 미키 마우스와 그의 친구들은 1920년대, 1930년대, 1940년대 활짝 핀 미국 문화를 자유롭게 이용하지 못하도록 아직도 가로막고 있다. 이들 저작물은 미키 마우스 보호법만 없었다면 이미 공유 저작물로 풀렸을 것이다.

미키 마우스의 저작권 보호 기간이 연장되면서 공유 저작물이 줄어들고, 고아 저작물의 발이 묶였을 뿐 아니라, 저작권 보호를 받는 창작자들도 피해를 입고 있다. 특히 단편 작가들의 경우, 그 명성은 저작권에서 빠져나왔는지가 좌우한다. 즉, 저작권 해소 여부에 따라 문학선집에 실려 영문학 개론 시간에 배우는 작품이 되기도 하고, 그냥 잊혀가는 작품이 되기도 한다. 저작권 보호 기간 연장으로 한 세기 동안 작품들이 갇히면서 다수의 유명 작가들이 사후에 거의 잊혔다. 한 연구자는 이런 상황을 이렇게 요약했다. "저작권 보호 기간이 너무 길어서 사라진 책들은 저작권이 만료되어야 다시 생명을 얻는다."

콜로라도 주 공화당 의원 행크 브라운은 미키 마우스 법에 반대표를 던진 유일한 상원 의원으로, 저작권 보호 기간 연장의 위험성을 정확히 짚어냈다. "저작권을 사들인 기업들이 의회에 로비한 진짜 동기는 20년 동안 수익을 더 올리기 위해서였다. 이는 도덕적 분노를 살 만하다. 공익을 말하는 사람이 아무도 없었기 때문이다." 브라운 의원의 지적은 옳다.

헌법상 저작권법은 연방의회가 담당하므로, 로비스트들은 한 줌의 정치인만 포섭하면 된다. 그 외에는 방해 세력이 전혀 없다. 심지어 연방대법원도 허수아비일 뿐이다. 법원은 가장 최근 연장된 저작권 보호 기간이 헌법에서 규정한 '한정된 기간' 요건을 여전히 충족시킨다는 의회의 주장을 그대로 받아들였다.

다시 한 번 강조하지만, 소유권 설계는 결국 설계자들의 인식을 반영한다.

- 사람은 죽어도 소유권은 죽지 않는다 -

현재 미국의 주 의회 의원과 판사들은 저작권과 특허권 외에도 다른 지식재산권을 마음껏 만들고 있지만, 그 과정에 조심스러운 기색은 없다.

1950년대 초, 바우먼 껌 회사가 야구 선수들과 독점 계약을 맺고 트레이딩 카드(스포츠 선수나 유명인의 모습이 인쇄된 수집용 카드-옮긴이)에 선수들의 얼굴을 인쇄했다. 그러자 경쟁사인 탑스 풍선껌도 동일한 카드를 찍어냈다. 탑스는 야구 선수가 자신의 이미지를 소유한 게 아니므로 이미지 사용을 통제할 수 없다고 주장했다. 이후 전개된 소송에서 제2연방 항소법원은 뉴욕 주법을 참고해 새로운 개념을 만들어냈다. 퍼블리시티권right of publicity이다. 이 신종 소유권 덕분에 유명인은 이름, 초상, 심지어 음성 등 자신의 인격persona적 요소가 낳는 상업적 가치를 지배하고 이로부터 수익을 얻는 독점적 권한을 가지게 됐다. 이 새로운 권리를 토대로 바우먼은 탑스에 승소했지만, 최종 승자는 바우먼을 인수한 탑스였다. 합병한 회사는 야구 선수의 인격 소유권을 이용해 이후 30년 동안 야구 트레이딩 카드 시장을 독점했다.

1970년 무렵 퍼블리시티권은 미국 7개 주로 확산됐고, 지금은 전체 50개 주 중 절반이 넘는 주에서 이를 인정하고 있다. 특히 스포츠 퍼블리시티권은 트레이딩 카드에서 비디오 게임으로, 다시 프로 선수들로 가상의 팀을 꾸려 경기하는 판타지 스포츠 리그로 진화했다. 대학 선수들이 이름과 초상을 빌려주고 돈을 받는 것을 수십 년간 반대했던 NCAA(전미대학체육협회)도 지금은 이를 허락한다(그 이유는 5장에서 살펴보겠다).

퍼블리시티권을 인정했어도 각 주마다 사후 존속 여부와 보호 기간에 큰 차이가 있다. 테네시 주는 사후 10년까지 권리가 보장된다. 버지니아 주는 20년, 캘리포니아 주는 70년, 인디애나 주는 100년이다. 뉴욕 주는 사후 퍼블리시티권을 인정하지 않는다. 그래서 매릴린 먼로가 뉴욕에서 살다가 사망했을 때, 상속자들은 돈을 벌지 못했다.

왜 이렇게 주마다 차이가 나는 걸까? 사망한 유명인사가 많은 캘리포니아 주는 상속자들이 주 의회에 압력을 넣어 퍼블리시티권 보호 기간을 늘이는 데 성공했다. 그러니 놀라울 게 없다. 뉴욕 주는 좀 의아하다. 사망한 유명인이 많은데도 사후 권한을 인정하지 않는다. 인디애나 주는 왜 사후 소유권이 한 세기나 유지될까? 결국은 돈이 그 이유다.

인디애나 주에는 거대 엔터테인먼트사 CMG 월드와이드 본사가 있다. 이 회사는 사망한 유명인 다수의 퍼블리시티권을 갖고 있다. 그중에는 영화배우 제임스 딘과 잉그리드 버그만, 소설가 잭 케루악, 재즈 음악가 듀크 엘링턴, 조종사 아멜리아 에어하트, 흑인 시민운동가 맬컴 엑스도 있다. CMG 월드와이드는 인디애나 주 의회에 가서 디즈니가 연방의회에서 한 것처럼 도움을 요청했고, 여기에 반기를 드는 의원은 없었다.

지금도 유명을 달리한 유명인들과 그 가족, 에이전시는 퍼블리시티권 덕분에 매해 수십억 달러를 긁어모으고 있다. 〈포브스〉가 2019년 발표한 사망 유명인의 연소득 순위를 보면, 마이클 잭슨이 6000만 달러, 엘비스 프레슬리가 4000만 달러를 벌었다. 심지어 매릴린 먼로도 1000만 달러 넘게 벌었다. CMG 월드와이드와 여러 업체가 매릴린 먼로의 이미지 및 저작 일부에 대해 라이선스를 갖고 있기 때문이다.

킹 목사가 사망하기 직전까지 살았던 조지아 주의 규정은 어떨까? 조지아 주 의회는 퍼블리시티권이나 사후 퍼블리시티권 등을 제정한 적이 없다. 그러거나 말거나 킹 주식회사는 이곳에서 소송을 제기했다. 킹 목사의 플라스틱 흉상을 만든 제작자들에게 사용료를 받기 위해서였다. 1982년 조지아 주 대법원이 원고 승소 판결을 내리면서 킹 목사를 비롯해 조지아 주에서 사망한 유명인의 사후 퍼블리시티권이 사법상 인정됐다.

퍼블리시티권의 등장은 소유권의 작용과 관련해 한 가지 중요한 특징을 보여준다. 삶의 각 영역에서 우리가 선택하는 소유권 메뉴는 미리 정해진 형태가 아주 적다는 점이다. 고대 로마에서는 이러한 제한을 '누메루스 클라우수스numerus clausus(한정된 수)'라고 불렀다. 범주 제한은 모든 사법 제도의 특징이다. 지식노동의 경우, 역사적으로 연방의회가 두 가지 가능한 형태인 저작권과 특허권을 맡았다. 각 주들은 일찍부터 지식노동의 세 번째 영역인 상표법을 개발했다. 연방의회는 1800년대 후반부터 연방법을 제정해 각 주의 상표법을 빼앗았다. 퍼블리시티권은 제한된 소유권 메뉴에서 최근에 추가된 항목 중 하나다.

그렇다면 왜 이 새로운 항목을 소유권 메뉴에 넣도록 했을까? 소유권은 모든 기술과 마찬가지로 자원의 희소성, 시장 기회, 달라진 가치관에 따라 변화한다. 각각의 소유권 형태는 자유, 공동체, 효율, 정의와 관련해 어떤 가치 조합을 세심하게 선택했는지를 보여준다. 결혼, 콘도(건물의 각 호수를 개인이 소유하는 형태로 한국의 아파트와 비슷하다-옮긴이), 코압co-ops(건물 소유주 조합의 지분을 구입해 거주할 권리만 갖는 형태-옮긴이), 동업, 신탁, 법인 등의 소유권 형태는 사회생활을 구성하는 요소다. 언어로 치면 복잡한 메시지를 때로는 소수에게, 때로는 세상을 향해 신속하게 전달하는 용어에 해당한다. 서로 의사소통을 하려면 각각의 소유권 형태가 뜻하는 바를 어느 정도 이해해야 한다.

문제는 신조어처럼 가끔 새로운 형태의 소유권을 만들어야 하는 상황이 생긴다는 점이다. 새로운 소유권은 저절로 생기지 않는다. 입법부, 사법부, 재계, 심지어 개인도 소유권을 만드는 작업에 뛰어드는데, 어떤 설계에도 결함이 있게 마련이다. 미키 마우스의 저작권 기간 연장에서 봤듯이 의회 의원들은 정치 기부금을 무기로 압박해오는 로비스트에게 너무 쉽게 휘둘린다. 판사들도 시야가 좁기는 마찬가지다. 이들은 대개 이미 벌어진 개별 분쟁에 대한 변호사의 논변만 듣기 때문에 포괄적 형태의 소유권을 만들 만한 시야가 없다(여기서도 사전적 관점과 사후적 관점이 언급된다). 기업과 개인은 사익 추구에 목표를 둔다. 결국 미국에서 새로운 형태의 소유권은 누가 주도하는지에 따라 크게 좌우된다.

보통 법대생은 이상적인 법에 대해 논쟁하려고 하지만, 노련한 변호사는 현실에 필요한 질문은 따로 있음을 안다. 바로 누가 결정하는가다.

킹 목사 플라스틱 흉상 사건에서 조지아 주 대법원은 본인들이 만든 퍼블리시티권의 사후 존속 기간을 따로 명시하지 않았다. 교육 목적이나 평론, 패러디에 해당하면 저작권료를 지불하거나 저작권 소유자의 허락이 없어도 저작물을 이용할 수 있는 저작권법의 공정 이용fair use 같은 예외 조항도 만들지 않았다. 대신 이들이 만든 것은 너무 포괄적이고 허점이 많은, 그러면서도 미국 전체에 영향을 끼치는 소유권이었다. 이를 무기로 킹 주식회사는 킹 목사의 초상을 이용하는 모든 사람을 끊임없이 고소하고 있다. 킹 목사가 죽은 지 50년이 넘었는데도 말이다.

조지아 주의 판결을 바꾸고 퍼블리시티권 만료 시점을 정하려면, 그렇게 해서 킹 목사가 남긴 유산을 자유롭게 공유하려면, 조지아 주 의회가 주 법원으로부터 소유권 설계 작업을 넘겨받거나 아니면 연방의회가 조지아 주로부터 이를 가져와야 한다. 일부 주 의회도 조지아 주 대법원이 기피한 도덕적 가치와 경제적 이익 사이에서 타협점을 찾는 까다로운 작업을 해야 한다. 그렇지만 누가 나서서 이 일을 할 것인가?

- 소유권 요금소 -

지식노동에 대한 지나친 보상은 훨씬 은밀한 후유증을 낳는다. 소유권이 지나치게 많아지면, 더 가치 있는 창작물을 만들어내는 것이 불가능해지기 때문이다. 왜 그럴까?

소유권은 보통 부를 낳는다. 그런데 소유권이 지나치게 많아지면 역효과가 발생한다. 헬러(다시 강조하지만 이 책의 저자 중 1명이다)는 이 현상을 '소유권의 그리드록ownership gridlock'이라고 불렀다. 이는 그가 몇 해 전 발견한 역설적 상황이다. 하나의 대상을 너무 많은 사람이 조각조각 나눠 가지면 협력이 깨지고 부가 사라지며 모두가 피해를 입는다.

이 장의 첫머리에 나온 킹 목사와 그가 남긴 유산 이야기로 돌아가보자. 우리 중에 킹 목사와 함께 셀마 행진을 했거나 그의 연설을 직접 들은 사람은 거의 없을 것이다. 단지 킹 목사가 남긴 글이나 인터뷰, 영상을 통해 그의 삶을 알 뿐이다. 그런 킹 목사가 수백만 미국인 곁에 살아 돌아왔다. 1987년 에미상을 수상한 TV 다큐멘터리 〈아이즈 온 더 프라이즈Eyes on the Prize(이하 아이즈)〉를 통해서였다. 이 다큐멘터리를 만들기 위해 제작자는 킹 목사를 아는 수백 명과 만나 이야기했고 기록 보관소 82곳에서 구한 영상 및 스틸 사진 275장, 노래 120곡을 사용했다. 각각의 기록물은 저작권자에게 따로따로 사용 허락을 받아야 했다. 그런데 저작물 중 상당수는 다큐멘터리가 처음 공개된 1987년 이후 사용 허가 기간이 만료됐다. 그래서 이 다큐멘터리는 에미상을 수상하고도 이후 20년간 창고에 처박혀 있어야 했다.

왜 이런 일이 생겼을까? 그리드록 때문이다. 다큐멘터리를 다른 매체에 재공개하려면, 제작자가 수백 건의 라이선스 협상을 다시 해야 한다. 이 과정을 업계 용어로 '저작물 이용 합의clearing rights'라고 한다. 저작물 이용 합의는 비용이 저렴하지도, 절차가 신속하지도 않다. 이는 각각 요금이 다른 빽빽한 요금소를 뚫고 고속도로를 이동하는 것과 같다. 그리드록은 그 수많은 요금소 중 하나가 프로젝트 전체를 거부할 수 있는 권한이 있을 때 발생한다.

소유권 요금소를 설치하는 게 너무 쉬우면, 다른 한편에서 대가를 치러야 한다. 그 권리들을 모아 다큐멘터리 같은 유용한 자원을 만들 때 그런 일이 발생한다. 〈아이즈〉 제작자는 저작물 이용(또는 대체)에 합의하려고 100만 달러의 기부금을 모으는 등 각고의 노력을 기울인 끝에 2006년 영상을 재공개했다. 이제 온라인에서 누구나 〈아이즈〉를 무료로 감상할 수 있다.

제임스 서로위키는 〈더 뉴요커〉에 쓴 칼럼에서 "문화라는 열린 들판에 바퀴형 철조망을 친 울타리가 점점 늘고 있다"라고 비판했는데, 이는 옳은 지적이다. 〈아이즈〉는 하나의 사례일 뿐이다. 또 다른 예로, 그리드록은 힙합 사운드를 완전히 뒤바꿔놓았다. 힙합 그룹 퍼블릭 에너미가 1988년에 발표한 명반 〈우리를 막으려면 수백만 명이 필요해It Takes a Nation of Millions to Hold Us Back〉를 들어보자. 짧은 샘플 수백 개를 이어 붙여 사운드를 뽑아낸 이 앨범은 힙합 음악에 일대 변화를 일으켰다. 퍼블릭 에너미의 리더 척 디는 소리의 벽(다양한 소리를 쌓아 올려 풍성한 소리를 만들어내는 기법-옮긴이)에 대해 이렇게 랩을 했다.

체포, 법정에 왔어, 비트를 훔쳤거든.
이것은 샘플링 스포츠

내가 찾은 광석, 난 비트라 불러.
돈은 내지 않았지.

퍼블릭 에너미의 음악이 큰 인기를 얻자 대형 음반사들은 아주 짧게 들어간 샘플에 대해서도 사용료를 내라고 요구했다. 이에 척 디는 "퍼블릭 에너미의 음악은 수천 개의 사운드를 가져온 것으로, 무수한 곡에서 영향을 받았다. 이 사운드를 잘게 쪼개면 무의미하고 식별도 안 되는 소리만 남는다. 이런 사운드를 이어 붙여서 소리의 벽을 만들어냈다"라고 답했다.

당신이 퍼블릭 에너미의 초창기 음악을 좋아하는 수백만 명의 팬들 중 하나라면 왜 요즘 힙합 가수들은 주요 샘플 하나에만 랩을 얹는지 궁금했을 것이다. 바로 이런 이유 때문이다. 음악 취향이 바뀌었다기보다는 원곡 저작권자가 요금소를 차리고 저작료를 요구하기 때문이다. 한 음악평론가는 "힙합 전통에 진지한 사람이라면, 현재 흐름이 힙합 기법의 일부를 없애버렸다는 사실을 인정할 수밖에 없을 것"이라고 지적했다.

이 책에 내용을 쉽게 이해할 수 있도록 돕는 멋진 사진이 안 보이는 이유도 그리드록 때문이다. 사진을 실으면 저작권 문제로 비용이 많이 들고, 저작물 이용 합의 과정이 복잡해서 출간이 상당히 늦어졌을 것이다(그래도 무릎보호걸쇠가 어떻게 생겼는지 궁금한 독자를 위해 이 책에 실으려던 사진들의 링크를 마인더북닷컴MineTheBook. com에 걸어두었다).

- 신약 개발을 가로막는 지식재산권 -

그리드록 사례로 힙합 산업이나 다큐멘터리, 우리 책에 실을 만한 사진 자료에 관심 없는 사람도 있을 테니, 이제 피부에 와닿는 생사와 관련된 소유권 과잉 사례를 들어보겠다.

빅 파마(대형 제약회사를 일컫는 말) 중 한 곳에서 일하는 연구팀장 1명이 어느 날 헬러(!)에게 그리드록이 신약 개발에 끼치는 영향을 이야기해주었다. 그가 이끄는 연구팀은 예전에 알츠하이머의 잠재적 치료제(신약 물질 X라 하겠다)를 개발한 적이 있었다. 그런데 경쟁 제약업체가 아니라 생명공학 분야의 연구 파트너들이 신약 개발을 가로막았다. 어떻게 이런 일이 일어났을까?

1980년 이전 신약 개발자에게 소유권의 그리드록은 큰 문제가 아니었다. 연구자가 다소 자유롭게 연구 결과를 발표하면 종신 교수직, 동료들의 찬사, 초청 강연, 수상, 때로는 노벨상으로 보상받았다. 학계와 업계의 인정은 20세기 생의학 분야의 거대한 혁신을 자극하기에 충분했다. 페니실린부터 소아마비 백신에 이르기까지 인류사에 큰 족적을 남긴 연구들이 이런 과정을 거쳐 쏟아졌다. 많은 연구자들이 대학과 재단, 정부로부터 자금을 지원 받아 이룬 성과를 한 개인이 소유하는 건 부도덕하다고 생각했다. 이런 이유로, 연구자들은 연구 결과를 자유롭게 공유했고, 서로의 창의적 연구를 바탕으로 혁신의 속도를 높였다. 협상이 필요한 소유권 요금소 같은 건 없었다.

그러던 1980년 미국의 특허법이 개정됐다. 특허와 관련해 빅 파마가 한 역할은 디즈니가 저작권 분야에서 한 역할과 비슷하다. 이들은 연방의회를 쥐락펴락하는 거물들이었다. 빅 파마는 신약 개발에 터보 엔진을 달아주면 연구 문화에 큰 변화가 올 거라고 의회를 설득했다. 즉, 연구자에게 소유권을 주면 이에 자극받아 더 열심히 연구할 것이라고 속삭였다. 그래서 1980년부터 연방의회는 기초의학 분야에서 연구 도구와 검증 방식을 개발한 연구자에게 특허를 인정해주기로 했다. 그 취지는 소유권을 이용해 그동안 공적으로 또는 비영리적으로 자금을 조달해온 기초연구 분야에 제약업계가 더 많이 투자하도록 유도하려는 것이었다.

소유권 리모컨에 새로 생긴 버튼을 누르자 어느 정도 효과가 나타났다. 연구자들은 동료의 인정, 종신교수직, 공로상, 평판뿐만 아니라 특허까지 얻게 됐다. 잠재적 이익과 새로운 특허 독점을 기대하며 기초의학 연구에 쏟아진 민간 투자 자금은 생명공학 분야의 기술 혁신을 자극했다.

그런데 신약 개발 특허가 늘어날수록 의회가 기대한 것과 정반대 상황이 전개됐다. 한 건의 특허는 혁신에 박차를 가할지도 모른다. 그러나 개별 회사들이 각자 보유한 특허 1000개는 신약 개발로 통하는 고속도로에서 수많은 요금소가 됐다.

신약 물질 X는 다양한 경로로 두뇌에 영향을 미쳤다. 그 경로를 지도로 작성해두었던 생명공학 회사들은 1980년 이후 새로운 발견을 할 때마다 특허를 얻었다. 각각의 스타트업은 좁은 범주의 자사 특허가 결정적인 연구라고 주장했다. 누구나 자신이 한 노동은 과대평가하기 마련이다(2장에 나오는 소유 효과를 떠올려보자). 이런 이유로 각 업체는 특허 사용료를 요구했는데, 그 액수를 모두 합하면 신약 개발로 얻는 잠재적 이익을 훨씬 넘어섰다. 그렇다고 특허 요금소를 하나라도 지나쳤다가는 값비싼 소송을 치르게 될 터였다.

결국 어떻게 됐을까? 이 이야기는 행복하게 끝나지 않는다. 아무도 나서서 각종 특허를 묶어 신약 물질 X 개발자에게 라이선스 계약을 해주지 않았다. 헬러에게 업계의 현실을 전해준 연구팀장은 특허 덤불을 빠져나갈 수 있는 안전한 길을 발견하지 못했다. 대신

그와 다수의 제약 회사 임원들은 연구 방향을 틀어 덜 야심찬 목표를 택했다. 그들은 기존 의약품의 파생 상품에 주목했다. 회사에서 이와 관련된 특허 포트폴리오를 이미 장악하고 있었기 때문이다. 헬러와 레베카 아이젠버그가 학술지 〈사이언스〉에 기고한 글에 따르면, 1980년대와 1990년대 제약 회사들은 연구개발비 규모를 늘리며 생명을 구할 수 있는 신약을 개발했지만, 이들 중 상당수가 특허 문제로 시장에 나오지 못했다.

생명공학 스타트업이 악랄해서가 아니다. 이들 업체를 이끄는 혁신가들은 정확히 특허 제도가 이끄는 대로 연구했을 뿐이다. 특정 형태의 노동을 보상해주면 사람들이 그에 맞춰 행동하는 것, 이게 바로 소유권의 작동 방식이다. 개별로 보면 생명공학 연구자는 합리적으로 행동했다. 그러나 전체로 보면 이들은 그리드록을 만들어냈다. 기초의학 연구에 쏟은 노력을 지나치게 보상해주다 보니, 생명을 구하는 신약은 거의 빛을 보지 못했다. 그 대가는 우리 모두가 치러야 한다. 이미 오래전에 치료 가능해진 질병인데도 그냥 죽음을 기다려야 하는 것이다. 그렇지만 아무도 여기에 항의하지 않는다. 생명을 구하는 약이 나올 수 있었고 또 '당연히 나와야' 했는데 잘못된 소유권 설계로 가로막혔다고 어디 가서 하소연을 해야 할까?

헬러가 소유권의 그리드록 개념을 발견한 이후 몇 년 동안 수천 건의 학술논문이 이 현상을 탐구했다. 최근 〈사이언스〉에서 한 논평가는 오늘날 그리드록의 가장 두드러진 해악은 특정한 유전자 편집 기술(전문용어로 유전자 가위 크리스퍼CRISPR)과 관련 있다고 암시했다. 이 도구를 이용한 기술 혁신은 우리 목숨을 구할 수도 있다.

실제로 크리스퍼 기술을 이용한 코로나 19 진단 키트가 긴급 사용 승인을 얻으면서 코로나 바이러스 검출에 크리스퍼 기술이 필요하다는 사실이 밝혀졌다. 그렇지만 이 기술에 얽힌 다수의 기업이 신약 개발로 가는 길목에 경쟁적으로 요금소를 세우려고 하고 있다.

창의적 노동으로 부를 얻는 방법은 어느 순간 달라졌다. 특허 제도가 처음 나왔을 때는 각각의 특허가 대략 하나의 제품과 연계됐다. 조셉 글리든의 특허 범위는 철조망 하나였다. 그런데 특허 하나에 제품 하나라는 오랜 원칙은 이제 옛말이 되었다. 요즘은 부를 얻으려면 자잘하게 나뉜 소유권을 하나로 모아야 한다. 이는 기초 생의학 분야의 연구에만 해당되는 이야기가 아니다. 휴대폰을 시장에 내놓거나 현금인출기 네트워크를 가동하려면 수천 개의 특허를 한꺼번에 사용해야 한다. 이 모든 특허 하나하나와 라이선스 계약을 맺기란 현실적으로 불가능하다. 이렇듯 혁신의 방법이 바뀌었는데도 우리는 여전히 구식 소유권 개념에 머물러 있다.

수세기 동안 우리는 소유권에서 가장 중요한 것이 노동에 대한 확실한 보상이라고 믿어왔다. 소유권이 안전하게 보장되는 한 거래가 쉽게 이루어질 것이라고 봤다. 이 같은 관점에서 보면, 노동에 대한 보상이 늘어나도 아무런 비용이 발생하지 않는다. 그래서 독창성과 창의성을 끌어내려면, 빅 파마의 특허 범위를 넓히고 디즈니의 저작권 보호 기간을 늘려야 한다.

그리드록 현상은 이 논리의 맹점을 보여준다. 때로는 노동에 대한 보상을 줄여야 창의성과 혁신으로 통하는 길목에 늘어선 요금소가 줄어든다. 합의를 가로막는 소유자가 줄어야 나머지 당사자끼리 합의에 도달하기 쉬워진다.

그렇다면 어떻게 해야 할까? 소유권 설계를 친구들이 모이는 저녁식사 자리에 비유해보자. 모이는 사람이 많을수록 약속 잡기는 어려워진다. 채식하는 사람, 글루텐에 민감한 사람, 초밥만 먹는 사람, 주스 해독 중인 사람, 목요일에만 시간이 나는 사람 등 모두에게 맞춰야 하기 때문이다. 식사 모임 거부권이 모두에게 있으면 다 같이 식사하는 것은 거의 불가능해진다. 상원 의회가 바로 이렇게 작동한다. 상원 의원 누구나 필리버스터filibuster(의사 진행 방해)가 가능하기 때문에 안건이 정체에 빠지는 일이 비일비재하다. 마찬가지로 국제연합이 종종 마비되는 이유도 안전보장이사회 상임이사국인 프랑스, 영국, 미국, 중국, 러시아 다섯 나라가 다른 이사국의 안건에 저마다 거부권을 행사할 수 있기 때문이다.

초대 손님이 많아도 세부 사항에 대해서만 거부권을 준다면 희망은 있다. 저녁 모임을 잡을 경우, 기술적 처방이 있다. 일정관리 앱으로 가능한 날짜를 잡고, 배달으로 다양한 식당에서 채식 요리나 초밥, 스테이크 등 음식을 주문한 후, 송금 앱으로 각자에게 돈을 걷으면 된다. 정부도 지식재산권의 소유권을 설계할 때 이 같은 방식을 써볼 수 있다. 이를테면 특허풀patent pools과 표준설정기구SSO, standard setting organizations를 활용하는 것이다. 특허풀과 표준설정기구는 신기술에 필요한 주요 특허를 한데 묶어 일괄적으로 라이선스를 준 다음, 특허료 수익을 일정 비율로 나누는 제도다(이 해법을 의무화한 사례로 4장에서 원유 공동 개발을, 5장에서 음악 라이선스를 살필 것이다).

다른 해결책도 있다. 초대장을 이미 보냈고 참석 의사를 밝힌 사람이 너무 많다면, 친구들의 요구 사항을 듣되 거부권을 주지 않고 대신 다른 제안을 하는 것이다. 내가 여는 파티이니 제안도 내가 정하면 된다. 이때 소유권 설계의 핵심은 피해를 봤다고 느끼는 친구에게 보상해주는 방식에 있다. 법률 용어로 말하면, 소위 금지 명령injunctions과 피해보상damages 중 하나를 선택한다. 금지 명령은 거부권과 비슷해서 한 사람 때문에 모임이 더 이상 진척될 수 없게 된다. 즉, 채식하는 친구 1명 때문에 저녁 모임을 잡을 수 없다. 역사적으로 특허를 침해했을 때 법원이 특허법 위반 제품을 시장에서 퇴출시키면, 그 제품은 더 이상 아무도 이용할 수 없게 된다. 따라서 내가 만드는 제품에 어떤 특허가 필수라면, 특허 요금소를 피할 길이 없다. 특허권자가 요구한 액수를 내든지, 시장을 떠나든지 둘 중하나를 선택해야 한다.

그런데 거부권이 아닌 방식으로도 특허로 혁신을 자극하고 소유권을 보호할 수 있다. 현명한 설계로 특허 보호를 금지 명령에서 피해보상으로 바꾸고, 거부권 행사를 현금 보상으로 전환하면 그리드록을 피할 수 있다. 저녁 모임에 초밥을 대접하기로 했을 때, 서운해하는 채식자 친구에게 다음에 두부 스크램블을 사주거나 포장 주문이 가능한 상품권을 선물하면 어떨까? 실제로 연방대법원은 특정 상황에서 법원들이 특허 침해 제품을 시장에서 내쫓기보다 특허 침해자가 특허권자에게 금전적 손해를 배상하는 명령을 내리도록 했다.

최고의 저녁 모임을 만드는 최고의 방법은 애초에 친구를 적게 초대하는 것이다. 그래야 대화도 즐겁다. 최초의 소유자가 적을수록 합의에 이르기가 쉽다. 식사 자리든, 다큐멘터리 제작이든, 블록버스터급 신약(상업 매출에 성공한 신약-옮긴이) 개발이든 모두 마찬가지다.

연방의회와 주 의회는 지식재산권을 늘리지 말고 줄여야 한
다. 빅 파마나 디즈니의 생각은 다르겠지만, 모든 혁신이 특허나 저
작권으로 보호할 가치가 있는 것은 아니다. 일단 소유권이 적어야
나중에 해결할 그리드록도 줄어든다. 그렇지만 이는 현실적으로 이
루기 어려운 목표다.

공익을 추구하는 입법 로비는 별로 인기가 없다. 심리적으로
이미 손에 넣은 것을 단념하려는 사람은 드물다. 헌법상으로는 수
정헌법 제5조에 '정당한 보상 없이' 사유재산을 빼앗으면 안 된다고
명시되어 있다. 소유권은 한번 만들어지면 되돌리기 어렵다. 한 방
향으로만 도는 톱니바퀴나 마찬가지다. 그러니 권리를 늘리기 전에
신중을 기해야 한다. 저녁 모임에서 친구 초대를 취소하는 건 가슴
아픈 일이기 때문이다.

- 베끼고 공유해야 혁신이 일어난다 -

어떤 패션 디자이너가 새로운 스타일로 큰 인기를 얻으면 다
른 매장 선반에 금세 모방품이 등장한다. 의류 브랜드 메르 셰흐의
창립자 캐리 앤 로버츠는 어느 날 자신의 베스트셀러 티셔츠 '미래
를 키우다Raising the Future'를 경쟁사인 올드 네이비가 베껴 팔고 있
다는 사실을 알았다. 로버츠는 이렇게 말했다. "나는 싱글맘입니다.
이 티셔츠에 담긴 정체성이 내 의류 사업의 바탕입니다. 지금 내 사
업은 그 모든 의미를 빼앗겼습니다."

〈마리끌레르〉와 〈코스모폴리탄〉 같은 패션지들은 비싼 명품
과 값싼 모방품을 비교하는 고정 코너를 만들어 이런 복제품들에
주목한다. 발렌시아가가 795달러짜리 스니커즈를 출시하자 자라
가 거의 똑같아 보이는 신발을 35달러 90센트에 내놓았다. 가수 테
일러 스위프트가 릭 오웬스의 2675달러짜리 가죽 재킷을 걸치자
H&M이 모방품을 37달러 80센트에 팔았다. 상업적인 모방만 있는
것은 아니다. 명품 브랜드 디자이너들은 존경의 표시로 서로를 모
방한다. 구찌가 2018년 크루즈 컬렉션에서 선보인 재킷은 뉴욕 할
렘 디자이너 대퍼 댄의 1980년대 작품을 모방한 제품이었다.

무단 복제든 헌정을 위한 복제든 이 모두는 완전 합법이다. 카
피당한 디자이너에게는 카피가 디자인 도용이나 절도로 보일 것이
다. 그러나 그렇지 않다. 미국에는 패션 디자인에 쏟은 노동을 보호
하는 장치가 없다. 자라와 H&M 같은 세계적 소매업체를 포함해
패스트 패션fast fashion(최신 유행에 맞춰 빠르게 생산하고 유통하는 의류-
옮긴이) 업계의 경영 전략은 유행 의류를 재빨리 카피해 더 싼 가격
에 파는 것이다. 패션계는 대체로 모두가 모두를 카피한다. 카피한
디자인은 절도가 아니다.

미국패션디자이너협회는 몇 년마다 패션업계의 미키 마우스
보호법을 만들기 위해 정치인에게 로비를 한다. 디자이너의 노동에
소유권을 주고, 카피를 절도로 바꾸기 위해서다. 디즈니가 과거 월
트 디즈니의 경험을 언급했듯이, 패션협회도 캐리 앤 로버츠 같은
영세 독립 패션 디자이너를 거론하며 자신들의 주장을 정당화하려
애쓴다. 그렇지만 패션업계는 디즈니만큼 국회의사당에 영향력이
크지 않다. 뉴욕패션기술대학교의 아리엘 엘리아는 이에 대해 "카

피 때문에 패션업계가 피해를 입고 디자이너들이 성장하지 못하는 현실을 외면한다"라고 비난했다.

엘리아의 불만은 충분히 이해할 수 있지만 과장된 것도 사실이다. 1장과 2장에서 예로 든 줄 서기 대행 서비스와 주차 의자의 경우처럼 법적 소유권은 생각보다, 그리고 창작자들이 주장하는 것만큼 그렇게 중요한 도구가 아닐 수 있다. 물론 디자이너는 자신의 노동에 대해 더 많이 보상해주길 바란다. 제작자도 마찬가지다. 그렇지만 지식노동의 경우, 미국 법의 기본 취지는 궁극적으로 소비자의 이익에 봉사하는 한도 내에서 제작자에게 보상하는 것이다. 패션 디자인의 소유권이 늘어나면 소비자에게 도움이 될까? 그렇지는 않을 것이다.

어쩌면 트위터 한 줄이 법정보다 지식재산권 보호에 더 큰 영향력을 끼칠 수도 있다("저 기업이 우리 제품을 카피했어요! 혼내주세요"). 시장 선점이 법의 보호보다 결정적 계기가 되기도 한다. 정중한 태도와 예의 바른 모습도 소비자에게 영향을 준다. 법적 소유권은 매우 가시적인 투쟁의 장인 사회 통제를 위한 하나의 도구일 뿐, 창작 의욕을 높이고 창작 활동을 보상하는 가장 효율적인 방법은 아니다. 그런데도 법조인이든 비법조인이든 다들 법을 과대평가하면서 더 효율적 대안을 놓치는 실수를 범한다. 궁극적으로 지식재산권을 만든 목적은 벽을 쌓는 게 아니라 혁신을 자극하는 데 있다.

《모방의 경제학The Knockoff Economy》의 저자 칼 라우스티아라와 크리스토퍼 스프리그맨은 법적 소유권 대신 패션계의 창의성을 유지해주는 강력한 대안을 발견했다. 라우스티아라는 이렇게 지적했다. "저작권에는 숨은 의도가 있다. 창작자를 보호해 창작 활동을 지속시키는 것이다. 패션계를 보면, 대단히 창의적인 분야라는 걸 알 수 있다. 매 시즌 오만 가지 아이디어가, 그것도 수십 년째 계속 쏟아지고 있다." 이 모두가 저작권 없이 이뤄진다. 그래서 두 저자는 이를 '표절의 역설piracy paradox'이라 부르며, 모방이 실제로 패션계의 혁신에 도움이 된다고 말했다.

이는 패션계가 별나서가 아니다. 우리는 앞서 지식노동에 소유권을 주지 않으면 생산자의 창작 의욕이 꺾일지도 모른다고 설명했다. 미키 마우스 캐릭터도, 킹 목사의 연설도 나오지 않을 수 있다. 물론 절대적으로 그런 것은 아니다. 경제 영역 중에는 생산자를 소유권으로 보호해주지 않아도 번성하는 분야가 많다. 코미디언은 공연에 대한 저작권이 없다. 요리사도 조리법에 대한 소유권이 없다. 운동 코치의 혁신적 전술도 모두 공짜로 베껴간다. 그런데도 늘 새로운 코미디 공연과 조리법과 경기 전술이 나온다. 표절의 역설은 이러한 다수의 창의적 산업과 그 종사자들의 노력을 설명해준다.

기업들도 소유권 없는 지식노동의 가치를 차츰 인식하고 있다. 세계에서 특허 보유 수가 가장 많기로 손꼽히는 IBM을 살펴보자. IBM은 현재 특허 포트폴리오에서 얻는 기술료 수익보다도 리눅스 관련 사업으로 얻는 수익이 더 많다. 리눅스는 소유자가 없는 이른바 오픈 소스 소프트웨어open-source software다. 이 운영 체제는 자원봉사자들이 만들고 유지한다. 리눅스의 지식노동은 누구나 공짜로 이용할 수 있는데, 여기에는 IBM도 포함된다. IBM은 리눅스 플랫폼을 기반으로 한 하드웨어 및 서비스를 판매하고 있다.

위키백과는 주인 없는 온라인 정보의 가장 친숙한 형태로, 이용자들이 기부한 시간과 돈으로 운영된다. 이는 한 산업 전체를 밀어낼 정도로 크게 성공한 무료 지식노동이다(브리태니커 백과사전이 어떻게 됐는지 보라). 위키백과에 대한 신뢰도가 커지면서 애플은 인공지능 시리가 무작위 질문에 답할 때 위키백과를 참고하게 했다. 아마존의 인공지능 알렉사도 마찬가지다. 요즘 우리 일상생활을 가능하게 해주는 결정적 소프트웨어 중 상당수는 지식재산권이 없던 시절에 만들어졌다. 웹브라우저로 파이어폭스를 쓰는 사람은 남이 뿌린 씨앗을 수확하는 셈이다. 아파치도 마찬가지로, 이 오픈 소스 소프트웨어 덕분에 비행기가 날고 현금 인출기가 작동한다.

우리 일상의 필수 영역 중 생각보다 훨씬 많은 부분에서 '남이 뿌린 씨앗을 거두는 일'을 찾아볼 수 있다. 어떻게 이런 일이 가능할까? 법조인과 비법조인 모두 법적 소유권이 중요하다는 편견을 가지고 있는데, 이는 근거 없는 믿음이다. 보통은 그렇지 않다. 창작자는 적어도 네 가지 전략을 바탕으로, 법적 보호 없이도 자기 노동으로 먹고산다.

이른바 '선도자 이익first mover advantage'은 창의적 노동에 대한 강력한 보상으로, 공식적 소유권이 갖는 여러 부작용이 없다. 예를 들어, 운동 코치는 매 시즌 새로운 전술을 개발하는 것을 중요하게 여긴다. 미식축구에서 피스톨 오펜스pistol offense(공을 총알처럼 빠르게 보내기 위해 고안한 전술-옮긴이) 같은 전술을 남보다 먼저 쓰면, 아무도 예상 못 한 전술이므로 팀을 승리로 이끌 수 있고, 상대 코치가 대응 전략을 짜기도 전에 결승에 진출할 수 있다. 전술을 고안한 코치는 더 높은 연봉을 받고 다른 팀으로 옮기거나, 더 후한 대접을 받고 현재 팀에 머물 수 있다. 선도주자가 되면 노동에 대한 추가

보상이 없어도 보통 충분한 보상을 받는다.

'망신 주기'도 혁신적 노동을 보호할 수 있다. 코미디언은 패션 디자이너나 운동 코치와 똑같은 딜레마를 갖고 있다. 이들도 저작 권의 보호를 받지 못한다. 그러다 보니 코미디언 스탠 로렐의 말처 럼 "모든 코미디언이 모든 코미디언의 아이디어를 훔친다." 내가 먼 저 재치있는 유행어를 선보여도 그에 대한 보상이 없다면, 코미디 언들은 어떻게 자신을 보호해야 할까? 코미디언다운 해결책이 있 다. 그들은 클럽에서 공연할 때 여담으로 한마디해서 아이디어를 훔친 사람을 망신 준다. 일례로 2007년 LA의 코미디 클럽에서 코미 디언 카를로스 멘시아가 인기리에 공연하고 있을 때, 또 다른 코미 디언 조 로건이 무대에서 공연하다가 그를 '멘-스틸-이아Men-Steal-ia('멘시아Mencia'와 '훔치다steal'를 조합한 말)'라고 부르며 조롱했다. 비 좁은 코미디업계에서는 돈도 중요하지만 진짜 보상은 웃음이다. 그 런데 이런 망신을 당하고 나면 관객의 반응은 싸늘해진다(2장에서 논한 진실한 험담과 비슷한 효과다). 망신 주기는 노동을 보상하는 도 구로서 소송보다 더 강력한 효과를 낼 수 있다. 물론 늘 효과적이지 는 않지만 그래도 코미디언들은 아이디어를 훔치기 전에 자신의 명 성에 타격을 입지 않을까 고민한다.

요즘 패션업계에서는 소셜미디어가 창작자에게 완벽하지는 않아도 강력한 세 번째 보상 기제 역할을 해준다. 캐리 앤 로버츠가 모방품의 존재를 알게 됐을 때, 이 브랜드를 아끼는 팬들은 올드 네 이비 웹 사이트와 인스타그램에 몰려가 카피한 티셔츠를 비난하는 등 적극적인 행동에 나섰다. 그러자 올드 네이비는 해당 티셔츠의 판매를 중지하고 추가 주문도 취소했다. 로버츠는 디자인을 도용당

했지만, 소셜 미디어판 다윗 대 골리앗 싸움으로 세간의 주목을 받았다. 로버츠의 인지도도 그만큼 올라갔다.

마지막으로 지식을 공짜로 나눠주고 파이를 키우는 방법이 있다. 이는 상업적으로도 타당한 전략이다. 리눅스 덕분에 상당한 수익을 올린 IBM은 이 소프트웨어를 유지하고 개선하기 위해 수백만 달러에 해당하는 자사 엔지니어들의 시간을 기꺼이 내놓았다. 리눅스의 성능이 좋아질수록, 이를 탑재한 제품을 판매하는 IBM의 수익도 올라간다. 따라서 IBM은 개선된 리눅스로 경쟁업체가 혜택을 보더라도 신경 쓰지 않는다. 이렇게 리눅스 시스템은 계속 향상되고 있지만, 이를 소유한 사람은 없다.

선도자 이익, 망신 주기, 소셜 미디어, 파이 키우기 이렇게 네 가지 전략을 통해 소유권이 없는 세상에서도 업계는 전반적으로 번성하고 있다. 물론 완벽한 도구는 없다. 망신 주기는 폭력으로 이어지기 쉽고, 소셜 미디어는 선동의 장으로 변질될 수 있다. 노동을 보상해주는 도구는 저마다 장점이 있지만 한계도 있다. 이는 법률도 마찬가지다.

창작자가 모방 행위에 대응하려고 법에 지나치게 의존하면 집행 과정에서 역효과가 나타난다. 고객을 고소하는 행위가 훌륭한 마케팅 전략은 아니기 때문이다. 여기에도 예외는 있다. 헤비메탈 밴드 메탈리카가 음악 공유 사이트 냅스터를 고소한 사건을 보자. 메탈리카 드러머 라스 울리히는 소송을 건 이유를 "냅스터가 우리를 엿 먹였으니 우리도 냅스터를 엿 먹이기 위해서"라고 찰지게 표현했다. 메탈리카의 정면 승부에 팬들은 호의적인 반응을 보였다.

지식재산권으로 탄탄히 보호받는 산업도 종종 절도를 눈감아

주고 이득을 얻는 전략을 택한다. 앞서 설명했듯이 HBO는 불법으로 계정을 공유한다는 사실을 알지만 이를 긍정적으로 해석한다. 주머니가 털려도 개의치 않는 이유는 계정 공유가 '드라마 중독자'를 양산하기 때문이다. 드라마 중독자는 HBO 사장이 불법 시청자를 지칭하는 표현이다. HBO는 이러한 시청자가 나이 들어 여유가 생기면 유료 구독자가 되리라 기대한다. 몰래 시청하는 것을 눈감아주는 행위는 훌륭한 홍보 수단이기도 하다. 그래야 드라마가 입소문을 타기 때문이다.

놀랍게도 절도를 묵인하는 행위는 명품 제조사에도 이익이 된다. 뉴욕 타임스퀘어 광장에서 수상한 노점상에게 짝퉁 입생로랑 가방과 롤렉스 시계를 구입한 관광객은 정품 매장 매출에 영향을 주지 않는다. 그렇지만 이들은 젊은 소비자에게 지금 무엇을 갈망해야 하는지 알려준다. 짝퉁은 최고의 무료 광고가 될 수 있다. 또한 모조품을 구입한 사람은 훗날 진품을 구입하는 고객이 되기도 한다. 한 연구에 따르면 모조품을 구입한 사람 중 40퍼센트가 값싼 짝퉁을 한 번 써본 후 명품을 구입했다. 또 다른 연구에 따르면 다수의 명품 브랜드는 짝퉁 시장을 묵인할 때 원조 제품의 가치가 올랐다.

누구보다도 저작권에 집착하는 디즈니도 예전보다는 누그러진 분위기다. 어린이집 논란이 그 계기였다. 홍보 효과를 톡톡히 본 유니버설 스튜디오와 달리 언론의 질타를 받은 디즈니는 자사의 소유권 전략을 재고하고 있다.

예정대로라면 미키 마우스의 저작권은 2024년 소멸되는데, 디즈니는 의회를 압박해 한 번 더 연장할 것으로 보이지 않는다. 왜 태도가 달라졌을까? 그냥 로비스트에게 돈 좀 주고 몇몇 의원에게 정치 기부금을 건네는 게 남는 장사 아니었던가? 보호 기간을 연장하는데 1억 달러 정도 쓰면 그 몇 배의 수익이 돌아오는 데 말이다. 디즈니는 훨씬 더 나은 소유권 설계 전략을, 저작권에 덜 의존하면서도 이윤은 더 높이는 전략을 찾아냈다. 바로 HBO처럼 절도를 용인하는 방법이다.

디즈니 골수팬들이 운영하는 수백 군데의 온라인 소형 쇼핑몰은 디즈니 캐릭터가 들어간 티셔츠, 버튼, 핀 배지, 헝겊 패치, 장신구 등 수천 가지 제품을 판매하고 있지만, 디즈니는 비공식적으로 이를 묵인하고 있다. 이 매장들은 디즈니에 캐릭터 사용료를 한 푼도 내지 않는다. 왜 디즈니는 모방품을 내버려두기로 했을까? 팬이 만든 25달러짜리 무단도용 티셔츠를 구입한 사람이 나중에 디즈니랜드에도 온다는 사실을 알았기 때문이다. 이들 골수팬들은 비싼 입장권을 구입해 온종일 돌아다니며 디즈니랜드에 훨씬 더 많은 돈을 쓴다.

디즈니가 묵인 전략으로 돌아선 또 다른 이유가 있다. 모방품을 파는 수백 개의 소형 매장에서 마케팅적 가치를 발견했기 때문이다. 이들 매장은 디즈니의 새로운 공식 상품에 영감을 불어넣는 아이디어 창고다. 2016년 온라인 판매업자 비비디 바비디 브룩은 로즈골드 스팽글 미키 귀 머리띠를 선보여 선풍적 인기를 모았는데, 저작권자인 디즈니가 전혀 생각지 못한 제품이었다. 디즈니는 이 디자인을 베껴 공식 매장에 내놓았고, 나오자마자 바로 품절됐다. 이해심 많은 비비디 바비디 브룩은 이런 글을 올렸다. "신상품이 나오면 늘 설레요." 브룩의 팬들은 이렇게 응답했다. "누가 뭐래도 원조는 당신이에요!" 결국 모두가 승자였다.

디즈니의 방향 선회에 대해 한 지식재산권 전문 교수는 이렇게 말했다. "디즈니의 방침은 수백만 달러짜리 사업을 그냥 내버려두겠다는 게 아니다. 다만 열성적 팬들의 역할이 중요하다는 사실을 이해한 것이다. 음반 산업 관계자들처럼 팬들의 행동을 고소하는 것은 모양새가 좋지 않다. 그들은 어디까지나 팬이기 때문이다."

요즘 다수의 경제 영역에서 사실상 '남이 뿌린 것을 내가 거둔다'는 원칙이 통용되고 있는데도 혁신의 속도는 거침없다. 소유권을 전혀 주장할 수 없는 상황에서도 사람들은 창의적 노동의 가치를 인정받을 방법을 찾아냈다. 베끼고 공유하고 절도를 눈감아주는 것은 성장의 핵심 엔진이다. 우리가 물어야 할 질문은 패션계에도 저작권을 줘야 하느냐가 아니다. 패션계에 대한 우리의 논의대로라면, 우리는 지식노동의 법적 소유권을 없애도 되는 분야가 또 어디인지 살펴야 한다.

─ 그럼에도 보호해야 할 권리는 있다 ─

이 장을 마무리하기 전에 한 가지 난제를 언급하고 넘어가겠다. 유전자 정보의 소유권은 누가 가져야 할까? 〈블룸버그〉 기자 크리스틴 브라운은 자신의 인종적 뿌리를 다룬 기사를 쓰기 위해 유전자 분석업체 앤세스트리닷컴과 23앤드미에 자신의 타액 샘플을 보냈다. 운동 능력과 식단, 수면 패턴에 대한 정보를 얻기 위해 헬릭스에도 샘플을 보냈다. 또 자신의 유전자에 맞는 미용법을 알아보기 위해 화장품 스타트업 사이트에 DNA 정보를 올렸다.

그런데 브라운은 문득 이런 의문이 들었다. 자신의 유전자 비밀에 상업적으로 무제한 접근할 수 있는 권한을 넘긴 것은 아닐까? 친척들에게 허락도 안 받고 그들의 정보를 간접적으로는 노출시킨 것은 아닐까? 지나친 걱정 같지만 현재 북유럽계 미국인 3명 중 2명은 다른 가족이 유전자 분석업체에 보낸 샘플 때문에 개인 식별이 가능하다. 조만간 유전자 정보 회사는 우리가 타액을 보냈든 안 보냈든 모든 사람의 가장 사적인 특질, 즉 특정 질병에 대한 유전적 소인素因 뿐 아니라 수명, 운동 기량을 비롯한 여러 다양한 변수를 파악할 수 있을 것이다.

유전자 정보를 장악하는 것은 개인의 사생활과 인간 존엄성을 넘어서는 문제를 제기한다. 물론 이 두 가지도 중요한 문제다. 사람들이 제공하는 DNA가 많아질수록 유전자 데이터베이스의 상업적 가치는 기하급수로 증가한다. 현재 의료 정보 라이선스는 수십억 달러짜리 사업이 됐다. 제약 회사 글락소스미스클라인은 표적치료제 개발을 위해 23앤드미에 정보 이용료로 3000만 달러를 건넸다. 23앤드미는 한 걸음 더 나아가 자사 정보를 바탕으로 소염제를 개발하고 있다. 이 업체는 이미 900만 건이 넘는 개인정보를 확보했다. 관련 업체를 모두 합하면 2500만 건이 넘는다. 이러한 정보는 그 어느 때보다 큰 부를 약속한다.

고민 끝에 브라운은 유전자 정보를 돌려받기로 했다. 그렇지만 되찾는 게 가능할까? 아니면 정보를 돌려받는 대신 유전자 회사에 정보를 제공해서 창출된 수익 중 일부를 받을 수는 없을까? 유전자 정보의 소유권은 논쟁적이고 애매해서 아직 명쾌하게 규정되지 않은 분야다. 브라운이 기사에서 밝혔듯이, 개인정보를 유전자 데이터베이스에서 빼내는 것은 "지독하게 힘든" 일이다. 결국, 브라운은 성공하지 못했다.

당신은 어떠한가? 당신도 볼 안쪽을 문지른 면봉을 샘플로 보낸 수백만 명 중 1명인가? 샘플을 보내놓고 나서 생각이 바뀌지는 않았는가? 가족 중 1명이 당신의 정보를 팔지는 않았는가? 당신이 보낸 샘플의 유전자 정보를 누가 소유해야 하는가라는 물음에는 다음 몇 가지 답이 가능하다.

- 법적 소유권 없이 정보를 무료로 이용한다.
- 데이터베이스를 구축한 업체가 정보를 갖는다.
- 개인이 자신의 유전자 정보에 대한 소유권을 갖는다.
- 구축업체와 개인이 소유권을 공유한다.

오늘날 유전자 정보의 소유권 설계는 규제를 앞지르며 혁신 경쟁을 벌인다는 점에서 서부 시대의 무법 지대를 닮았다. 우리는 패션과 코미디, 스포츠 전술처럼 유전자 정보를 무료로 이용하게 할 수 있다. 소유권이 없는 세상은 규제가 지배하는 세상보다 분명 더 많은 가치를 만들어낼 것이다. 그런데 이러한 가치로 누가 이익을 얻어야 할까?

23앤드미를 비롯한 유전자 분석업체들은 소유권이 없어도 상관하지 않는다. 즉, 노동을 보상해주는 법이 이들 업체에는 필요 없다. 또 소유권 갈등을 겪는 패스트 패션계처럼 망신 주기와 선도자 이익에 기댈 필요도 없다. 이들은 소유권이 없어도 비밀 엄수와 정보의 규모scale를 이용해 유전자 자원genetic resources을 장악한다.

비밀 엄수는 간단한 개념이다. 유전자 검사업체가 자사의 데이터베이스를 공개하지 않는 것이다. 대신 정보 이용을 허락하는 라이선스 계약을 맺는다. 다시 말해, 비밀 엄수가 저작권을 대신한다. 이는 특허권도 대신할 수 있다. 일례로 우주 탐사 기업 스페이스X 창립자 일론 머스크는 이렇게 말했다. "우리는 기본적으로 특허가 없다. 장기적으로 볼 때 우리의 주요 경쟁 상대는 중국이다. 우리가 특허를 내면 상황이 우스워진다. 중국이 이를 가져다 요리책처럼 이용할 것이기 때문이다." 이렇게 사정에 훤한 기업들은 보통 법이 아닌 재량권에 기댄다.

소유권과 무관해 보이지만, 정보의 규모도 중요하다. 과거에는 신약의 표적을 식별하려면 연구자가 실제로 환자를 관찰해야 했으므로 절차가 복잡하고 비용도 많이 들었다. 이제는 방대한 규모의 개인유전자 데이터베이스뿐 아니라 내밀한 보험 및 의료 기록까지 이용할 수 있으므로 더 나은 결과를 신속하게 얻을 수 있다. 여기에 건강 관리 기기와 휴대폰, 웹 방문 기록 같은 다른 기록도 참고할 수 있다. 생명공학 기업 미리어드 제네틱스는 몇 해 전 연방대법원이 자사의 유방암 유전자 진단 기술 특허를 무효화했을 때, 규모의 가치가 중요하다는 사실을 새삼 깨달았다. 특허 무효 판결을 받았으니 미리어드가 곧 시장에서 사라질 거라 생각했다면, 그건 오산이다. 미리어드는 가장 방대한 규모의 유방암 유전자 변이체 데이터베이스를 가지고 있으며 그 접근 권한을 이미 장악했기 때문에, 경쟁 업체를 밀어내기 위한 특허가 필요하지 않았다. 발 빠르게 수집한 샘플로 데이터베이스를 구축한 덕분에 미리어드는 유전자

변이체를 경쟁 업체보다 더 폭넓게 잡아냈다. 그리고 이 정보로 돈을 벌고 있다.

데이터베이스의 규모가 커질수록 그 가치는 기하급수로 커진다. 따라서 핵심은 데이터베이스의 규모를 빨리 키우는 것이다. 23앤드미가 단돈 99달러를 받고 당신의 혈통을 분석해주는 이유가 여기에 있다. 우리의 유전자 정보를 원재료 삼아 실제 주력 상품인 데이터베이스를 만들기 위해서다.

무법 지대를 유지하기 위해 유전자 분석업체들은 오히려 소유권 규제를 막으려고 애쓰고 있다. 영리하게도 23앤드미를 비롯한 유전자 분석 회사들은 브라운 같은 고객들과 실랑이를 하지 않는다. 유전자 분석업체들은 냅스터와 HBO로부터 영감을 얻은 것으로 보인다. "고객과 다투지 말라."

유전자업계가 세운 전략은 개인 소유권에 대한 환상을 심어주는 것이었다. 23앤드미는 브라운이 정보 삭제를 요구했을 때, 그의 유전자 정보에 대한 소유권을 포기하는 게 낫다고 판단했다. 브라운에게 '내 몸에서 나왔으니 내 것'이라는 자기 소유권을 침해받은 기분(5장을 참고하라)이 들게 해서 좋을 건 없었다. 괜한 자극은 행동을 낳고, 이는 법적 규제로 이어질 우려가 있었다. 그보다는 면봉으로 볼 안쪽을 문질러 원재료를 제공하는 고객에게 만족감을 주는 게 여러모로 나았다.

브라운이 우편으로 보낸 타액 샘플을 돌려달라고 했을 때, 회사들은 선뜻 동의하는 듯했다. 원칙상으로는 그랬다. 사실 23앤드미는 브라운에게 물리적 샘플을 없애려면 필요한 절차가 있는데 "현재로서는 가능하지 않다"라고 설명했다. 앤세스트리닷컴은 타액 반송 요구는 처음이라고 답했다. 결국 유전자 검사 회사들은 지금도 브라운의 타액을 보관하고 있다. 언젠가 새로운 유전자 염기서열 분석기법이 나오면, 업체들은 그렇게 모은 샘플에서 훨씬 더 많은 정보를 얻어낼 수 있을 것이다.

샘플에서 이미 추출한 DNA 정보를 돌려받는 건 어떨까? 다수의 유전자 정보 회사들은 그 정보가 당신 것이라고 흔쾌히 인정할 것이다. "내 소유물에 딸려 있으니 내 것이다"라는 귀속 논리(4장을 참고하라)를 피하려는 의도로 보인다. 정보 삭제를 원한다면, 원칙적으로는 가능하다. 그렇지만 브라운의 취재에 따르면, 현실은 이와 다르다. "23앤드미는 고객이 자신의 정보를 지울 수 있다고 답하겠지만, 법적으로는 불가능하다." 정보 삭제가 불가능한 이유 중 하나는 보건의료 연구소에는 기록 보관 의무가 있기 때문이다. "회사에 남겨야 하는 '최소한'의 정보가 사실상 나의 모든 유전자 원정보raw information"라는 사실을 취재를 통해 알게 되었다. 당신의 DNA 프로파일이 데이터베이스에 수집됐고 이를 제3자가 이용했다면, 당신의 정보를 돌려받을 방법은 사실상 없다. DNA 정보를 지웠더라도 대개는 당신 눈앞에서만 안 보이게 했을 뿐이다. 브라운이 내린 결론이다.

유전자 분석업체들은 DNA 프로파일에 대한 소유권을 주장하기보다는 당신의 정보를 이용할 수 있는 구속력 있는 허가권을 얻는 데 주력한다. 즉 '소유권'에서 '계약'으로 방향을 튼 것이다. 계약은 업체들이 뛰어난 소유권 설계 능력을 보여주는 또 하나의 영역이다. 당신이 타액을 제출하면, 유전자 정보 회사는 '동의' 항목에 표시해달라고 요구한다. 아무도 안 읽는 기본 계약서에 말이다. 그런데 간단한 동의 클릭 한 번으로 유전자 정보업체는 소유권 없이 도 자신에게 필요한 모든 권한을 얻게 된다.

앤세스트리닷컴에서 제출 양식에 클릭하는 순간, "서브라이선 스 설정이 가능하고 전 세계적이며 로열티 무료인 라이선스 권한" 이 회사로 넘어가면서 회사는 당신의 유전자 정보를 "관리·저장· 복제·공표·배포하고, 이 정보를 이용할 권한을 제공할 수 있고, 유 전자 정보를 2차 저작물로 만들고, 기타 다른 용도로 사용할 수 있" 게 된다. 엄청난 권한이다. 80퍼센트가 넘는 앤세스트리닷컴 고객 이 이 항목에 동의했으므로, 업체는 그들의 정보를 팔거나 공유할 수 있다. 23앤드미에 따르면, "연구 목적으로 정보 공유에 동의한 일반 고객은 천식, 낭창, 파킨슨병 등을 다루는 230건이 넘는 의료 연구에 기여했다"라고 밝혔다. 달리 말해, 230건이 넘는 연구에 당 신의 정보를 팔았다는 뜻이다.

유전자 데이터베이스를 이용해 치료제 개발에 성공해도 유전 자 분석을 의뢰한 '나'와는 아무런 이해관계가 없다. 어느 평론가는 이렇게 지적했다. "우리는 유전자 정보 회사에 '이봐요, 내 정보를 이용해 개발한 신약이 대박 났으면 나한테 보상이라도 해줘야 하는 것 아니에요?'라고 따질 수 없다." '동의'에 클릭하는 순간, 모든 권 한이 넘어가기 때문이다. 우리는 유전자 정보라는 씨앗을 기부했지 만, 그 씨앗이 자라 결실을 맺으면 다른 사람이 수확하는 것을 가만 히 지켜봐야 한다.

현재 미국에는 유전자 정보의 용도를 규제하는 장치가 거 의 없다. 2008년에 제정한 유전자정보차별금지법Genetic Information Nondiscrimination Act, GINA은 건강보험 회사와 대기업이 DNA 정보를 이용하는 범위를 제한한다. 그렇지만 장기간병보험, 장애보험, 생명보험 등 다른 형태의 보험사는 적용 대상이 아니다. 이들 보험사는 다른 가족 구성원의 타액에서 수집한 유전자 정보를 바탕으로 보험 계약을 거부할 수 있다. 또 전체 미군 부대와 더불어 15인 미만 사업장은 고용 시 유전자 정보에 기초한 차별을 금지하는 GINA 법에서 제외되어 있다. DNA 소유권 및 그 이용에 관한 규정들은 연방법과 주법이 복잡하면서도 수시로 바뀌는 미봉책임을 보여줄 뿐이다. 일부 주는 개인정보 보호를 점점 확대하는 반면 업계는 그렇지 않아도 얼마 안 되는 개인의 권리를 없애려고 압력을 행사한다. 미제 살인 사건을 해결하는 것부터 치약 마케팅까지 개인정보의 활용도가 그 어느 때보다 높아졌기 때문이다.

한편 유럽의 규제 기관은 '소유권' 분배보다는 '사생활' 보호에 초점을 맞추고 있다. 유럽연합은 2018년부터 개인정보보호법 General Data Protection Regulation을 도입해 시민들에게 '잊힐 권리'를 부여했다. 이 법은 유전자 샘플을 파괴하고 정보를 삭제할 수 있는 권리를 개인에게 보장한다. 미국에서도 캘리포니아 같은 주들은 유럽연합처럼 개인 사생활을 보호하기 위해 앞장서고 있다. 이러한 권리들은 어느 정도 무릎보호걸쇠의 역할을 한다. 업체들이 DNA 데이터베이스를 등받이처럼 불쑥 우리의 무릎 위로 기울이지 못하게 막아주는 것이다.

그런데 사실 유전자 정보 회사들은 논쟁 구도가 지금처럼 사생활 보호나 기존처럼 계약 허용 전략으로 흐르는 것을 내심 반기고 있다. 이 회사들은 사생활 보호를 이유로 계약을 거부하는 이들의 DNA 프로파일 1만 개를 삭제하더라도 크게 잃는 게 없다. 자신의 지분도 모른 채 '동의'에 체크한 수백만 명의 데이터베이스를 이미 확보하고 있기 때문이다.

유전자 정보 장악을 소유권의 맥락에서 접근하면, 사생활이나 계약 중심 논의에는 없는 중요한 이점이 있다. 소유권 설계에서 '정보 제공에 동의하지 않는다. 날 내버려둬라'라는 선택 외에 '돈을 주면 승낙하겠다'라는 선택지도 생각해볼 수 있다. 이러한 조건부 승낙은 개인의 가장 내밀한 자원에 대한 선택권이 우리에게 있음을 천명하는 것이다. 투명하고 솔직하게 자기 소유권을 설계하면 유전자 회사들도 이익을 얻을 수 있다.(이는 5장에서 살펴볼 것이다) 〈뉴욕 타임즈〉 논설위원 에두아르도 포터의 지적처럼 "돈을 주고 사람들의 정보를 구입하면 정보의 질과 가치가 상승"한다.

현재 유전자 데이터베이스는 구매력이 높은 북유럽계 사람들이 과잉 대표된 면이 있다. 유색인종은 이러한 데이터베이스에서도 소외되어 있다. 이 때문에 유색인종에게 도움이 될 만한 의료 연구와 신약 개발은 상대적으로 적게 이뤄진 편이다. 소유권의 기본 원칙이 지금과는 반대로 23앤드미가 돈을 주고 사람들의 정보를 사야 하는 쪽으로 바뀐다면, 신약 개발에 더 다양한 인종이 기여해 더 포괄적인 연구성과가 나올 것이다.

'돈을 주면 승낙하겠다'라는 선택 항목을 만들 때, 주의할 점이 있다. 업계 전문가들은 일반인보다 소유권 설계에 능숙하다. 앞서 봤듯이, 디즈니와 그 동맹은 저작권 보호 기간을 늘리기 위해 의회를 장악했다. 킹 주식회사와 CMG 월드와이드 같은 회사들도 퍼블리시티권과 관련해 주 의회를 좌지우지했다. 유전자 정보 업계는 연방 차원에서는 데이터베이스 저작권 규정을 만들고, 각 주에서는 영업 비밀 보호법을 만들려고 한다(제한된 소유권 목록에 새로운 항목을 추가하려는 것이다). 이들 업계의 논리는 예측 가능하다. '우리가 뿌린 씨앗이니 우리가 거둬야 한다', '우리의 생산적 노동이 소유권의 바탕이 되어야 한다', '유전자 데이터베이스가 생명을 구한다', '개인에게 소유권을 주면 그리드록 현상이 생긴다' 등일 것이다. 물론 그들의 주장도 일리가 있다. 그렇지만 그게 전부는 아니다.

이러한 소유권 설계의 난점은 유전자 정보에 대한 개인의 자기 소유권 주장과 업계의 노동 보상 논리가 맞서는 가운데 균형을 잡아야 한다는 점이다. 이는 연방의회가 달성하기 힘든 목표이지만 그렇다고 불가능하지도 않다.

한편, 다른 대안들도 고개를 내밀고 있다. 공공 영역에서 유전자 공유재genetic commons를 만들려는 움직임이다. 그 취지는 방대하고 다양한 유전자 데이터베이스를 무료로 이용하게 해서 의료 연구에 날개를 달아주고 희귀병 진단을 돕자는 것이다.

일부 스타트업들은 DNA를 제공하는 사람들에게 유전자 정보의 총가치 중 일정 지분을 제안했다. 이러한 업체들 중 한 곳인 루나DNA의 공동창업자 돈 배리는 "가치 있는 정보라고 해서 모든 사람들한테 억지로 빼낼 수는 없지 않느냐"라고 말했다. 루나DNA는 고객이 건강 관리 기기에 저장된 개인 데이터 20일치를 제공하면 시장가치로 14센트 정도인 회사 주식 2주를 준다. 23앤드미 방식의 검사 자료를 제공하면 50주(3.5달러)를, 전장 유전체whole genome 정보를 제공하면 300주(21달러)를 준다. 이 스타트업의 주가가 오르면 고객의 자산도 늘어날 것이다. 23앤드미와는 현금흐름이 반대다.

그렇지만 주식 소유권 모델에는 단점이 있다. 이 모델은 주식 소유권에 대해 검색해보고, 저렴한 검사보다는 주식 보유를 선호하며, 이러한 성격의 소유권에 직접 동의 의사를 표시하는 극소수 노련한 소비자들만 활용할 수 있다. 대다수 사람들은 23앤드미와 앤세스트리닷컴에 유전자 검사키트를 보내고, 정보 제공 '동의'에 클릭하기 때문에 직접 보상을 전혀 얻지 못한다(물론 검사 비용이 소비자가 지불하는 액수보다 더 든다면 어느 정도 간접 보상이 되겠지만). 사실 소비자들이 유전자 데이터베이스에서 자신의 데이터를 빼내겠다고 거부 의사를 밝힐 수도 있지만, 그런 경우는 드물다. 게다가 한데 모은 샘플에서 얻은 귀중한 의학적 발견을 개인의 기여도와 연계하는 간단한 방법이 없다는 것도 문제다.

옵트 인opt-in(사전에 동의를 구하는 형태-옮긴이)과 옵트 아웃opt-out(사전에 동의한 것으로 보는 형태-옮긴이) 방식은 소유권 설계에서 주목할 만한 부분으로, 소유권의 기본 설정에 관한 전략적 선택과 짝을 이룬다. 사람들은 자동으로 미리 체크된 항목을 보면, 이것이 부족한 자원을 활용하는 일반적이고 자연스러우며 적절한 방법이라고 인식한다. 기본 설정을 장악하는 게 얼마나 중요한가에 대해서는 과장할 필요도 없다. 어느 한 소유권 논리가 기준이 되면, 다른 경쟁 논리는 바로 상식 밖 이야기로 밀려난다.

100년 전에는 물이 고인 웅덩이를 모기들이 번식하는 늪이라고 생각했다. 땅 주인은 이런 웅덩이를 보면 당연하다는 듯 메워버렸다. 요즘에는 똑같은 물웅덩이를 생태적으로 중요한 습지로 본다. 땅 주인에게 습지를 있는 그대로 보호해달라고 요청하기도 한다. 늪이냐 습지냐는 전적으로 소유권의 기준점이 어디에 있느냐가 좌우한다.

우리의 DNA 정보와 관련해서도 소유권의 기본 설정을 바꿔 보면 어떨까? 아주 노련한 사람만이 아니라 유전자 정보를 제공한 사람 모두가 본인의 유전자 정보로 의학적 발견이 이뤄지면 자동으로 적게나마 지분을 갖도록 설계하는 것이다. 23앤드미 같은 회사들은 미래의 주식 대신 지금 당장 받을 수 있는 현금을 제안하겠지만, 그래도 옵트 아웃 항목만큼은 무슨 뜻인지도 모를 라이선스 계약서의 '동의합니다' 한 줄로 슬쩍 넘어가지 않고 신중하게 선택하도록 투명하게 만들 수 있다.

개인의 자기 소유권과 업계의 노동 보상 논리 사이의 대립은 일상적으로 일어나는 문제다. 우리 휴대폰은 마케터(와 법 집행자)가 나의 모든 위치 정보를 데이터베이스로 구축하는 데 도움을 준다. 어디에나 설치된 감시 카메라는 안면 인식 데이터베이스를 제공한다. 우리의 모든 온라인 방문 기록은 클릭스트림이라는 추적 가능한 정보로 기록된다.

인터넷 검색을 하면서 우리가 구글에 제공하는 개인정보가 얼마나 많은가. 페이스북에서 '좋아요'를 누르면 노출되는 정보는 또 얼마나 많은가. 이러한 데이터를 모으고 분석하고 판매하는 활동은 인터넷 경제를 움직이는 진정한 동력이다. 2018년 미국인의 욕구, 사고방식, 온라인 활동을 분석한 자료의 가치는 760억 달러로 추정됐다. 이 수익 중 절반만 개인들과 나눠도 한 사람이 122달러 정도 받을 수 있다. 쇼샤나 주보프는 이러한 사업 모델을 '감시 자본주의 surveillance capitalism'라고 불렀다. 어느 경제학자는 다음과 같이 직설적으로 표현했다. "제너럴모터스가 돈도 안 내고 자동차 투입재인 철강, 고무, 유리를 얻었다고 생각해보라. 지금 거대 인터넷 기업들이 바로 그런 행동을 하고 있다. 아주 달콤한 거래 아닌가." 무료 앱이 그렇게 많은 것도 이런 이유에서다. IT 기사에서 자주 쓰이는 표현처럼, 어떤 앱이 공짜라는 건 바로 당신이 상품이라는 뜻이다.

소유권 없는 무법 지대는 패션, 코미디, 스포츠 영역에서는 혁신을 불러오지만 유전자, 위치 정보, 안면 인식, 클릭스트림과는 잘 맞지 않는다. 후자의 정보들은 한 가지 공통된 맥락이 있다. 바로 하나의 정보는 아무것도 아니지만, 이것들이 모이고 모이면 엄청난 가치가 있다는 것이다. 온라인업체들은 소유권 없는 무법지대를 원한다. 이들과 생각이 다르다면, 이제 목소리를 높여야 할 때다.

4장
사유재산이라는 신기루

내 집은
나의 성이 아니다

- 앞 마당을 침입한 드론을 총으로 쏜다면 -

2015년 여름 어느 날, 켄터키 주에 사는 윌리엄 메리데스는 뒤뜰에 있던 딸들이 외치는 소리를 들었다. "아빠, 저기 드론이 떴어요. 온 동네를 날아다녀요." 아버지로서 그냥 넘길 일이 아니었다.

"밖에 나와 보니 드론이 이웃집 상공에 낮게 떠 있었습니다. 바닥에서 3미터 정도 높이에 떠서 이웃집이 뒷마당에 쳐놓은 그늘막 안쪽을 향하고 있더군요." 메리데스는 당시 상황을 설명했다. "당장 산탄총을 챙겨와 경고했습니다. '우리 집 바로 위로만 넘어오지 않으면, 아무 일 없을 것이다'라고."

잠시 후 드론이 그의 집으로 건너왔다. "1분도 안 되어 우리 집 쪽으로 넘어오더군요. 우리 집 위에서 맴돌기에 하늘에 대고 총을 쐈습니다." 메리데스는 일명 새총birdshot으로 불리는 넘버 8 산탄총을 세 발 쏴서 1800달러짜리 드론을 떨어뜨렸다. 몇 분 후 드론 주인 존 데이비드 보그스가 나타났다. "내 드론을 총으로 쏜 사람이 당신이야?" 메리데스는 10mm탄 글록 권총을 허리춤에 찬 채 대꾸했다. "우리 집 쪽으로 건너오면 한 방 더 쏠 거요." 보그스는 침착하게 경찰을 불렀고, 메리데스는 고의적 위험 행위wanton endangerment로 체포됐다.

'#드론 파괴자#droneslayer'는 체포되자 당황했다. 드론 파괴자는 메리데스가 스스로에게 붙인 별명이다. "드론이 우리 집 공중에서 맴돌고 있었다고요. 그냥 날아갔다면 나도 쏘지 않았을 겁니다." 그는 이어 말했다. "드론 주인이 우리 집 뒷마당에 나타났어도 상황은 다르지 않았을 겁니다. 우리 미국인은 자신의 권리와 재산을 지킬 권리가 있습니다." 자신의 집에서 쏜 산탄총이 문제가 된다는 사실에 메리데스는 한 번 더 당황했다. "내가 손에 든 게 22구경 소총이었으면 감옥에 갈 만합니다. 그 정도면 사람에게 상해를 입힐 수 있으니까요. 넘버 8 산탄총은 아니에요. 탄환 알갱이가 좁쌀만 합니다. 나는 내 재산을 지키려고 발포했을 뿐입니다."

재판에서 보그스는 메리데스가 발포할 당시 드론이 60미터 상공에 떠 있다는 것을 증명하는 영상을 증거물로 제출했다. 메리데스는 증거 영상이 있는데도 드론이 나무 꼭대기까지 내려와 빙빙 돌았다고 증언했다. 불리트 카운티 판사는 메리데스의 손을 들어주며 모든 혐의를 기각했다. 이 판결은 전국에 보도됐다. 이는 교외 거주자들이 드론을 총으로 쏴도 된다는 뜻으로 풀이됐으므로, 충분히 놀랄 만한 판결이었다. 미국에는 일반적으로 토지 주인이 불법 침입자를 고소할 권리가 있지만, 총으로 쏘는 행위는 엄연히 불법이다.

그런데 드론이 불법 침입했더라도 "내 집에서 총을 쏘아도 된다"는 메리데스의 주장이 정당할까? 그 답은 원초적이고 강력하지만 간과하기 쉬운, 소유권의 귀속 논리에 달려 있다. 여기서 귀속 attachment이란 '내 소유물에 딸려 있으니 내 것이다'라는 직관을 뜻한다. 드론은 이 책의 도입부에 나온 무릎보호걸쇠와 동일한 갈등을 일으킨다. 탑승권을 보면 10열C처럼 좌석 번호가 적혀 있다. 이숫자는 내가 엉덩이를 대고 앉아도 되는 인조가죽을 씌운 2차원 평면을 가리킨다. 그런데 이 좌석 번호만으로는 뒤로 젖힌 등받이 때문에 생기는 갈등도, 좌석 가운데 팔걸이 때문에 벌이는 신경전도 해결할 수 없다. 여기에 소유권을 3차원으로 만들어주는 원칙을 하나 더 추가해야 한다. 귀속 원칙이 바로 그것이다.

땅을 사는 경우도 탑승권을 얻는 상황과 비슷하다. 이를테면 토지 문서에 적힌 '아스펠 힐스 구 10번 구역'이라는 평면의 경계는 지도에서 확인할 수 있다. 그렇지만 그 땅에 서서 토지 문서를 들여다봐도 내 소유권의 범위가 '드론이 날아다니는' 저 창공까지인지, 지하수가 흐르는 저 바닥까지인지, 내 땅을 뛰어다니는 사슴까지 포함한 것인지 알 수 없다. 이렇게 내 손에 넣은 기존 자원과 새로운 자원을 그럴듯하게 묶기 위해 귀속적 직관이 발동한다. 지금까지 사람들은 위아래로 정확히 어디까지가 내 것인지 따지는 일에 별 관심이 없었다. 그렇게까지 중요한 문제가 아니었기 때문이다. 소유권 갈등은 주로 사람들이 거주하고 노동하는 지표면 부근에서 발생했다.

소유권의 오랜 직관은 드론의 비행에 적용하기가 어렵다. 비행기와 달리 드론은 종잡을 수 없이 날아다닌다. 지표면 근처를 맴돌거나, 집 안을 들여다보고, 담 너머의 얘기를 엿듣기도 한다. 심지어 무장도 가능하다. 메리데스는 자신의 2차원 땅 위로 쭉 뻗은 보이지 않는 울타리를 드론이 넘어왔다며 광범위한 귀속 논리를 주장했다. "사유지 안에 있어도 반경 1.8미터는 사생활의 울타리입니다. 그자가 무엇을 훔쳐봤고 무엇을 찾고 있었는지 몰라도, 나한테는 침입과 다르지 않습니다."

메리데스의 주장은 역사적 뿌리가 깊다. 13세기에는 토지 소유권이 '위로는 천국, 아래로는 지옥'까지 수직으로 확장된다고 보았다. 이렇게 광범위한 개념은 거주지를 둘러싸고 한층 굳어졌다. 영국 법의 위대한 수호자로 불리는 법관 에드워드 코크 경은 1628년 "한 사람의 집은 그의 성"이라고 표현했다. '천국까지' 뻗은 공간에 '성 같은 집'이라는 개념을 결합하면, 메리데스의 견해는 타당성을 얻는다.

그렇지만 옛 격언은 그저 격언일 뿐이다. 이는 결코 법이 아니다. 보이지 않는 성벽은 등대의 불빛을 타고 먼 우주로까지 뻗어 나가지 못한다. 또 저 아래로 깊숙이 내려가지도 못한다. 그럼에도 소유권 격언의 수사적 힘은 늘 법적 효력을 넘어서왔다. 100년 전 상업 비행이 처음 등장했을 때, 상공을 날아가는 비행기를 놓고 치열한 토론이 벌어졌다. 일부 토지 주인들은 '수직 공간'과 '성' 개념을 근거로 비행기가 자기 집 상공을 침입했다며 지나가려거든 돈을 내라고 요구했다.

법원은 서둘러 무제한의 귀속 논리를 제한했다. 그렇게 하지 않았으면 이 논리가 혁신적인 항공 산업의 발목을 잡았을 것이다.

우리가 우리 집 위를 날아가는 비행기를 격추시킬 수 없는 이유는 나한테 적절한 지대공미사일이 없어서가 아니다. 미국 하늘에 막힘 없는 고속도로가 필요해지자 법원과 의회가 서로 대립하는 소유권 주장을 살펴본 후 토지 소유권이 저 위로 수백 미터까지 확장되면 곤란하다고 판단했기 때문이다.

신기술, 인구 증가, 자원 부족으로 소유권 개념을 다시 손질할 때마다 귀속 논리에 기초한 주장의 범주는 계속 바뀌어왔다. 아마존, 운송업체 유피에스, 도미노피자는 드론으로 상품과 피자를 효율적으로 배달하는 미래를 꿈꾼다. 드론 택배가 산업으로 성장할 수 있는가는 일정 부분 기술적 문제이지만, 현 시점에서는 무엇보다도 소유권 설계가 크게 좌우할 것으로 보인다. 드론 택배가 정착하려면 드론이 사유지 위로 비행할 수 있어야 한다. 그렇다면 귀속 논리나 다른 소유권 원칙이 드론의 비행 경로를 통제해도 되는 걸까? 사유지와 공적 접근 사이의 경계선은 어디에 그어야 할까? 화살, 총, 미사일의 사정거리까지를 개인 공간으로 삼아야 할까?

메리데스가 "결론적으로 그 발포는 내 재산을 지키기 위한 것"이라고 했을 때, 이는 염원을 담은 주장이었다. 드론이 지나가는 60미터 상공이 메리데스의 재산이 되려면 우리 모두의 합의가 필요하다.

태양광과 풍력 등 갈수록 논란을 빚는 신재생 에너지도 이와 똑같은 논쟁을 낳고 있다. 이웃집 나무가 우리 집 태양 전지판에 그늘을 만들고, 이웃집 풍력 발전기가 우리 집 기류를 방해한다면 이웃이 내 재산을 침해한 걸까? 우리 집 땅 위에 있는 모든 것이 내 소유라는 건 독특한 개념이다. 중세의 격언이나 영국의 전통, 미국의 관습이 이를 암시하지만 구속력은 없다. 말하자면 아직 정해진 원칙은 없다.

땅속 깊은 곳도 마찬가지다. 토지 문서를 봐도 지하에 묻힌 자원이 몽땅 내 것인지, 이웃과 나눠야 하는지, 공공의 재산인지 알 수 없다. 대수층을 따라 흐르는 지하수, 거대한 벌판에 매장된 유전, 광맥을 타고 흐르는 미네랄이 다 그런 자원들이다. 수압 파쇄 기법 등 여러 추출 기술이 도입되면서 지하 자원을 둘러싼 갈등은 날로 심각해지고 있다. 이러한 갈등의 해결책은 귀속 논리를 둘러싼 선택이 좌우한다. 그리고 그러한 선택은 언제나 유동적이다.

한 가지 예외가 있다. 지금까지 우리가 알기로 모든 역사 기록에 있는 모든 법률 제도는 가축의 경우 번식의 원칙rule of increase을 따랐다. 이는 어미의 주인이 새끼도 갖는다는 원칙이다. 고대 인도의 마누법전에는 이렇게 기록돼 있다. '수소가 암소와 짝짓기를 해서 송아지 100마리를 낳으면, 송아지들은 암소 주인이 전부 갖는다.' 수소는 힘만 낭비한 셈이다. 이 원칙은 4000년 전 인도에서부터 오늘날 전 세계 어디서나 받아들여지고 있다.

왜 그럴까? 갓 태어난 새끼의 어미가 누구인지는 바로 알 수 있지만 아비는 불분명하기 때문이다. 송아지가 생존하려면 어미 소가 보살펴야 하므로, 어미와 새끼를 하나로 묶어 소유하는 게 송아지의 생존에도 유리하다. 이때 소유권 설계에 고려된 온갖 요인은 결국 한 방향으로 모아진다. 어느 법학자가 요약한 것처럼 '계획적 생산에 대한 보상'이라는 점이다. 이런 원칙은 적용하기 쉽고, 분명하고, 경제적이며, 인간과 동물의 기존 습성이나 기질과 잘 들어맞는다. 여러 지역과 세대에 걸쳐 존재하는 공정성에 대한 인간의 판단과도 부합한다.

갓 태어난 가축의 소유권 문제가 가장 쉬운 사례라면 토지 소유권의 범위는 가장 어려운 사례에 해당한다. 소유권 설계의 온갖 변수가 끊임없이 갈등하기 때문이다. 토지 주인들은 갈수록 상하뿐 아니라, 앞으로 살펴보겠지만 측면과 내부에서도 포위당했다고 느낀다. 이는 뜻밖의 상황이 아니다. 귀속적 직관은 보통 현실의 소유권과 거리가 있기 때문이다. 소유권은 천국과 지옥까지 권리가 닿지 않는다. 우리 집은 우리의 성이 아니다.

- 고비나물 전쟁 -

근래 들어 발생한 난처한 사건이 하나 있다. 메인 주의 고비나물 전쟁이다. 수 세기 동안 주말이 되면 고비나물 채집꾼들은 메인 주 시골의 사유지와 개인 해변을 헤집고 돌아다니며 버들 바구니를 고비나물로 가득 채웠다. 땅 주인들은 대개 이를 묵인했다. 그런데 최근에 전문 채집꾼들이 등장해 고비나물을 쓸어가기 시작했다. 이들은 농산물 시장, 식품협동조합, 농가 직거래 식당의 유통 구조를 비판하며 수익성 있는 시장을 열었고, 메인 주 곳곳은 채집꾼들로 붐볐다. 소비자들도 가염 버터를 살짝 넣어 볶은 고비나물의 맛을 알아갔다. 이에 땅 주인들은 슬슬 화가 나기 시작했다.

메인 주 상원 의원 토머스 사비엘로는 지역 유권자들의 요구를 반영해 무단 채집 금지 법안을 발의했다. 그는 인터뷰에서 법안의 취지를 이렇게 설명했다. "이 법안은 설명할 필요도 없다. 내가 당신 땅에 들어가 당신이 소유한 어떤 것을 취할 권리는 없다." 그렇지만 사비엘로가 놓친 게 있었다. 고비나물 채취를 절도로 취급하려면, 채집꾼들의 노동 및 점유 논리보다 토지 주인들의 귀속 논리가 우선한다고 메인 주가 결정해야 한다.

미국 역사상 대부분의 시기에 채집꾼은 남의 땅에 마음대로 들어가 눈에 띄는 야생 식물을 뜯어왔다. 남몰래 뜯은 것도 아니다. 채집은 절도가 아니었다. 이들은 남의 땅을 포함해 어디든 배회할 권리right to roam가 있었다. 이들은 고비나물만 뜯은 게 아니다. 지금까지 울타리가 없거나, 경작하지 않거나, 출입 금지 푯말이 없는 시골 땅에서는 '주인의 허락이 없어도' 버섯 캐기, 라즈베리 따기, 백합조개 캐기뿐 아니라 사냥까지 가능했다.

이는 합당한 권리였다. 건국 초기 미국에서는 야생에서 구한 식량이 중요한 영양 공급원이었다. 그래서 각 주는 노동과 점유 논리(내가 열심히 뜯으러 다녔으니 저 고비나물은 내 것이라는 주장)가 귀속 논리(내 땅에서 자랐으니 저 고비나물은 내 것이라는 주장)보다 앞선다고 봤다. 다시 말해, 배회할 권리는 미국 건국 때부터 보편 원칙이었다. 이는 영국 귀족정에 대한 비판이기도 했는데, 영국에서 사냥감과 채집거리가 풍부한 땅은 대지주와 왕족이 차지했기 때문이다.

그렇지만 시대가 바뀌었다. 머리말에서 논의했듯이, 1800년대 후반에 발명된 가시철조망은 소유권의 의미를 완전히 바꿔놓았다. 가시철조망은 저렴한 비용으로 다음과 같은 강력한 메시지를 전달했다. '여기는 내 땅이다. 덧붙여 내 땅에서 나는 것도 내 것이다. 그러니 접근하지 마라!' 그래도 사람들은 가시철조망을 넘거나 끊고 땅에 들어갔다. 그러자 토지 주인들은 귀속 논리를 근거로 보이지 않는 울타리를 만들기 위해 법 개정을 추진했다. 오늘날 토지 주인의 논리는 50개 주 중 절반에서 우세하며, 갈수록 대세로 자리 잡고 있다. 이들 주에서는 채집꾼과 사냥꾼이 울타리나 출입 금지 푯말이 없는 곳에 들어가도 침입자로 여겨진다. 이제 고비나물과 조개, 사슴은 토지 주인만 수확하거나 사냥할 수 있다.

메인 주의 입장은 아직 불분명하다. 미국의 전통을 고수할지, 새로운 대세에 따를지 갈피를 못 잡고 있다. 사비엘로의 법안에 반발하는 사람도 많다. 메인 주의 경찰이자 사냥꾼이고 채집꾼인 존 깁스는 이렇게 말했다. "내가 보기에 사비엘로 법안의 가장 큰 문제는 삶의 양식을 송두리째 바꾼다는 데 있다. 우리는 딸기도 라즈베리도 블랙베리도 딸 수 있어야 하고, 법에 저촉될까 봐 걱정하는 일도 없어야 한다." 또 다른 채집꾼 톰 시모어는 이렇게 말했다. "지난 몇백 년 동안 문제없이 잘 살았다. 그런데 왜 규칙을 바꾸려는지 모르겠다." 사비엘로 법안은 현재 난항을 겪고 있지만, 미국 법률은 분산된 채집꾼과 사냥꾼보다는 조직화된 토지 주인 쪽으로 점점 기울고 있다. 즉, 영국 귀족정으로 퇴보하고 있다.

이렇게 포괄적 귀속 논리로 바라보면 땅에서 자라고 땅 위로 돌아다니는 동식물뿐 아니라 땅 아래 파묻힌 보물에 대해서도 토지 소유주의 권리가 커진다. 메인 주에서 아이다호 주로 건너가보자.

〈롤링스톤〉을 창간한 존 웨너의 선 밸리 목장에서 아스팔트 포장 회사 직원 그렉 콜리스가 새로 지은 게스트하우스의 차고 진입로를 만들기 위해 흙바닥을 다지고 있었다. 바닥을 살피던 그렉은 친구이자 사장인 래리 앤더슨에게 외쳤다. "래리, 이것 봐. 금화야!" 그러자 래리가 지시했다. "주머니에 넣어둬. 나중에 나누자."

그렉과 래리에게는 행운의 날이었다. 이들은 하프 이글half eagle(5달러), 이글eagle(10달러), 더블 이글double eagle(20달러) 금화 96개를 발견했다. 1857~1914년 주조된 금화들로, 발견 당시 가치가 2만 5000달러(약 3000만 원)였다. 한 세기 전 선 밸리에 광산 개발 붐이 일었을 때 누군가 유리병에 동전을 담아 묻어두고는 찾지 않은 듯했다.

그렉이 들떠서 외쳤다. "우리한테 포상금 주겠지! 〈롤링 스톤〉 표지에도 나오겠다!" 래리가 나지막이 말했다. "조용히 해. 이건 우리 둘만 아는 비밀이야."

이를 어떻게 처리할지 고민하는 동안 래리가 금화를 맡기로 했다. 그렉이 절반을 달라고 요구하자 둘의 갈등은 깊어졌다. 비밀은 새어 나갔고 선 밸리 주민 모두가 금화의 존재를 알아버렸다. 래리는 금화를 땅 주인인 웨너에게 넘겨야 했다. 그렉은 래리를 고소하고, 그리고 두 사람 모두 웨너를 고소했다. 선 밸리의 한 광산 기술자는 이렇게 말했다. "세상에 그런 멍청이들이 어디 있나? 당연히 둘이 금화를 나눠 갖고 입단속을 했어야지. 존 웨너한테 무슨 돈이 더 필요한가." 래리와 그렉이 입단속을 못 한 게 화근이었다.

처음에 웨너는 그렉과 래리에게 거액의 보상금을 제안했다. 그러나 소송이 시작되자 웨너는 제안을 철회하고 이렇게 말했다. "그렉 콜리스는 어떻게든 돈을 뜯어내려고 수작 부리는 정말 쓸모없는 인간이다. 입만 열면 거짓말인 멍청이다." 그렉은 뜻밖에도 이에 수긍했다. "어떤 멍청이가 부자인 당신 집 주차장 진입로에서 금화를 발견하고 당신을 고소한 것 아닌가. 난 웨너의 심정을 이해한다."

땅에 묻힌 보물을 발견하고 싸우는 일은 예전부터 있었다. 사람들은 수천 년간 땅에 묻힌 약탈품을 놓고 다퉜다. 옛 잉글랜드에서는 보물을 발견하면 사유지에서 나왔어도 왕족에게 바쳐야 했다. 요즘은 발견자가 그 사실을 공개하면 가치의 절반을 받지만, 발견했다는 사실을 숨기면 감옥에 가야 한다. 초창기 미국의 각 주들은 배회할 권리처럼 의도적으로 귀족정에 반대하는 입장을 취했다. 그래서 보물을 땅 주인이 아닌 발견자에게 주었다. 아이다호 주 역시 이 선례를 따랐다. 미국 주법은 요행을 얻은 자의 편이었다. 남의 땅에서 발견한 보물이어도 야생 동식물처럼 발견한 사람이 차지했다.

그렉과 래리는 아이다호 주가 이 전통을 고수해야 한다고 주장했다. "찾아낸 사람에게 보상해야 한다. 안 그러면 누가 묻거나 숨긴 보물을 영원히 찾을 수 없으니 모두에게 손해"라고 이들은 주장했다. 이는 배리 본즈의 홈런 볼 사건에서 저자들이 했던 주장처럼 '사전적 관점'에 해당한다. 발견자에게 소유권을 주면 이에 자극받아 보물을 더 열심히 찾는다는 논리 말이다. 이에 웨너는 귀속 원칙으로 맞섰다. "내 땅과 관계없는 사람들이 마음대로 들어와 파묻힌 물건을 가져가면 안 된다. 더군다나 그들은 내가 고용한 일꾼이었다."

아이다호 주 지방법원의 제임스 메이 판사는 땅 주인의 손을 들어주었다. 메이 판사는 땅 주인이 금화를 가져야 한다고 판결함으로써 아이다호 주법을 미국에서 점차 대세로 자리 잡은 귀속 논리와 보조를 맞추게 했다. 이제 땅속에서 무언가를 찾아내면 그렉과 래리 같은 발견자나 일꾼이 아닌 웨너 같은 땅 주인이나 고용주에게 소유권이 돌아간다. 법이 다시 옛 잉글랜드 시대로 돌아간 것이다.

더블 이글 금화와 고비나물 사건이 특수한 사례로 보이겠지만, 우리 삶 곳곳에서 심지어 아이디어 영역에서도 동일한 원칙이 작용하고 있다. 저작권법의 경우, 의회는 저작권자가 다수의 부수적 권리를 자동으로 갖도록 규정했다. 창작물이 원 저작물에 귀속된다는 이유에서다. 책을 쓴 저자라면 책을 영화로 각색할 권리 같은 파생적 권리도 갖는다. 이와 동일한 귀속 원칙이 발명가에게도 적용된다. 발명품을 개선할 수 있는 특정 권한을 원 특허권자에게 준다.

귀속 논리는 최근 문화적 도용cultural appropriation과 관련해 뜨거운 논란을 낳기도 했다. 18세 고등학생 케지아 다움은 중국 전통 의상 치파오를 입고 찍은 졸업 파티 사진을 트위터에 올렸다. 사진은 인터넷에 쫙 퍼졌는데 호의적 반응은 아니었다. 다른 트위터 사용자 제레미 램은 이 게시물을 인용하며 이렇게 썼다. "우리 중국 문화는 그런 졸업 파티 드레스나 입으라고 있는 게 아니야." 다움은 다른 집단에서 유래한 그들의 전통 문화를 문화적으로 향유한 것이지 도용한 게 아니라고 생각했다. 다움은 "중국 문화를 존중하는 뜻에서 입었다"라고 해명했다. 그러나 소셜 미디어 이용자들은 문화 절도라며 다움을 비난했다. 이런 식의 비난이 음식(한국식 타코), 헤어스타일(흑인의 땋은 머리를 한 백인), 노래(일본 캐릭터 헬로 키티가 나오는 에이브릴 라빈의 뮤직비디오), 춤(비非 아랍인이 추는 벨리댄스), 파티(멕시코 축제일 싱코 데 마요Cinco de Mayo를 테마로 한 대학생 사교 파티) 등 각종 사례에도 적용되고 있다. 이제 핼러윈이 다가오면 대학 학장들이 문화 도용을 조심하라며 학생들에게 당부의 이메일을 보내는 것이 하나의 관행으로 자리 잡았다.

기업들도 이러한 논쟁에 휘말리고 있다. 의류업체 어반아웃피터스가 원주민 부족 나바호의 이름을 새긴 휴대용 술병과 힙스터 팬티를 팔자 나바호 자치국은 해당 업체를 고소했다. 어반아웃피터스는 법정에서는 승소했지만 나바호 자치국과 합의했고, 양측이 협업해 아메리카 원주민 보석이라는 제품을 만들기로 했다. 이와 유사한 생물 해적질biopiracy 분쟁도 있다. 이는 기업이 토종 동식물의 특별한 가치를 아는 원주민이나 부족에게 정당한 대가를 지불하지 않은 채, 이를 가져다 제품으로 내놓는 경우를 말한다. 일례로 프랑스 정부 연구기관 IRD는 쿠아시아 아마라 관목에서 얻은 추출물로 특허를 냈다. 연구진은 이 물질이 프랑스령 기아나에서 예전부터 말라리아 치료제로 사용됐다는 사실을 알고 있었다. 기업의 특허 주장이 생산적 노동을 근거로 한다면 지역 공동체의 반발은 귀속 논리를 바탕으로 한다.

이 모든 충돌은 지배 문화와 소수 문화 사이의 갈등을 드러낸다. 전통 의상, 음식, 예술, 지식이 어느 한 공동체와 긴밀하고 그들의 정체성을 반영할 때, 그들이 갖는 소유권의 범위는 어디까지일까? 어느 쪽 논리를 중시해야 하고, 절도 여부는 누가 판단해야 할까? 이것이 귀속 범주를 둘러싼 싸움의 본질이다.

- 부자를 더욱 부자로 만드는 귀속 논리 -

귀속 논리는 소유권에서 핵심을 차지하는 강력한 직관이다.

이러한 직관이 있기에 비행기 탑승권으로 좁은 공간을 점유할 수 있고, 토지 문서로 그 땅에 존재하는 작물, 수목, 동물, 풍력, 태양열, 원유, 가스 등 무수한 자원에 대한 지배권을 인정받는다. 땅, 암소, 저작권 등 기존 소유물을 가진 사람은 귀속 논리를 통해 이와 연관된 새로운 대상까지 차지한다. 어떻게 이런 논리가 성립할까?

맨 처음 새로운 자원의 주인을 정할 때는 자명한 원칙이 있어야 한다. 그래야 서로 임자가 되려고 필요 이상 다투지 않는다. 이 원칙은 송아지와 숨겨진 보물뿐 아니라 드론 비행 구역과 수압 파쇄로 얻은 셰일오일에도 적용된다. 새로 얻은 자원의 경우, 기존 원칙을 적용하면 아무래도 허점이 생기는데 그 빈틈을 귀속 논리가 메운다. 처음에는 실제적으로, 이후에는 법률로서 기능한다.

소유권 원칙은 저마다 장단점이 있고, 승자와 패자를 나눈다. 귀속 원칙이 강력한 이유 중 하나는 비용이 저렴하고 이해하기 쉽기 때문이다. 귀속 논리의 관점에서 보면, 새로운 자원을 이와 연계성이 뚜렷한 기존 자원의 주인에게 넘기면 그만이다. 간단하고 명확하다.

포괄적 귀속 원리를 옹호하는 법학자 톰 메릴은 이 원칙이 소유권 설계의 핵심 문제를 다룬다고 설명했다. 바로 새로운 자원을 누가 가장 생산적으로 관리할 것인가 하는 문제다. 귀속 원리는, 이와 연관된 자원을 가진 기존 소유자가 소유권을 주장하는 다른 사람들만큼 관리 능력이 있을 것이라고 전제한다. 만약 개작권改作權이 저자에게 없다면 그 권한이 누구에게 있는지 고민해야 한다. 단순한 귀속 원칙은 개작권 분쟁을 법정 밖에서 해결해준다. 판사가 나서서 누가 먼저 각본을 썼는지 따질 필요가 없다. 누가 각색을 최고로 잘했는지 살필 필요도 없다. 단지 저작권자가 각색을 허락했는지 물어보면 그만이다.

그렇다면 귀속 논리는 공정한 원칙일까? 보통은 아니다. 이것이 가장 큰 약점이다. 메릴이 강조하듯이, 이 논리는 "부자를 더 부자로 만드는 일련의 교리를 만든 후, 이를 원활히 작동"시킨다. 귀속 논리가 늘 부의 편중을 초래하는 것은 아니나 격차를 유도하는 것은 맞다. 새로운 자원을 기존 소유자에게 주면 "이미 재산이 상당한 사람이 계속해서 더 갖는" 승수 효과가 발생한다. 땅 주인 웨너는 존재도 몰랐던 금화를 예기치 않게 얻었다. 귀속 논리 덕에 그는 횡재했다. 반면 발견자는 아무것도 얻지 못하고, 보상금도 받지 못했다. 앞으로 이들은 뭔가를 찾더라도 이를 숨길 것이다.

귀속 원리는 자석 같아서 기존 소유자에게 새로운 자원을 끌어당기지만, 그 외에 다른 모든 사람은 밀어낸다. 결국 채집자, 사냥꾼, 넝마주이, 조개잡이꾼, 새잡이꾼, 산과 설원을 누비는 사람, 시나리오 작가, 발명가를 비롯해 유용한 자원을 찾고, 발굴하고, 개발하는 생산적 노동을 하는 사람들 모두가 패자가 된다.

토지의 경우, 귀속 논리를 선호하는 반면 선착순, 점유, 생산적 노동에 대한 보상은 사라지는 추세다. 귀속 논리는 설명하기 쉽다. 직관적으로도 맞는 얘기 같다. 특히 기존 토지 주인들의 귀에는 그렇게 들린다. 물론 귀속 논리가 늘 이기는 건 아니다. 반대 논리를 펴는 세력이 막강하면 귀속 논리는 기를 못 편다. 드론 논쟁은 아직 결론이 나지 않았다. 메리데스는 포괄적 귀속 논리를 주장하지만, 배송업체들은 다른 소유권 논리를 밀어붙이고 있다. 그런데 귀속 논리가 소유권의 기본 원칙이 되면, 즉 이것이 자연스럽고 필연적이라고 인식되면, 다른 소유권 논리들은 모두 밀려나게 된다. 선착순, 점유, 노동의 소유권 논리는 똑같이 의미 있는 원칙으로 보지 않고 별난 예외로 밀려나게 된다.

미국의 빈부 격차에 모두들 불만을 느낄 것이다. 그 원인으로 조세 정책부터 인종 차별까지 다양한 요인을 지목할 수 있다. 그렇지만 귀속 논리의 역할에 대해, 즉 소유권을 극소수 부자에게 몰아주는 소유권 기제의 역할에 대해 생각해보는 사람은 아직 드물다.

- 미끄러운 비탈길 대 끈끈한 계단 -

찰리 피틸리아노의 할아버지는 이탈리아계 이민자로, 1920년대에 캘리포니아 센트럴 밸리로 이주했다. 할아버지가 산 땅은 비옥했지만 진짜 구입 동기는 따로 있었다. 고대 지하수라는 땅 밑의 광대한 자원이 구입 목적이었다. 당시에는 귀속 논리에 따라 농부가 지하수의 주인이었다. 농부들은 능력껏 지하수를 퍼 올려 밭에 물을 댈 수 있었다. 이들은 대를 이어가며 지하수를 퍼내고 또 퍼냈다.

현재 센트럴 밸리 전역에는 10만 개에 달하는 우물이 있다. 이 우물로 운영되는 농장에서 미국인이 소비하는 채소의 3분의 1, 과일과 견과류의 3분의 2가 생산된다. 아몬드를 비롯해 포도, 아스파라거스, 피스타치오를 비롯해 농산물 코너에서 값나가는 제품은 모두 이곳 출신이다. 피틸리아노 같은 농부들이 퍼 올린 물길이 우리가 장 보러 가는 슈퍼마켓으로 이어지는 셈이다. 지하수 덕분에 센트럴 밸리는 세계에서 가장 가치 있는 농업 지역으로 거듭났다.

그런데 이 풍요에는 비극적 결함이 있다. 전적으로 잘못 설계된 귀속 원칙이 낳은 결함이다. 물이 풍부할 때는 귀속 원칙이 잘 작동했다. 대부분의 소유권 논리가 각자 얻을 몫이 충분할 때는 문제없이 돌아간다. 그런데 물이 부족해지자 계속되는 펌프질이 재앙을 초래했다. 수십 년 동안 농부들은 대수층에 지하수가 채워지는 속도보다 더 빠른 속도로 물을 뽑아냈다. 시간이 흐르자 지하수면이 낮아지고 토양이 건조해지면서 지반이 가라앉기 시작했다. 센트럴 밸리 일부 지역은 지표면이 1920년대와 비교해 8.5미터나 가라앉았다. 그 결과, 길바닥이 갈라지고 다리가 휘어졌다.

농부들이 낮아지는 지하수면을 추적해본 결과, 예상되는 결말이 있었다. 지하수면이 지금처럼 계속 낮아지면 결국 우물 밑으로 수면이 떨어지게 된다. 이러한 사태가 벌어지면 피틸리아노 농장에서 56킬로미터 떨어진 작은 마을 몬슨이 특히 큰 피해를 입게 된다. 몬슨에 사는 가난한 라틴계 농가들은 낮아진 지하수면에 맞춰 우물을 더 깊이 파낼 돈이 없다. 그런 우물 하나를 파려면 1년치 소득이 들어간다.

최근 6년간 가뭄이 이어지면서 센트럴 밸리에 있는 코네티컷 주 툴레어 카운티에서 우물 1000개가 마르기 시작했다. 우물에서 꼴꼴거리며 불길하게 김 빠지는 소리가 나더니 물이 나오지 않았다. 툴레어에 사는 여섯 자녀를 둔 엄마 글래디스 콜룽가도 집 우물이 말라버렸는데 그녀는 농부들의 펌프질 때문이라고 생각했다. "작물을 길러야 하는 사정은 알지만, 우리 가족도 먹고살아야 해요. 우리는 애도 있어서 물이 꼭 필요합니다. TV나 휴대폰 없이는 살아도 물 없이는 살 수 없잖아요."

현재 가족 농장을 운영하는 도미닉 피틸리아노는 100만 달러가 넘는 거금을 투자해 300미터 아래 지하수면에 닿는 우물을 새로 팠다. 계속 수위가 낮아지는 지하수에 닿으려면 비용이 많이 들지만 달리 방법이 없다. "그냥 손 놓고 앉아서 평생을 바쳐 가꾼 것을 몽땅 잃을 수는 없습니다." 아몬드 나무와 다른 여러 작물에도 물이 필요하므로 농가들은 계속 물을 퍼 올린다. 개별로 보면 각 농가들은 수리권水利權을 행사하는 셈이다. 그러나 집단으로 보면 이들은 대수층을 고갈시키고 있다.

지하수 퍼내기는 캘리포니아 센트럴 밸리만 겪는 문제가 아니다. 미국 전역에서 토지 주인들이 물을 빨아들여 이웃집 우물이 말라버리게 하고 있다. 이러한 딜레마는 수도관으로 물을 공급받는 대도시 거주자에게는 낯설겠지만 우물물에 의지해 사는 수천만 명에게는 큰 근심거리다.

텍사스 주 헨더슨 카운티에 사는 바트 시프리아노의 사례를 살펴보자. 어느 날 시프리아노가 잠에서 깨보니 집의 100년 된 우물이 말라 있었다. 원인은 곧 밝혀졌다. 집 근처로 이사 온 생수업체 오자르카가 문제의 원흉이었다. 이 업체는 병에 샘물을 담아 전국으로 실어 나르기 위해 하루 9만 갤런(약 34만 리터)의 지하수를 퍼 올리고 있었다. 시프리아노는 갑자기 '사막에 뚝 떨어진 기분'이었다.

시프리아노의 이웃 해럴드 파인은 생수 공장 바로 옆에 살았다. 오자르카가 물을 퍼 올리기 시작한 지 며칠 지나지 않아 파인의 집 우물 수위가 눈에 띄게 낮아졌다. 파인은 깜짝 놀랐다. "내 땅에서 이웃에게 피해를 주는 행동을 한다는 건 나로서는 상상도 못 할 일입니다. 설령 그런 상상을 했더라도 나라면 실행에 옮기지 않았을 겁니다." 파인과 시프리아노는 오자르카를 고소했다. 이 텍사스 주민들은 뜻하지 않게 귀속 논리의 맹점을 깨달았다. 언제나 우리 집 땅 밑으로 우물물이 흐르니 내 것이라고 생각했는데, 낯선 자가 나타나 이를 쫙 뽑아가는 게 가능하다니.

처음 천연자원의 소유권 원칙을 잡을 때 보통 자원이 풍부한 상태에서 결정한다. 다시 말해, 이때는 모두가 넉넉히 자원의 혜택을 누린다. 내게 땅이 있으면 땅 아래 묻힌 자원도 틀림없이 내 것이다. 귀속 논리는 내 땅에서 어떤 수단이든 동원해서 얼마든지 길어 올려도 된다고 말한다. 처음에는 귀속 논리에 문제가 없어 보인다. 너도 뽑고 나도 뽑아도 모두가 충분히 자원을 이용할 수 있기 때문이다. 법률가들은 이러한 지하수 운영 원칙을 일컬어 '포획의 원칙a rule of capture'이라고 했다. 1장에서 소개한 야생동물 사냥에 적용한 원칙과 동일하다(근대의 소유권 원칙 중에는 옛 농장의 다양한 상황에 빗댄 표현이 많다). 이 원칙대로라면 누구나 자기 땅에 발 딛고 서서 바닥을 쿵쿵 구르며 이렇게 선언할 수 있다. "하나부터 열까지 모두 내 것이다."

그런데 처음 이런 원칙을 정할 때는 훗날 자원이 부족해지는 경우를 간과하기 쉽다. 귀속 원칙은 상호성을 띠는데, 이는 중요한 특징 중 하나다. 나와 마찬가지로 이웃들도 지하수 펀치볼punch bowl(과일과 술을 섞어 담은 커다란 사발-옮긴이)에 빨대를 꽂을 권리가 있다. 이웃들은 자기 땅 밑에서 빨아들인 만큼 물을 차지하는데, 이 중에는 우리 집 우물로 흐르는 물도 포함돼 있다. 그런데 내가 잠시 숨을 고를 동안 이웃이 쉬지 않고 빨아들이면 내 우물이 말라버릴 수 있다. 이런 상황은 이해하기 어렵지 않다. 아몬드 농가와 생수 회사는 쉴 틈 없이 물을 빨아들이기 위해 서둘러 강력한 디젤 펌프를 동원했다. 얼마 안 가 대수층은 물 보충 능력을 잃어버렸다. 결국 나눠 가질 몫 자체가 사라져버렸다. 피해는 우물을 깊이 팔 수 없는 주택 거주자의 몫이 된다. 오자르카가 물을 양껏 퍼내는 일은 절도가 아닐까? 텍사스에서는 아니다. 텍사스 주의 귀속 원칙에 따르면 절도가 아니다.

파인이 제기한 소송은 텍사스 주 대법원까지 올라갔지만 파인은 패소했다. 1904년 이래 텍사스 주는 지표권地表權을 가진 자에게 지하수에 대한 '절대적 권한'을 부여해왔다. 땅 주인은 이들은 원하는 만큼, 이웃집 우물이 마르건 말건 물을 뽑아 쓸 수 있다. 이후로 나온 법원 판결들도 파인이 원한, 이웃을 배려하는 행위는 텍사스 주에서 의무가 아니라고 못 박았다. 우물 한 곳을 깊게 파서 지하수면을 낮추고, 수질을 떨어뜨리며, 이웃의 우물을 마르게 해도 텍사스 법원은 개입하지 않았다. 포획의 원칙을 바꾸고 싶으면 텍사스 주 의회를 압박하라는 게 이들의 입장이다. "법은 의회가 만듭니다."

텍사스 법원이 개입을 꺼리는 태도는 소유권 설계의 또 다른 특징을 보여준다. 바로 원칙 고수rule stickiness다. 어느 한 시기에 생산적이고 유용했던 원칙이 다른 시기에 파국을 몰고 와도, 그 원칙을 버리지 못하는 태도다. 판사들은 보통 아주 어리석은 원칙조차 손보기를 주저한다. 가끔은 그 책임을 의회에 떠넘기거나 그저 과거의 판결에 따를 뿐 앞장서서 원칙을 바꾸려 하지 않는다. 변화에 대한 의심은 사법계의 뿌리 깊은 관행이다. 1787년 법학자 윌리엄 블랙스톤은 영국 법 전체를 쉽고 체계적으로 설명한 글에서 이렇게 서술했다. "재산법은 이제 정교하고 훌륭한 체계를 갖췄다. 이 체계는 보이지 않는 연관성과 정밀한 유기성으로 가득하므로 사슬의 연결고리를 하나라도 끊어내면 전체가 흔들릴 위험이 있다."

반면, 연방대법관 올리버 웬델 홈즈 2세는 아무 의심 없이 선례를 따르는 관행을 매섭게 질타하면서 블랙스톤보다 1세기 후에 이런 글을 남겼다. "어떤 법률의 원칙에 대해 헨리 4세 때 그렇게 만들었다는 것 말고 더 나은 이유를 대지 못하는 태도는 역겹다. 원칙을 만든 근거가 사라진 지 오래인데도 단지 과거를 맹목적으로 모방하느라 남아 있는 원칙이라면 더욱 역겹다." 변호사 실무 연수 중 상당 부분은 블랙스톤과 홈즈의 견해 사이에서, 즉 연속성의 가치를 포용하는 것과 필요한 변화를 주도하는 것 사이에서 균형 잡는 법을 훈련하는 것이라 볼 수 있다.

텍사스 주는 연속성을 선택했지만, 그 귀속 원칙은 대수층에 대해 전혀 모르던 시절에 정한 원칙이었다. 저마다 작고 얕은 우물을 파서 이웃에게 심각한 피해를 주지 않던 시절에는 포획의 원칙이 그럭저럭 통했다. 우물을 깊게 파고 강력한 디젤 펌프를 동원해 깊은 땅속 대수층에 도달하면 지하수 전체가 빠르게 고갈한다는 사실을 당시는 아무도 생각하지 못했다. 그러다가 시추 기술과 강력한 펌프가 등장하면서 운동장에 변화가 생겼다. 단지 운동장을 기울인 정도가 아니라 엎어버린 것이다.

텍사스 천연자원보존위원회 의장 배리 맥비는 이렇게 주장했다. "이 낡은 원칙들로는 사유재산을 절대 보호할 수 없다. 오자르카 소송이 바로 그 증거다. 농부와 목장주는 자신들의 물에 절대적 권한이 있어야 한다고 믿었다. 포획의 원칙에 따르면 분명 그런 권한이 있다. 옆집에서 더 큰 펌프를 동원하지 않는 한 말이다. 그런데 이렇게 조건이 바뀌고 나면 그들이 주장하는 권리는 덧없어진다."

텍사스 주에서 지하수 사용권을 개선하려는 움직임이 생겨나자 물을 대량으로 쓰는 집단이 의회를 장악하는 데 나섰다. 텍사스 및 남서 지역 목축업자 연합은 앞서 파인이 요구한 것처럼 '합리적 사용'을 의무화하면, 자신들이 '늘' 소유하던 것을 빼앗길 수밖에 없다고 주장했다. 이들은 텍사스에서 그런 일을 절대 용납할 수 없다고 했다. 강력한 이익단체인 미국농장연합의 법무팀장 리지 파테는 블랙스톤의 보수적 신조에 공감을 표하며 이렇게 덧붙였다. "우리는 주민들의 재산권을 다루고 있다. 이들에게 재산권 하나를 빼앗아가면 거기서 멈출 것 같은가?"

여기서 파테의 전략에 주목하자. 그는 '미끄러운 비탈길' 비유를 들어 원칙의 고수를 주장했는데, 이는 소유권 논쟁에서 가장 강력하면서도 흔히 쓰이는 수사적 장치 중 하나다. 이들은 개혁을 미끄러운 비탈길로 묘사하거나 또는 이와 비슷한 '끔찍한 퍼레이드', '텐트 속 낙타 코(낙타가 천막에 들어오도록 조금 허용해주면 결국 주인을 밀어낸다는 중동의 우화-옮긴이)'라고 표현하며 기존 체제를 바꾸는 그 어떤 제안도 결국 위험을 불러올 거라는 인상을 심으려고 한다. 그래서 다소 결함이 있더라도 현상을 유지하는 게 낫다고 주장한다.

부모들은 항상 이런 식의 비유를 들어 어린 자녀를 혼낸다. "안 돼. 한 시간 더 있다가 잔다면 대체 언제 자겠다는 거니? 그러다 자정을 넘기지." "오늘은 학교 끝나고 사탕 먹지 마. 먹었다가는 이

썩는다."

이제부터 원칙 고수 및 비탈길 주장을 들으면, 우리도 똑같이 강력하게 맞받아치자. 이 되치기 전략을 '끈끈한 계단'이라고 부르겠다. 일단 상대방의 말에 맞장구를 친다. "맞아. 오래된 원칙은 나름 가치가 있지." 그런 다음 반격한다. "그렇지만 그게 딱히 옳지는 않아. 그러니 합리적으로 조금만 바꿔보자. 이렇게 조금씩 한 발짝 떼어보자고! 이 끈끈한 계단에서 안전하게 멈추는 거지."

텍사스 수자원개발위원회 기획이사 토미 놀스도 조심스러운 발걸음을 제안했다. 그는 자원 남용 방지를 위해 제한적 권한을 갖는 수자원 보호 구역 지정, 유역간 물 시장 개설, 이웃에게 피해가 없는 한 제한 없이 소비할 수 있는 '합리적 이용' 원칙 제정 등의 대안을 내놓았다. 이렇게 조심스러운 발걸음이라면 이웃과의 관계 개선과 지속가능한 물 사용이라는 결실을 맺을 수 있을 것이다. 그러나 텍사스 주 농업 및 목축업계의 로비로 이 개혁안들은 묵살됐다. 맥비의 지적대로 포획의 원칙으로 가장 위협받는 사람은 농촌 주민들인데도 말이다.

수사적 맥락을 빼고 볼 때, 지하수 논쟁은 희소 자원의 관리라는 반복되는 문제 중 하나다. 학술 문헌에서 '공유지의 비극'이라고 부르는 이 난제는 근대 소유권 설계의 기본 요소 중 하나다. 모든 농가는 펌프질 경쟁이 모두에게 손해라는 사실을 알지만 나만 멈출 수는 없다고 생각한다. 나는 물을 아끼는데 남들이 동참하지 않으면 나만 바보가 된다. 그렇다고 아무도 자원을 아끼지 않으면, 모두를 위한 자원은 거덜 나버리고 말 것이다. 지하수와 원유, 물고기와 여우, 풀밭과 목초지 등 누구든 언제나 이용할 수 있는 각종 자원에 펌프질 경쟁이 적용되면 모든 농부, 어부, 목자는 가능한 한 빨리, 양껏 소비하고 자원 절약에 대한 투자는 가급적 적게 해야 단기적으로 이득을 얻을 수 있다. 지금 당장 개인이 보기에는 이것이 합리적 선택이다. 그렇지만 단기적으로 개인에게 합리적인 것이, 장기적으로는 집단 전체를 불행에 빠뜨릴 수 있다.

찰리 피틸리아노는 지반 침하와 말라버린 우물로 피해를 입지 않으려면 농가들이 지하수 사용을 줄여야 한다고 봤다. 그는 이렇게 말했다. "우리 지역을 지키려면 우리 스스로 감시해야 합니다." 그렇지만 아무도 먼저 나서지 않는다. 다들 계속 우물을 파는데 나 혼자 자제하면 무슨 소용 있겠는가? 개별 농가가 포획 경쟁이라는 함정에 빠져 펌프질을 멈추지 않으면 결국 모두가 파국을 맞을 것이다.

아니, 예외는 있다. 자금이 넘치고 기동성이 뛰어난 이들은 무제한 포획을 계속 적용해도 당분간 타격을 입지 않을 것이다. 이는 부익부를 낳는 소유권 원칙의 또 다른 사례다. 헨더슨 카운티의 지하수를 고갈시키면 오자르카는 펌핑 장비를 포획의 원칙이 적용되는 텍사스 주의 다른 카운티로 옮길 것이다. 그곳도 말라버리면 또다른 지역으로 계속 옮기면 된다. 생수 공장 관리자들은 공장이 계속 돌아가는 한, 물탱크 트럭이 어디에서 오는지 신경 쓰지 않는다. 현재 생수업체들은 지하수 시추 문제로 미시간, 플로리다, 메인을 비롯한 여러 주에서 분쟁 중이다.

그러나 귀속 원칙이 꼭 비극으로 끝나는 건 아니다. 하늘을 바라보면 비행기가 머리 위로 날아가지만, 토지 주인이 항공로에 대한 소유권을 갖고 있지는 않다. 몇몇 특이한 주들만 여전히 텍사스 주의 지하수 규정에 따르고 있다. 바로 코네티컷, 조지아, 인디애나, 루이지애나, 매사추세츠다. 귀속 논리 말고는 이 주들을 하나로 묶는 공통점을 찾아볼 수 없다. 이들을 제외한 다른 모든 주들은 놀스가 텍사스에 제안한 조심스러운 발걸음을 일부 또는 전부 채택했다. 바로 수자원 보호 구역 지정, 물 시장 개설, 합리적 자원 이용이다.

텍사스 주도 마음만 먹으면 농장 및 목장 주인들의 입장을 존중하면서도 대수층을 보호하는 일을 어렵지 않게 해낼 수 있다. 어떻게 가능하냐고? 원유와 가스로 시선을 돌려보자.

- 검은 황금 -

150년 전, 펜실베이니아 주에선 석유 산업이 활기를 띠었다. 퀘이커 스테이트 오일이라는 제품 이름이 어떻게 붙은 것인지 궁금했다면, 이제 의문이 풀렸을 것이다(펜실베이니아 주는 퀘이커 교도가 많아서 퀘이커 주라는 별명을 가지고 있다-옮긴이). 펜실베이니아 주 타이터스빌은 1859년 최초로 석유 굴착에 성공하면서 오일러시가 시작된 곳이다. 이곳으로 몰려온 시굴꾼들은 원유를 남들보다 먼저, 많이 차지하려고 여기저기 뚫고 다녔다. 당시 사진을 보면 유정油井이 숲을 이룰 만큼 서로 몰려 있다.

펜실베이니아에서 원유를 과잉 추출한 이유는 캘리포니아에서 지하수를 과다 추출한 이유와 같다. 바로 포획의 원칙 때문이다. 시굴꾼들은 최대한 서둘러 구멍을 뚫었다. 이 과정에서 원유를 낭비하는 비극이 벌어졌다. 유전에 유정이 지나치게 많아지면, 유전의 압력이 떨어져서 지하에 남는 원유가 많아진다. 이럴 때는 유정수를 줄이거나 추출 속도를 낮춰야 한다. 유전의 압력을 세심하게 조절해야 시추기가 원유를 효율적으로 뽑아낼 수 있다.

텍사스 주는 원유 산업을 시작했을 때, 포획의 원칙을 채택했다. 그래서 원유층에 지표권이 있는 사람들은 저마다 유정을 팠다. 먼저 뽑지 않으면 손해였다. 이런 경쟁이 계속되다가는 지하수의 비극이 올 게 뻔했다.

다행스럽게도 여러 주의 시추업체들은 공유지의 비극을 빠르게 피해갔다. 신기술 때문이 아니라 귀속의 개념을 재규정해서 파국을 피할 수 있었다. 원유업체들은 유전의 압력이 떨어지면 유정이 금세 말라버리는 것을 알게 되자 로비를 통해 원유 공동 개발 unitization을 이뤄냈다. 이는 원유와 가스를 얻는 새로운 형태의 소유권으로, 지나치게 분산된 이해관계를 한데 모으는 장치였다.

공동 개발은 어떤 식으로 진행될까? 세부 사항은 주마다 다르지만, 기본 아이디어는 간단하다. 모든 토지 소유자가 개인 소유권을 유지한 채 유전 개발에 동참하는 형태로, 주주가 회사를 소유하는 것과 비슷하다. 토지 소유자는 개별적으로 유정을 시추할 권리를 포기한다. 대신 자기 땅에 묻힌 원유량에 비례해 수익을 배분받는다. 공동개발팀은 전문가를 고용해 유전의 압력이 떨어지지 않는 선에서 충분한 양을 시굴해 총수익이 극대화되도록 한다. 또한 유가가 오르면 생산량을 늘리고, 유가가 떨어지면 생산량을 줄인다. 한마디로 공동 개발은 유전 소유자가 얻는 파이를 최대한 키우는 쪽으로 운영된다.

공동 개발은 땅을 소유하면 땅에 묻힌 원유도 소유한다는 귀속 원칙을 존중하면서도 개발 관행을 완전히 바꿨다. 개인의 유전 시추권은 공동 개발 수익에서 일정한 몫으로 전환된다. 서로 경쟁적으로 원유를 퍼내서 전체 파이를 줄이기보다 이웃이 되어 함께 공동의 목표를 달성하는 것이다. 파이를 최대한 키우면 각자 얻는 조각도 커진다. 공동 개발은 원유가스 개발 사업에서 황금률로 자리 잡았다. 소유권을 새로 설계해 공유지의 비극을 막아낸 것이다.

텍사스는 미국의 산유지 중 유일하게 공동 개발을 의무화하지 않았다. 지표권 소유자들은 자발적으로 공동개발팀을 구성할 수 있지만, 반드시 만장일치로 해야 한다는 조건이 있다. 텍사스 주는 공유지의 비극을 막기 위해 집단적 성격이 강한 소유권을 채택해 고수했다. 개인의 자율성을 중시하는 주치고 의외의 선택이었다. 1930년대 후반부터 모종의 기이한 정책으로 텍사스 철도위원회가 원유 생산을 관리하면서 할당제proration를 적용했다. 즉, 주 행정기관인 철도위원회에서 매달 개별 원유 생산의 상한선을 정하고, 유정간 거리두기를 감시했다. 기존 유정과 너무 가까우면 유정을 새로 팔 수 없었다. 일종의 선착순 규정이다. 생산 할당제는 공동 개발보다 생산성이 떨어진다. 기민한 민간 경영자가 아니라 정보가 부족한 주 관계자가 운영하기 때문이다. 이러한 비효율성은 시추 공법이 심부시추deep drilling와 수직파쇄horizontal fracking로 전환되면서 더욱 두드러졌다. 텍사스의 선택은 시장 친화적 소유권과 매우 동떨어졌는데, 이는 유정을 공동 관리하면 개인의 원유 추출량이 떨어진다고 보는 독자적 소규모 업자들이 텍사스 의회의 막강한 정치 세력을 형성하고 있기에 가능했다.

다시 캘리포니아로 돌아가보면, 최근 주 전체를 덮친 가뭄으로 지하수 관리를 둘러싼 오랜 정치적 교착 상태가 깨졌다. 캘리포니아는 지반 침하와 우물 고갈을 막기 위해 법을 고치고 있다. 끔찍한 가뭄을 겪고 나서야 새로운 시도를 하는 분위기다. 공동 개발과 합리적 이용 원칙은 포획의 원칙과 이것이 낳는 공유지의 비극을 해결하는 방법 중 하나일 뿐이다. 이 책 7장에서 더 성공적인 방식 몇 가지를 살펴보겠지만, 우선 과감해 보이는 해결책 하나를 소개하겠다. 바로 지하자원에 대한 소유권의 기본 원칙을 변경하는 것이다. 지하자원을 지표권 소유자에게 줄 이유는 없다.

세계로 눈을 확장하면 미국과 달리 대다수 국가들은 지하자원을 지표권 소유자에게 주지 않는다. 일본과 칠레처럼 지하자원이 풍부한 나라를 포함해 142개 국에서는 지하자원을 일종의 공공 자산common wealth으로 보고 국가가 갖는다. 땅 밑에 흐르는 원유, 가스, 물을 숨 쉬는 공기나 낚시하는 바다처럼 여기는 것이다. 토지 소유권은 지표면과 그 근방에 있는 대상에 대한 특정한 권한을 뜻하지만, 그 귀속성이 지하 깊은 곳까지 미치지 못한다. 미국에서 지하자원 소유권은 개별 토지 소유자의 '자연스러운' 권리이지만, 대다수 국가에서 보기에는 매우 특이한 권한이다.

미국은 지하자원에 대한 소유권의 기본 원칙을 변경하기에는 너무 늦은 것처럼 보인다. 이러한 자원을 공유해야 한다는 목소리도 거의 없다. 오히려 귀속 논리에 기대어 물, 원유와 가스, 석탄, 우라늄, 철, 기타 여러 광물에 대한 지배권을 기대하며 투자한 돈이 수조 달러에 이른다. 미국은 예외적인 국가이고, 앞으로도 그렇게 남을 것이다. 공동 개발을 도입하는 등 귀속 관행을 바꿔보고는 있지만, 미국이 기존 자원에 대한 귀속 원칙을 단념하지는 않을 것으로 보인다.

그러나 새로운 자원이라면 이야기가 다르다. 귀속 논리가 다른 논리와 경쟁해야 하므로 아직 소유권 원칙이 정해지지 않았다. 새로운 자원을 둘러싼 갈등의 양상을 살피기 위해 해안으로 건너가 보자.

- 왜 중국은 콘크리트 섬을 만들었을까 -

린다 체리는 플로리다 주 데스틴 백사장에 있는 3층짜리 해변 주택에 살고 있다. 1970년대 데스틴은 주민 2000명이 살던 한적한 어촌이었다. 지금은 멕시코만을 따라 늘어선 유명한 해변 마을 중 한 곳으로, 성수기 때는 방문객이 6만 5000명에 이른다. 덕분에 부동산 가격이 급등했다. 지역 주민들은 데스틴이 '세상에서 가장 운 좋은 어촌'이라며 자랑스러워한다.

데스틴에 관광객이 몰려도 체리는 시끌벅적한 소음이나 해변에 널린 타월과 텐트 때문에 걱정할 필요가 없었다. 체리의 개인 땅은 다른 플로리다 해변 주택과 마찬가지로 뒷베란다부터 평균 만조선滿潮線(만조 때 바다와 육지의 경계선-옮긴이)까지다. 그래서 마른 모래는 사유지, 젖은 모래는 공유지에 속한다. 체리는 개인 해변을 무척 아꼈다. 다른 많은 이웃들처럼 체리도 해변에 '출입 금지' 푯말을 세워 이곳이 사유지임을 알렸다.

지금까지 이러한 귀속 원칙은 데스틴의 해변 주인에게 유리하게 작용했다. 해변은 해류와 폭풍이 운반하는 모래에 따라 면적이 늘어나거나 줄어든다. 운 좋게도 데스틴은 흰 모래가 계속 유입되어 몇 년째 해변이 계속 늘어났다. 플로리다 법에 따르면 새 모래사장은 누구 몫일까? 체리를 비롯한 이웃들이 차지했다. 귀속 원칙은 개인 소유의 땅을 수직으로뿐 아니라 수평으로도 확장한다. 마른모래가 계속 쌓이는 한, 사유지는 넓어진다. 평균 만조선과 닿는 지점까지가 개인 땅이기 때문이다.

그런데 귀속 원칙이 역으로 작용할 수도 있다. 모래가 서서히 씻겨 나가면 체리의 개인 해변도 줄어든다. 지금 이런 일이 일어나고 있다. 기후변화로 플로리다 주 해수면은 지난 한 세기 동안 12~20센티미터 정도 상승했고, 앞으로도 상승할 것으로 보인다. 지금까지 해변 주택 주인들은 뒷문을 열고 걸어 나갈 수 있는 해변을 바라보며 탁월한 투자라고 생각했다. 그렇지만 앞으로는 기후변화라는 현실을 직시하고, 남아 있는 마른 모래사장을 지키기 위해 싸워야 한다.

1995년 멕시코 만을 강타한 초강력 허리케인 오팔을 시작으로 데스틴 해변의 침식이 시작됐다. 어떤 때는 1년 사이에 해안선이 1.5미터나 후퇴했다. 데스틴의 값비싼 주택들이 모두 사라질 지경이 되자 부유한 해변 주택 주인들은 개인 해변을 보호하기 위해 시에 압력을 넣었고 시는 다시 주에 로비를 넣었다.

그런데 어떻게 해야 해안 침식을 막을 수 있을까? 모래를 들이붓는 것은 주먹구구식 해결책일 뿐이다. 해변에 모래를 채운다는 생각은 한 세기 전만 해도 정신 나간 소리로 들렸을 것이다. 플로리다 주의 초창기 부동산 투기꾼들은 해변을 에이커당 1달러도 안 되는 가격에 구입했다. 당시 해변은 어부들이 그물을 말리거나 거친 뱃사람들이 돌아다니는 악취 나는 황무지였다(1장에서 로그윅 포스트가 여우를 추격했던 곳도 '임자 없는 황무지', 즉 해변이었다). 그렇지만 지금은 미국인 중 절반이 해안에서 80킬로미터 이내인 곳에 거주하며 차고만 한 크기의 해변 방갈로 한 채가 수백만 달러에 팔린다.

양빈 사업(해변에 모래를 인위적으로 보급해 해변을 복구하는 작업 - 옮긴이)은 1922년 뉴욕 시의 코니 아일랜드에서 처음 시작됐다. 지금은 연안 준설 공사장이나 내륙 채석장에서 엄청난 양의 모래가 흘러내려와 해변을 채우기도 한다. 플로리다 주만 해도 지난 80년 동안 13억 달러를 들여 380킬로미터에 달하는 해변을 모래로 채웠다. 2017년 미 육군공병단은 마이애미 해변 한 곳에서 915미터 길이의 해안선을 유지하기 위해 모래 10만 톤을 쏟아부었다. 이 작업에 각 지역, 주, 연방이 세금으로 거둔 돈 1150만 달러가 들어갔다. 현재 세계에서 가장 많이 채취하는 광물은 모래와 자갈로, 무게로 따지면 우리가 추출하는 모든 화석연료를 뛰어넘는다. 모래와 자갈은 수압 파쇄, 간척 사업, 콘크리트 및 유리 제조와 더불어 양빈 사업에 쓰인다. 그러다 보니 모래 수위는 늘어났지만, 더 많은 모래 채취로 환경에 막대한 피해를 입히고 있다.

양빈 사업은 토지 주인과 지역 사업가에게는 행복한 일이겠지만, 결국 지는 게임이다. 지질학자들은 조류潮流를 막는 건 어리석은 시도라고 지적한다. 해수면이 상승하고 폭풍우가 몰아치면 해변은 결국 원위치로 돌아간다. 생물학자들은 준설공사가 해양 생물을 매몰하거나 해양 생태계를 파괴하는 등 치명적 영향을 준다는 사실을 밝혀냈다. 당연히 납세자들은 부유한 주택 소유자를 잠시 보호해줄 뿐인 해변 복구에 세금을 낭비하는 것에 반발했다. 그런데도 이런 관행은 계속되고 있다. 부유층은 자신의 사사로운 이익을 위해 보조금을 타내는 능력이 뛰어나다. 이들은 그런 보조금을 관광 산업이나 세금, 부동산 가격을 위한 것이라고 포장한다. 이들은 수단과 방법을 가리지 않는다. 양빈 사업은 부자들이 이득을 보는 또 다른 귀속 논리 사례라고 할 수 있다.

양빈 사업으로 늘어난 해변은 누가 소유해야 할까? 개인 해변이 서서히 자연스럽게 늘어났다면 새로 쌓인 마른 모래는 개인의 것이 맞다. 정부가 침식 해변과 바다 사이에 수 톤의 모래를 인위적으로 쏟아부었다면? 앞서 살핀 하늘과 땅에 미치는 귀속 범위와 마찬가지로 수평적 귀속에도 결국 한계가 있게 마련이다.

새로운 플로리다 주 법에 따르면, '갑자기 확장된' 해변 부지는 개인 해변이 아닌 공공 해변이다. 플로리다 주가 따르는 원칙은 고대 로마에서 유래했다. 즉, 허리케인 같은 돌발 변수가 생겼을 때 개인 소유권은 과거의 평균 만조선에 고정시켰다. 플로리다 주는 양빈 사업을 허리케인과 비슷한 요인으로 보았다. 그래서 데스틴의 해안선 길이가 22미터 늘어났을 때, 새로 생긴 마른 모래는 공공 소유가 됐다. 이 백사장에는 아무나 들어와 돌아다니고 텐트를 치고 그릴에 요리하고 왁자지껄 떠들어도 상관없었다.

체리는 가만있지 않았다. 체리가 보기에 데스틴 시가 양빈 사업을 위해 내세우는 명분은 '해변과 고지대의 토지 주인 보호'였다. 실제로 이것이 데스틴 시의 공식 입장이었지만, 체리는 진짜 동기는 따로 있다고 생각했다. "유감스럽게도 나는 절대 그 말을 믿지 않아요. 엄밀히 말하면 공공 해변을 만들려고 추진한 사업입니다."

드론 파괴자 메리데스처럼 체리도 자신의 재산권을 단호하게 주장했다. 체리와 이웃들은 주에서 쌓은 모래는 '점진적 변화'로 보고 개인에게 귀속되어야 한다며 시를 고소했다. 공적 자금으로 만든 해변을 사유지로 넘겨야 한다고 주장한 것이다.

이 사건은 연방대법원으로 넘어갔고, 대법원은 플로리다 주법의 귀속 원칙 해석이 옳다고 만장일치로 판결했다. 원인이 무엇이든 플로리다 주는 급작스러운 변화가 생기면 수평적 귀속의 범위를 제한해왔다. 허리케인 때문이든 불도저 때문이든 똑같이 범위를 제한했다. 양빈 사업은 애초에 체리가 소유했던 그 어떤 것도 가져가지 않았다.

체리는 데스틴 시에서 자신의 해변에 모래를 붓는 광경을 씁쓸히 지켜봤다. "독일이 탱크를 앞세워 침공했을 때 프랑스인의 심정이 어땠는지 알겠어요. 이는 미국 헌법에 보장된 권리를 명백히, 완전히 위배한 것입니다." 다소 강한 어조이지만, 귀속 원칙은 나와 관련된 뭔가를 빼앗겼다는 기분이 들 때 특히 강렬한 감정을 끌어낸다. 2장에서 본 소유 효과를 떠올려보자.

수평적 귀속 원칙은 사소해 보이고 부유한 해변 주택 주인의 관심사로만 보이지만 이는 지정학적, 군사적, 경제적으로 다급한 사안과도 관련 있다. 그 예로 현재 남중국해에 있는 스프래틀리 군도만큼 적절한 곳도 없을 것이다. 19세기 영국 포경선 선장에게서 이름을 따온 이곳에는 아주 작은 섬들이 무리 지어 있다. 군도의 자연 면적(매립 공사로 인위적으로 늘리지 않은 면적-옮긴이)은 다 합쳐도 2제곱킬로미터 정도(축구장 3배 크기-옮긴이)에 불과한데, 점유 해역은 42만 5000제곱킬로미터에 달한다. 필리핀, 인도네시아, 베트남 모두 이 군도에서 몇백 킬로미터 이내에 있는 반면, 중국은 1600킬로미터 정도 떨어져 있다. 얼마 전만 해도 이들 중 그 어떤 나라도 스프래틀리 군도에 관심을 두지 않았다. 이곳에 거주하는 생명체는 게와 바다새였고, 가끔 어업용 판잣집이 세워질 뿐이었다.

그런데 최근 중국이 수십억 달러를 들여 스프래틀리 군도의 빈약한 암초와 환초를 매립해 영구 정착지와 활주로를 갖춘 인공섬을 급조했다. 다수의 안보 전문가들은 이러한 군사 요새화가 또 다른 대규모 전쟁을 유발할 수 있다며 우려했다. 왜 중국은 자국에서 멀리 떨어진 암초 섬에 관심을 보이는 걸까? 이 모든 사태에서 귀속 원칙은 어떤 핵심적 역할을 할까?

오래된 국제법 중 하나로 해역을 지배하는 주체에 주목하는 것이 있다. 연안국은 자원이 풍부한 바다를 늘 독식하기 바라므로 다음과 같은 귀속 원칙을 주장한다. "우리 연안과 가까이 있으므로 연안 해역은 우리 것이다." 반면 원양어업국은 자기네 어선이 어디든 접근할 수 있어야 한다며 어업 노동에 대한 보상을 주장한다. "어류는 열심히 일해서 잡은 자의 몫이다."

수세기 동안 각국은 착탄 거리설을 받아들였다. 이에 따라 연안국은 해안에 배치된 대포의 사정거리인 3해리까지를 지배했다. 무기의 사정거리가 끝나는 곳에서 한 나라의 지배권도 끝난다는 고대 로마법에 따른 것이다. 제2차 세계대전이 끝나자 미국을 비롯한 강대국들은 연안 자원에 대한 훨씬 많은 지배권을 주장하며 귀속 범위를 넓혔다. 오늘날 연안국은 해안선에서 12해리까지를 영해로 본다. 그러나 배타적 경제수역Exclusive Economic Zone, EEZ이란 개념은 연안국이 200해리까지 연안 자원을 독점할 길을 열어주었다. 러시아, 캐나다를 비롯한 여러 국가들은 현재 북극에서 지배권을 확보하려고 이권 다툼을 벌이고 있는데, 기후변화로 북극의 얼음이 녹는 가운데 심해의 원유와 가스를 개발하고 북극 항로를 개척하기 위해서다.

귀속 원칙은 해양의 부를 얻고 지배할 수 있는 국제법의 가장 중요한 원칙이다. 귀속 원칙이 없다면 대다수 어업 활동과 심해 유전 개발이 국제 해역에서 이뤄질 것이고, 그러면 포획의 원칙이 작용해 공유지의 비극으로 이어졌을 것이다. 국가의 통제가 미치지 않는 공해公海에서 어선들이 조업 경쟁을 벌이면 어류 자원이 감소할 수밖에 없다. 1800년대 등유용 고래기름을 얻으려는 포경선들 때문에 고래는 멸종 위기에 처했었다(고래 남획은 지상시추 시장을 연 계기이기도 하다).

현재 각국은 전 세계 어획량의 90퍼센트 이상을 차지하는 연안 해역에 대해 EEZ을 선포하고 있다. 귀속 원칙은 어류 남획 문제를 일부 해결했다. EEZ에 따라 외국 어선을 쫓아낼 수 있기 때문이다. 그렇지만 국내 어선도 어장을 파괴하기는 마찬가지며, 어류는 EEZ 경계선을 가리지 않고 넘나든다(이런 문제를 해결하고자 혁신적인 소유권들이 쏟아졌는데 이에 대해서는 7장에서 살펴보겠다).

섬나라들은 EEZ의 확대로 뜻밖의 행운을 잡았다. 태평양제도의 작은 섬들은 현재 반경 200마일 내 자원에 대해 배타적 권리를 갖는다. 예를 들어, 남태평양의 작은 섬나라 키리바시는 면적이 800제곱킬로미터에 불과하지만 EEZ로 인근 해양 336만 제곱킬로미터의 자원을 갖고 있다.

바로 이런 이유로 오랫동안 방치됐던 스프래틀리 제도가 주목받는 것이다. 영유권과 EEZ라는 장치 덕분에 불모지인 산호섬이 갑자기 싸울 가치가 있는 섬이 되었다. 중국은 스프래틀리 제도를 2000년 전에 발견했다며 소유권을 주장한다(선착순). 베트남은 7세기부터 이곳을 실효적으로 다스렸다는 사실을 강조한다(점유). 필리핀은 지리상 인접해 있다는 이유로 소유권을 주장한다(귀속 원칙).

중국은 국제상설중재재판소에서 영유권 주장이 기각되자 필리핀의 EEZ 내에 있는, 하필 이름도 미스치프 환초(나쁜 짓이라는 뜻-옮긴이)라는 곳에 '어선 대피 시설'을 지었다. 말이 대피 시설이지 그저 바위 위에 지은 허름한 판잣집에 지나지 않는다. 시간이 갈수록 중국은 인공 섬 건설에 몰두했다. 어마어마한 양의 준설용 모래로 산호초를 파괴한 다음, 그 위에 콘크리트를 덮어 안정적인 땅을 만들었다. 이렇게 환초를 매립해서 만든 땅 3200에이커 위에 활주로, 레이더기지, 여타 군사시설을 지었다.

중국은 왜 이렇게 각종 시설을 열심히 짓는 걸까? 국제법상 영유권 주장과 EEZ 선포가 가능한 섬으로 인정받으려면 만조 때 물에 완전히 잠기지 않고 인간이 거주 가능한 곳이어야 한다. 스프래틀리 제도는 만조 때 암석이 대부분 해수면에 잠기고, 간조 때 환초가 겨우 드러나므로 이 조건에 해당하지 않는다. 중국의 전략은 이 책의 2장에서 살핀 점유에 의한 취득과 비슷하다. 거주 가능한 땅을 만들어 소유권을 주장한 다음, 귀속 원칙을 근거로 인근 해역에 대한 권리까지 주장하려는 것이다.

미 해군제독 해리 해리스는 인공 섬을 만드는 중국을 두고 "모래로 만리장성을 쌓고 있다"며 조롱했지만, 이는 그저 비웃을 일이 아니다. 남중국해는 어종이 풍부할 뿐 아니라, 석유와 천연가스가 다량 매장되어 있다. 무엇보다 남중국해는 연간 5조 달러 규모의 물자가 통과하는 세계적으로 활발한 교역 항로다. 미국은 중국에 인공 섬 건설을 중단하라고 경고하면서 남중국해에 수차례 군함을 보냈다.

총성은 울리지 않았지만, 미국과 중국의 설전은 점점 치열해지고 있다. 해리스 제독은 중국이 남중국해에서 제공권을 장악하려 들 경우(수직적 귀속성), 이를 인정하지 않을 것이라고 밝혔다. 미 국무장관 렉스 틸러슨은 인공 섬에 대한 해상 봉쇄 가능성을 시사했는데, 이는 전쟁 행위로 간주할 만한 조치다. 뒤이어 미 국무장관으로 재임한 마이크 폼페이오는 "전 세계는 중국이 남중국해에 해양 제국을 건설하도록 놔두지 않을 것"이라고 발언했다. 중국 관영 영자지 〈글로벌 타임스〉는 "미국이 남중국해에서 전면전을 벌일 게 아니라면, 중국의 스프래틀리 제도 접근을 막는 그 어떤 시도도 어리석은 행동이 될 것"이라고 경고하면서 자신들의 이해관계를 분명히 했다.

인공 섬, 그리고 귀속 원칙에 대한 광범위한 주장이 전 세계의 세력 균형을 바꾸고 있다.

- 집 안으로 침투한 귀속 논리 -

귀속 논리는 위, 아래, 양옆으로 작용하기도 하지만 우리 집 안으로 깊숙이 들어오기도 한다. 이는 나토어 나르스테트가 당황스러운 사건을 겪으며 깨달은 사실이다. 나르스테트는 캘리포니아 주 컬버시티에 있는 레이크사이드 빌리지 콘도미니엄에서 고양이 부부, 다커스, 튤립과 함께 행복하게 살고 있었다. 그러던 어느 날 이웃들의 통제가 귀속 논리를 타고 나르스테트 집 거실로 침투했다.

사건은 한 이웃이 창가에서 햇볕을 쬐고 있던 튤립을 발견하고 이를 콘도 입주자 조합에 알리면서 시작됐다. 조합은 나르스테트에게 콘도 계약 조건에 반려동물 금지 조항이 있다며 벌금 25달러를 내고 고양이들을 내보내라고 했다. 나르스테트는 이를 받아들이지 않았다. 조합은 벌금을 재차 삼차 부과했다.

조합 관리자 브래드 브라운은 귀여운 고양이에게 전혀 동정심이 없었다. "콘도를 구입할 때 적용되는 규칙이 있습니다. 입주자 다수가 반려동물 제한 규정을 보고 콘도를 구입했습니다." 주민들도 대부분 원칙대로 해주길 바랐다. 콘도 주민 루스 페인은 이렇게 말했다. "반려동물을 기를 권리는 나도 인정합니다. 그렇지만 그 권리가 그렇게 중요하다면 여기로 이사 오지 말았어야죠. 규정에 어긋난다는 사실을 알았을 테니까요. 반려동물을 얼마든지 기르게 해주는 콘도도 많잖아요."

벌금이 계속 쌓이자 나르스테트는 소송을 제기했다. 내 집에서 조용히 기르는 고양이를 어떻게 조합에서 내쫓으라고 강요할 수 있단 말인가? 나르스테트의 입장은 분명했다. "고양이를 내보내는 일은 없을 겁니다. 이 아이들은 내 자식이나 다름없습니다. 나는 아기 대신 고양이를 선택했습니다. 조합에서 당신 자녀에게 그런 공격을 했다면, 당신도 변호사를 고용해 똑같이 소송을 제기했을 겁니다."

사건이 캘리포니아 주 대법원으로 넘어가면서 전 국민의 이목을 끌었다. 다들 이 사건에 얽힌 이해관계가 있었다. 나르스테트가 승소하면, 콘도 조합은 파산할 수도 있었다. 입주자들이 불만을 드러내는데도 강행한 관리 규정 때문에 법정에 불려 나갈 수 있기 때문이다. 반면, 이웃 주민들이 가장 사적인 공간까지 깊이 개입해도 된다면 이제 자기 집에서도 온전한 자유를 누리지 못하게 된다.

1960년까지 미국에는 사실상 '공동 이해 주거 단지'라는 개념이 없었다. 이런 성격을 띤 콘도, 골프장, 요트 클럽도 고급주택 단지도 없었다. 콘도를 짓는 게 물리적으로 복잡해서가 아니었다. 혁신적인 소유권이 없어서였다. 지상에서 떨어진 채 공중에 떠 있는 네모난 공간 하나를 10C호라고 할 때, 이것 하나를 뚝 떼어내 개인이 소유하거나 이를 담보로 대출받기가 쉽지 않았다. 또 엘리베이터, 헬스장, 골프장 같은 공용 시설을 공동으로 소유하고 관리할 간단한 방법이 없었다. 관리비를 걷고 공동 주거 단지의 규약을 강제할 방법도 없었다. 이러한 형태의 소유권을 새로 만들어 우리가 허용하는 '한정된 수'의 소유권에 추가해야 했다. 그런데 미국 자치령인 중남미의 섬 푸에르토리코에서 새로운 길을 찾았다. 이곳은 독일에서 유래한 옛 콘도법을 참고해 시행하고 있었다. 그 법이 푸에르토리코에서 미국 본토로 건너와 전국에 널리 퍼졌다.

별안간 수입된 입주자 조합이 등장하면서, 미국인이 거주하고 일하고 교류하는 방식이 완전히 바뀌었다. 공동 주거 단지라는 개념도 달라졌다. 1960년대 이후 35만 개가 넘는 입주자 조합 중 어느 하나에 속한 미국인은 0명에서 7000만 명으로 늘어났다. 현재 새로운 주거 단지 다섯 곳 중 세 곳은 콘도 방식으로 관리되고 있다. 이제 도시에서 집을 구할 경우, 가장 현실적 선택은 입주자 조합이 관리하는 공동 주거 단지에 들어가는 것이다.

이렇게 달라진 주거 형태는 지하수나 어류에 대한 소유권과는 사뭇 다른 귀속 원칙에 근거한다. 주거 공간의 귀속 원칙은 계약으로 시작해 재산으로 굳어진다. 부동산 개발업체가 건물을 새로 지을 때, 최초의 구입자는 주거 단지 관리 규약에 동의해야 한다. 최초에 만장일치로 동의한 규약은 원 개발업체와 계약한 사람뿐 아니라 이후 콘도에 입주하는 모든 사람에게 구속력을 발휘한다(계약서에 서명하지 않은 사람에게도 구속력이 있다는 점에서 관리 규약은 계약보다는 재산 개념에 가깝다).

이러한 귀속 원칙의 특징은 현행 관리 규약의 상호성 때문에 가능하다. 내 집을 소유하면 이웃이 집에서 하는 행동을 통제할 권한을 얻고, 이웃도 내게 똑같은 권한을 갖는다. 즉 '내가 당신이 당신 집에서 하는 행동을 제한할 수 있는 이유는, 법적으로 내 소유물에 딸린 권한이기 때문이다.' 입주자 조합은 입주민을 대신해 합의된 관리 규약을 집행할 권한과 책임이 있다. 그래서 나르스테트가 소송을 치르며 깨달았듯이 관리 규약은 가장 개인적인 공간을 뚫고 들어갈 수 있고, 실제로 들어간다.

콘도 입주자 조합은 공적 영역이었다면 위헌의 소지가 다분한 규약을 일상적으로 통과시켰다. 예를 들면 크리스마스 화환 금지, 갈색 잔디밭 금지, 픽업트럭 금지, 예배 금지, 탁아 시설 금지, 실내 흡연 금지, 태양 전지판 금지, 잔디밭에 홍학 장식 금지, 빨랫줄 금지, 정치 표지판 금지, 깃발 게양 금지 등이 있다. 밤에 연인과 헤어지기 전 자기 집 현관 계단에서 키스하는 것을 금지하는 곳도 있다.

캘리포니아 주 랜초 산타페에 사는 제프리 드마르코는 장미 나무를 너무 많이 심었다는 이유로 벌금을 내야 했다. 제프리는 소송을 제기했다가 패소하는 바람에 입주자 조합에 소송비 7만 달러를 물어주고 결국 집까지 잃었다. 캘리포니아 주 롱 비치에 사는 나이 지긋한 입주민 파멜라 맥마한은 개를 데리고 콘도 로비를 지나갔다가 벌금을 물고 콘도에서도 나가야 했다. 개 발바닥이 로비 바닥에 닿으면 안 된다는 규정을 어겼기 때문이다. 이 모든 관리 규약은 개인이 모여 정한 것이어서 사법기관이 감시하거나 법률적으로 개입하는 경우가 드물다.

그렇다면 부부, 다커스, 튤립 소송은 어떻게 됐을까? 콘도 측이 이겼다. 캘리포니아 주 대법원은 관리 규약을 일괄적으로 적용하지 않고 사안별로 하나씩 따지면 콘도마다 소송이 넘쳐날 거라고 의견을 밝혔다. 따라서 최초에 만장일치로 정한 관리 규약을 적용할 때 입주자조합에 어느 정도 최종결정권이 있다고 보았다(이후 새로 정하는 관리 규약은 만장일치를 따르지 않으므로, 일괄 적용에서 다소 자유롭다). 미국에서 합리적인 가격, 성향이 비슷한 이웃들, 헬스장이나 골프장 같은 공동 편의시설 등 콘도가 주는 혜택을 누리고 싶다면 이웃의 통제를 받아들여야 한다. 나의 집이 나의 성이 맞는지는 논쟁의 여지가 있지만 콘도가 나의 성이 아닌 것은 확실하다.

콘도 관리 규약은 이웃의 소유권을 우리의 내밀한 삶으로 너무 깊숙이 침투시키는 경향이 있다. 모든 귀속 원칙과 마찬가지로, 관리 규약도 범위에 제한이 있어야 한다. 만장일치로 정했어도 관리 규약이 소유권의 근본 가치와 충돌하지 않는지 살펴야 한다. 그리고 소유권 원칙에 따라 '계약의 자유'에서 벗어나도 되는 경우를 정해야 한다.

아만드 아라비안 판사는 반려동물 금지 규정이 지나치다고 판단했다. 대법원 판결과 의견이 달랐던 그는 자신의 입장을 이렇게 밝혔다. "집을 소유한다는 것은 단지 '나의 성'이라는 개념을 구체화하는 것 이상으로, 미국인의 정체성인 자유로움과 자율성을 상징한다. 그런데 공동 주거지에 사는 사람들은 이러한 자유를 널찍한 사유지에 사는 사람들만큼 누리지 못한다. 그렇더라도 남들의 고요한 즐거움을 깨지 않는, 반려동물을 기르는 행위가 공동 주거지에서 포기해야 할 자유에 해당한다고 보기는 어렵다."

아라비안 판사는 법정을 설득할 수 없었다. 다수의 판사가 애매한 기준이 아닌 명백한 원칙을 원했기 때문이다(1장에서 논의한 소유권을 설계할 때 선택하는 기준). 애매한 기준을 선택하면 각각의 사안에 대해 반려동물 사육이 합당한지 법정에서 모두 따져봐야 한다.

그러나 결국 사회적으로는 반려동물에 대한 아라비안 판사의 견해가 받아들여졌다. 캘리포니아 주 의회는 콘도 계약서와 상관없이 실내에서 기르는 반려동물에 대한 명백한 소유권 원칙을 자체적으로 만들었다. 캘리포니아 주에서 고양이 사육은 이제 콘도 구입에 딸려오는 기본적인 자유다(임대는 해당하지 않으므로 주인이 반려동물을 금지할 수 있다). 이 달라진 원칙이 나르스테트에게는 도움이 되지 못했다. 나르스테트는 이미 고양이들과 함께 콘도를 떠난 후였다.

콘도의 선 넘은 통제가 마음에 들지 않는다면 콘도를 피하면 된다. 그렇지만 단독주택을 구입하더라도 집에 딸린 대상이 내 공간에 들어오는 것을 피할 순 없다. 적어도 유령이 딸려 있는 경우에는 그렇다!

제프리 스탬보브스키는 뉴욕 시를 떠나 한적한 곳으로 거처를 옮기기로 했다. 그러던 중 나약이라는 곳에 있는 원 라베타 플레이스에서 완벽한 집을 찾아냈다. 허드슨 강이 보이는 고풍스러운 빅토리아풍 건물로, 뉴욕 시에서 30킬로미터 정도 떨어져 있었다. 집주인 헬렌 액클리는 마침 집을 팔려던 참이었다. 이들은 65만 달러에 계약하기로 합의했다. 매해 수백만 건에 달하는 여느 부동산 거래와 다를 바 없는 거래였다. 그 집에 유령이 나타난다는 사실을 스탬보브스키가 알기 전까지는 그랬다. 집주인 액클리는 그 집에 유령이 나온다는 소문을 낸 장본인으로 유령 집 투어를 열기도 했다. 그러나 액클리와 부동산 중개인은 집을 매물로 내놓으면서 유령이 나타난다는 사실을 공지하지 않았다.

스탬보브스키가 계약을 취소하려고 하자, 액클리는 '매수자 위험부담 원칙'이라는 부동산 거래의 오래된 관행을 들어 이를 거절했다. 결국 법정 공방을 벌인 끝에 법원은 스탬보브스키의 손을 들어주었다. 액클리는 집에 유령이 나온다고 홍보한 전력이 있었으므로, 이제 와서 유령의 존재를 부인할 수 없었다. 판사는 "법리적으로 이 집에는 유령이 나온다"라고 판결했다. 유령과 반려동물 금지 규정 모두 집에 침투하는 귀속 원칙에 포함될 수 있다.

유령이 나오는 집은 생각보다 많다. 유령 탐정 린다 짐머만에 따르면, 나약 한 곳만 해도 유명한 유령 집이 여러 곳이다. 액클리의 집은 이 동네에서 유령이 자주 출몰하는 집 가운데 열 손가락에도 못 든다. 스탬보브스키와의 계약이 취소된 후, 액클리는 다행히 유령에 흥미가 있는 사람들에게 집을 사고 싶다는 제안을 수차례 받았다. 단, 이 집에 산다는 조지 경과 마거릿 여사가 틀림없이 이곳에 있고, 계약 후에도 계속 나온다고 보장해야 한다는 조건이 붙었지만 말이다.

귀속 원칙은 유령 집에만 적용되는 게 아니다. 초자연적 존재가 나오는 곳에서 음산한 기운이 흐르는 곳으로 범위를 넓혀보면 무덤에도 귀속 원칙이 있다. 수세기 동안 사람들은 친족을 뒷마당에 묻었다. 수백만 명이 넘는 사람들이 오랫동안 방치된 공동묘지에 묻혔다. 그래서 요즘도 사람들은 법률상 남의 땅을 가로질러 성묘하러 갈 수 있다. 오랫동안 방치된 무덤의 존재를 전혀 몰랐어도 땅 주인은 이 권한을 보장해주어야 한다. 무덤에 딸린 분묘기지권墳墓基地權 덕분에 후손들은 남의 땅에 영원히 접근할 수 있다. 무덤 주인이 아메리카 원주민이라면, 이 부속 권한은 한층 강해져서 때로는 무덤을 훼손하는 그 어떤 공사도 막아낼 수 있다.

귀속 원칙은 기존 소유물과 관련 있어 보이는 새로운 자원에 대해 소유권을 주장할 수 있는 도구다. 동시에 귀속 원칙은 콘도 주민, 유족, 드론 조정자, 해변을 찾은 피서객, 그리고 주에서 상호적으로 주장할 수 있는 권리다. 땅 위에서, 땅 아래에서, 양옆에서 시간에 상관없이 귀속 원칙은 힘을 발휘한다. 나의 집은 나의 성일지 모르나 나 혼자만의 것은 아니다.

요즘 시대의 난제 하나를 다루면서 이 장을 마무리하겠다. 나무와 태양의 대결이다. 이름부터 화창한 북부 캘리포니아의 서니베일만큼 옥상 태양 전지판을 설치하기에 알맞은 곳도 없다. 캐롤린 비셋과 그녀의 남편은 환경에 관심이 많다. 이들은 친환경 자동차 프리우스를 몰았고, 마당에는 붉은삼나무 여덟 그루를 자랑스럽게 심어놓았다. 이웃한 마크 바르가스도 이들 못지않게 친환경적 삶을 추구했다. 마크는 전기차를 몰았고 옥상에 태양 전지판을 설치했다. 그런데 옆집의 붉은삼나무가 쑥쑥 자라면서 생명애가 넘치던 공간은 리얼리티 쇼의 무대로 바뀌었다.

붉은삼나무가 태양 전지판에 그늘을 드리우자 바르가스는 비셋에게 나무 윗부분을 잘라달라고 요청했다. 비셋은 이를 거절하며 이렇게 말했다. "우리는 이곳에서 평화롭게 살고 있어요. 그냥 이대로 살고 싶습니다." 그러자 바르가스는 "이런 식으로 다른 이웃의 에너지원을 빼앗는 것은 부당합니다"라며 이들을 고소했다.

이웃간 일조권 분쟁을 다룬 소유권 원칙은 아주 오래전부터 있었다. 영국은 일찍이 1600년대부터 채광권採光權을 도입해 예전부터 햇빛을 받아온 창문일 경우, 이웃에서 자연채광을 방해할 수 없도록 했다. 영국 법정은 심지어 불평 한도Grumble Line라는 기준을 정했다. 이는 일반인이 줄어든 일조량에 불만을 터뜨리는 지점을 뜻한다. 그렇지만 이 원칙은 보편성을 띠지 못했다. 미국은 나름의 법률 체계를 만들었다. 미국에서는 건물이 햇빛을 가리든 말든 원하는 만큼 쌓아올릴 수 있었다. 그리고 대부분의 시기에 대부분의 사람들이 일조량에는 별로 신경 쓰지 않았다. 공간과 햇빛이 넉넉했기 때문이다.

그러나 인구 밀도가 높아지고 태양열이 새로운 에너지원으로 떠오르면서 일조권을 확보하려는 경쟁이 시작됐다. 바르가스와 비셋의 갈등과 비슷한 일들이 미국 전역에서 벌어졌다. 예를 들어, 집에 나무를 심거나 집을 한 층 올리고 싶은데 올라간 높이만큼 이웃집 태양 전지판에 그늘이 진다고 해보자. 누구의 권리가 우선일까? 몇 가지 경우의 수를 열거해보겠다. 모두 이 장에서 다룬 귀속 원칙과 이어진다.

- 비셋은 원하는 만큼 햇빛을 차단해도 된다.
- 바르가스는 나무 그늘의 영향이 없는 일조권을 얻어야 한다.
- 비셋은 햇빛을 차단할 권한을 얻되, 바르가스에게 그늘 때문에 끼친 피해를 보상해야 한다.
- 바르가스는 일조권을 얻되 비셋의 잘린 나무에 대해 보상해야 한다.

비셋에게 집은 자신의 성이었다. 드론 파괴자와 마찬가지로 비셋도 자신의 소유권이 저 멀리 하늘까지 닿는다고 주장했다. 내 땅에 붉은삼나무를 키우는 것은 내 권리라고 본 것이다. 나무를 심는 것은 환경에도 유익하다. 그러니 내 나무를 건들지 말라고 주장했다. 더구나 바르가스는 비셋이 나무를 심은 지 5년이 지나고 나서야 태양 전지판을 설치했다. 먼저 나무를 심었다는 비셋의 주장은 귀속 논리에 힘을 실어주었다. 먼저 있던 삼나무가 자라면 태양 전지판을 가리게 될 거라는 것쯤은 알았을 테니, 바르가스가 다른 곳에 태양 전지판을 설치하는 게 옳다는 논리다.

바르가스도 내 집은 나의 성이라고 주장했지만, 논리 전개 방식은 달랐다. 태양 전지판에 햇빛을 받을 권리는 교외에 세운 내 왕국에 딸린 그 일부나 다름없는 권리다. 그런데 비셋의 붉은삼나무가 태양에너지를 빼앗고 있다. 비셋이 먼저 나무를 심었더라도 선착순은 소유권의 여러 근거 중 하나일 뿐이다. 시대가 변했으니 주에서도 소유권의 기본 원칙을 바꿔서 부족한 자원을 더 효율적으로 이용하도록 유도해야 한다. 한 세기 전 이와 유사한 논쟁에 대법원이 내린 판결처럼 시대의 흐름에 역행하는 원칙은 "발전을 막고 도시를 영원히 원시 상태에 머물게 할 것"이다. 기술이 발전하고 도시가 성장하고 가치관이 바뀌면 그에 맞게 소유권을 조정하는 게 맞다.

두 관점은 모두 일리가 있다. 보통 이웃들은 소유권 갈등이 생기면 뒷마당 울타리 너머로 이야기를 나누며 해결한다. 그런데 이웃과의 우호적 관계가 깨져 법정 싸움으로 번지면 어떻게 될까? 물리적으로 침범한 경우, 법정은 무단침입trespass이라는 명백한 기준을 적용한다. 그러면 내 땅에 들어온 사람에게 손해배상을 청구할 수 있다. 비물리적 침입이라면 판사들은 소란 행위nuisance라고 하는 오래된 법률 체계를 꺼낸다. 소란행위법은 '비합리적' 행위를 금지한다는 점에서 표준적 잣대로 접근한 것이다. 이웃집이 새벽 3시에 귀청이 떨어지도록 시끄러운 헤비메탈 음악을 틀어놓으면 이는 비합리적 행동이자 소란 행위다. 그렇지만 실생활에서는 상식적 행동과 비상식적인 행동을 분간하기가 쉽지 않다. 이웃이 밤 10시에 컨트리 음악을 튼다면 또는 저녁식사 시간에 감미로운 클래식 음악을 튼다면 이런 행위는 어디에 해당할까?

소란행위법은 그 기준이 불명확하고 종잡을 수 없다. 나에게 합리적인 행동이 다른 사람에게는 분노를 일으킬 수 있다. '무엇이 합리적인가'라는 물음에 객관적이고 가치중립적인 답은 없다. 우리는 나무와 태양 그 중간에 끼어서 이러지도 저러지도 못하고 있다.

대안으로 법경제학law and economics적 접근법이 있다. 이는 노벨상을 수상한 경제학자 로널드 코스의 세 가지 통찰에서 비롯됐다. 코스는 자원 갈등이 언제나 상호성을 띤다고 지적했다. 나무 키우기와 태양 전지판 설치는 모두 일상적인 행동이다. 단지 서로 이웃해 있기 때문에 문제가 생긴 것이다. 태양 전지판을 가리는 나무를 그냥 두는 게 합리적인지 묻는 것은 문제의 핵심을 놓친 질문이다. 중요한 것은 이웃끼리 서로 피해를 준다는 사실이다. 일조권을 보호하기로 했다면 붉은삼나무를 베어내야 하므로 바르가스가 비셋에게 피해를 준다. 반면 나무를 보호하기로 했다면 태양 전지판에 그늘이 지므로 비셋이 바르가스에게 피해를 준다. 어느 한쪽이 소유권을 얻으면 다른 쪽이 피해를 본다. 각각의 행동이 합당한지 민폐인지는 기준점을 어디에 두느냐에 따라 달라진다. 이 간단한 구도에서도 누군가는 꼭 피해를 입어야 한다. 그런 게 인생 아니겠는가?

그런데 아니다. 꼭 그렇지는 않다. 코스의 다음 주장을 들어보자. 먼저 우리가 '완벽한' 세상에 살고 있어서 소유권 원칙이 중요하지 않다고 가정해보자. 경제학에서 가정한 이런 세상은 악의나 비합리성이 전혀 없는 곳이다. 다들 모든 정보를 알고, 거래 비용이 없으며, 감시가 바로바로 이뤄진다. 법률 분야에서 독보적으로 많이 인용되는 코스의 정리에 따르면, 완벽한 세상에서 합리적인 사람들은 법률과 무관하게 언제나 사회적으로 가장 효율적인 자원 배분을 위해 협상한다.

이게 어떻게 가능할까? 나무와 태양 전지판 사례에 대입해보자. 우리가 사는 세상이 너무 완벽해서 태양열이 나무보다 더 가치 있다는 사실을 명확히 알 수 있다고 해보자. 비셋에게 붉은삼나무를 기를 권한이 있다면 바르가스는 나무의 가치보다는 높고 태양열의 가치보다는 낮은 범위에서 돈을 주겠다고 비셋에게 제안할 것이다. 그러면 비셋은 나무를 자르는 데 동의할 것이므로 우리는 태양열을 얻는다. 반대로 바르가스에게 일조권이 있다면 비셋이 바르가스에게 나무의 가치에 해당하는 액수만큼 돈을 주겠다고 제안할 것이다. 바르가스는 이 제안을 거절할 것이다(우리는 앞서 태양열이 나무보다 가치가 크다고 전제했다). 그러므로 우리는 역시 태양열을 얻는다.

다시 말해, 경제학이 가정한 완벽한 세상에서 태양열이 더 가치가 있다면 법이 정한 원소유자가 누구든 우리는 태양열을 얻는다. 처음에 소유권을 가진 사람이 누구냐에 따라 제안하는 쪽이 달라지겠지만(그래서 법은 부의 분배에 영향을 준다) 자원은 결국 가장 효율적으로 쓰이게 된다.

여기서 주의할 점이 있는데, 코스가 세 번째 통찰에서 강조한 내용이다. 우리가 사는 세상은 완벽하지 않다. 사람들은 비합리적이고, 나무나 태양 전지판 같은 대상에 강한 애착을 느끼며, 중요한 정보를 놓치기도 하고, 거래가 늘 원만하지 않다. 합의해도 그대로 이행할지 확신할 수 없다. 또 바르가스가 고소하면 비셋은 얼마를 주든 협상할 의사가 사라질 수 있다. 그러면 이론상 모두에게 이득인 거래가 있어도 자원은 비효율적으로 사용된다.

이처럼 현실 세계로 돌아오면, 소유권 설계는 정말로 중요한 문제가 된다. 애초에 우리가 나무를 선호한다면, 태양열의 사회적 가치가 더 높아도 결국은 나무를 선택할 것이다. 현실 세계에서는 부의 분배도 중요하다. 처음에 정한 소유권에서 벗어나기 어렵고, 결과에도 중요한 영향을 끼치기 때문이다.

경제학자들은 코스의 통찰에 착안해서 소유권 설계에 영향을 줄 수 있는 도구를 개발했다. 무엇이 '합리적'인지 따지는 논쟁만 되풀이할 게 아니라 '협상이 언제 결렬될 가능성이 있는지', '애초에 소유권을 어떻게 정해야 자원을 가장 효율적으로 쓸 수 있는지'를 묻는 것이다. 이런 물음은 앞서 만족스럽지 못한 두 가지 선택지에서 벗어나 다른 소유권 설계를 가능하게 해준다. 즉 비셋이 이기면 재생에너지를 잃고, 바르가스가 이기면 붉은삼나무가 잘리는 상황에서 벗어날 수 있다.

비셋에게 소유권을 부여해 성 같은 집과 먼저 심은 나무를 인정해줬다고 해보자. 붉은삼나무는 경관을 아름답게 해준다. 그렇지만 우리는 재생에너지에도 신경이 쓰인다. 우리는 이러한 우려를 표시하면서 나무 주인에게 나무 그늘 때문에 재생에너지를 잃은 태양열 생산자에게 보상하라고 요구할 수 있다. 이제 비셋은 자신의 나무 때문에 치러야 하는 비용을 놓고 깊은 고민에 빠진다. 나무를 끔찍이 사랑한다면 기를 수 있지만, 대신 비용을 내야 한다.

그 반대 경우를 생각해보자. 시대가 변해 이제 재생에너지를 더 중시하는 사회가 되었다. 대법원 판결문의 표현대로 '영원히 원시 상태에 머무는 도시'를 원하는 사람은 없다. 이런 분위기를 반영해 바르가스에게 태양 전지판의 일조권을 보장해줬다고 해보자. 이때 유의할 점이 있다. 나무를 심은 비셋은 잘못한 게 없으므로(어쨌든 나무를 심은 게 먼저다) 비셋 입장에서 나무를 베라고 강요하는 건 억울할 수 있다. 따라서 바르가스에게 비셋의 피해를 보상하라고 요구할 수 있다. 이제 바르가스는 심각한 고민에 빠진다. 일조권을 확보하는 게 잘린 나무에 대해 보상해줄 만큼 값어치가 있는가? 태양 전지판을 남에게 피해 주지 않는 다른 곳으로 옮긴다면, 바르가스는 훨씬 적은 비용으로 갈등을 피할 수 있다. 그러면 우리는 나무도 얻고 태양 에너지도 얻을 수 있다.

이 방식의 한 가지 문제점은 정확하고 믿을 만한 정보가 부족하고, 설령 그런 정보가 있더라도 법경제학자들이 붉은삼나무나 태양 에너지의 실제 가치를 가치중립적으로 평가할 방법이 없다는 것이다. 누가 누구에게 얼마를 지불해야 할까? 결국 소유권 원칙은 여러 가치 중 어느 하나를 선택해야 한다.

선착순이나 강한 공정성을 기준으로 삼으면, 비셋에게 소유권을 줄 수 있다. 이런 국지적 갈등을 이웃끼리 협상해서 원만히 해결하는 분위기라면, 태양열의 가치를 더 높게 보는 바르가스가 비셋과 협상하도록 하면 된다. 반대로 대중의 관심을 재생에너지로 돌리고 싶다면, 바르가스에게 소유권을 주고 비셋이 바르가스에게 끌리는 제안을 하도록 하면 된다.

그렇지만 100명의 이웃이 협상 결과에 이해관계가 있거나, 몇몇 소수의 악의적인 이웃이 있는 등 최초에 부여하는 소유권 때문에 협상에 난항이 예상된다면, 다른 원칙을 생각해볼 수 있다. 판사가 햇빛이나 나무를 잃었을 때의 피해액을 산정하는 것이다. 그러면 당사자끼리 협상할 필요 없이 판사가 정한 비용만 내면 소유권을 얻을 수 있다.

결국 경우의 수는 네 가지다. 우선, 비셋과 바르가스 둘 중 누구에게 최초의 소유권을 줄 것인지 정한다. 그런 다음 두 사람이 자발적인 개별 협상으로 소유권을 바꿀 것인지, 아니면 판사에게 피해 보상액을 정하게 할 것인지 결정한다. 수천 건의 학술논문이 이런 유형의 분석을 다뤘다. 이웃간의 협상 능력에 회의적이면(협상은 보통 실패하기 마련이다) 판사가 피해보상액을 정하고, 판사의 가격 책정 능력에 믿음이 안 가면(판사들은 보통 현실감각이 없다) 최초의 소유권 설정에 초점을 둔다. 비셋과 바르가스의 갈등에 대해서 우리 저자들은 캘리포니아 주의 야심찬 재생에너지 정책을 반영해 태양열에 비중을 두면서 '동시에' 비셋처럼 먼저 행동하고도 피해를 본 사람에게 판사가 정한(또는 의회에서 정한) 공정한 보상을 해주는 것이 바람직하다고 생각한다.

다음의 질문들은 쉽지 않지만, 이런 지점을 명확히 해야 소유권에 대한 더 진전된 견해가 나올 수 있다. 일단, 더 효율적인 용도를 따져본다. 집단적 복지나 개인의 자유, 또는 뭐든 우리가 선택한 궁극적 가치를 놓고 가장 나은 활용 방안이 무엇인지 생각해본다. 그런 다음 최초의 소유권이 엉뚱한 곳에 갔을 때, 그런 실수를 최소한의 비용으로 피할 수 있는 당사자가 누구인지 떠올려본다. 또한 언제 판사가 나서서 피해보상액을 정하는 게 적절한지 생각해본다. 아니면 그냥 오래된 소란행위법을 적용해 무엇이 비합리적인 행동인지 따져도 된다. 법경제학은 이런 시도를 포기했지만, 평범한 사람들은 보통 합리적 행동과 비상식적 행동을 어느 정도 분간할 수 있다. 당신이 주먹으로 내 얼굴을 때렸다면, 누가 가해자인지 우리는 안다. 붉은삼나무와 태양 전지판의 경우는 판단하는 게 쉽지 않지만, 이는 소란행위법이든 법경제학이든 마찬가지다.

다시 서니베일의 사례로 돌아가면, 결국 나무가 패소했다. 캘리포니아 주는 태양 전지판 주인과 재생에너지의 손을 들어주었다. 1978년 캘리포니아 주는 일영관리법Solar Shade Control Act을 제정했다. 이에 따라 오전 10시부터 오후 2시까지 이웃집은 태양열 집열기를 10퍼센트 이상 가릴 수 없다. 이를 위반할 경우 하루에 최대 1000달러의 벌금을 내는 형사처벌을 받는다. 즉, 태양 전지판은 자원 활용의 기준점이고, 그늘을 만드는 붉은삼나무는 규정에 어긋난 존재였다. 비셋은 씁쓸하게 말했다. "우리는 캘리포니아 주에서 붉은삼나무를 길렀다가 처벌받은 최초의 시민입니다."

이 사건으로 전국에 논란이 일자, 2008년 캘리포니아 주는 일영관리법을 개정했다. 이제 비셋처럼 태양 전지판을 설치하기 전에 나무를 심은 사람은 이 법의 적용 대상이 아니고, 위반 행위도 기소가 아닌 민사소송으로 집행된다.

태양열 다음으로, 어떤 자원이 차세대 귀속 원칙 싸움에 불을 지필까? 바람으로 눈을 돌려보자. 풍차라고 하면 네덜란드 운하를 따라 설치된 진기한 건물 정도를 떠올리겠지만, 풍력 에너지는 거대한 사업으로 자리매김한 지 오래다. 네덜란드에서 거대한 풍력터빈은 전체 전력 생산의 10퍼센트를 담당하고 있다. 텍사스 주에서는 풍력이 전체 전력의 15퍼센트 이상을 공급하는데, 이는 미국의 그 어떤 주보다도 높은 비중이다. 쭉 뻗은 나무가 태양 전지판에 그늘을 만들듯, 앞쪽에 설치된 풍력터빈이 '난류'를 발생시키면 뒤쪽에 있는 풍력터빈은 효율성이 떨어지거나 아예 동작을 멈춘다. 미 전역에 풍력터빈을 설치해 거센 바람을 이용하려는 회사가 늘어나면서 서로 바람을 '잡으려는' 경쟁이 치열해지고 있다.

태양 에너지나 지하수처럼 풍력 발전기도 서로 다른 소유권을 주장한다. 그렇다면 풍력에 포획의 원칙을 적용해 앞쪽 터빈을 서로 뛰어넘도록 해야 할까, 아니면 터빈을 먼저 설치한 쪽을 보호해야 할까? 대다수 미국 주에는 풍력 갈등을 조율할 수 있는 포괄적인 법이 아직 없다. 최근에야 소유권을 정하려는 움직임이 나타나고 있을 뿐이다. 뉴욕 주 옷세고 카운티는 터빈끼리 서로 기류를 방해하지 않도록 '후류 효과 최소화'를 의무화하고 있다. 이러한 제한 조치는 유전의 압력을 유지하기 위해 텍사스 주 일부 지역에서 시행한 유전간 거리 두기 원칙과 비슷하다. 텍사스를 제외하고 원유를 생산하는 모든 주들이 뒤늦게 깨달았듯이, 공동 개발 의무화는 자원 개발의 딜레마를 해결하는 뛰어난 소유권 기술이다. 그렇다면 각 주는 '풍력 발전'을 공동으로 해야 할까? 아니면 수자원 관리법에서 합리적인 활용 방안을 빌려와야 할까? 이것도 아니면 완전히 새로운 소유권 원칙을 만들어야 할까?

잠재력이 높은 또 다른 자원인 드론 때문에 벌어지는 갈등을 떠올려보자. 우리는 드론 파괴자에게 어떤 조치를 취해야 할까? 윌리엄 메리데스와 그 이웃들이 자기 집 상공을 이용하는 드론에 대가를 요구할 수 있도록 하면, 드론을 보호할 수 있다. 그렇지만 그런 귀속 원칙을 인정해주면 드론 비행 경로에 그리드록이 생겨서 이제

막 성장하려는 드론 배송 사업의 발목을 잡을 수밖에 없다. 대안으로 드론이 사유지에서는 60미터 위로 날게 한다든지, 사유지에 머물거나 맴돌지 못하게 하는 방법이 있다. 그렇지만 이렇게 하면 드론에 불만이 있는 집주인들이 원치 않는 드론 비행을 막아낼 방법이 사라진다. 집주인들의 부당하다는 인식을 방치한 채 사생활 침입이 계속되면 드론 논쟁은 더욱 심각한 양상으로 치달으며 어느 순간 폭발할 수 있다.

소유권 원칙을 잘 설계하면 택배나 피자를 더 빨리 받고, 사회적 이익이라는 정당성을 얻으며(특히 피자 배달에서), 동시에 드론 비행으로 고통 받는 집주인에게 보상이 가능해져서 내 집은 하늘까지 딸린 나만의 성이라는 인식을 깨뜨릴 수 있다. 아마존, 유피에스, 도미노피자는 드론을 띄울 때 상공 이용료를 소액 결제하는 기술을 제시했다. 매우 예민한 집주인이라면, 이러한 자금흐름을 뒤집는 대안도 생각해볼 수 있다. 즉, 메리데스처럼 드론 비행을 완전히 차단하고 싶은 사람은 상공 이용료를 선호하는 다른 집으로 우회해달라고 배송업체에 돈을 낼 수도 있다. 휴대폰 소액결제는 21세기형 가시철조망이 될지도 모른다. 소유권 원칙은 이를 따라잡아야 한다.

5장
자궁 임대

우리 몸은
우리 것이 아니다

- 머리카락은 팔 수 있는데,
왜 신장 판매는 불법일까 -

레비 로젠바움은 수십 년 동안 생명을 구하는 사업을 했다. 신부전으로 죽어가는 환자들이 그에게 와서 도움을 청하면 자발적 기증자를 찾아 이들과 연결해주었다. 물론 돈을 받고 했다. 그는 이렇게 말했다. "나는 지금까지 실패한 적이 없습니다."

로젠바움이 제공하는 서비스는 저렴하지 않다. 그가 청구하는 비용은 자그마치 16만 달러다. 이 중 1만 달러 정도를 기증자에게 주고 나머지를 의사, 비자 알선업체와 나눠 갖는다. 그의 설명에 따르면 "이렇게 많은 비용을 요구하는 이유 중 하나는 항시 뇌물을 준비해야 하기 때문"이다. 또 다른 이유는 1984년 미국이 장기 거래를 법으로 금지하면서 이 사업이 불법이 됐기 때문이다.

2009년 FBI의 함정수사에 걸려 유죄를 인정한 로젠바움은 미국에서 살아 있는 사람의 장기 매매로 유죄 판결을 받은 최초의, 그리고 지금까지는 유일한 인물이다. 그에 대한 선고공판이 있던 날, 법정은 말 그대로 미어터졌다. 그러나 분노를 토해내는 피해자는 없었다. 오히려 그를 지지하는 사람들이 선처를 호소했다. 그중 1명이 말했다. "여기에 피해자는 없다. 기증자도 행복하고 수혜자도 행복하다." 로젠바움은 자신을 "신장 이식계의 로빈 후드"라고 표현했다. 연방검사 측은 이렇게 주장했다. "로젠바움 사건과 로빈 후드 전설의 공통점은 단 하나, 허구라는 것이다."

로젠바움의 지시로 '기증자들'은 장기 이식 수술 의사에게 개인적인 연민 때문에 기증하는 것처럼 위장했다고 검사들은 덧붙였다. 또한 로젠바움은 장기 거래를 알선해서 수백만 달러를 벌었다. 그는 평소에 총기를 휴대하고 다녔는데, 기증자가 생각을 바꾸면 위협해야 할 경우도 있었기 때문이다. 로젠바움은 2년 반을 감옥에서 보내야 했다.

검사들은 그를 감옥에 가두면 신장 매매가 '인간 존엄성에 대한 모독'임을 대중에게 알리는 계기가 될 것이라고 주장했다. 현재 전 세계 거의 모든 나라에서 신장을 포함한 모든 장기의 매매를 법으로 금지하고 있다. 한 의료윤리학자는 이렇게 지적했다. "인체 장기를 거래하는 시장은 가난하고 취약한 계층을 심각하게 착취한다. 장기 상태도 의심스럽다. 이들은 돈을 벌려고 건강 상태를 속인다. 중개업자들은 무책임하며 보통 범죄자들이다."

그럴지도 모른다. 그렇지만 사람의 신장은 두 개이고, 한쪽만 있어도 남은 생을 건강하게 살 수 있다. 법에도 여분의 신장을 (대가를 바라지 않고) 떼어줘도 된다고, 심지어 이는 고귀한 행동이라고 규정한다. 미국에서만 매해 수천 명이 법에 따라 신장을 기증하고 있다. 그런데 왜 신장 한쪽을 판매하는 것은 안 되는 걸까? 이식 수술로 의사도 병원도 돈을 버는데, 왜 장기를 제공하는 사람은 돈을 벌 수 없는 걸까? 인체의 콩팥은 밭에서 나는 콩팥과 본질적으로 다른 걸까?

물론 돈을 주고 신장을 사는 과정에서 취약층 판매자가 착취당할지도 모른다. 또 보편적 인류애에 반하는 행동일 수 있다. 그렇지만 장기 부전 환자를 살리는 가장 확실한 방법은 제한된 범위에서 매매를 허용하는 것이다. 자발적 기증과 운전면허 발급 시 장기 기증 의사 표시하는 것만으로는 신장을 필요한 만큼 확보할 수 없다. 그렇다고 젊은이들에게 도너사이클donorcycles(응급실 의사들이 장기 기증자와 모터사이클을 합성해 만든 용어)을 더 많이 타라고 권할 수도 없다.

장기 매매를 딱 잘라 금지하면 미국에서 연간 4만 3000명이 때 이른 죽음을 맞게 된다. 한 연구에 따르면 이 수치는 승객을 가득 태운 보잉 747기 85대가 매해 추락 사고를 낼 때의 사망자 수라고 한다. 반면 장기 매매를 허용하는 유일한 나라인 이란에서는 신장 이식을 기다리다가 사망하는 사람이 없다. 장기 시장을 여는 것과 죽음을 방치하는 것, 둘 중 어느 쪽이 더 인간의 존엄성을 모독하는 일일까? 로젠바움은 악당일까 영웅일까?

우리 모두는 직관적으로 매매하면 안 되는 대상이 있다고 생각한다. 이런 대상은 값을 매기지 않는다. 값어치가 없어서가 아니라 가격이 붙으면 안 되기 때문이다. 이런 점에서 우리 인체는 본질적으로 신성한sacred 자원으로 간주된다. 이것이 바로 자기 소유권의 핵심이다. 이 자원들은 인간을 구성하는 요소로, 어느 저자는 이를 '인격성personhood'이라고 표현했다. 이 스펙트럼의 다른 쪽 끝에는 '세속성profane'이 있다. 자전거와 바구니처럼 시장에서 사고파는 모든 일반적인 것들은 세속성을 가진다. 자기 소유권과 일반적 소유권을 구분하는 것, 신성한 대상과 세속적 대상 사이에 선을 긋는 것은 지난 수 세기에 걸쳐 빚어져온 논쟁이었다.

오랜 논쟁 끝에 오늘날 우리는 모든 사람에게 거의 보편적인 자기 소유권을 부여하면서 모든 사람이 똑같이 존엄하고 가치가 있다는 인식을 갖기에 이르렀다. 동시에 의학의 발달로 인체에서 장기와 세포를 잘라내는 일이 가능해지면서 몇 년 전만 해도 공상과학 소설에나 나오던 새로운 신체적 자원이 생겼다. 신체적 자원은 어떻게 다뤄야 할까? 이는 신성할까, 세속적일까, 아니면 그 중간 어디쯤일까?

현실의 답은 지도 여기저기에 흩어져 있다. 말 그대로다. 몬태나 주에서는 골수세포를 팔 수 있는데 3000달러를 넘지 않는 선에서 거래해야 한다. 반면 이웃한 와이오밍 주에서는 골수세포 매매가 불법이다. 네바다 주 일부 카운티에서는 성性 서비스가 합법이고, 심지어 동정童貞도 팔 수 있다. 그렇지만 옆 동네 애리조나 주에서는 이를 성매매로 보고 범죄로 다룬다. 일리노이 주에서는 배아를 착상하도록 자궁을 빌려줘도 되지만, 경계가 맞닿아 있는 미시간 주에서는 이를 금지한다.

신체적 자원은 신성한 것과 세속적인 것의 경계가 뚜렷하며 보통 주의 경계와 일치한다. 이러한 지역간 차이는 적색 주(공화당

지지 주-옮긴이)와 청색 주(민주당 지지 주-옮긴이), 북부와 남부, 부와 인종같이 익숙한 구분선으로는 나눌 수 없다. 독실한 신자와 무신론자 모두 양쪽 견해가 골고루 있고, 경제적 보수주의자와 진보적 페미니스트도 마찬가지다.

자기 소유권 원칙은 마구잡이처럼 보이지만, 그렇지 않다. 이 장에서는 자기 소유권 논쟁을 구성하는 힘을 보여줄 것이다. 저자들은 로젠바움이 악당인지 영웅인지 단정해 말할 수 없지만 이러한 논쟁을 분석할 수 있는 도구, 그리고 무척 고민스러운 몇몇 자원 딜레마에 대한 해결책을 판단할 수 있는 도구는 제시할 수 있다.

- "남편은 여성의 머리이자 대변자" -

자기 소유권은 두 가지 요소로 구성된다. 첫째, 남에게 소유되지 않을 자유다. 직설적으로 말하면 다른 사람의 노예가 아니라는 뜻이다. 둘째, 남들과 똑같이 소유할 권리다. 이 두 가지, 즉 소유할 수 있고 소유당하지 않는 것이 인간의 자유, 존엄, 평등을 위한 전제조건이다. 이는 인간이 자기 인생을 써내려가는 토대이기도 하다.

노예제도는 자기 소유권의 대척점에 있다. 미국에서 노예제도는 소유권의 원죄에 해당한다. 미국에 끌려온 아프리카인 수백만 명은 자기 소유권이 없었다. 타인의 소유물일 뿐이었다. 현재 미국에서 벌어지는 자기 소유권 논쟁은 아프리카계 미국인의 몸을 잔혹하게 소유했던 역사를 때로는 직접적으로 때로는 희미하게 상기시킨다. 남북전쟁 이후에도 짐 크로 법Jim Crow laws이라는 노예제도와 다름없는 제도가 시행되면서(남부 지역에 널리 퍼진 관행으로 1990년대까지 존속했다), 수백만 명의 아프리카계 미국인이 완벽한 자기 소유권을 누리지 못했다. 오늘날 전 세계에서 노예제도는 법적으로 폐지됐다. 그렇지만 현실은 그렇지 않다.

필리핀에서 태어난 에우도치아 토머스 풀리도는 평생 노예로 살았다. 풀리도의 '주인' 알렉스 티존은 이렇게 회고했다. "할아버지가 우리 어머니에게 당시 열여덟 살이던 풀리도를 선물로 주었습니다. 우리 가족이 미국으로 이주하면서 풀리도도 데려왔죠." 60년 가까이 풀리도는 식사를 준비하고 집 안을 청소하고 티존과 그의 부모 및 형제자매의 수발을 들었다. 티존의 말에 따르면 그의 부모님은 풀리도에게 돈을 준 적이 한 번도 없다. 그의 가족은 풀리도를 때리기까지 했다. 어머니가 죽으면서 티존은 풀리도를 물려받았다. "풀리도는 나와 함께 살게 되었습니다. 나에게는 가족과 직장이 있었고 교외에 번듯한 집도 있었습니다. 아메리칸 드림을 이룬 셈이죠. 게다가 난 노예도 있었습니다."

놀라운 이야기는 이제부터다. 풀리도의 사연은 그리 오래전 일이 아니다. 풀리도가 미국으로 건너온 해는 1964년이다. 티존이 풀리도를 물려받은 해는 1999년이다. 이 오랜 세월 동안 풀리도는 딱 한 번, 2008년 자신의 83세 생일날 집에 다녀왔을 뿐이다. 그리고 자신이 한때 알고 지냈던 사람들이 대부분 사망했다는 사실을 알게 됐다. 티존의 집으로 돌아온 풀리도는 2011년 숨을 거뒀다. 2017년, 시사 잡지 〈더 애틀랜틱〉에 티존이 풀리도의 이야기를 털어놓자 독자들은 풀리도가 겪은 부당한 처우에 정당한 분노를 표출했다.

그렇지만 풀리도의 사연은 그렇게 드문 경우가 아니다. 일부 통계와 각종 정의에 따르면, 현재 미국에서 6만~40만 명이, 전 세계적으로는 최대 4000만 명이 노예처럼 일하고 있다. 남성, 여성, 아동이 성매매업자에게 끌려가 빚 때문에 노역에 시달리거나 식당, 농장, 살롱, 여타 사업장에서 강제로 무급 노동을 하고 있다. 네일숍 직원이나 음식 배달부 또는 풀리도처럼 이웃집 가정부로 일하는 이 사람들을 우리는 알게 모르게 마주쳤을지도 모른다.

자기 소유권은 단지 사람이 사람을 소유하는 관행을 끝내는 문제가 아니다. 이는 '누가 무엇을 소유할 수 있는가'라는 물음으로 확장된다. 정부가 특정 집단의 소유 범위를 제한하면 그 결과는 치명적일 수 있다. 히틀러가 1933년 독일에서 집권한 이후 나치는 유대인을 겨냥한 400개가 넘는 법안을 통과시켰다. 그중 상당수는 소유권을 제한하는 것이었다. 처음에는 농장 소유를 금지했고, 나중에는 재산 내역을 보고하게 했으며, '유대인 재산'을 보상 없이 몰수했다. 독일이 유대인의 소유 권한을 빼앗은 것은 목숨을 빼앗기 위한 서막이었다.

미국은 이와 유사한 법을 일본인에게 시행했는데, 집단 학살이 아닌 강탈과 억류의 형태로 전개됐다. 한 세기 전 프랭크 테라스와 엘리자베스 테라스 부부는 워싱턴 주에 있는 농장을 일본계 이민자 N. 나카쓰카(문서 기록에 그의 이름은 나오지 않는다)에게 임대하려고 했다. 워싱턴 주에서 이런 거래가 불법이라는 사실을 이들 중 아무도 몰랐다. 테라스 부부는 거래를 허락해달라며 소송을 제기했고, 판사는 워싱턴 주법에 따라 일본인 이민자는 잠재적 적이므로 땅을 임대받을 수 없다고 판결했다. 테라스는 소송에 졌고 연방대법원에서도 패소했다. 나카쓰카는 자신의 농장에서 쫓겨났다. 제2차 세계대전 기간 동안 그는 툴레 레이크 수용소에 수감됐다.

나카쓰카가 겪은 일은 예외적인 경우가 아니다. 외국인의 토지 소유를 제한한 워싱턴 주법은 1913년 캘리포니아 주에서 통과시킨 외국인 토지법Alien Land Law을 바탕으로 한다. 이 법은 일본인과 중국인이 토지를 구입하거나 빌리지 못하게 막아 이들이 유럽계 농부들과 경쟁할 수 없게 했다. 1952년 캘리포니아 주 대법원이 이를 위헌이라고 판결할 때까지 이 법은 계속 남아 있었다. 워싱턴 주에서도 관련 법을 폐지하려는 시도가 수차례 있었지만, 법은 1966년까지 존속됐다. 현재 플로리다 주는 유일하게 외국인 토지법을 폐지하지 않은 주다. 다만 법전에는 남아 있지만 집행하지는 않는다. 연방대법원은 이러한 인종 차별적 토지법을 위헌이라고 판결한 적이 없다.

같은 기간에 민간 부동산 개발업자들은 소위 '인종 제한 계약'이라는 소유권 계약을 암암리에 만들어 시행했다. 이 계약의 목적은 백인들만 사는 동네를 만드는 것이었다. 지역별 편견에 따라 차이는 있지만 이 계약은 주로 아프리카계 미국인, 아시아 이주민, 유대인, 멕시코인, 그리스인, 가톨릭교도 등을 차별했다. 이 계약으로 여러 다양한 집단이 집을 구하는데 어려움을 겪어야 했다. 1949년 하나의 이정표가 된 셸리 대 크래머Shelley v. Kraemer 소송에서 연방대법원은 이러한 인종 제한 계약에 제동을 걸었다. 그렇지만 이 항목은 수백만 건의 부동산 계약서에 여전히 등장하며, 각종 거래에서도 계속 이월됐다.

미국 여성들도 자기 소유권을 얻기까지 치열한 투쟁을 펼쳤다. 아프리카계 미국인의 투쟁을 보며 자극받은 여성들은 전진과 후퇴를 반복하면서도 싸움을 계속 이어 나갔다. 엘리자베스 캐디 스탠튼과 루크레티아 모트는 1848년 미국 최초의 여권 신장 집회 인 세네카 폴스 여성 인권 대회를 조직해 투표권뿐만 아니라 여성 의 자기 소유권을 얻기 위해 싸웠다. 당시 여성들은 결혼하면 '유부 녀'라는 신분에 묶여 사실상 자기 소유권을 행사하지 못했다. 노예 제도에 반대한 유명한 소설 《톰 아저씨의 오두막Uncle Tom's Cabin》을 쓴 해리엇 비처 스토는 1869년 이런 글을 남겼다. "기혼 여성의 지 위는 여러 모로 흑인 노예의 처지와 매우 닮았다. 계약도 하지 못하 고 재산도 갖지 못한다. 뭐든 물려받거나 얻는 게 있으면 곧장 남편 의 재산이 된다. 여성은 법적으로 사라진 존재다."

자기 소유권이 없는 상태에서 기혼 여성들은 자신만의 경력을 쌓거나, 재산을 챙겨 불행하고 학대받는 결혼 생활에서 벗어날 방 법이 거의 없었다. 1872년 연방대법원은 다음과 같은 판결문을 내 놓았다. "남성은 여성의 보호자이자 수호자이며, 마땅히 그런 역할 을 해야 한다. 처음 관습법을 만든 사람들 사이에 이러한 견해가 확 고해서 사법 체계에도 여성은 남편과 별개로 법적 지위를 갖지 못 한다는 원칙이 자리 잡았다. 남편은 여성의 머리이자 여성의 사회 적 지위를 대변하는 존재다." 판사는 이렇게 결론 내렸다. "이것은 창조주의 법이다."

'머리와 주인 법'은 최근까지 힘을 발휘했다. 20세기 내내 미국 몇몇 주에서는 이 법령을 통해 부부의 모든 공유 재산에 대한 권한 을 남편에게 주었다. 여성이 본인 명의로 집을 구입했어도 남편은 부인 모르게 또는 부인의 동의 없이 그 집을 팔 수 있었다. 루이지애나 주는 이러한 규정을 마지막으로 폐지했는데 1979년 연방법원이 강제권을 발동한 뒤에야 법을 없앴다.

결혼하지 않은 여성이라고 딱히 사정이 나은 것도 아니다. 1974년 연방의회에서 신용기회균등법Equal Credit Opportunity Act이 통과될 때까지 은행은 남성의 공동 서명이 없으면 여성에게 신용카드를 발급해주지 않았다.

더디긴 했지만 자기 소유권이 포괄하는 대상은 차츰 확대됐다. 아프리카계 미국인, 아시아 이민자, 유대인, 여성, 그리고 여러 집단은 한때 자신의 정체성 때문에 특정 형태의 소유권을 제한받았다. 그러나 시간이 흐르면서 이들의 소유권은 차츰 회복됐다. 우리는 이를 보편성 충동universality impulse이라고 부르는데, 소유권 설계에서 놓치기 쉬운 특징이다. 즉, 특정한 소유권을 한 집단만, 보통 백인 남성들만 누리다가 시간이 갈수록 다른 집단도 포괄하려는 압력이 커지면서 결국 모두가 동등하게 얻는 현상이다. 그러나 보편성은 필연적으로 따라오지 않는다. 이를 성취하고 지키려면 끊임없이 싸워야 한다. 이를 보여주는 가장 최근의 사례가 동성 결혼으로, 이성애자들이 오래전부터 누리던 권한이 이제야 게이와 레즈비언에게도 확대되고 있다.

우리 모두에게 자기 소유권은 자기 신체에 대한 통제로부터 시작해 부를 쌓을 권한, 과거보다 나은 미래를 살아갈 권한, 가족과 직업에 투자할 권한, 그리고 종국에는 온전한 시민으로 민주 사회에 동참할 권한으로까지 확대된다. 이는 곧 자기 인생사를 쓰고 고쳐 쓸 수 있는 권한을 뜻한다. 이는 늘 새로운 장벽이 나타나는 힘겨운 싸움이기도 하다.

웬디 게리시는 개인 시술소를 운영하는 뛰어난 침구사다. 고학력자로 통합의학 석사학위도 있다. 게리시는 난자를 한 번 '기증'할 때마다 2만 달러를 받아 수입을 얻는다. 지금까지 기증한 난자로 10명의 생물학적 아이가 태어났다. 매해 미국에서 1만 명이 넘는 아이들이 이와 비슷한 '거래'로 태어난다. 난자 기증 시장의 규모는 연간 8000만 달러에 이른다.

게리시는 이 시장에서 '1급 기증자'로, 그녀 같은 기증자를 원하는 사람이 많아서 난자 가격이 높다. 로스앤젤레스에 본사를 둔 한 난자 알선업체의 이사인 셸리 스미스는 이렇게 말했다. "난자 가격은 보통 교육 수준과 SAT 점수가 높을수록 올라갑니다. 회사에서 미모가 뛰어나고 똑똑한 데다 조건이 좋은 기증자를 홍보하면 연락이 바로 옵니다. 나는 이를 '광란의 먹이사냥feeding frenzy'이라고 부릅니다. 우리 업체에 '멍청하고 못생긴 기증자를 구해달라'고 요청한 사람은 아직 못 봤습니다."

스미스의 회사에서 최상위 기증자는 난자를 제공하고 10만 달러를 받는다. 보통 파란 눈에 금발이고 늘씬한 아이비리그 대학생들이 이런 고액을 받는다. 아시아 여성과 유대인 여성도 상당한 웃돈을 받는다. 스미스는 이러한 까다로운 취향을 충분히 수긍할 수 있다고 했다. "결혼 상대를 고르는 것은 자기 아이에게 물려줄 유전자를 고르는 일이기도 합니다. 내 가족 구성을 도와줄 난자 기증자에게 그런 조건을 따지지 못할 이유는 없죠." 한 연구에 따르면 대학 신문에 실린 난자 거래비는 SAT 평균 점수가 100점 오를 때마다 2000달러씩 올라간다고 한다.

1980년대까지는 여성의 몸 밖에서 난자를 수정시킬 방법이 없어서 난자 거래 시장이 존재하지 않았다. 체외수정 기술이 나오면서 상황은 달라졌다. 체외수정 시술에서 여덟 번 중 한 번은 기증 난자가 이용된다. 이 중에는 불임으로 고생하는 친구나 가족을 도우려는 이타적 동기로 기증한 난자도 있다. 그렇지만 대개는 대가를 받는다. 알선업체들은 난자 판매자를 '기증자'라고 부르는데, 이는 자기 소유권을 둘러싼 신성성과 세속성 논쟁을 피하기 위해서다.

난자 기증을 하려면 독한 약물인 과배란 유도제를 몇 주간 직접 주사해야 한다. 그런 다음 마취 상태로 난자를 채취한다. 이 과정은 매우 고통스럽고 위험하다. 배란 촉진제가 난소를 지나치게 자극하면 난자가 너무 많이 배출되기도 한다. 드물지만 수술과 마취로 합병증이 발생하면 불임과 혈전 같은 부작용을 겪거나, 심하면 사망에 이를 수 있다. 게리시는 이렇게 설명했다. "난자 기증은 '자, 제 난자를 꺼내서 건네드리죠' 같은 식으로 간단히 끝나지 않습니다. 내 신체를 희생해가며 몇 달간 시간을 내서 난자를 채취해 구입자에게 바쳐야 합니다."

난자 구입자는 이 시장의 또 다른 축을 이룬다. 이들에게 난자 거래는 기적 같은 일이다. 43세에 결혼한 미셸 베이더는 결혼 후 바로 아이를 가지려고 했지만 자신의 난자로는 힘들다는 사실을 알게 됐다. 베이더는 바로 난자 구입에 나섰다. 베이더는 이렇게 회고했다. "마치 온라인으로 데이트하는 기분이었습니다. 그리고 어떤 여성이 연락을 주었죠. 나에게는 그녀는 천사였습니다." 2년 후 베이

더는 쌍둥이를 얻었다. 그녀는 자신의 '천사'에게 사례금 7000달러를 건넸다. 또한 의료비, 변호사비, 중개 수수료로 1만 3000달러가 추가로 들었다. 베이더는 난자 구입에 쓴 돈이 "한 푼도" 아깝지 않다고 했다. 다수의 남성 동성 커플에게 난자 구입은 생물학적 자식을 얻을 수 있는 유일한 통로다.

모든 나라가 자기 소유권에 난자 판매 권한도 포함시킬 것인지 결정해야 한다. 난자는 신성하므로, 즉 우리 몸처럼 개인의 인격을 구성하는 요소이므로 판매하면 안 되는지, 아니면 시장에 나온 다른 상품들처럼 세속적이므로 판매해도 괜찮은지 정해야 한다. 난자를 여분의 콩팥으로 봐야 할까, 아니면 밭에서 나는 콩팥으로 봐야 할까?

미국의 불임 전문의들은 난자 판매를 용이하게 하되 거래 가격에 상한선을 두자는 타협안을 내놓았다. 의사협회가 발표한 지침을 보면, 5000달러가 넘는 난자 거래는 '정당한 사유'가 있어야 하고 1만 달러가 넘는 거래는 '적절치 않다'라고 적혀 있다. 이들은 난자 가격이 높아지면 취약층이 건강을 해치면서까지 난자를 팔려고 할 수 있고, 불임 치료를 위해 난자가 꼭 필요한 수요자가 배제될 수 있다고 주장했다. 즉, 착취와 인간 모독과 배제가 판치는 시장이 생길 수 있다며 우려했다.

그러나 린제이 카마카히에게 이런 주장은 억지 같았다. 고상한 윤리가 아니라 난자 가격을 고정시켜 불임 클리닉의 이익을 더 챙기려는 꼼수로 보였다. 그래서 카마카히는 난자 가격 상한선을 없애달라는 소송을 제기했다. 여성의 신체가 원자재를 캐내는 광산이라면 카마카히는 푼돈이 아닌 제값을 받고 싶었다. 로스앤젤레스에서 난자 거래를 주선하는 셸리 스미스도 이에 동조했다. "의사들이 받는 돈은 상한선이 없습니다. 얼마든지 원하는 만큼 진료비를 청구하죠. 물론 알선업체도 그렇습니다. 그렇다면 왜 기증자만 적정 가격이라는 제약에 묶여야 하나요? 다른 이들은 전혀 그런 제약이 없는데요."

불임 전문의들은 바로 승복하고 카마카히와 타협했다. 이제 일반 난자는 일반 가격에 팔고, 프리미엄 난자는 시장에서 정해지는 가격에 판다. 자가 주사와 마취 시술을 비롯한 여러 위험이 따르는데도, 인간 존엄성과 평등이라는 보편적 정서에 끼칠 잠재적 파장이 있는데도 미국에서 난자 거래는 아주 활발하게 이뤄지고 있다.

- 소유권 조절기 -

난자 외에도 우리는 머리카락(붉은색은 3000달러까지 받는다), 혈장(주기적으로 헌혈하면 1년에 5000달러까지 받는다), 정자(한결같이 기증하면 1년에 1만 달러까지 번다), 모유('대가성 착유'는 1년에 2만 달러까지 번다), 깨끗한 소변(샘플당 40달러로, 암시장에서는 더 쳐준다)을 팔 수 있다. 죽고 나면 섬뜩하지만 벌이가 좋고 규제가 거의 미치지 않는 사체 장기 매매 시장이 기다린다. 우리 몸은 실제로 금광처럼 변하고 있다.

그러나 생체 장기 이식에 쓰이는 고가의 품목은 법으로 매매를 금지하고 있다. 연방법에 따르면 신장 같은 여분의 장기, 간 같은 재생 가능한 장기, 폐와 장처럼 부분 이식이 가능한 장기의 매매는 불법이다. 머리부터 발끝까지 훑어보면서 이런 의문이 들지 모르겠다. 우리 인체에서 매매 가능한 부위와 불가능한 부위를 정해놓은 이 모자이크식 규칙을 어떻게 설명할 수 있을까?

그 답은 그동안 우리가 잘못 짜놓은 틀에서 선택했다는 데 있다. 인체에서 나온 자원에 대해 인간은 그 소유권을 온 오프 스위치처럼 생각하는 경향이 있다. 스위치를 온에 놓으면 세속적으로 보고 시장 거래를 허용한다. 스위치가 오프 상태면 그 자원을 인간성의 핵심 요소로 보고 이렇게 생각한다. "그 자원은 네 것이지만, 남들에게 팔면 안 돼." 수천 년 동안은 이렇게 두 가지 선택지만 있어도 별 문제가 없었다.

머리카락의 경우, 소유권 스위치는 항상 켜져 있다. 머리카락 판매가 논란을 낳지 않는 이유는 머리카락이 우리 몸 밖에서 자라고, 고통 없이 자를 수 있으며, 금방 다시 자라기 때문이다. 머리카락 판매의 역사는 고대 이집트까지 거슬러 올라간다. 19세기 유럽 일부 마을에서는 해마다 '머리카락 수확'을 했다. 이 행사가 열리면 가난한 소녀들은 삼단 같은 머리카락을 팔았다(아니면 팔아야만 했다). 현재 전 세계 모발 시장의 거래 규모는 매해 10억 달러가 넘는다. 모발시장이 판매자를 착취할지도 모르나 판매를 중단하라거나, 머리카락이 어디서 왔는지 추적하라거나, 판매자에게 보상을 늘리라는 요구가 빗발친 적은 없다. 지금도 유행에 따라 붙임머리 같은 신제품이 아무런 규제 없이 활발하게 판매되고 있다.

반면, 아기의 경우 소유권 스위치가 꺼져 있다. 정보가 완벽한 상태에서 자유롭고 공정한 거래가 이뤄져도, 판매자와 구매자 모두

만족할지라도 대다수 사람들은 아기를 매매하는 데 거부감을 보인다. 왜 그럴까? 재산권 전문학자 페기 라딘은 그러한 시장이 존재하는 것 자체가 "인간 세상의 질감"을 떨어뜨리기 때문이라고 표현했다. 그런 시장이 생기면 신생아의 자기 소유권, 즉 타고난 자유와 존엄과 평등이 훼손된다고 지적했다. 생각해보라. 우리 부모가 나를 아마존에서 구입했고 UPS 드론이 황새처럼 나를 배송했다면 어떤 기분이 들겠는가? 이러한 핵심 가치를 보호하기 위해 우리는 스위치를 꺼둔다. 개개인은 신성한 존재이므로 다른 사람에게 팔면 안 된다는 뜻이다.

그런데 한 가지 알아둘 게 있다. 이 스위치가 항상 꺼진 상태는 아니라는 점이다. 물론 토머스 제퍼슨이 독립선언서에 썼듯이 어른들은 '양도할 수 없는 특정한 권리를 창조주에게 부여받았다.' 그렇지만 아이들은 그 정도로 부여받지는 않았다. 부모는 어느 정도 아이에 대한 소유권을 갖는다. 부모는 아이를 판매하지는 못해도, 아예 줘버리는 건 가능하다. 이를 일컬어 입양이라고 한다. 오래전부터 법은 아이의 행복과 일치하는 범위에서 친권을 일정 부분 아이에 대한 소유권으로 해석했다. "그 아이는 내 딸이야." 다시 말해, 아기의 경우도 신장처럼 온오프 스위치와 정확히 들어맞지는 않는다.

우리는 부모의 소유권에서 얼마나 독립했는가를 성인이 된 척도로 삼는다. 많은 10대들이 그 나이 때 흔히 그렇듯 부모와 말다툼을 하며 성장한다. "옷을 그렇게 입고 나가면 안 돼"라고 부모가 지적하면, "그냥 입고 나갈래요. 이제 내 몸은 내가 알아서 할게요"라고 대꾸하는 식이다. 한동안은 부모가 말싸움에 이겨도 머잖아 아이들이 이기게 마련이다. 자기 소유권은 머리를 빡빡 밀고, 배꼽에 피어싱을 하고, 온몸에 용무늬 타투를 할 수 있는 권리를 뜻한다. 때가 되면 아이는 온전한 자기 소유권을 갖는다. 그러면 부모의 소유권 스위치는 꺼진다.

현 시대를 살아가는 우리는 모발 시장과 노예제도 사이의 중간 영역에서 자기 소유권에서 파생된 신체 자원의 소유권을 놓고 다툼을 벌이고 있다. 장기 매매 시장은 한때 공상과학 소설이나 공포 영화에서 볼 수 있는 장면이었다. 그러나 이제 의학의 발달로 의사들은 점차 많은 신체 자원을 (어느 정도) 안전하게 떼어내 가치 있게 활용할 수 있게 됐다.

이 새로운 자원들은 온과 오프 사이의 중간적 성격을 띠는 경우가 많다. 그러나 소유권이 온 아니면 오프되는 스위치 개념이 소유권에 대한 창의적 사고를 가로막는다. 이보다 나은 접근 방식은 소유권 이미지를 온오프 스위치에서 조절기(다이얼을 돌려 미세하게 조절하는 스위치-옮긴이)로 바꿔보는 것이다. 딸깍 스위치로는 모 아니면 도 방식의 소유권만 떠오른다. 조절기 이미지를 대입하면 완전히 켠 상태(시장에서 제한 없이 사고파는 세속적인 대상)부터 완전히 끈 상태(절대로 거래할 수 없는 신성한 대상)까지 그 사이에 있는 다양한 선택지를 설정할 수 있다.

이 모든 논쟁은 우리 신체에 대한 자기 소유권이라는 범주를 훨씬 넘어선다. 우리는 어떤 유형有形의 자원이 우리를 구성한다고 보면 (즉 자유롭고 평등한 존재로 살아가는 데 필수라고 생각하면) 법으로 이를 각별히 보호한다. 이런 이유로 임대료를 규제해 주택 거주자를 시장의 힘으로부터 보호하고, 파산하더라도 최소한의 재산은 지켜주며, 공유 토지에 대한 '현물 분할' 청구(6장에서 살펴보겠다)를 승인해준다.

어떤 새로운 자원이 등장할 때마다 모호한 소유권 때문에 다툼이 생긴다. 누구에게 소유권을 주고 무엇을 소유의 대상으로 삼을지 정하려면 최초의 규칙이 필요하다. 이때 소유권 조절기가 어떻게 작동하는지 살피기 위해 레비 로젠바움의 장사 밑천인 신장으로 돌아가보자. 여분의 신장은 시장에서 자유롭게 거래할 수 있다면 목숨을 구할 수 있지만, 동시에 우리 인간성을 구성하는 요소이기도 하다. 온오프 스위치 방식으로는 이러한 중간적 속성을 다룰 수 없다. 이것 아니면 저것을 골라야 하는 양극적 선택만 가능하기 때문이다.

1950년대 장기 이식이 의학적으로 가능해졌지만, 처음에는 대부분의 환자가 수술 직후에 사망했다. 20년 후 개선된 거부 반응 억제제가 만들어져 생존율이 높아진 후에야 신장에 대한 수요가 늘어났다. 1983년 버지니아 주의 사업가 H. 베리 제이콥스는 여기서 사업 기회를 발견했다. 당시까지만 해도 상업적 신장 판매를 가로막는 법적 장벽이 없었다. 그래서 그는 신장 판매자들이 값을 부르고 구입자를 찾을 수 있는 시장을 만들어 거래 수수료를 챙겼다.

처음에 어떤 원칙을 세울 때 사람들은 보통 유사점 추론reason by analogy을 하는데, 이는 소유권의 설계나 일반적인 법적 추론에서 가장 널리 쓰이는 도구다. 각 주들이 원유, 천연가스, 수자원에 대한 소유권을 처음 만들 때 이 방식을 썼다. 즉, 이 자원들이 여우와 유사점이 있다고 보고, 포획의 원칙(4장에서 논의한 것)을 가져다 썼다. 이 도구의 한 가지 특징은 온오프 스위치 이미지와 딱 들어맞는다는 것이다. 따라서 이렇게 묻기만 하면 된다. 신장 판매는 머리카락 판매와 비슷한가, 아니면 인간 거래와 비슷한가?

제이콥스의 사업 계획에 대해 버지니아 주 의회는 장기 판매가 노예제도와 유사하다고 보고 이를 금지했다. 이후 연방의회는 1984년 장기 이식법National Organ Transplant Act, NOTA을 제정해 버지니아 주의 금지 규정을 전국으로 확산시켰다. 이 법으로 로젠바움은 감옥에 갔다. 다수의 사람들이 장기 매매를 받아들이지 못하는 이유는, 이것이 특정 집단을 인간 이하로 취급하는 노예제도와 비슷해 보이기 때문이다. 이러한 견해에 동의하는 사람이라면 장기 이식법을 고수할 것이다. 그리고 인간 존엄성을 지키고 가난한 취약층을 착취하지 못하게 장기 판매를 금지할 것이다.

그러나 유사점 추론은 수사적 장치이지 논리적인 검증 도구가 아니다. 신장은 자율적 자기 소유권과는 관계가 없다. 여분의 신장은 생존의 필수 조건이 아니다. 이타적 기증자는 충만하고 건강하게 살 수 있다. 가족이나 친구, 심지어 타인에게 신장을 기증한 행위는 칭송받아 마땅하다. 신장은 이를 품고 있는 인간과 사실상 동일하지 않다. 이러한 중요한 차이를 인정하면 신장 거래 시장을 허용할 수 있다.

소유권 설계에서 차이점 추론Reasoning by distinction은 유사점 추론 못지않게 강력한 도구다. 조절기 이미지는 유사점과 차이점을 모두 고려해서 소유권을 설계하게 해준다. 그러면 조절기를 돌려서 자원의 신성한 속성을 지키면서 세속적인 시장을 만들어낼 수 있다. 그렇게 되면 매해 신부전으로 죽어가는 환자 수천 명의 목숨을 구하면서 동시에 인간의 존엄성을 지키고 강압적 매매를 막을 수 있다.

　신장의 경우, 어떻게 이런 시장을 만들 수 있을까? 우선 가난한 기증자들이 부자를 위한 예비 부품 창고로 전락할까 봐 걱정된다면 공개시장에서 판매하는 행위를 금지하면 된다. 이베이 사이트에서 신장 경매를 금지하는 것이다. 또 신장 구입자를 병원과 보험회사로 제한하고, 이들이 구한 신장을 재력과 상관없이 의사가 정한 이식자 명단 순으로 제공하게 한다. 장기 제공자는 경매가만큼 높은 가격에 팔지는 못하겠지만, 병원과 보험 회사라는 탄탄한 구입자를 확보할 수 있다. 가난한 환자도 신장 투석기에 묶여 사는 대신 신장 이식 혜택을 받을 수 있다.

　허약한 기증자가 망가진 신장을 판매하지 않을까 우려된다면 철저한 건강검진을 하면 된다. 신장을 무상으로 제공하는 기증자들은 이미 이렇게 하고 있다. 신장을 판매한 빈곤한 기증자가 나중에라도 건강에 문제가 생기지 않을까 걱정된다면 보상책으로 평생 보장 건강보험을 의무화하는 방법이 있다. 이는 뉴욕 주 의회가 2019년 도입 여부를 고민한 제도다. 또 가장 취약한 계층이 상황에 떠밀려 신장을 판매할까 봐 걱정된다면, 이렇게 생각해보자. 빈곤층은 건강을 위협하는 추가 근무나 위험한 업무를 이미 하고 있다. 즉, 이들은 자기 소유권으로 고된 업무를 선택하고 대가를 받는다. 성인에게 탄광이나 편의점에서 일하는 대신 신장을 팔아 담보대출을 갚을 권한을 박탈할 이유는 없다.

　자유주의자들은 낙태 문제와 관련해서는 "내 몸은 내가 선택한다"는 구호를 외치면서도 정작 신장 매매 시장에 대해서는 주저하는 태도를 보인다. 마찬가지로 보수주의자들은 '계약의 자유'를 찬양하면서도 신체를 온전히 계약에 맡기는 것에 반대한다. 신장 판매와 탄광 노동을 놓고 고민하는 일을 왜 개인에게 맡기지 않는 가? 또 (매우 비현실적인 가정으로 들리겠지만) 인간을 착취하거나 인간성을 훼손하지 않는 안전하고 공정한 시장을 우리 힘으로 만들 수 있다는 생각을 왜 안 하는가?

신장 판매가 노예제도로 가는 미끄러운 비탈길이 될까 봐 걱정이라면 글쎄, 이를 끈끈한 계단(4장에서 소개한 도구)으로 만들면 되지 않을까? 목숨을 구하는 발걸음을 한 발짝 내디딘 다음, 엄격한 규제로 보호받는 시장을 만들어 걸음을 멈추게 하면 되지 않을까?

지금의 규칙을 너무 좋게만 받아들이면 곤란하다. 금주법 시대에 주류 밀매가 판친 것처럼 장기 판매를 금지하면 암시장만 커질 수 있다. 전 세계에 존재하는 잔혹한 신장 매매 불법 시장에서 '기증자'들은 전혀 보호받지 못한다. 이들은 겨우 푼돈을 받거나 그마저도 받지 못한다. 부유한 환자는 어디로 가서 누구에게 돈을 주면 장기를 살 수 있는지 잘 안다. 나머지 환자들은 그냥 숨을 거두고, 그보다 더 많은 환자들은 고통스럽게 투석을 받는다. 사실 이들은 자신에게 필요한 신장이 존재하고 이를 팔려는 사람들이 있으며 보험 회사가 그 비용을 지불할 의사가 있다(신장 이식이 투석보다 비용이 훨씬 적게 든다)는 사실을 알고 있지만 장기 이식법이나 전 세계에 존재하는 이와 유사한 규정 때문에 장기를 산다는 것을 생각조차 하지 못한다.

마지막으로, 조절기를 절반쯤 아래로 내려 신장 판매 시장을 세심하게 설계하는 것은 그렇게 허무맹랑한 얘기가 아니다. 1984년 장기 이식법은 줄기세포 판매도 금지했다. 당시에는 고관

절에서 골수를 채취해 줄기세포를 뽑았다. 그러나 지금은 혈액에서 손쉽게 줄기세포를 추출할 수 있다. 2011년 미국 서부 9개 주를 관할하는 연방항소법원은 줄기세포의 성격이 판매 불가능한 신장보다는 판매 가능한 혈장과 더 유사하다는 의견을 밝혔다.

그렇다고 판사들이 조절기를 끝까지 밀어 올려 완전한 판매를 허용한 것은 아니다. 줄기세포를 팔려면 전국 기증자 등록소에 이름을 올려야 한다. 의사들이 의료적 필요성과 세포 적합성을 토대로 판매자와 수혜자를 연결해주므로, 판매자는 절실한 환자들을 겨냥해 자신의 세포를 경매에 부칠 수 없다. 또 판매자는 환자에게 직접 연락하지 못한다. 비용 상한선을 3000달러로 설정해 취약층의 과도한 판매를 막았다. 이는 의사들이 난자 판매에 부과하려던 제약과 비슷하다. 신성한 것과 세속적인 것 사이에서, 즉 판매 금지와 제약 없는 판매 사이에서 조절기를 잘 움직이면 매해 줄기세포 이식을 기다리다 죽는 환자 3000명 중 상당수에게 생명을 줄 수 있다. 그렇지만 문제는 2011년 항소법원의 판결에 영향 받은 몬태나 같은 몇몇 주에만 줄기세포 판매소가 있다는 점이다. 몬태나 주와 경계를 맞대고 있는 와이오밍 주는 조절기를 완전히 아래로 내려버렸다. 이곳은 줄기세포 구입을 여전히 금지하고 있으며, 신장 매매와 동일한 범죄로 다룬다.

장기 이식법은 고정불변이 아니다. 제정된 지 50년도 안 된 법이다. 연방의회는 장기 이식법을 통과시키면서 "인체 장기를 상품으로 보면 안 된다"고 선언했다. 그 후로 장기 이식법은 명백한 피해를 입혔다. 장기에 대한 의료적 수요가 계속 늘어나는 상황에서 무상 기증에 의존해 장기 공급을 늘리려던 정책은 실패했다. 신장 판매에 반대하는 타당한 이유가 많긴 하지만, 강압적 판매와 인간의 존엄성이라는 이유 앞에 우리는 주저할 수밖에 없다. 현명하게 설계한 소유권이라면 이러한 우려를 없앨 수 있다.

소유권 원칙을 잘 이해하고 싶다면, 유사점과 차이점을 추론해내는 방법부터 훈련하는 게 최선이다. 이는 몬태나 주 법정이 줄기세포에 적용한 방식으로, 우리 모두 일상에서 활용 가능한 도구라 할 수 있다. 누가 "신장은 사람과 같다"며 유사점을 늘어놓으면, "신장은 정체성이 없다. 신장은 스스로 생각하지 못한다"는 식으로 차이점을 찾아보자. 설득력 있는 차이점을 발견하면 생과 사를 가르는 변화를 만들어낼 수 있다.

- 난자 판매를 둘러싼 논쟁 -

이제 웬디 게리시의 황금 난자 이야기로 돌아가보자. 1980년대 체외 수정 기술로 난자 판매가 가능해지면서 규칙을 만들 필요성이 제기됐다. 유사점으로 볼 때, 난자는 신장과 정자 중 어느 쪽에 더 가까울까?

미국 법정은 정자 쪽에 더 가깝다고 보고 활발한 시장이 열리도록 길을 터주었다. 실제로 난자는 여러모로 정자와 비슷하다. 둘 다 채취 후에도 개체 수가 많이 남는다. 또 둘이 만나 수정된 배아가 자궁에 자리 잡으면 생명이 탄생한다. 둘 다 본의 아니게 부모가 된 경우, 이를테면 이혼이나 사후 기증자의 의지에 반해 사용되더라도 자식에게(생물학적 부모를 알고 싶어 하는 사람이나 의료상의 이유로 꼭 알아야 하는 사람에게) 부모로서 책임을 져야 하는 문제를 낳기도 한다. 이런 요소를 고려하면 정자와 난자를 동일하게 다루게 되고, 조절기를 규제 없는 판매에서 한 눈금 내리게 된다.

그렇지만 큰 차이점도 있다. 정자는 머리카락처럼 쉽게 모을 수 있고 재생산이 빠르다. 반면 난자 추출은 주사, 시술, 마취, 심각한 합병증이 동반되는 훨씬 고통스러운 과정을 거쳐야 한다. 취약층 또는 비자발적 난자 판매자는 당장 거액이 필요하기 때문에 정서적 고통이나 건강상 위험을 무릅쓰고 난자를 팔려 한다. 자발적 판매자여도 사후 관리를 받을 여유가 꼭 있는 것은 아니다. 또 강압적 알선자가 난자 제공자를 속여 대부분의 이익을 챙길 수도 있다. 이러한 차이점 때문에 난자는 정자보다 조절기 눈금을 더 내려서 상담과 사후 관리를 의무화하고 판매에 더 큰 제약을 가해야 한다.

반면 성 평등에 관심이 많은 쪽은 기증 절차가 더 위험해도 난자의 소유권 조절기를 정자와 동등한 수준으로 올려서 난자의 시장 판매를 활성화하자고 주장한다. 난자 판매가 처음 가능해진 시점은 세대 교체 물결이 일던 1980년대로, 당시 많은 여성이 자기 몸에 대한 결정권과 시장에서의 동등한 대우를 요구했다. 불임 전문의가 난자 가격의 상한선을 정했을 때 카마카히가 반발하고 나선 것도 이런 배경에서다. 소유권 조절기를 성별로 다르게 설정하려면 설득력 있는 근거가 있어야 한다.

그렇다면 조절기의 눈금을 어디에 맞춰야 할까? (보통 검증되지 않은) 강한 도덕적 의무감이 이 판단에 영향을 준다. 이런 가정을 해보자. 절대적으로 안전하고 모든 정보가 주어지며 강압성이 없는 자유롭고 공정한 시장에서 난자를 거래할 수 있다고 말이다. 그래도 여전히 반대하는 사람들이 있을 것이다. 이들은 고정된 성 역할을 지지해서가 아니라 보편적 인간성을 지켜야 한다는 의무감 때문에 반대한다. 이들은 품위 있는 사회라면 난자에 가격을 붙여선 안된다고 주장한다.

이 쟁점을 명확히 하기 위해 명문 대학 교내 신문에 자주 등장하는 난자 기증자를 찾는 광고를 살펴보자. 이 광고들을 보면 구체적으로 키 크고 몸매 좋고 SAT 점수도 높은 백인 또는 아시아 여성 기증자에게 거액을 주겠다고 제안한다. 지난 50년 동안 연방법은 '백인 룸메이트'나 '예쁜 여성' 승무원을 구하는 광고를 불법으로 규정했다. 이런 거래를 원하는 집주인과 세입자 또는 고용주와 직원이 있더라도 이런 광고가 버젓이 나오면 차별적 문화를 정당화하고 영속화할 거라고 보고 처벌했다. 그렇다면 비슷한 조건을 내세우는 난자 기증자를 찾는 광고는 왜 괜찮은 걸까?

미국은 난자 판매에 따른 여러 문제가 있지만 그 조절기를 최대한 위로 올리기로 했다. 캐나다, 중국, 그리고 자유주의적 성향이 강한 유럽 국가들은 방향을 반대로 틀어 난자의 상업적 판매를 금지했다. 영국의 경우, 기증자는 병원까지 가는 택시비 정도만 받을 수 있다. 그 결과, 영국 여성은 난자 기증을 거의 안 하기 때문에 영국에서 난자를 얻으려면 수년을 기다려야 한다. 현재 수많은 '불임 치료 관광객들'이 미국으로 몰려와 난자를 구입해 가정을 꾸리고 있다.

한 가정 내에서 '신과 국가' 같은 거창한 주제에는 의견이 일치하더라도 장기 매매 시장에 대해서는 의견이 충돌하기도 한다. 인체의 신성함이나 강압적 판매에 대해 특정한 견해를 고수하는 사람은 조절기를 아래로 밀어낸다. 또 자유나 시장 같은 특정 용어를 신봉하는 사람은 조절기를 위로 올린다. 어떤 유사점과 차이점이 제일 먼저 떠오르는지, 어떤 틀로 문제를 바라보는지에 따라서도 견해는 달라진다(2장에서 다룬 소유권의 심리학을 떠올려보자). 그렇기 때문에 자기 소유권 원칙은 적색 주와 청색 주, 북부와 남부, 고소득 지역과 저소득 지역의 경계와 잘 맞아떨어지지 않으며, 종교적 보수주의자나 세속적 페미니스트 집단 내에서 또는 저녁식사 자리에서 의견 일치를 보기가 어렵다.

이처럼 자기 소유권을 조절기에 대입해 사고하기란 쉽지 않다. 그래도 조절기는 온오프 스위치라는 단순한 줄다리기 싸움에서 우리를 건져낸다. 이를 통해 우리는 각각의 핵심 가치를 있는 그대로 다루는 소유권을 설계할 수 있다. 이렇게 하면 서로에게 이득이 되는 해결책이 나올 가능성이 있다. 그렇지만 이를 위해서는 소유권 설계의 핵심 도구가 하나 더 필요하다. 이제부터 살필 주제가 바로 그것이다.

- 신체 자원 조절기 -

우리 몸이 금광 같은 가치를 인정받는다고 해도 내 몸의 자원을 캐내는 사람은 내가 아닐 수 있다. 다른 사람이 내 몸에서 자원을 빼내 돈벌이를 할 수도 있다. 존 무어는 이 사실을 힘겹게 배웠다.

무어는 1970년대 알래스카에서 원유 수송관을 설치하는 일을 하다가 털세포백혈병이라는 희귀암 진단을 받았다. 그는 UCLA 의학 연구소의 암 연구자 데이비드 골데를 찾아가 치료를 받았다. 골데는 무어의 병든 비장을 성공적으로 제거했다. 이후 7년 동안 무어는 로스앤젤레스에 주기적으로 가서 골수, 혈액, 정액 샘플을 제공했다. 먼 곳까지 통원하느라 힘들었지만 후속 치료의 일부라고 생각하며 견뎠다. 그런데 문득 집 근처 시애틀 병원에서는 왜 샘플 채취를 할 수 없는지 궁금해졌다. 이런 의심이 들던 차에 골데가 무어에게 로스앤젤레스행 비행기 표와 고급 호텔 비버리 윌셔의 숙박비까지 대주며 자기 병원에 와서 치료받으라고 권했다.

그러던 어느 날, 무어는 UCLA 병원에서 내민 동의서에 서명하지 않기로 했다. 무어의 혈액이나 골수에서 얻은 잠재적 생성물에 대한 '모든 권리'를 양도한다는 동의서였다. 그러자 골데가 곧장 무어에게 세 차례나 전화해 동의하지 않은 이유를 물었다. 무어는 머뭇거리다가 깜빡한 것 같다고 둘러댔다. 골데는 시애틀에 우편물을 보낼 테니 서명해달라고 독촉했다. 이상하게 여긴 무어는 변호사를 고용해 알아보기로 했다.

진실은 이렇다. 무어는 암에 걸린 비장에서 떼어낸 세포가 상업적 가치가 큰 특이한 단백질을 만들어낸다는 사실을 알았다. 골데와 동료 연구진은 비장 적출 수술을 한 후에 이 비장 세포를 대량 배양하는 기술을 연구했다. 이들은 무어의 비장을 이용해 새로운 세포주cell line, 細胞株(동일한 유전적 특징을 갖는 배양 세포-옮긴이)를 개발하는 데 성공했다. 배양접시에서 살아남은 이 세포들은 독자적으로 영구히 증식했다. 무어는 수술 후 7년간 힘겹게 받은 치료 중 일부가 자신의 건강이 아닌 골데의 부를 위한 것임을 깨달았다.

무어가 동의서에 서명하기를 거절한 지 얼마 지나지 않아 골데는 '모Mo' 세포주에 대한 소유권을 얻으려고 특허 신청을 냈다. 골데는 이미 한 생명공학 회사로부터 300만 달러가 넘는 경제적 이익을 얻었고, 앞으로도 그 몇 배에 달하는 수익을 더 올릴 터였다. 모세포주의 가치는 수십억 달러에 이를 것으로 전망됐다. 하지만 무어는 아무것도 얻지 못했다. 무어는 어느 기자에게 말했다. "나를 모Mo로 취급하고, 진료 기록에도 '오늘 모를 봤다'라고 언급된 사실에 매우 모욕감을 느낀다. 골데가 팔짱을 끼던 사람은 내가 아니라 모였고, 세포주였다. 고기 조각처럼 말이다."

무어는 골데와 UCLA 의료진이 자신의 세포를 훔쳐갔다며 피해보상 소송을 냈다. 골데가 허락 없이 자신의 비장을 상업적으로 이용해 수익을 얻은 만큼 무어 본인도 비장에서 이익을 얻을 권리를 자기 소유권으로 보장받아야 한다고 주장한 것이다.

이런 일이 무어에게만 일어났던 것은 아니다. 독자 중에 헨리에타 랙스의 이야기가 떠오르는 분들이 있을 것이다. 레베카 스클루트가 쓴 흥미로운 책 『헨리에타 랙스의 불멸의 삶The Immortal Life of Henrietta Lacks』과 오프라 윈프리가 주연한 동명의 HBO 영화로 유명해진 사건이다. 1951년 랙스가 자궁경부암 판정을 받고 치료받던 중 존스홉킨스대학 연구진은 랙스의 세포를 채취해 무한증식하는 첫 인간 세포주 헬라를 만들었다. 이 헬라세포가 근대 의학의 판도를 바꾸고 다양한 생체의학 분야의 운명을 좌우했다. 몇 가지만 예를 들면, 헬라세포 덕분에 항암 치료, 소아마비 백신 개발, 그리고 난자 기증과 출산 대리모 시장을 활성화한 체외수정 기술이 가능해졌다.

그렇지만 정작 랙스 본인에게는 이로운 게 없었다. 의료진은 랙스에게 세포 사용에 대한 허락을 구하지 않았고, 아무런 보상도 하지 않았다. 랙스의 남편과 자녀들이 헬라세포의 존재를 알게 된 것은 랙스가 사망한 지 수십 년 후, 연구진이 헬라세포를 식별할 수 있는 표지를 얻기 위해 가족에게 연락했을 때였다(헬라세포가 다른 세포를 오염시켜 각종 연구가 무용지물이 될 위기에 처하자, 헬라세포를 식별하기 위한 유전자 샘플을 얻기 위해 가족에게 연락했다-옮긴이). 당시 랙스의 큰딸 엘시는 빈곤하게 살다가 죽었고, 아들 조는 감옥에 있었다. 또 다른 딸 데버러는 10대 미혼모로 관절염과 우울증으로 고생하고 있었다. 헬라세포로 얻은 수익 중 아주 적은 몫이라도 랙스의 가족에게 돌아갔다면 이들은 다른 삶을, 아마도 더 나은 삶을 살았을 것이다.

랙스는 자기 소유권에 근거한 그 어떤 권리도 내세우지 못했다. 암세포를 제거한 후 곧 사망했기 때문이다. 반면 수술 후에도 살아남은 무어는 의료진을 고소했고 캘리포니아 주 대법원까지 가서 자신의 권리를 주장했다. UCLA 연구진은 무어에게서 세포를 훔친 것일까? 법원은 골데가 떼어낸 세포를 무어의 소유로 볼 수 있는지가 관건이라고 생각했다.

법원은 온 오프 스위치 방식으로 사건에 접근해 무어와 골데 둘 중 누구에게 세포 소유권이 있는지 따지는 융통성 없는 구도를 만들었다. 소유권의 스위치를 켜면 무어에게 소유권이 생기므로 그 세포는 무어가 팔 수 있는 대상이 된다. 스위치를 끄면 무어에게 소유권이 없으므로 그 세포는 다른 근본적 가치를 위해 시장으로부터 보호받는 대상이 된다. 법원은 의료 연구 촉진을 핵심 가치로 삼왔고 무어의 인격성에는 별로 관심을 보이지 않았다. 또 잘라낸 세포 조직에 대한 지배권을 환자에게 주면 의사들이 지난하고 비용도 많이 드는 협상에 시달릴 것이고 "연구자가 세포 시료를 구입할 때마다 소송으로 한 몫 잡으려는 사람들이 생길 것"이라며 우려했다. 결국 "연구에 필요한 원재료에 대한 접근을 차단하면 의료 연구에 방해가 된다"라고 결론을 내렸다. 따라서 법원이 보기에 이러한 결과를 피하는 가장 간단한 방법은 자기 소유권의 스위치를 꺼버리는 것이었다. 무어는 패소했다. 무어는 아무런 보상도 받지 못한 채 2001년 56세의 나이로 사망했다.

그런데 법원이 내린 판결에는 의아한 면이 있다. 물론 의료 연구를 촉진하는 것은 중요한 가치다. 또한 골데는 세포주 개발을 위해 열심히 연구했으므로 그의 생산적 노동은 소유권으로 보상받을 만하다. 그렇지만 우리의 관심은 노동이 전부가 아니다. 왜 무어는 자기 몸에서 나온 귀중한 자원에 대한 권리를 가질 수 없는가? 왜 수술대에 오르는 취약한 환자를 보호해주지 않는가? "연구에 필요한 원재료에 대한 접근"이라는 법원의 관심사는 곧 의사에게 인체를 채굴해서 이윤을 얻을 수 있는 권리가 있다는 것으로 풀이된다. 인간의 존엄성에 대한 존중은 별로 느껴지지 않는다. 사실 법원은 무어의 신체가 매우 신성하다고 말하긴 했지만 모 세포주로 이익을 얻지 못한 사람은 무어 1명뿐이었다.

판사들은 무어와 골데의 주장을 중재할 수 있는 소유권 도구를 고려하지 못했다. 조절기를 돌려서 자기 소유권과 연구 노동을 동시에 인정하고, 인간의 존엄성과 의학적 진보를 동시에 지키는 방법을 고안하지 못했다. 변호사들은 이런 도구를 권리와 구제조치의 구분rights-remedies distinction이라고 부른다. 이는 두 단계로 나뉘며, 다음과 같이 작동한다.

우선 잘라낸 세포조직에 대한 무어의 권리를 설정한다. 여기에는 무어의 자기 소유권에 최소한 '내 세포에 손대지 말 것. 수술이 끝나면 세포를 태워 없앨 것'이라고 말할 권리가 포함되어야 한다. 자기 소유권의 이러한 기본적 속성 때문에 내 몸에 있는 여분의 신장을 내놓지 않았다고 해서 그런 나의 선택으로 신원을 아는 어떤 이가 죽음에 이를 게 확실해도 아무도 나를 비난할 수 없다. 비슷한 논리로 내가 의학의 발전에 기여하지 않았다고 해서, 또 나의 특정 세포가 엄청난 의학적 가치가 있는데 이를 연구에 쓰도록 해달라는 어느 숭고한 의사의 간청을 거절했다고 해서 나를 세포 호더cell-hoarder(호더는 강박적으로 모으는 수집광을 뜻한다-옮긴이)라고 욕 할 수 없다. 그렇지만 자기 소유권에 오직 거부할 권리만 있다면 인체가 가진 여러 값진 자원을 의료계가 활용할 수 없을 것이다.

반면, 자기 소유권 조절기를 약간 올리면 환자들이 자신의 세포를 이용하도록 허락할 이유가 늘어난다. 조절기를 위로 조금만 올리면 신장을 기증하거나 아이를 입양 보내듯, 무어도 자신의 세포를 내줄 수 있었을 것이다. 무어가 자신이 고른 병원이나 자선단체에 천금 같은 자신의 세포를 보내지 않을 이유는 없다. 조절기를 조금 더 올리면 몬태나 주의 줄기세포처럼 세포의 제한적 판매가 가능해진다. 조절기를 더욱 올리면 무어는 세포 사용을 기꺼이 허락할 것이다. 요즘 아이비리그에서 이뤄지는 난자 거래처럼 '내가 제시하는 가격에 맞출 수 있다면, 원하는 세포를 가져가시라'라며 기꺼이 거래에 응할 것이다. 이 각각의 경우, 무어의 권리는 궁극적으로 자기 소유권에서 나온다. '내 몸에서 나왔으니 내 것'이라는 논리다.

단, 여기에는 문제가 있다. 조절기를 위로 올릴수록 환자가 연구 방향을 통제하는 힘이 커지므로 수백만 명의 목숨을 구할 수 있는 연구가 가로막힐지도 모른다. 그렇다면 우리는 환자의 자기 소유권과 의료계의 연구라는 두 가지 사이에서 양극적 선택밖에 할수 없는 걸까?

그렇지 않다. 권리에서 구제조치로 시선을 옮기면 해결책이 보인다. 무어의 권리를 설정한 후 우리는 이와 별개인 선택을 추가할 수 있다. 즉, 골데가 무어의 세포를 허락 없이 가져갔을 때 무어에게 어떤 구제조치를 해줄 수 있는지 고민해야 한다(3장에서 피해보상과 금지명령의 차이를 설명하면서 구제조치를 간단히 언급했다). 권리와 구제조치는 함께 소유권을 구성한다. 어느 하나가 없으면 다른하나도 의미가 없다. 그렇다면 의료 연구를 촉진하면서도 환자의 자율성과 인간 존엄성을 지켜주는, 권리와 구제조치가 적절히 조합된 소유권을 설계하는 게 가능할까? 무어의 동의 없이 골데가 세포를 사용하지 못하도록 무어에게 자기 세포에 대한 소유권을 주었다고 가정하면 골데는 다음의 몇 가지 구제조치를 취해 무어의 세포를 손에 넣을 수 있다.

- 골데가 무어에게 1달러를 지급한다.
- 골데가 무어에게 세포의 공정 시장가치를 지급한다.
- 골데가 모든 특허와 수익을 무어에게 넘긴다.
- 골데가 무어에게 법에서 정한 라이선스 수수료를 지급한다.

우리는 구제조치로 골데가 1달러를 지급하도록 할 수 있다. 법적으로 1달러는 허락 없이 세포를 쓰지 못하도록 무어의 권리를 존중한다는 뜻이다. 다만 그 권리를 크게 존중하지 않을 뿐이다. 판사들은 이를 명목적 손해배상nominal damages이라고 하는데 권리 침해로 끼친 손해가 비교적 미미하거나 상징적이고 측정하기 어려울 때 쓰는 구제조치다. 이 조치는 원칙상 무어에게서 뭔가 빼낸 사실은 인정하지만 이보다 더 중요한 가치가 있다고 보는 것이다. 명목적 손해배상은 골데에게 솜방망이 처벌일 것이다. 그렇지만 이런 조치는 분명 의사들에게 일탈 행위를 하면 '샅샅이 조사할 것'이라는 언질을 준다.

다음으로 무어에게 공정 시장가치를 보상해주는 경우를 생각해보자. '공정'이라는 단어는 구제조치라는 이름과 딱 들어맞는 것처럼 느껴진다. 그러면 여기서는 뭐가 문제가 되는 것일까? 바로 무어의 암세포에 해당하는 공정 시장가치가 0달러부터 10억 달러까지 이를 수 있다는 점이다. 공정 시장가치는, 골데가 특허를 낸 세포주의 전체 가치에서 무어의 세포가 기여한 정도를 어느 정도로 보느냐에 따라 달라진다. 판사가 세포의 가치를 판단하는 시점이 암수술 전인지, 세포주가 나온 후인지에 따라서도 달라진다. 이 경우, 모험적인 의사라면 세포를 취하고 공정 시장가치를 지불한 다음 특허를 통해 수익을 얻을 것이다. 아니면 판사의 판결이 너무 불확실해서 의사들이 세포 연구를 단념해 의료 연구가 정체에 빠질 수도 있다.

이러한 불확실성을 없애는 간단한 방법이 있다. 골데가 모든 특허와 모 세포주에서 얻은 수익을 무어에게 이전하는 것이다. 변호사들은 이러한 구제조치를 부당 이익 환수라고 부른다. 이론상 부당 이익 환수는 남을 희생시켜 부당하게 돈벌이하려는 동기를 없앤다. 내가 노동해서 얻은 가치를 포함해 내가 얻은 모든 것을 넘겨야 한다면 애초에 세포를 빼낼 이유가 없다. 이와 유사하지만 더 엄격한 구제조치로 골데를 감방에 넣는 형사처벌도 있다. 이러한 구제조치는 매우 강력한 메시지를 날린다. '다른 사람 집에 침입해 물건을 훔치지 마라. 환자 몸에 침입해 원재료를 빼내지 마라.'

무어의 권리를 지키기 위해 강력한 구제조치를 쓸수록 의사들이 세포를 슬쩍 빼내는 일은 줄어들 것이다(이는 2장에서 논의한 사전적 효과에 해당한다). 대신 연구자가 사전에 환자와 협상하는 경우가 늘어날 것이다. 그런데 이것이야말로 법원이 가장 두려워하는 결과다. 연구자가 끝없는 협상에 빠지고, 의사가 잘못된 허가로 소송을 치르고(또는 허가를 제대로 받았어도 성가신 소송에 휘말리고), 환자와 의사가 볼썽사나운 장면을 연출하는 것 말이다. 외과 의사가 수술을 하기 전에 잔뜩 위축되었을 환자와 장기 가격을 흥정하는 모습은 바람직해 보이지 않는다.

소유권 설계는 과학보다는 기술에 가깝다. 방금 논의한 것 말고도 더 다양한 선택지가 있으며, 그중에는 곧 살펴보겠지만 우리의 딜레마에 아주 적합한 방식이 있다. 이를 일컬어 '강제적 라이선스'라고 한다.

강제적 라이선스는 라디오 방송국이 마돈나, 칸예 웨스트를 비롯한 수십만 명의 음악 저작권자와 사전에 협상하지 않은 상태에서 아무 노래나 원하는 대로 틀어주는 사례로 설명할 수 있다. 라디오 방송국은 선곡표를 작성한 다음, 선곡한 수에 미리 정한 라이선스 비용을 곱한 후 지급결제소(저작권 관리단체인 ASCAP, BMI, 사운드 익스체인지 등이 있다)에 주기적으로 수표를 보낸다. 결제소는 나이트클럽, 식당, 디지털 스트리밍 서비스 등이 보내온 돈을 포함해 모든 지불액을 합한 후, 재생횟수에 따라 작곡가에게 수표를 발송한다. 다양한 이유로 모든 곳의 가치가 동일하지 않다는 점을 감안하면 이 방식은 완벽하다고 보기 어려워도 관리하기가 쉽다는 장점이 있다. 강제적 라이선스에는 협상도, 그리드록도, 소송도 없다. 모두가 대가를 지불하고 지불받는다.

이러한 구제조치를 잘라낸 세포에도 적용할 수 있다. 환자의 장기에서 나온 자원에 대해 자기 소유권을 인정해주는 것은 인간의 존엄성과 자율성에 대한 존중을 보여준다. '내 세포를 연구에 쓰는 게 싫다'는 환자가 있다면, 그건 그들의 권리로 인정받아야 한다. 그렇지만 우리에게는 '의학의 발전에 도움이 된다면 이용해도 좋다'라고 말해줄 환자가 필요하다. 그런 허락을 받아내려면, 간단하고 관리하기 쉬운 강제적 구제조치로 자기 소유권을 보호해야 한다. 이를테면 특허 사용료 중 적은 액수라도 일정 비율을 지급해야 한다. 이렇게 조절기를 맞추면 연구자가 수십억 달러를 벌었을 경우, 연구에 필요한 원재료를 제공할지 제공하지 않을지 선택권이 있는 환자들도 대가를 받는다.

과학자들이 빅데이터와 맞춤의학을 결합시키는 추세를 감안하면 이 모든 선택지를 하루빨리 검토해야 한다. 최근 〈뉴욕타임스〉에 다음과 같은 제목의 기사가 실렸다. '그 사람이 알츠하이머에 걸리지 않은 이유는? 알츠하이머와 싸우는 열쇠를 쥐고 있는 유전자.' 이런 종류의 기사에선 유전적 돌연변이를 원재료 그 이상으로 바라봐야 한다거나 환자들에게 무어나 랙스가 받은 것보다 훨씬 나은 대우를 해줘야 한다는 고민이 전혀 보이지 않는다.

환자의 자기 소유권과 강제적 라이선스를 결합하는 식의 단계별 조절기를 거부하는 사람도 있을 것이다. 그것도 일리가 있다. 껐다 켰다 하는 방식을 더 좋아하는 사람도 많다. 이러한 양극적 선택은 설명하기 쉽고 관리가 훨씬 수월하다. 그렇지만 현실의 이해관계를 놓쳐선 안 된다. 스위치를 꺼버리면 개인이 의료계의 발전을 선택할 긍정적 이유가 사라진다. 그러면 취약한 환자들이 영리를 좇는 연구자에게 이타적 장기 기증을 하도록 강제해야 한다. 반면 스위치를 완전히 켜면 장기 매매 알선자가 연구자에게 경쟁적으로 장기를 팔러 다니는 엽기적인 광경을 보게 될 수도 있다. 그 어느 쪽도 바람직하지 않다. 반면 조절기를 적절히 돌려 현실에 맞는 소유권을 설계하면, 환자를 노예도 독재자도 아닌 위치에 놓을 수 있다.

조절기 이미지를 활용하면 인체 장기를 통제하는 방식은 무척 다양해진다. 그중 권리와 구제조치는 상충하는 가치를 포용할 수 있는 도구다. 마지막으로 결정적 질문을 던질 때가 왔다. 권리와 구제조치를 결정하는 조절기 위에 놓인 보이지 않는 손은 누구의 것일까? 이러한 원칙은 누가 정해야 할까?

- 자궁 임대는 누가 결정하는가 -

미국 헌법에는 자기 소유권에 관한 내용이 없다. 다른 국가의 헌법에서도 이에 관한 지침은 찾기 힘들다. 미국 수정헌법 제5조의 수용 조항Takings Clause은 '공익을 위해 사유재산을 수용'하려면 정부가 '정당한 보상'을 해야 한다고 명시한다. 그렇지만 헌법 어디에도 사유재산에 대한 규정은 나오지 않는다. 한 가지 큰 예외가 있다. 남북전쟁 이전에는 인간을 노예로 소유하는 것이 가능했다. 그렇지만 1865년 수정헌법 제13조가 비준된 이후로 노예 소유는 불가능하다. 미국 헌법에서 소유권에 관한 내용은 이게 전부다.

연방의회 또한 신체 자원의 소유권에 대해 침묵해왔다. 1984년 장기 이식법은 예외다. 장기 이식법의 경우, 이식을 위한 신장 매매는 금지하지만 연구 및 실험을 위한 판매에 대해서는 아무 언급이 없다. 또 줄기세포의 외과적 추출은 금지하지만 채혈에 대해서는 불분명하다. 그렇다면 무어와 랙스처럼 비상식적인 의사에게 원재료 취급을 당한 환자는 어떤 규정을 적용해야 할까? 아무도 정확히 모른다. 또 인체 자원을 언제 어떻게 판매해야 대중이 용납할까? 50개 주는 각자 나름의 원칙을 갖고 있다. 각 주의 경계를 넘을 때마다 보이지 않는 손이 소유권 조절기를 움직인다. 그 원칙들은 놀랄 만큼 각양각색이다.

자기소유권을 바탕으로 서서히 커져가는 출산 대리모 시장을 살펴보자. 2018년 킴 카다시안과 칸예 웨스트는 셋째 아이가 태어나자 소셜 미디어에 감사의 글을 올렸다. "최고의 선물로 우리 부부의 꿈을 이뤄준 대리모에게 이루 말할 수 없는 감사를 전한다." 다른 여성의 자궁을 빌려 대리출산하려는 사람들에게 캘리포니아는 비교적 꿈을 이루기 쉬운 곳이다. 반면 뉴욕 주는 2021년 2월까지 대리출산을 금지했다. 부유한 뉴욕 시민들은, 불임 커플이든 동성 커플이든 다른 곳에 가서 아기를 얻어야 했다.

〈뉴욕 타임스 매거진〉의 기자 알렉스 쿠친스키는 뉴욕을 떠나기로 했다. 그리고 이런 소감을 남겼다. "몇 년간의 불임에 지치고 유산으로 감정이 메말라버린 우리 부부는 아이를 낳아줄 여성을 구해 대리출산을 해보기로 했다. 이는 물론 궁여지책으로 금융, 종교, 사회, 도덕, 법률, 정치에 이르기까지 온갖 굵직한 분야가 쏟아내는 의문들 때문에 결코 간단하지 않은 결정이다." 다행히 쿠친스키는 금전적으로 여유가 있었고, 다른 곳으로 이동할 만한 여건이 됐다. 부부는 대리모 중개업체에서 캐시 힐링을 소개받았다. 펜실베이니아 주에 사는 아이 셋을 둔 43세 엄마로, 최근 또 다른 불임 부부에게 대리출산을 해준 경험이 있었다.

쿠친스키와 남편이 배아를 만들고, 이를 힐링의 자궁에 이식했다. 아홉 달 뒤 힐링은 맥스를 낳았고 대리출산비 2만 5000달러를 챙겨 집으로 돌아갔다. 펜실베이니아 주 카운티 등기소는 쿠친스키와 남편을 법적 친부모로 인정했다. 이들 부부가 사실상 맥스를 낳았으므로 힐링에게서 입양할 필요가 없다는 뜻이었다. 맥스가 태어나자마자 쿠친스키는 아기를 데리고 뉴욕 주로 돌아왔다.

캘리포니아, 코네티컷, 델라웨어를 비롯한 몇몇 주는 대리출산에 매우 우호적이다. 쿠친스키처럼 '대리출산을 의뢰한 부모'에게 친권을 준다. 뉴욕 주와 더불어 애리조나, 인디애나, 루이지애나, 미시간 등 공통점을 찾기 어려운 몇몇 주들은 이와 반대다. 미국에서 여성의 자궁을 빌리려면 어디로 가서 계약을 하고 배아를 이식하고 아기를 출산할 것인지 지역을 선정하는 데 아주 세심한 주의를 기울여야 한다.

나라별로도 차이가 있다. 서유럽은 대리출산에 전반적으로 적대적이다. 독일인 동성 부부인 토마스 로이스와 데니스 로이더는 아이를 얻기 위해 쿠친스키와 마찬가지로 펜실베이니아 주로 갔다. 대리모는 이들에게 첫째 아들 니코를 낳아주었고, 나중에 쌍둥이도 출산해주었다. 독일의 한 불임 전문의는 이렇게 말했다. "유럽인은 대리출산이 여성과 그 생식 능력을 착취하는 행위라고 본다. 출산하기 훨씬 이전부터 엄마와 아기가 유대 관계를 맺는다고 보기 때문이다." 그래서 여유가 있는 사람들은 미국으로 건너간다.

미국에서 대리출산하는 데 드는 비용은 결코 저렴하지 않다. 대개 10만 달러부터 시작한다. 의뢰한 부모가 난자를 확보하는 데 1만 달러(프리미엄 난자는 비용이 더 든다), 불임 클리닉과 의사에게 3만 달러, 대리출산 중개업체에 2만 달러, 변호사에게 1만 달러를 줘야 한다. 여기에 보험비, 이동비 등 여러 비용이 추가된다. 대리모는 대리출산을 해주면 2만 5000달러 정도를 번다. 이 정도 액수면 학비를 내고 담보대출을 갚고 가족을 부양하는 등 경제적 고민을 어느 정도 덜 수 있다. 의뢰한 부모는 대리모가 임신을 못 하거나 유산하더라도 대리출산 비용을 대부분 부담해야 한다. 그러다 보면 비용이 금세 눈덩이처럼 불어나지만 대신 정자와 난자를 구입하고 자궁을 빌려 맞춤 제작하듯 아이를 얻을 수 있다.

어떤 커플들은 비용을 아끼려고 인도나 라오스, 태국, 멕시코 등지로 가기도 하는데, 이들 나라는 의료 수준이 떨어지고 산모가 건강하지 못하며 법적 절차가 불분명하다는 단점이 있다. 인도는 2017년 수십억 달러 규모의 대리출산 시장을 금지했다. 지금은 (대가 없는) 이타적 대리출산만, 그리고 아이가 없는 이성애 인도 부부의 대리출산만 허용한다. 이렇게 상업적 대리모 시장을 막자 신장 이식처럼 지하 시장이 생겼다. 인도 여성들은 여전히 돈을 받고 배아를 이식받지만, 출산은 네팔이나 케냐로 가서 한 다음 아이를 건네준다. 마찬가지로 캄보디아에서도 대리출산을 금지하자 알선업체들이 캄보디아 여성을 태국으로 보내 출산시키고 있다.

어느 불임 전문 변호사는 "여유가 있는 사람은 미국을 택한다"고 말했다. 미국은 현재 합법적 자궁 대여 시장을 독점하며 대리출산에서 무역수지 흑자를 기록하고 있다.

출산 대리모 시장(과 난자 기증)을 떠받치는 체외수정 기술은 최근에 등장한 것으로, 헨리에타 랙스의 몸에서 나온 헬라세포주를 바탕으로 1980년대에 와서야 어느 정도 다듬어졌다. 출산 대리모가 의학적으로 가능해지자 곧장 이런 질문이 제기됐다. 대리출산을 허용하는 게 옳을까? 시장에서 인체의 '구성 성분' 뿐 아니라 그 '능력'까지 활용하려면 자기 소유권 조절기를 어디에 맞춰야 할까?

난자와 신장의 경우처럼 출산 대리모 영역에서도 유사점 추론을 해보자. 많은 사람이 떠올리는 이와 가장 비슷한 사례는 '전통적 대리모'일 것이다. 이는 난자와 자궁을 함께 빌려주므로 생물학적 엄마는 대리모다. 대부분의 인류 역사상 대부분의 기간에 대리출산은 이 방식이 유일했다. 대리출산은 가족 불화의 원인이 되기도 했다. 성경에도 이런 갈등이 나온다.

〈창세기〉에서 사라는 아브라함에게 가서 이렇게 말한다. "신이 내게 아이를 허락하지 않으시니, 부디 내 몸종과 동침하소서. 하갈의 몸을 빌려 아들을 얻으리다." 그래서 하갈은 이스마엘을 낳는다. 사라와 하갈의 자손들, 즉 이삭과 이스마엘, 더 나아가 유대인과 무슬림 사이의 갈등은 현재까지 이어지고 있다.

미국 법원이 대리출산에 대해 내놓은 첫 판결은 1985년 아기 M 사건이다. 메리 베스 화이트헤드는 엘리자베스 스턴과 윌리엄 스턴 부부에게 난자를 제공하고 출산을 해주기로 계약했다. 그러나 출산 후 심경에 변화가 온 화이트헤드는 아기를 데리고 다른 주로 달아났다. 스턴 부부는 화이트헤드를 고소했다. 이 사안에 대해 일부 여성운동가들은 여성에게는 자궁을 팔 자유가 있다고 지지했다. 반면 베티 프리단과 글로리아 스타이넘을 비롯한 다른 여성운동가들은 대리출산이 생모의 인격을 파괴하고, 이들을 단지 상품으로 취급한다고 주장했다. 보수주의 세력 사이에서도 의견이 갈렸다.

아기 M 사건을 맡은 뉴저지 주 대법원은 다음과 같은 고민에 빠졌다. 자기 소유권의 범위는 누가 결정하는가? 개인이 계약으로 자기만의 원칙을 정해도 되는가? 아니면 공적 자기 소유권의 가치가 개인의 선택보다 우위에 있어야 하는가? 대법원은 자기 소유권을 개인의 선택에 맡길 수 없다고 판단했다. 대법원은 판결문에서 대리출산 계약은 '불법이고 범죄에 해당할 수 있으며 여성을 비하하는 행위'로 '문명 사회에는 돈으로 살 수 없는 것들이 있다'라고 밝혔다. 아기 M 사건 판결은 사회에 큰 파장을 낳았다. 이를 계기로 뉴욕 주는 대리출산 계약을 금지했다. 바로 그 즈음 체외수정 기술이 등장해 자궁만 빌려주는 대리출산이 가능해졌다.

우리는 출산 대리모에 대한 자기 소유권 조절기를 뉴저지 주처럼 전통적 대리모와 동일한 위치에 맞춰야 할까? 이를 결정하기 전에 이 관행들의 유사점과 차이점을 생각해보자. 유사점에는 매우 고민스러운 지점이 많다. 의뢰한 부모가 태아에게 심각한 문제가 있어서 유산시키기를 원하지만 대리모가 이를 거절할 경우, 또는 그 반대인 경우 어떻게 해야 할까? 대리모는 태아의 건강을 위해 어느 선까지 위험을 감수해야 할까?

둘 사이에는 중요한 차이점도 있다. 출산 대리모는 자신이 잉태한 배아와 유전적 관련성이 없다. 이러한 생물학적 차이에 주목하면 대리출산 계약을 맺는 당사자들간의 법적, 윤리적, 정서적 관계에 대한 인식이 크게 달라질 수 있다. 기본적으로 대리모를 '우리 커플의 배아를 품고 있는 사람'으로 받아들이기가 쉬워진다. 배아가 아홉 달 동안 세 들어 살고 집세는 의뢰한 부모가 낸다고 보는 것이다. 이런 관점에서 출산 대리모는 단지 자궁을 빌려준 사람일 뿐이다.

이러한 비유를 수용하면 안전장치가 마련된 대리출산 계약은 집주인과 세입자 간의 계약처럼 보이므로 허용하기가 훨씬 수월해진다. 일단 대리출산 알선업체와 의뢰 부모가 믿을 만한 자궁 주인 womb-lords을 찾는다. 보통 교육 수준이 높은 중산층에 가정과 자녀가 있고, 적어도 대리출산에 대한 이타적 동기가 있는 사람을 찾을 것이다. 이들에게 건강검진과 의무 상담을 받게 한다. 이러한 안전장치가 있으면 대리출산은 여성의 자기 소유권 중에서 통상적이면서도 세심한 규제를 받는 권리가 될 수 있다. 그러면 대리모의 자궁을 빌리는 게 다른 사람의 아파트를 빌리는 것보다 딱히 더 강압적이거나 보편적 인간성을 해친다는 느낌이 들지 않는다.

대리출산은 의견이 분분한 사안이다. 각 주마다 소유권 조절기의 위치가 달라도 놀랄 일이 아니다. 또 그러한 기본 정책이 적색주와 청색 주, 남부와 북부처럼 단순한 경계와 일치하지 않아도 이상할 게 없다. 이는 입법기관에서 소유권을 공들여 설계하기보다 단순한 온오프식 접근을 했기 때문이다.

각 주의 입장이 바뀌면 다른 주의 판단에도 영향을 미친다. 2018년 뉴저지 주가 대가성 대리모에게 우호적 입장으로 돌아서자 뉴욕 주가 이에 영향을 받았다. 뉴욕 주 여성들은 뉴욕의 경계를 가르는 허드슨 강 건너에 있는 여성들과 달리 대리출산으로 돈을 벌지 못했다. 게다가 더 중요한 점은 알렉스 쿠친스키처럼 부유한 뉴욕 시민들은 대리모를 구하기 위해 다른 지역으로 가야 했다. 그런데 뉴욕 주 정치인들의 생각이 바뀌면서 대리출산의 원칙도 달라졌다.

소유권 설계는 연방정부, 주정부, 카운티, 지역 등 서로 경합하거나 겹치는 정치 단위끼리 계속해서 싸우는 영역이다. 역사적으로 이 싸움을 주도한 세력은 주 의회였다. 미국에서 주 의회는 이른바 민주주의의 실험실이다. 그렇지만 장기 이식법처럼 때로 연방의회가 전국적으로 통일된 정책을 추진하면 주 차원의 실험은 중단된다. 또 항소법원이 장기 이식법의 금지 규정을 무시하고 서부 여러 주에 줄기세포 판매를 허용하면 주마다 독자적 노선을 걷기도 한다.

그렇다면 이러한 결정을 누가 내려야 할까? 그 답은 간단치 않다. 예를 들어, 캘리포니아 주의 한 타운에서 대리출산에 반대하는 주민이 압도적으로 많다고 해보자. 주에서 대리출산을 허용하는데 한 도시만 금지해도 될까? 반대로 주에서 금지하는데 한 도시만 허용해도 될까? 주의 금지 대상이 비닐봉투나 대마초, 총기라면 어떻게 될까? 여기서 핵심은 '누가 소유권 조절기를 장악하는가' 하는 주도권 싸움이다. 정부가 실험적인 소유권을 도입하면 혁신적인 분위기가 전파된다. 보는 시각에 따라 이는 학습의 선순환이기도 하고 악순환이기도 하다.

가끔 뜻밖의 소유권ownership outliers을 도입하는 주들이 있다. 네바다 주는 19세기에 광산업으로 호황을 누린 이래, 성 서비스를 팔 권리를 자기 소유권에 포함시킨 유일한 주다. 네바다 주에서 라스베이거스와 리노를 제외한 작은 농촌 카운티들은 사창가가 합법이다. 매춘은 어차피 벌어지는 일이니 이를 합법화하고 규제해서 성 노동을 선택한 사람들에게 권한을 주고 강압적 행위를 제한하며 안전을 도모하고 세수를 늘리는 게 낫지 않느냐고 이들은 주장한다. 이론은 그렇다. 그러나 현실에선 인간을 착취하고 인격을 모독하는 범죄가 발생한다는 게 진실이다. 네바다 주의 선례를 따르는 주는 아직 없다.

단 하나의 주에서 선택한 자기 소유권 규정이 전국에 영향을 주는 경우도 있다. 가끔 온라인에 올라오는 처녀성 경매를 생각해보자. 캘리포니아 새크라멘토주립대학에 다니는 22세 대학생이 자신의 처녀성을 경매에 올렸다. 이 여학생은 네바다 주 카슨 시티에 있는 집창촌 문라이트 버니 랜치의 웹 사이트에 내털리 딜런이라는 이름으로 대학원 학비를 마련하기 위해 처녀성을 경매로 내놓는다는 글을 올렸다. "나는 사람들에게 자기 몸에 대한 선택권이 있어야 한다고 생각한다. 그렇다고 내가 남에게 피해를 주는 것도 아니다. 이는 결국 도덕적이고 종교적인 논쟁으로 귀결되겠지만, 나의 종교나 도덕관과는 어긋나지 않는다." 예전에는 아버지들이 딸을 소유했다. 아버지들은 딸의 순결과 신랑의 지참금을 맞교환했다. 딜런은 요즘도 순결에 가치가 있다면 이를 자신이 직접 챙기지 못할 이유는 없다고 주장했다.

딜런과 네바다 주는 조절기를 위로 올렸다. 매춘은 허용하면서 순결 경매를 금지하는 건 앞뒤가 맞지 않다. 어쨌든 포옹이나 키스를 경매에 부치는 건 유명인이 여는 자선 행사의 단골 메뉴이기도 하다. 조지 클루니와 키스하기를 낙찰받은 사람은 에이즈 연구를 위해 35만 달러를 내놓았다. 한 자선 경매 행사에서는 14만 달러를 내고 샤를리즈 테론과 23초 동안 키스를 나눈 사람도 있다. 딜런의 경매에는 1만 명 정도가 응했다. 최종 낙찰가는 380만 달러에 보증금 25만 달러였지만 거래는 성사되지 않았다.

네바다 주 밖에 사는 사람들은 대개 키스 경매와 순결 경매의 차이를 구분할 줄 알며, 실제로 구분한다. 다른 모든 주들은 순결 경매를 포함해 성매매에 대해서는 조절기를 아래로 끝까지 내려 시장에서 팔 수 있는 대상에서 제외해버렸다. 그렇지만 순결 경매가 이뤄지는 웹 사이트는 어디서든 접속 가능하기 때문에 네바다 주는 다른 주들의 자기 소유권 정책을 무력화시킨 셈이다.

딜런은 "이 경매는 옳고 그름의 문제가 아니다"라고 주장했다. 저자들은 이에 동의하지 않는다. 순결 경매, 신장 거래, 난자 판매, 대리출산 모두 자기 소유권을 확보하는 게 중요한 사안들이다. 그렇기에 의회와 법원, 재계와 개인들이 자기 소유권 조절기를 장악하려고 치열하게 다투는 것이다. 우리는 행동 계획을 세울 때 서로 경합하는 가치인 자유, 사회적 강제, 선량한 사회 중 어디에 비중을 둘 것인지 정해야 한다. 라스베이거스에서 일어난 일은 라스베이거스에서 끝나지 않는다.

- 당신 몸은 당신 것이 아니다 -

마지막으로 요즘 시대의 난제를 다루겠다. 운동선수의 경력, 더 나아가 당신의 경력은 누가 소유해야 할까?

야구팬에게 20세기 최고의 야구선수를 꼽아보라고 하면 조 디마지오, 어니 뱅크스, 테드 윌리엄스 같은 스타 선수의 이름이 튀어나올 것이다. 이들의 경력을 훑어보면 공통적으로 한 팀에서 오래 뛰었다는 것을 알 수 있다. 디마지오는 13년 동안 뉴욕 양키스에서 활약했다. 뱅크스는 시카고 컵스에 18년 동안 있었다. 윌리엄스는 19년 내내 보스턴 레드삭스에서 뛰었는데, 심지어 한국전쟁에 참전한 후 다시 같은 팀으로 복귀했다. 연봉을 더 주면 몇 년마다 팀을 바꾸는 요즘 슈퍼 스타들과는 사뭇 다르다.

그런데 디마지오, 뱅크스, 윌리엄스가 오랫동안 한 구단에 머문 이유는 달리 선택의 여지가 없었기 때문이다. 1879년부터 각 구단 계약서에 보류 조항이 생기면서 구단주는 미미한 연봉 인상으로도 선수와의 계약을 무기한 연장할 수 있는 권한을 얻었다. 이로 인해 유명한 스타급 선수도 결코 거액의 연봉을 받을 수 없었다. 메이저리그에서 계속 뛰려면 디마지오는 양키스가 주는 대로 적당한 연봉을 받고 뛰어야 했다.

양키스는 디마지오의 재능을 소유했으므로, 그를 경기에 뛰게 하거나 벤치를 지키게 하거나 다른 팀과 트레이드할 수 있는 권한이 있었다. 1919년 베이브 루스도 이런 트레이드를 당했다. 레드삭스 구단주 해리 프레이지가 브로드웨이 뮤지컬 제작비를 마련하기 위해 베이브 루스를 양키스에 팔아버린 것이다.

그러던 중 커트 플러드가 선수들의 발목을 잡는 야구계의 관행에 반기를 들었다. 플러드는 1960년대까지 세인트루이스 카디널스에서 올스타 외야수로 활약했다. 1969년, 그는 자신을 필라델피아 필리스로 트레이드하려는 구단의 결정을 거부했다. 대신 다른 팀들과 자유롭게 계약할 수 있는 자유계약 선수 신분을 요구했다. 플러드는 자신의 절절한 심정을 이렇게 표현했다. "메이저리그에서 12년 뛴 나는, 내 의사와 상관없이 여기저기 사고팔 수 있는 물건으로 취급받고 싶지 않다. 선수를 사고파는 제도는 그 어떤 것이라도 시민으로서의 내 기본권을 침해할 뿐 아니라, 연방법과 여러 주법에도 위배된다고 생각한다." 올스타 자리에 만족하고 그냥 야구나 하라고 비판하는 사람들에게 플러드는 이렇게 응수했다. "보수가 높아도 노예는 노예다."

한 평론가는 이렇게 지적했다. "노예제도는 한편으로 감금의 역사였고 강압적 이동에 저항한 역사였다. 자기 의지와 무관하게 이동해야 했던 노예들은 그 쇠사슬을 끊어내려고 투쟁했다. 오늘날 스포츠 리그에서도 이와 비슷한 관행이 보인다." 미식축구, 농구, 하키 리그도 처음 창설할 때 유럽 축구 리그와 마찬가지로 어느 정도 야구 리그를 모델로 삼다 보니 인재를 묶어두고 선수를 사고팔았다.

보류 조항에 저항한 플러드의 싸움은 연방대법원까지 올라갔다. 월드 시리즈에서 두 차례나 우승한 그였지만 소송에서는 졌다. 그는 1971년 한 해 더 출장한 뒤 선수 생활을 끝냈다. 그렇지만 그의 투쟁은 결국 승리했다. 1975년 노조를 결성한 야구 선수들은 곧바로 보류 조항을 없애기 위해 협상에 들어갔다. 1998년 의회에서 커트 플러드 법안이 통과되면서 야구 선수의 경력을 좌우하던 구단주의 절대적 권한은 금지됐다.

그렇지만 프로 선수들은 여전히 각종 제약에 묶여 있다. 미국 프로농구연맹은 팀 연봉 총액의 상한선을 정해놓는다. 그렇지만 구단주의 이익에는 상한선이 없다. 북미 아이스하키 리그 선수들은 올림픽에서 고국의 대표팀으로 뛰고 싶어 했지만 구단주의 반대로 무산됐다. 북미 아이스하키 리그는 선수들이 걸치는 옷과 신발을 지정해주며, 심지어 사생활까지 간섭한다.

대학 선수들도 이런 식의 통제를 받는다. 최근 전미대학체육협회NCAA는 TV 중계권료로 90억 달러를 받았지만, 선수들은 그 돈을 한 푼도 구경하지 못했다. NBA 명예의 전당에 이름을 올린 스펜서 헤이우드는 이렇게 말했다. "사람들이 아무 대가도 없이 헛된 희망을 품으며 계속 일하리라 기대하면 그건 오산이다. '이건 훈련이야. 우리가 널 훈련시켜주고 먹고살게 해줄게.' 이는 400년 전 노예제도에서나 하던 소리다." 전 인디애나대학 농구팀의 스타 선수 아이제이아 토머스도 이에 동의하며 NCAA에 대해 이렇게 말했다. "그들의 사업 모델은 남부 대농장이다. NCAA는 현재 미국에서 합법적으로 존재하는 유일한 대농장 사업체다." 반면 보통 백인인 운동 코치들은 어느 팀이든 자유롭게 옮겨 다니며 대학 총장보다 많은 엄청난 고액 연봉을 받고 있다.

이렇게 사방에서 거센 비판이 쏟아지자 NCAA는 마침내 규정을 완화했다. 2021~2022년 시즌부터 대학 선수들은 제품 광고나 소셜 미디어와의 계약을 통해, 그리고 선수 본인의 이름이나 이미지, 초상을 이용해 소득을 올릴 수 있게 됐다. NCAA로서는 별수 없었다. 캘리포니아 주에서 선수들의 광고 계약을 허용하는 법안을 통과시켰기 때문이다. 다른 주들도 발 빠르게 동참했고, 연방의회는 법제화를 고민했다. NCAA의 새 규정은 여전히 제약이 많다. 총 재학비용Cost of Attendance, COA(등록금, 기숙사비, 교재비, 식비, 교통비, 개인 용돈 등 대학에 다닐 때 드는 총비용-옮긴이)을 초과하는 돈은 대학에서 직접 받지 못하며, 광고에 대학 로고나 연맹 로고를 쓰지 못한다. 그래도 자기 소유권 측면에서는 프로 선수의 권리에 상당히 근접할 것으로 보인다. 스포츠 에이전트 캐머런 바이스는 이렇게 말했다. "이제 질문이 꼬리를 물고 이어질 것이다. 대학 선수에게 이런 것을 허용하면 고등부 선수들은 어떻게 할 것인가?"

스포츠 연맹은 선수를 묶어두는 관행이 이들을 노예로 취급해서가 아니라 좀 더 평범한 이유 때문이라고 주장한다. 그런 관행이 없으면 선수를 육성하기 위해 장기 투자할 이유가 없다는 것이다. 쉽게 말해 2군팀 육성, 마이너리그 지원, 프로 선수의 부상 관리, 대학 선수 교육 및 스포츠맨십 함양에 비용을 지출할 유인이 사라진다. 스포츠팬들도 선수들의 불만에 마냥 공감하는 분위기는 아니다. 어찌 됐든 프로 선수라면 자신이 사랑하는 팀의 시합에 나가 경쟁하는 게 맞고, 대학 선수는 어느 정도 교육을 받아야 하지 않을까? 청취자가 전화로 참여하는 스포츠 방송을 듣다 보면 어김없이 이런 조롱이 들린다. "연봉 100만 달러라고요? 그럼 저랑 계약합시다."

자기 소유권 조절기를 위로 밀어 올려서 선수들이 훈련과 현금과 확실한 전망을 기대하며 자신의 모든 경력을 자유롭게 팔도록 해야 할까? 아니면 조절기를 조금 내려서 선수들이 다년간 계약을 하면서도 어느 정도 진로를 재협상할 수 있는 여지를 둬야 할까? 다시 말해 보류 조항처럼 장기간 묶어두는 계약이 스포츠 시장의 관행이어야 할까, 아니면 이를 현대판 노예제도로 보고 거부해야 할까?

이에 답하기 전에, 이러한 자기 소유권 딜레마는 엘리트 운동선수만 겪는 일이 아니라는 점을 기억해야 한다. 크리슈나 레그미가 피츠버그에서 가정방문 요양업체에 들어가 일을 시작할 때 사장이 서류 더미를 내밀며 서명하라고 요구했다. "사장이 직원들에게 '그냥 형식적 절차이니 여기, 여기, 여기에 서명해'라고 했다." 이직하려던 레그미는 사장에게 고소당한 순간, 비경쟁 조항의 위력을 처음으로 깨달았다.

현재 미국 노동자 중 20퍼센트가 비경쟁 조항에 묶여 있다. 40퍼센트는 일하면서 한 번쯤 이 조항에 서명한 적이 있다. 병원은 의사들이 경쟁 병원으로 옮기지 못하게 이들을 묶어둔다. TV 드라마에 나오는 배우, IT 회사의 개발자도 마찬가지다.

이직 제한은 고액 연봉을 받는 전문직만의 얘기가 아니다. 물류 창고 임시 직원, 미용사, 요가 강사, 심지어 청소년 캠프 지도사도 이런 제약을 받는다.

패스트푸드업체도 이와 비슷한 전술인 스카우트 금지 조항을 이용해 직원이 연봉을 더 주는 인근 사업장으로 옮기지 못하게 막고 있다. 자비스 애링턴은 일리노이 주 돌턴에 있는 버거킹 지점에서 시급 10달러를 받고 조리사로 일했다. 그는 시급이 더 높은 시카고 지점으로 옮기려고 했으나 다른 지점에서 그를 받아주지 않았다. 수위, 정원사, 여타 저숙련·저임금 노동자들도 이런 조항에 묶인 경우가 많지만 레그미와 애링턴처럼 본인이 그런 조항에 서명한 사실조차 모른다. 독자들도 자신의 고용 계약서를 확인해보기 바란다. 회사에 묶인 신세일지도 모른다.

비경쟁 조항을 강요할 수 없는 주에서도 고용주는 계약서에 이 조항을 관행처럼 집어넣는다. 불법 조항이어도 내가 서명하면 구속력이 생긴다고 사람들이 오해하기 때문이다. 기업들은 이러한 심리적 허점을 이용해 노동자의 권리 주장을 차단한다. 마치 집주인이 임대 계약서에 시행 불가능한 조항을 집어넣어 세입자를 겁주는 것과 비슷하다. 사람들은 대부분 소송을 두려워하고, 법률 상담을 받을 여유가 없으며, 그런 조항에 구속력이 없다는 사실을 모른다. 그렇다 보니 시행 불가능한 계약으로 직원들을 몇 년씩 묶어놓거나 보수가 낮고 직장상사가 괴롭혀도 빠져나가지 못하게 막고 있다.

운동선수에게 보류 조항이 있어도 된다고 주장하는 스포츠팬들은 비경쟁 조항이 패스트푸드점에서 햄버거를 뒤집는 직원이나 심야에 청소하는 관리인에게 적용된다고 해도 그 생각에 변함이 없을까? 이런 조항 때문에 현 직장이 내 발목을 잡아도 상관없을까? 자기 소유권과 일치하는 선에서 내 신체 능력에 대한 권한을 어느 정도까지 계약으로 넘겨도 될까? 몇 가지 선택지를 제시해보겠다.

- 자발적 예속을 다시 허용한다.
- 정보가 완벽한 상태에서 비경쟁 조항을 허용한다.
- 제한적 비경쟁 조항을 받아들인다.
- 비경쟁 조항을 금지한다.

자발적 예속은 논의할 가치도 없다. 미국인은 수 세기에 걸쳐 예속에서 벗어나는 것이 자기 소유권을 얻는 것과 완벽하게 일치한 다는 사실을 깨달았다. 미국이 영국으로부터 독립하기 전, 유럽에 서 온 백인 정착민 중 절반은 계약 하인 신분으로 수년간 주인에게 묶여 있었다. 이들은 미국으로 가는 배편을 얻거나 가까운 친척을 데려가기 위해 또는 가족을 부양하기 위해 하인 계약을 맺었다. 이 는 가혹한 거래였다. 하인으로 일할 동안은 노예처럼 팔리거나 담 보로 잡히기도 했다.

수정헌법 13조는 노예제도뿐 아니라 계약 하인도 금지했다. 오늘날 그 누구도 자발적 예속에 찬성하지 않는다. 계약으로 내 인 생을 송두리째, 아니 단 몇 년이라도 남에게 넘기길 원치 않는다. 자 기 소유권에 대한 정당한 개념이라고 말하려면 미래의 자아에 대한 고려가 있어야 한다. 즉, 인생의 한 시점에 계약서를 쓰는 것뿐만 아 니라 우리 인생을 본질적으로 다시 쓸 수 있어야 한다. 예속을 자처 하는 것은 자유사회의 선택 범주가 아니다.

두 번째 방안은 어떨까? 자기 소유권 조절기를 쭉 내려서 모 든 정보가 주어진 상태에서 특정 능력에 대해 장기적 비경쟁 조항 을 허용하는 건 어떨까? 이 경우, 문제는 공정한 계약을 하려면 비 용이 많이 들고 시간이 오래 걸린다는 것이다. 비싼 대가를 치르고 에이전트와 변호사를 고용한 스타 선수도 자기 앞날은 예측하기 어 렵다. 정보가 완벽한 계약을 초고액 연봉자에 한해 허용하는 건 괜 찮을까? 그렇더라도 분명 한계가 있다. 운동선수 노조가 자유 계약 을 주장할 때도 그랬다. 게다가 이런 계약은 몇 년 안에 환경이 바 뀌면 어떻게든 재협상하기 마련이다.

제한적 비경쟁 조항이라는 세 번째 방안은, 각 주가 자기 소유권을 나름대로 규정하는 미국식 관행의 산물이다. 연방의회가 소유권에 관한 법률을 제정하려고 기회를 엿보고 있지만 아직 연방법에는 이에 관한 내용이 없다.

자기 소유권에 관한 주법은 대리출산법처럼 폭넓은 실험과 끊임없는 변화를 겪고 있다. 수년간 대기업들은 노조가 약해진 틈을 타 비경쟁 조항을 계속 확대해왔다. 이들은 이직을 제한해야 저임금 인력에 투자할 동기가 생긴다며 비경쟁 조항을 정당화한다. 기술을 익힌 직원이 바로 경쟁업체로 갈 수 있다면 어떤 기업이 직원에게 투자하겠냐고 항변한다. 물론 기업들은 비경쟁 조항이 직원을 묶어둔다는 점은 인정하지만, 덕분에 더 높은 임금을 받는 숙련된 직원을 길러낼 수 있는 것이라고 주장한다.

시류가 바뀌면서 비경쟁 조항은 역풍을 맞고 있다. 어느 주 법무장관은 이렇게 단언했다. "저임금 노동자를 비경쟁 조항으로 묶어두는 것은 부조리하다. 이는 취약한 노동자의 직업 이동과 고용 기회를 제한하고, 소송을 무기로 이직을 가로막는 것일 뿐이다." 주의 개입 범위는 놀라울 정도다. 여섯 개 주에서 저임금 노동자에게 적용하던 비경쟁 조항을 금지했다. 오리건 주는 이 조항을 1년까지만 시행하도록 제한했다. 하와이 주는 IT 분야 노동자에게, 뉴멕시코 주는 보건의료 노동자에게, 이 조항을 적용하지 못하게 했다. 현재 매사추세츠 주는 비경쟁 조항을 적용한 경우, 회사가 퇴사한 직원에게 고용 제약을 받은 기간만큼 재직 시 급여의 절반을 주도록 의무화했다. 단, 직원이 계약을 위반하지 않은 경우에 한해서다.

최근에는 비경쟁 조항을 허용하는 주에서도 일부 대기업들이 자발적으로 기존 흐름을 뒤집고 있다. 아마존은 물류 창고 직원들이 퇴사 후 18개월 동안 경쟁 업체로 이직하는 것을 금지한 비경쟁 조항을 없애기로 합의했다. 지미존스 샌드위치도 직원들이 2년 동안 근처 경쟁 매장에서 샌드위치를 만들지 못하게 한 비경쟁 조항을 삭제하기로 합의했다. 이러한 구속 조항이 사라지면서 직원들의 임금이 줄고 샌드위치 만드는 훈련이 부실해졌을까? 그렇지 않다.

마지막으로 일부 주는 비경쟁 조항을 엄격히 금지한다. 100년 넘게 캘리포니아 주, 노스다코타 주, 오클라호마 주는 정보가 완벽한 상태의 비경쟁 조항이든, 제한적 비경쟁 조항이든 무조건 금지했다. 이들 주에서 회사들은 기밀 정보와 영업 비밀 보호를 위해 직원들이 고객 명부를 빼돌리지 못하게 고용 계약을 맺을 수 있는데, 딱 그 정도만 허용한다.

어떤 형태의 비경쟁 조항이든 이를 거부했을 때 긍정적 효과를 얻는다는 사실을 보여주는 자료가 하나 있다. 실리콘밸리의 탄생을 주도한 곳은 매사추세츠공과대학MIT이 아닌 캘리포니아의 스탠포드대학이다. 여러 연구들은 이 두 IT 산업 허브의 차이 중 하나로 비경쟁 조항을 꼽았다. 실리콘밸리가 번성한 이유는 직원들의 이직이 자유로워 이 회사에서 저 회사로 옮겨간 창의적 아이디어가 혁신에 불을 지폈기 때문이다. 꽉 막힌 분위기의 매사추세츠 주에서는 이런 혁신을 기대하기 힘들다. 오래전부터 비경쟁 조항으로 직원들을 묶어왔기 때문이다.

같은 캘리포니아 주에서도 애플이나 구글 같은 기업들은 어떻게든 핵심 인력을 묶어두려고 했다. 그렇지만 이들은 실패했고, 현재 실리콘밸리는 세계 경제에 활력을 불어넣고 있다. 적어도 IT 산

업에서는 개인의 자유가 경제적 역동성과 잘 맞물리고 신성함이 세
속성과 조화를 이루는 분위기다.

6장
상속, 세금, 그리고 불평등

온유한 자들은
땅을 물려받지 못한다

가치 있는 것은 한자리에 오래 머무는 법이 없다. 이 사람 저 사람 주인을 바꾸며 돌아다닌다. 어떻게 옮겨 다니는 걸까? 대개는 사고파는 과정을 거쳐 옮겨간다. 그렇다면 파는 사람은 그 물건을 어디에서 얻었을까? 또 다른 판매자에게 얻었다. 이렇게 꼬리에 꼬리를 물고 이어진다. 모든 대상 하나하나의 연결고리를 따라가다 보면 소유권의 뿌리를 추적할 수 있다. 어떤 대상을 최초로 '자기 것'으로 만든 사람까지 거슬러 올라가보는 것이다. 그 사람은 신용카드를 긁거나 닭고기와 물물교환하거나 선물로 받아서가 아니라 원소유권original ownership을 주장해서 가치 있는 대상을 얻었을 것이다.

지금까지 원소유권을 주장하는 방식 중 다섯 가지를 알아봤다. 이 장에서는 여섯 번째 논리를 살펴봄으로써 소유권 주장 세트를 완성할 것이다. 이번 논리는 가족 관계에 기초한다. 바로 '우리 집안의 것이니 내 것'이라는 주장이다. 재산은 보통 한 집안에 결정적 순간이 오면 주인이 바뀐다. 죽음은 그런 순간 중 하나다. 가족들은 고인의 유품에 대해 소유권을 주장한다. 결혼도 그런 순간에 해당한다. 자산(과 부채)은 보통 결혼할 때 합쳐지고 이혼할 때 쪼개진다.

한 집안의 소유권이 방대한 지역에 퍼져 있을 때 온갖 불분명한 원칙들은 빈곤한 평야가 닿을 수 없는 저 위에 산더미 같은 부를 말없이 쌓아놓는다. 이 장에서는 이런 풍경을 들여다보기 위해 세 가지 상속과 한 가지 이혼 이야기를 살펴볼 것이다.

- 존 브라운의 농장 -

법대에서 수업을 하다 보면 학생들이 수업 때 배운 법률 개념을 개인적인 경험과 연결해 통찰력 있는 이야기를 들려줄 때가 있다. 몇 해 전 다소 딱딱한 주제인 상속 토지의 공동 소유권을 강의하던 중, 한 흑인 학생이 본인의 가족 농장 이야기를 자세히 들려주었다. 그 여학생은 어린 시절 미시시피 주의 오래된 농장에서 열린 가족 모임에 참석했다. 미국 곳곳에 흩어져 살던 친척들이 다 같이 모이는 자리였다. 그 지역을 떠난 적 없는 나이 지긋한 고모가 손수 식사를 준비했다. 그 학생에게 고모와 농장은 소중한 존재였다.

그런데 어느 날 농장의 소유 지분율이 아주 적은 먼 친척이 현금이 필요하다며 가족이 아닌 외부인에게 자기 몫을 팔았다. 구입자는 미국의 통상적인 분할법, 즉 공유 토지를 나누는 원칙에 관한 법을 이용해 농장 전체를 강매하게 했다. 파렴치한 매입자에게 이 규정은 사업 기회였다. 정보가 거의 없고 매입자가 소수여서 입찰 담합이 가능한 시장에서 종종 이런 매각 행위가 벌어진다. 농장은 카운티의 경매 법정에서 헐값에 낙찰됐다. 농장이 팔리자 가족 모임은 더 이상 열리지 않았다. 이는 비단 그 학생의 가족만 겪는 일이 아니다.

남북전쟁이 끝나갈 무렵, 셔먼 장군은 해방된 노예에게 '땅 40에이커와 노새 한 마리'를 주겠다고 약속했다. 그렇지만 북부군은 약속을 지키지 못했다. 그러나 해방노예들은 자력으로 땅을 얻기 위해 남부에서 열심히 일했다. 1920년 무렵 100만 가구에 달하는 흑인 가정이 농장을 소유하게 됐다. 이들은 1930년대와 1940년대 남부 농촌 지역에서 경제적 중추가 됐다.

현재 흑인 농가 수는 1만 9000가구에 못 미친다. 한 세기도 안 되어 98퍼센트가 사라진 것이다. 같은 기간 절반밖에 줄지 않은 백인 농가와 뚜렷하게 대조된다. 왜 이렇게 큰 차이가 날까? 비효율적인 소규모 농장들의 통합, 농가 대출 시 자행된 심각한 인종차별, 흑인에 대한 노골적인 폭력과 협박이 그 원인 중 일부다. 그러나 무엇보다 불분명한 가족 소유권이 가장 큰 원인이었다.

한 가족의 사연을 소개하겠다. 1887년 해방노예였던 존 브라운은 평생 모은 돈을 주고 미시시피 주 랭킨 카운티에서 토지 80에이커를 구입했다. 존은 오래 살았다. 1935년에 사망한 그는 아무런 유언도 남기지 않았다. 그가 남긴 땅의 소유권은 아내와 9명의 자녀가 나눠 가졌다. 시간이 흘러 이들은 모두 사망했고 역시 아무도 유언을 남기지 않아 땅은 다시 손주들이 잘게 나눠 가졌다. 그들 중 1명인 윌리 브라운은 친척들이 보유한 지분을 사들여 토지 소유권을 통합하기 시작했다. 윌리가 세상을 뜰 무렵, 소유권이 절반 넘게 모였다. 그는 이를 아내 루스에게 유산으로 남겼다.

1978년 루스 브라운은 자기 몫의 토지를 따로 떼어내 재산권을 행사하고자 법원에 공유물 분할 청구소송을 냈다. 존이 원래 구입한 땅 80에이커 중 45에이커가 루스의 몫이었다. 나머지 땅은 다른 상속자들 66명이 공동 소유하고 있었는데 지분으로 따지면 농장의 18분의 1에서 아주 미미한 1만 9440분의 1까지 천차만별이었다. 법원은 토지 분할을 명령했다. 그런데 물리적으로 땅을 나누는 게 아니라, 농장 전체를 매각한 후 매각 대금을 지분 비율에 따라 나누게 했다. 이런 식의 강제 분할 매각에서 흔히 그렇듯, 외부 회사 하나가 단독으로 입찰에 나섰다. 브라운 농장의 단독 입찰자는 농장의 수목을 탐내던 그 지역 백인 소유의 목재 회사였다.

경매가는 브라운 가족이 매긴 농장의 가치를 훨씬 밑돌았지만, 브라운 여사도 그 어떤 상속인도 입찰에 응하지 못했다. 왜 그랬을까? 주법에 따라 보통 경매 당일에 낙찰가의 전액 또는 상당액을 현금으로 지급해야 했기 때문이다. 현금이 부족한 대다수 일반 소유자는 입찰 자체가 불가능했다. 또한 브라운의 상속들은 여기저기 흩어진 소유권을 모아 공동으로 입찰하기가 쉽지 않았다. 많은 상속자들이 자신에게 소유권이 있다는 사실조차 몰랐다. 브라운의 상속자 중 목재 회사가 제시한 헐값보다 더 높은 액수를 제시할 수 있는 사람은 아무도 없었다. 이런 사례는 흔하디 흔하다. 판사가 법원에서 토지 경매를 명령하면 거래는 이미 끝난 셈이다. 낙찰가가 일반 거래의 공정 시장가치보다 훨씬 낮게 형성되더라도 마찬가지다.

브라운 여사는 경매로 현금을 약간 얻었지만 농사를 지으려던 45에이커의 땅을 대체하기에는 역부족이었다. 다른 가족들도 농장에 얽힌 추억과 가족 모임을 보상해줄 그 무엇도 얻지 못했다.

브라운 가족의 사연은 미국 흑인 농가의 소유권이 거쳐온 역사를 보여준다. 존 브라운이 농장을 구입하던 당시, 흑인 가구는 토지를 빠르게 사 모으고 있었다. 한 세기 후 루스 브라운이 농장을 잃었을 때, 미국에서 흑인의 토지 소유권은 빠르게 사라지고 있었다. 이 추세는 지금도 마찬가지다. 현재 전체 미국 농가에서 흑인 농가가 차지하는 비중은 1퍼센트 미만이며, 흑인 가구는 백인 가구보다 3배 빠른 속도로 농지를 잃고 있다.

이러한 극적인 농지 상실은 상속법과 함께 시작됐다. 특히 유언 없이 사망한 경우, 가족 소유권은 큰 타격을 입는다. 남부 지역에서 가난한 흑인 농부는 동네 백인 변호사를 의심하는 경우가 많았는데, 거기에는 그만한 이유가 있었다. 상황이 이렇다 보니 이들은 결코 유언을 남기지 않았다. 이러한 의심은 오늘날까지 이어져 일부 부유한 흑인들마저 그러한 의심을 거두지 못했다. 실제로 가수 아레사 프랭클린과 프린스는 매우 유능한 변호사를 고용할 만한 재력이 있었지만, 두 사람 이런 이유로 모두 유언을 남기지 않고 세상을 떠났다. 전체 흑인 중 4분의 3이 유언을 남기지 않는다. 이는 백인보다 2배 이상 높은 수치다.

그 결과, 남동부 지역에서 흑인이 소유한 땅 중 4분의 1 이상이 현재 상속 재산이고, 공동 소유자는 평균 8명이며, 그중 5명은 해당 지역에 거주하지 않는다. 놀랍게도 미시시피 주에 있는 토지의 경우, 이곳에 사는 흑인이 소유한 몫보다 시카고에 사는 흑인이 소유한 몫이 더 많다. 어느 전문가는 이러한 상속 재산을 가리켜 "생전 처음 들어보는 심각한 문제"라고 표현했다.

상속법은 흑인들에게, 특히 유언을 남기지 않은 경우 엄청난 대가를 치르게 한다. 유언 없으면 주에서 땅의 소유권을 쪼개 법정 상속인 우선순위로 나눠 갖게 한다. 어느 상속 재산 연구자는 "유언을 남기지 않아야 집안에 토지가 남는다고 생각하는 경우가 많은 데, 현실에서는 소유권을 위태롭게 할 뿐이다"라고 지적했다.

대부분의 상속 토지는 주로 분할 매각(브라운 여사가 토지를 잃은 방식)을 통해 청산된다. 주법에 따라 공유 토지의 경우, 관리 방식을 정할 때 사실상 만장일치를 얻어야 한다. 그런데 농장을 성공적으로 운영하고자 한다면 만장일치라는 의사결정 방식은 그야말로 끔찍할 뿐이다.

다들 이 얘기에 공감할 것이다. 가족 별장이 있는 사람이라면 아마 다른 형제자매와 공동으로 물려받았을 것이다. 부모는 자신들이 세상을 뜬 후에도 자녀들이 별장에서 우애를 다지길 바랐을 것이다. 자녀들은 지붕 수리비나 여름철 임대료를 놓고 서로 다투긴 해도 보통 원만하게 지낸다. 그러다 손주 세대로 가면, 그리고 그 이후 세대로 넘어가면 갈등이 깊어진다. 각자 외지로 떠나고, 가족간의 유대와 물려받은 땅에 대한 애착은 갈수록 약해진다.

이 모든 상황의 핵심 원인은, 공동 소유에 관한 미국 법률이 공유 재산을 관리하는 이들에게 우호적이지 않다는 데 있다. 법률은 사람들이 공유 재산을 나눠서 각자 소유하길 바란다고 가정하며, 또 그렇게 하도록 부추긴다. 미국 주법에서는 한 손주가 새는 지붕을 고치면 그 수리비를 다른 소유자에게 받아낼 방법이 없다. 집을 분할 매각하고 나서야 받아낼 수 있다. 이런 이유로 분할 매각이 활발히 이뤄지는 것이다.

미국 법률은 수리만이 아니라 모든 면에서 공유 자산 관리를 어렵게 한다. 일부 지분만으로는 대출이 불가능해 토지를 개발할 수 없다. 재난지원금도 받기 어렵다. 2005년 허리케인 카트리나가 휩쓸고 지나갔을 때 1억 6500만 달러에 이르는 피해 복구 자금이 제대로 전달되지 못했는데, 상속 재산에 대한 소유권 입증이 어려워서였다. 결국 상속받은 땅은 황폐해지고 복구되지 못했다.

엉망진창인 공동 소유권에서 발을 빼고 싶으면, 자발적 동의로든 법원의 명령으로든 소유권 분할만이 유일한 해결책이다. 법률은 루스 브라운이 원하던 물리적 분할을 용이하게 하는 방향으로 제정됐다. 브라운 여사는 존 브라운이 취득한 땅 80에이커 중에서 45에이커에 대한 지분을 원했다. 그렇지만 물리적 분할은 현실적 제약이 많다. 우선 토지 측량과 감정평가에 비용이 많이 든다. 분할된 토지의 경우에는 토지 개량도 힘들다. 토지를 분할하더라도 각각의 토지 면적이 너무 작아 경제적 유용성이 떨어진다. 현실적으로든 법률적으로든 법원은 보통 경매로 토지를 분할하라고 명령한다.

이러한 행정적 편의에는 대가가 따르게 마련이다. 한 분석가는 이렇게 말했다. "이러한 매물이 나올 때 구입자는 십중팔구 백인이다. 지역 변호사이거나 지역 공무원의 친척인 경우가 많다. 이들은 경매에 어떤 땅이 나오는지 누가 경매에서 참가하는지 항상 주시한다."

미 농무부는 분할 매각이 "흑인이 비자발적으로 토지를 잃는 주요 요인"이라고 지적했다. 최근 이러한 관행을 다룬 한 잡지 기사는 "노스캐롤라이나 카터릿 카운티 주민 중 흑인은 6퍼센트뿐인데도 상속 재산 분할소송의 42퍼센트가 흑인 가정에서 발생한다"라고 보도했다.

현재 재산 중간값을 보면 백인 가구가 흑인 가구보다 10배 정도 높다. 흑인의 토지 상실 역사는 이러한 인종간 빈부격차를 낳은 원인 중 하나다. 한 상속 재산 연구자는 "미국에서 부의 불평등을 이해하고 싶다면 흑인의 토지 상실 과정을 이해하면 된다"라고 지적했다.

농장을 매각하면 가족의 유대가 끊어진다. 헬러의 학생 가족도 더 이상 미시시피에서 모이지 않는다. 농장이 그대로 남아 있으면 나이 든 부모가 자녀를 그곳에 정착하게 하고, 자녀는 그런 부모를 모실 수 있다. 땅을 잃은 노년층은 이러한 부양을 기대하기 어려우므로 노후가 고달파진다. 브라운 가족의 비극은 헐값 매각과 부의 파괴에 그치지 않았다. 가족 내에서 농장이 차지했던 특별한 가치까지 잃어버렸다. 잃어버린 가족의 유대는 돈으로 환산하기 어렵다. 이것이야말로 진정 쓰라린 대가다.

상속 받은 농지의 상실을 막으려면 어떻게 해야 할까? 이런 상황을 초래한 소유권을 손보는 게 문제 해결의 핵심이다. 여러 유럽 국가는 사회 정책과 법률로 가족 농장을 보호하고 있다. 독일은 토지 공유자 중 한 명이 꼭 필요한 수리를 한 경우 수리비를 바로 돌려받을 수 있도록 법으로 보장한다. 이는 분할 매각을 하고 나서야 수리비를 돌려받을 수 있는 미국의 규정과 매우 대조적이다. 또한 독일은 토지를 방치하거나 분할하기보다 이를 관리하고 공동 소유권을 유지하도록 권장하는 정책을 시행한다.

독일식 모델은 미국이 2010년에 도입한 상속 재산 매각 단일화법Uniform Partition of Heirs Property Act에 영감을 주었다. 미국 단일화법위원회는 이 개혁안을 추진하면서 주 의회에 관련 법 제정을 제안했다. 이 법은 토지는 풍부하지만 현금은 부족한, 그래서 은행 대출과 토지 입찰이 힘든 흑인 농가를 대상으로 한다. 또 토지 매각이 법원 경매가 아닌 공개시장을 통해 이뤄지게 하고, 가족 구성원에게 구입우선권을 주며, 토지 매각으로 퇴거가 발생하거나 역사적 건축물에 영향을 줄 경우 판사가 매각이 아닌 다른 방안을 찾도록 의무화했다. 농지에서 계속 일하길 원하는 농가는 이 개혁안으로 농장을 지키기가 한결 수월해졌다.

현재 7개 주가 이와 유사한 법안을 통과시켰다. 사우스캐롤라이나 주의 경우, 농가 구성원에게 우선매수권을 준다. 대물림 토지의 경매가가 낮으면 가족 구성원이 자금을 마련해 직접 구입하도록 45일의 기한을 준다. 그렇지만 18개 주는 개혁안을 통과시키지 못했다. 그중 한 곳이 상속 재산이 가장 많은 노스캐롤라이나 주다.

법률 개혁은 상속 재산의 관리라는 핵심 문제를 건드리지 않는다. 토지 관리 시 만장일치 조건은 고전적인 소유권 그리드록을 낳는다(3장을 참고하라). 이에 몇몇 공익 법률 단체는 그리드록 딜레마의 해결책으로 가족 농장 기업을 구성해 상속 재산을 활용하는 방안을 제시했다. 기업 구조를 갖추면 그 땅에 오래 거주한 연로한 고모 같은 분이 CEO가 되어 농장 관리, 담보대출, 토지 임대 등을 시행할 수 있는 권한이 생기며, 가족 모임을 열어 다른 공유자에게 수익을 배당할 수 있다. 소유권의 기술적인 면으로 볼 때, 가족 기업은 공동 소유권 규정보다 더 나은 방안이다. 그렇지만 대다수 흑인 농가에게 이 잠재적 해결책은 너무 약소하고 너무 늦었다. 노벨문학상 수상 작가 토니 모리슨이 《솔로몬의 노래Song of Solomon》에서 외친 간절한 목소리에 귀 기울일 농가는 이제 별로 남아 있지 않다.

이 땅을 움켜잡아라! 잡고 놓지 마라. 나의 형제들이며, 버텨라. 나의 형제들이여, 흔들고 쥐어짜고 돌리고 비틀고 때리고 발로 차고 입 맞추고 채찍질하고 밟고 파내고 갈고 씨 뿌리고 거두고 빌려주고 사고팔고 소유하고 키우고 불려서 물려주자. 내 말 알아들었나? 물려주잔 말이다!

- "상속세는 바보나 내는 것" -

흑인의 토지 소유가 줄어드는 것은 낯설고 이례적인 일이 아니다. 아메리카 원주민도 이와 비슷한 운명을 겪었다. 이들이 겪은 부당한 전쟁, 조약 파기, 강제 이주에 관한 비극적 이야기는 잘 알려져 있다. 그렇지만 상속법 때문에 아메리카 원주민들이 보유한 토지가 줄어든 과정은 다들 잘 모른다. 아메리카 원주민이 소유한 땅은 현재 경작이나 담보대출, 판매, 임대 등 그 어떤 생산적인 용도로도 이용하기 어렵다.

아메리카 원주민은 어쩌다 이렇게 암울한 소유권 체제에 갇혀버렸을까? 1880년대 연방의회는 원주민 부족의 '낙후한' 토지 소유 관행을 바꾸기 위해 보호구역을 나누기로 결정했다. 이 계획의 목적은 원주민에게 사유권을 줘서 하루 빨리 백인 사회에 동화시키고 부족 문화를 해체하는 데 있었다. 부족의 땅 중에서 원주민 가장은 320에이커를 할당받았고, 개인은 160에이커를 받았다. '우연찮게도' 보호구역에서 할당하고 남은 막대한 잉여 땅은 백인 정착민에게 돌아갔다.

할당지가 백인 정착민의 수중에 빠르게 넘어가지 않도록 미국 정부는 원주민 소유의 땅을 신탁 관리했다. 신탁된 토지는 제약이 많아 이전이 쉽지 않았다. 처음에는 토지 소유권을 절대로 이전하지 못했다. 매각이나 유언을 통한 이전도 금지됐다. 대신 소유자가 사망하면 그 토지를 상속자끼리 나누게 했다. 한 세대가 지나면 토지 하나에 소유자 3명이 생겼고, 두 세대가 지나면 9명이 생겼다. 세 세대가 지나면 27명이 됐다. 미국 정부는 나중에 유언으로 토지 이전이 가능하도록 허용했지만 유언장을 작성하는 데 드는 비용은 지원하지 않았다. 그 결과, 대다수 원주민이 소유한 땅은 계속 쪼개졌다.

일찍이 1928년부터 연방의회는 토지 할당 정책이 실패작임을 깨달았다. 한 하원 의원은 의회 연설에서 이렇게 지적했다. "생산성 있는 옥토를 묵히고 있다. 이렇게 방치된 땅을 관리하기가 어려워 극심한 빈곤이 발생하고 있다." 제도 개혁을 시도한 1934년, 또다른 하원 의원이 이렇게 말했다. "행정 비용이 엄청나게 많이 든다. 할당된 보호구역에서 개별 상속자가 얻는 월 임대료가 1센트에 불과한 경우가 허다하다. 그러다 보니 원주민도, 원주민 관할 기관도 세부 분할이라는 무의미한 제도에 갇혀버렸다. 이 제도 때문에 인간의 필요를 위한 토지 활용 방안은 사라지고, 장부 기록이라는 복잡한 계산만 남았다."

1930년대부터 새롭게 추가된 땅이 전혀 없는 상태에서 기존에 할당된 수백만 에이커는 계속 쪼개지고 또 쪼개졌다. 1980년대 연방의회는 잘게 나뉜 땅을 소유자가 죽으면 부족에 반환하는 방식으로 토지 할당 정책을 손보려고 했다. 그렇지만 애석하게도 이 합리적인 개혁안을 연방대법원이 폐지했다. 땅이 '극도로' '지나치게' 잘게 나뉘었다는 사실을 연방판사도 인정했으면서 말이다.

> 다코타 보호구역에 있는 1305번 토지는 면적이 40에이커이고 연간 1080달러의 소득이 발생한다. 이 땅의 가치는 8000달러다. 땅의 소유자는 현재 439명이고, 그중 3분의 1이 매해 받는 임대료는 0.05달러 미만이며, 나머지 3분의 2가 받는 액수도 1달러 미만이다. 이 구역의 연간 행정 비용은 인디언 사무국의 추산에 따르면 1만 7560달러다.

토지 분할의 비극은 소유권 제도의 실패이기도 하지만, 사법적 오판과 정치적 의지 부족이 낳은 결과이기도 하다. 아메리카 원주민의 땅 600만 에이커가 10만 개로 분할되어 묶여 있다. 땅 주인은 25만 명, 분할 지분은 250만 개다. 지난 몇 년 동안 19억 달러를 투입한 토지 매입 정책으로 분할 지분 중 3분의 1을 부족 소유권으로 되돌렸다. 토지 매입 자금은 미국 정부를 상대로 한 사상 최대의 원주민 집단소송에서 연방정부가 지급하기로 한 보상금으로 마련됐다(원주민 30만 명이 연방정부가 신탁기금을 횡령했다며 집단소송을 제기했고, 15년간의 법정 투쟁 끝에 연방정부가 총 34억 달러를 지급하기로 합의했다-옮긴이). 그렇지만 토지를 매입하는 와중에도 할당 토지는 상당 부분 생계와 유대의 기반이라기보다 토지 상실을 일깨우는 씁쓸한 기제로 작용했다.

성경에는 '온유한 자들이 땅을 물려받는다'는 구절이 나온다. 소유권에 대한 이 격언은 앞서 살핀 다른 소유권에 대한 격언과 마찬가지로 사람들을 착각에 빠뜨린다. 우리가 아는 한 지상에서 온유한 자가 물려받는 몫은 보잘것 없다.

이런 현상은 우연이 아니다. 루스 브라운은 왜 미시시피 농장을 잃었을까? 다코타 보호구역 1305번 토지는 왜 그렇게 쪼개졌을까? 상속 재산 상실과 토지 분할이 생긴 이유는 건실한 통제를 소홀히 한 채 배제에만 지나치게 몰두했기 때문이다. 배제와 통제 사이에서 균형을 맞추는 것이 소유권 설계의 핵심이어야 한다.

'소유권이란 무엇인가'라는 질문에 우리는 본능적으로 배제와 관련된 답을 내놓는다. 가시철조망에 꽂힌 표지판에는 출입 금지라고 적혀 있다. 영국 법을 집대성한 위대한 법학자 윌리엄 블랙스톤은 1763년 다음과 같은 인상적인 글을 남겼다.

사유재산 자체가 이 세상에 있는 외부 대상을 한 사람이 단독으로 전제 통치하겠다는 주장으로, 소유권을 행사하는 과정에서 우주에 있는 다른 모든 이들의 권리는 완전히 배제된다.

한 마디로 '내 것이면, 네 것은 아니'라는 뜻이다.

오래된 미국 법률 중 상당수는 공유가 문제이고 배제가 해결책이라고 전제한다. 그래서 주 법원은 루스 브라운과 그 친척들 같은 토지 공유자들이 서로 빨리 떨어지도록 토지 분할을 제시했다.

단독 소유는 그 환상이 깊은 만큼, 심각한 오해를 낳는다. 현실을 보면, 시장경제의 부는 배제에 주목하는 개인보다 서로 협업하는 집단이 압도적으로 많이 쥐고 있다. 생각해보면 결혼, 콘도와 코압, 공동개발, 신탁, 동업, 법인이 다 그런 형태다. 이 모두는 헬러와 하노크 다간이 '자유주의적 공유' 재산이라고 부른 것의 성공적 사례들이다. 이는 부족한 자원을 합심해 지배하면서도 모든 개인에게 근본적 자율성을 보장해주는 소유권을 말한다. 자유주의적 공유는 7장에서 논의할 어획량 제한과 탄소 배출 상한 거래제처럼 환경보호 분야의 소유권 혁신을 일군 개념이기도 하다.

배제가 소유자와 신참자, 내부자와 외부자 사이의 갈등에 관심을 둔다면, 통제는 타인과 함께 성공적으로 일할 수 있는 원칙에 주목한다. 단지 경제적 이득뿐만 아니라 사회적 이유, 심지어 영적 이유까지 고려한다. 잘 설계된 통제 구조에서 개인은 안심하고 서로를 믿으며 인생의 가장 중요한 프로젝트를 위해 결속을 다진다. 부부가 되어 가족을 꾸리고, 같은 콘도 주민으로서 공용 공간을 이용하고, 동료 변호사와 법률 사무소를 열고, 투자자로서 동업하기도 한다.

성공적인 프로젝트를 위해 자유주의적 공유 관계를 오래 유지하려면 세 가지 상충 관계를 다뤄야 한다. 첫째, 개인의 선택과 집단의 권한 사이의 갈등이다. 집단의 허락을 구하지 않고도 할 수 있는 일은 무엇인지, 배우자의 승낙 없이 값나가는 선물을 사도 괜찮은지 등을 정해야 한다. 곧 살펴보겠지만, 그 답은 주마다 다르고 부부마다 다르다. 둘째, 다수의 결정을 따르는 것과 반대 의견을 존중하는 것 사이의 갈등이다. 콘도 조합은 고양이를 기르겠다는 나르스테트에게 어떤 조치를 취해야 할까? 마지막으로 집단의 가치 보호와 개인의 자유로운 탈퇴 사이의 갈등이다. 이혼하기 전 숙려 기간이 꼭 필요할까? 집단 탈퇴를 막는 장애물은 어느 정도 허용해야 할까?

배제와 통제를 염두에 두면, 흑인의 토지 상실이 왜 그렇게 심각한 상황인지 알 수 있다. 미국의 공동 소유법을 상속 재산에 접목하면 통제는 사실상 불가능해진다. 공동 소유 상태에서는 만장일치로 결정해야 하므로 공유자들 사이에 분쟁이 생기면 현실적 해결책은 거의 언제나 토지 분할과 배제로 귀결된다. 브라운 가족처럼 우호적인 공유자들도 대출을 받거나, 임대를 하거나, 수리비를 걷기가 힘들었다. 독일의 공동 소유법에 나오는 협조적인 자유주의적 공유와는 사뭇 다르다.

미국에서 가장 가난하고 힘 없는 시민은 제도적으로 배제성이 강한 법의 지배를 받으므로, 루스 브라운 같은 공유자가 애써봤자 노력은 수포로 돌아간다. 이런 냉혹한 원칙 때문에 시간이 갈수록 흑인 농가와 아메리카 원주민 가족이 애써 모은 얼마 안 되는 재산마저 분할로 사라져버린 것이다. 그 결과, 곡물이 자라야 할 곳에 잡초만 무성해졌다. 반면 부자의 경우는 얘기가 다르다.

1995년 1월 1일, 83세 노인 체스터 티그펜이 의회 증언대에 섰다. 미시시피 주 몬트로즈의 나무 농장 주인으로서는 상상도 못한 순간이었다. 노예의 손자인 티그펜은 일곱 살 때부터 농장 일을 배워 노새 한 마리와 씨름하면서 삼촌네 목화밭을 일구고 일당 35센트를 받았다. 티그펜의 삼촌은 상속 재산이 분할될 위험을 용케 피하고 가족 농장을 지켰다.

1940년 티그펜은 삼촌에게 땅 85에이커를 구입한 후 차곡차곡 재산을 모았다. 그는 아내 로제트 티그펜과 함께 목화와 줄뿌림 작물을 키우던 밭을 서서히 나무 농장으로 바꿨다. 부부가 사방사업沙防事業과 야생동물 서식지 보호에 힘쓴 덕분에 농장은 친환경 사업 모델로 관심을 받았다. 티그펜은 흑인 최초로 올해의 뛰어난 나무 농장주로 뽑히기도 했다.

그러나 농장의 앞날이 걱정된 티그펜은 의회로 와서 자신의 우려를 전했다. 그가 증언한 내용은 해충이나 홍수에 관한 것이 아니었다. 다름 아닌 상속세estate tax였다. 사망 시 다음 세대에게 재산을 물려줘도 된다는 특권을 얻는 대신 정부에 내는 세금 말이다.

"우리는 나무 농장을 가족에게 남겨주고 싶습니다." 그는 꾸밈없이 말했다. "주변 사람들이 지금 당장 제 나무 농장의 가치를 매겨도 100만 달러는 넘을 거라고 합니다. 그렇지만 그 모든 가치가 땅이나 나무에 묶여 있습니다. 우리는 부자가 아닙니다. 우리 아들과 저는 농장일을 거의 모두 직접 합니다. 그래서 현행법에 따라 제 자식들이 상속세를 내려면 나무 농장을 쪼개거나 목재를 내다 팔아야 합니다."

티그펜은 미래 세대를 대변하며 증언을 마무리했다. "우리는 불과 몇 달 전 농장에 나무 몇 그루를 심었습니다. 우리 손주와 증손주가 티그펜 나무 농장에서 그 나무들이 크는 모습을 보며 자라는 게 제 소원입니다. 수백만 명의 임야 주인들도 저와 같은 심정일 겁니다. 제 바람이 이뤄지도록 상속세 제도가 개정된다면 우리는 열렬히 박수를 보낼 겁니다."

그런데 여기에 반전이 있다. 티그펜 농장은 상속세 과세 대상이 아니었다. 그가 사망해도 상속세가 전혀 없고, 그의 가족은 비과세로 토지를 상속받을 터였다. 티그펜의 아들 말에 따르면, 그가 의회에서 한 증언은 본인이 직접 준비한 게 아니었다. 상속세에 반대하는 로비스트들이 원고를 써주었다. 법대 교수 마이클 그레츠는 티그펜이 "상속세 폐지 캠페인에 더없이 적합한 인물"이었고 "뒷돈을 대는 부유한 백인 가족을 대신해 폐지 운동에 앞장선 허수아비"라고 지적했다. 당시 상속세가 폐지될 가능성은 거의 없을 것 같았지만, 성공한다면 캠페인을 후원한 부유층은 수십억 달러를 아낄 수 있을 게 분명했다. 수세대에 걸쳐 이어온 경제적 지배력도 유지할 수 있었다.

상속세 폐지 로비는 순전히 억만장자들이 일으킨 계급 전쟁이다. 이들이 소유한 신문사, 이들이 후원하는 두뇌집단, 이들에게 돈을 받는 의원들이 여기에 가담했다. 이들이 내세운 전략은 평범한 미국인들에게 상속세에 대한 우려를 퍼뜨리는 동시에 상속세를 내야 하는(그리고 상속세 폐지에 돈을 대는) 갑부들에 대한 대중의 관심을 다른 곳으로 돌리는 것이었다. 이 캠페인에서 가장 절묘한 지점은 다 같이 합심해 상속세를 사망세death tax로 고쳐 부른 것이다. 상속세 폐지 운동에 일조한 여론 전문가 프랭크 런츠는 이렇게 용어를 바꾼 덕에 "유권자들의 분노를 자극하는 데 성공했다"고 훗날 밝혔다.

소유권 담론을 장악하기 위해 상속세 폐지 캠페인은 개인의 사연을 이용해 대중의 공포를 자극했다. 의회 증언에 나선 사람은 티그펜만이 아니었다. 텍사스 주 코르시카나에 있는 콜린 스트리트 베이커리의 주인 빌 맥너트, 플로리다 주에서 온 목장주 짐 터너, 펜

실베이니아 주 맬번 출신의 농부 로버트 랭도 증언에 동참했다. 이
들은 상속세를 내려면 가업을 접어야 한다고 하소연했다. 상속세
폐지를 추진하는 로비스트들에게 무엇보다 중요한 작업은 40퍼센
트에 달하는 미국인이 현재 자신의 소득이 상위 1퍼센트라거나 곧
그렇게 되리라 착각하게 만드는 것이었다. 다시 말해, 상속세를 낼
가능성이 있다고 오해하게 만들 필요가 있었다.

로비 캠페인 덕분에 티그펜의 사연은 널리 퍼졌다. 런츠, 그리
고 그가 고용한 공모자들은 미국인 100명 중 2명 미만이 내는 세금
을 마치 대중적 명분이 있는 사안처럼 포장했다. 어느 평론가는 이
렇게 지적했다. "티그펜의 사연은 계속 울려 퍼졌고 상속세가 흑인
가정에 부당한 영향을 끼친다는 인종적 색채까지 띠었다. 여기서
유일한 문제가 있다면? 이 모두가 새빨간 거짓말이라는 것뿐이다."

상속세를 다룬 〈뉴욕타임스〉의 한 기사는 상속세 폐지론자들
이 상속세 때문에 가업을 접은 농가를 단 한 곳도 찾지 못했다고 폭
로했다. 역설적이게도 티그펜 같은 소규모 자영업자들은 상속세 면
제 금액을 조금만 올려도 세금을 낼 필요가 없지만 폐지 캠페인에
뒷돈을 댄 부유층은 이에 전혀 해당되지 않았다.

폐지 캠페인을 시작했을 때 연방 상속세는 60만 달러가 넘는
상속액에 대해 세율 37퍼센트를 적용했다. 2001년 의회는 상속세
를 단계적으로 낮추기 시작했다. 2010년에는 상속세 면제 한도를
1인당 500만 달러로 올렸다. 2017년 도널드 트럼프 정부의 세제 개
편안이 통과되면서 면제 금액은 1인당 1100만 달러로 다시 한 번
뛰었다. 현재 부부라면 합쳐서 2300만 달러까지 상속세를 한 푼도
내지 않아도 된다(그리고 전문가의 도움으로 특수신탁을 설립해 절세 계

획을 잘 세우면 수백만 달러에서 수천만 달러까지 비과세 혜택 범주에 욱여넣을 수 있다).

미국은 부유한 이들에게 큰 혜택을 보장한다. 순전히 법에 따라 사망 시 상속세 없이 재산을(그리고 추가로 비과세 혜택을 받는 재산을) 물려줄 수 있을 뿐 아니라, 생전에도 상당액의 재산에 대해 세금을 물지 않을 수 있다. 거액의 유산 중 절반 정도를 주식, 미술품, 부동산의 미실현 자본이득unrealized capital gains이 차지한다. 이는 보유한 자산의 가치가 오르면 이익이 생긴다. 하지만 생전에 오른 자산가치에 대해서는 과세하지 않는다(판매하지 않았으니 세금도 없다). 사망해도 과세하지 않는다(사망 시점을 기준으로 자산이 재평가되므로 생전에 오른 자산가치에 대해서는 세금을 내지 않는다). 이는 4장에서 논의한 귀속 원칙이 극단적으로 적용된 경우다. 즉, 부는 부를 자석처럼 끌어당기지만 과세는 과세를 밀어낸다.

미국에서는 현재 사망자 1000명 중 단 2명만이 상속세 납부 대상자다. 납세 범주가 극도로 좁다. 그런데도 상속세 폐지 노력은 70퍼센트 정도의 대중적 지지를 받고 있다. 그레츠는 막대한 부를 비과세로 물려주는 것에 대해 "근래에 가장 효과를 거둔 입법 캠페인 중 하나"라고 표현했다. 로비스트들은 억만장자 집안과 그 동맹인 백만장자를 대변해주고 거액의 수수료를 받는다. 납세 의무를 지불 능력이 넘치는 사람을 제외한 다른 모든 이들에게 성공적으로 전가한 것에 대한 보수다. 상속세 폐지 캠페인을 뒷받침한 부유층은 가족 소유권 보호에 투자한 결과, 엄청난 보상을 받았다. 사업을 운영해서 거둔 것보다 수익률이 훨씬 높았다.

상속세 폐지는 출발점일 뿐이다. 억만장자 클럽에는 좀 더 정교한 계획이 있다. 그 이야기는 수천 년 전 노르망디 가문이 잉글랜드 왕국을 정복하면서 가져온 노르망디법에서 시작된다.

– 귀족의 나라로 퇴행 중인 미국 –

인류 역사에서 상당 기간 동안 개인은 소유권에서 중요한 존재가 아니었다. 부유한 '소유자'는 집안의 재산을 지키는 그 세대의 관리인으로, 조상의 토지를 후손에게 전달하는 임무를 맡았다. 오늘날에는 상상하기 어렵지만 재산 소유자는 대다수 개별 구성원이 아니라 한 가문이었다.

인기 TV 드라마 〈다운튼 애비〉를 생각해보자. 제1차 세계대전 직전 잉글랜드를 배경으로 한 이 드라마는 그랜섬의 백작 로버트 크롤리를 중심으로 이야기가 전개된다. 그가 보유한 영지는 가족들의 품위 있는 일상을 유지해줄 뿐 아니라 소작농과 마을 주민으로 구성된 지역사회의 경제적 기반이다.

장원 영주로서 삶은 만족스러웠지만 로버트에게는 한 가지 고민이 있었다. 잉글랜드 가문의 소유권 원칙에서 벗어날 수 없다는 점이었다. 사실상 그가 온전히 소유한 건 아무것도 없었다. 한사상속限嗣相續, Entailment은 곧 그가 당대의 재산 관리인으로서 가문의 재산을 통제한다는 뜻이었다. 따라서 가문의 재산을 늘릴 수는 있어도 그중 일부라도 팔거나 유언으로 처분할 수는 없었다. 또 장자상속에 따라 장남 상속자만 토지와 저택과 작위를 통째로 물려받을 수 있었다. 한사상속과 장자상속은 부유한 가문이 계속 부유하게 살기 위해 만든 소유권 도구다. 역사적으로 로버트 같은 귀족들은 이런 현실을 바꿀 수 없었다.

로버트에게는 세 딸이 있지만 아들이 없으므로 그가 사망하면 다운튼 애비는 자동으로 매튜 크롤리에게 넘어갈 수밖에 없었다. 그는 먼 친척이자 가장 가까운 남자 상속자로, 맨체스터에서 일하는 중간 계급(이런!) 변호사였다. 설상가상으로, 그랜섬 백작부인(로버트의 아내 코라는 부유한 미국인이다)도 가족 소유권의 딜레마에 빠져 있었다. 코라가 뉴욕에서 가져온 막대한 지참금은 (5장에서 언급한) '유부녀 신분'이 되면서 그랜섬 가문의 재산과 하나로 합쳐졌다. 로버트가 죽으면 가문의 재산을 지키는 데 꼭 필요한 코라의 돈도 매튜에게 넘어간다. 이 드라마의 첫 시즌은 매튜와 그랜섬 백작의 장녀 메리 크롤리를 엮어주려는 크롤리 가문 사람들의 노력에 초점을 맞춘다. 두 사람이 결혼해야 로버트가 죽어도 가족들이 영지에서 쫓겨나지 않기 때문이다(제인 오스틴의 소설 『오만과 편견Pride and Prejudice』의 중심축 역시 절실한 결혼 문제다).

산업혁명 이전까지는 대부분의 재산이 땅에 묶여 있었다. 귀족들에게 장자상속은 대를 이어가며 가문이 존속되는 과정에서 토지가 분할되지 않게 막아주는 강력한 장치였다. 흑인과 아메리카 원주민만큼 아일랜드인들도 토지 분할의 폐해를 뼈저리게 겪었다. 토지 분할은 아일랜드 감자 기근을 낳은 원인 중 하나였다. 1703년 반 가톨릭법Popery Act of 1703이 제정된 이후, 잉글랜드는 아일랜드의 가톨릭 교도에게 장자상속을 허용하지 않았다. 그래서 이들의 농장은 세대가 지날수록 잘게 쪼개졌다. 그 결과, 다양한 작물을 심기 힘들 정도로 농지가 줄어들었다. 결국 심을 수 있는 건 영양 밀도가 높고 생존력이 강한 감자뿐이었다. 그러다 유럽 전역에 마름병이 돌면서 아일랜드의 유일한 작물 농사가 망해버렸다. 이들에게는 아무런 대안이 없었다. 아일랜드인 100만명이 굶어 죽었고, 살아남은 이들은 미국으로 탈출했다. 토지제도가 신대륙의 역사를 바꿔놓은 셈이다.

잉글랜드의 장자상속제는 다른 남자 형제들을 소외시켰다. 이들은 군대나 수도원으로 쫓겨났다. 장자상속제는 〈다운튼 애비〉의 제작자 줄리언 펠로즈에게도 영향을 끼쳤다. 펠로즈의 아내 엠마 키치너는 삼촌인 키치너 백작의 작위를 물려받을 수 없었다. 키치너 백작에게 남자 후손이 없었으므로 그가 죽자 작위도 같이 사라졌다. 펠로즈는 이렇게 말했다. "의식이 멀쩡한 성인 여성이 세습 작위를 물려받을 권한이 없다는 게 황당했다. 사실 충격적이었다." 그럼에도 잉글랜드 귀족들은 장자상속으로 얻는 것을 생각하면 이 정도 대가는 치를 만하다고 생각했다. 남자 상속자 1명에게 재산을 물려준 덕분에 가문의 영지 전체를 고스란히 대물림할 수 있었기 때문이다.

꼭 장자가 물려받아야 할 특별한 이유가 있을까? 막내 아들을 편애하는 사회가 있는가 하면 딸에게 우선권을 주는 사회도 있다. 그렇지만 장자상속을 선호하는 문화는 어느 문화권을 막론하고 압도적으로 많다. 핵심은 가문의 토지가 보존되든, 시간이 갈수록 분할되든 모든 상속 원칙이 후손들을 승자와 패자로 뚜렷하게 나눈다는 점이다. 누가 무엇을 상속받아야 하는가에 대한 자연스럽거나 미리 정해진 규칙 같은 것은 없다. 심지어 상속 자체를 허용해야 하는가에 대해서도 정해진 원칙은 없다. 모두 논쟁 대상이다.

정교하게 만든 소유권을 통해 부유한 잉글랜드 가문들은 수 세기가 지나도 엘리트 계층이라는 지위를 변함없이 유지했다. 최근 한 연구에 따르면 대헌장Magna Carta이 나오기 전인 1170년 잉글랜드에서 가장 유력했던 가문들 중 상당수가 놀랍게도 800년이 지난 후에도 여전히 높은 사회적 지위를 누리고 있었다. 이는 영국에 국한된 현상이 아니다. 오늘날 이탈리아 피렌체에서 가장 부유한 가문들은 1427년에 가장 부유했던 가문들과 상당수 일치한다.

그렇지만 미국에서는 이 원칙이 적용되지 않았다. 미국에서 상속은 타고난 권리가 아니라 각 주가 부여하기로 한 법적 권한이다. 미국은 건국 당시부터 세습 특권을 옹호하는 가족 소유권을 거부했다. 한사상속은 사실상 폐지됐다. 장자 상속도 결코 미국 법률에 끼어들지 못했다. 미국 헌법은 귀족 작위를 명백하게 금지했다. 〈다운튼 애비〉가 미국 시청자를 사로잡기는 했어도 미국의 이야기는 아니다.

한 역사가는 이렇게 평했다. "새로운 공화국 미국을 위협할 만한 모든 잠재적 요인 중에서 권력의 집중 가능성은 혁명을 경험한 지성적 지도자들을 끊임없이 괴롭혔다. 미국의 건국자들은 구유럽에서 익히 봐왔듯이 유산 상속으로 축적된 부가 불평등과 불균형을 낳아 결국 어떤 통치 체제든 부패하게 만든다는 사실을 잘 알고 있었다." 미국에서 막대한 부의 대물림은 시민 정신에 어긋나는 봉건적이고 귀족적인 행태라고 비난받았다.

그럼에도 19세기가 끝날 무렵, 미국은 자작농의 나라라는 정체성을 잃고 방황하기 시작했다. 미국은 차츰 옛 영국의 귀족정을 닮아갔다. 석유 재벌 존 록펠러, 철도 재벌 코넬리어스 밴더빌트, 금융왕 J. P. 모건, 철강왕 앤드루 카네기 등 여러 악덕 기업가가 지배한 도금시대The Gilded Age에 건국의 아버지들이 어떻게든 막으려고 했던 부의 집중이 유례없는 수준으로 일어났다.

이들 극소수 초갑부가 휘두르는 정치 권력에 대한 두려움은 사회의 반발을 낳았다. 테디 루스벨트는 대통령의 권한을 십분 활용해 혁신적인 소득세와 상속세의 도입을 요구하고 나섰다. 1916년 연방의회에서 상속세 법안이 통과되면서 1000만 달러가 넘는 상속 재산(요즘 시세로는 2억 3000만 달러가 넘는다)에 25퍼센트의 세율이 붙었다. 이렇게 걷은 세금으로 미국은 제1차 세계대전 때 전쟁 물자를 조달했고, 루스벨트가 "지나치게 커진 부, 터질 듯 한 부"라고 표현한 막대한 재산을 길들이는 데도 성공했다.

한 발 더 나아가 정치인과 대중은 상속세를 도덕적 책무로 인식했다. 프랭클린 루스벨트는 이렇게 입장을 밝혔다. "막대한 부를 유언으로 대물림하는 상속이나 증여는 미국인의 이상이나 정서와 맞지 않는다." 대다수 미국인과 마찬가지로 루스벨트 대통령은 각 세대는 자신의 힘으로 일어서야 한다고 믿었다.

심지어 영국도 이러한 인식을 받아들여 1920년대 한사상속과 장자상속을 폐지했고, 제2차 세계대전 이후 무거운 상속세를 부과하기 시작했다. 이에 귀족 가문들은 당시 표현으로 '사망세death duties'를 내기 위해 영지를 팔거나 실제로 다운튼 애비 같은 유서 깊은 저택을 박물관으로 만들었다. 1990년대 초 영국과 미국에선 자녀가 부모의 재산을 몽땅 물려받으면 안 된다는 인식이 싹텄다. 정의와 도덕을 원한다면 상속 특권에 상당한 세금을 물려 각 세대에게 공정한 경쟁의 장을 마련해주어야 한다고 생각했다.

그러나 공감대를 얻은 지혜도 금세 사라질 수 있다. 최근 2340만 달러로 오른 상속세 면제 한도는 부유층이 특권을 물려주는 방식 중 극히 일부일 뿐이다. 우리는 2차 도금시대에 바짝 다가섰다. 골드만삭스 사장이었던 도널드 트럼프 행정부의 수석경제자문 게리 콘이 "상속세는 바보나 내는 것", "절세 전략이 형편없는 부자들이나 상속세를 낸다"는 인상적인 발언을 한 이유를 이제는 이해할 수 있을 것이다. 상속세를 없애려는 시도는 더 큰 그림을 위한 첫 걸음일 뿐이다. 그것은 바로 미국을 영구적인 귀족 사회로 만드는 것이다.

최근 이런 조짐이 다른 곳도 아닌 사우스다코타 주에서 나타났다. 로라 잉걸스 와일더의 《작은 집》 시리즈에 나오는 바로 그곳이다.

- 환영! 세금 없음 -

귀족들은 대체로 집안의 재산을 영원히 물려주면서 특권을 영구히 유지하고 싶어 한다. 영국에서 한사상속 및 장자상속과 더불어 부의 대물림을 위해 썼던 핵심 수단 중 하나가 신탁이다. 영미법이 개발한 가장 위대한 소유권 제도를 고르라면 단연코 신탁을 꼽을 수 있다. 학자들은 대영제국이 보여준, 그리고 지금 미국이 누리고 있는 경제적 활력과 지배력에서 신탁과 유사한 기업 형태가 큰 역할을 했다고 지적한다.

신탁의 장점은 무엇보다도 유연한 지배 구조다. 간단히 말해,

신탁은 법적 소유자와 실질적 수익자를 분리한다. 부유한 자산가가 주식, 채권, 미술품, 부동산을 새로 만든 신탁에 넣어두고 가족에게 혜택을 준다고 해보자. 자산가는 신탁 관리자(가족 또는 전문가)를 지정해 수익자를 위해 재산을 관리하도록 한다. 신탁 관리자는 법적 소유자로, 수익을 얻기 위해 위탁 재산을 신중히 거래할 수 있는 권한이 있다. 수익자는 이렇게 운용한 재산을 받는 사람이다.

부유한 자산가가 신탁에서 얻는 이점 한 가지는, 신탁 관리자가 집행하는 수익 배분 지침을 통해 수익자의 삶을 세세하게 통제할 수 있다는 점이다. "대학을 졸업해야 돈을 받는다", "가업을 도와야 돈을 받는다", "헨리와 결혼하면 돈을 못 받는다"라는 식으로 조건을 달 수 있다. 둘째, 신탁을 통해 재산 때문에 생기는 각종 문제와 책임으로부터 수익자를 보호할 수 있다. 셋째, 신탁은 장기간 유지되므로 최초의 수익자가 사망해도 그다음 세대를 수익자로 지정해 부를 계속 물려줄 수 있다.

그렇지만 모든 신탁은 만료 시점이 있어야 한다. 영구 구속 금지 원칙rule against perpetuities이라는 오랜 영미법 전통에 따라 신탁은 존속 기간을 정해야 한다. 1600년대 잉글랜드 왕실이 이 원칙을 채택한 것은 어느 정도 신흥 귀족을 누르려는 의도를 담고 있었다. 왕과 여왕은 귀족 가문에 너무 많은 자원이 몰리면 이를 기반으로 왕권에 도전할 수 있다고 생각했다. 이유야 어찌됐든 미국의 각 주는 영구 구속 금지법을 이어받았다.

법대생에게 영구 구속 금지법은 악몽이다. 시험에 나오면 까다롭기 때문이다. 그 취지는 간단하다. 죽은 자가 산 자를 지배하는 기간을 딱 잘라 제한하는 것이다. 이 원칙으로 재산을 맡긴 위탁자는 보통 자녀로 지정한 수익자의 인생을 위해 어느 정도 재산을 묶어둘 수 있는데, 그 기간은 사후 21년까지 가능하다. 손주가 성인이 될 무렵 신탁 기간이 끝나면 남은 재산은 온전하게 수익자에게 넘어간다. 신탁 관리자의 손에서 벗어나는 것이다. 이렇게 재산을 풀어주면 최종 수익자는 스스로 삶을 개척할 수 있어서 좋고, 잉글랜드 왕실은 귀족 권력의 비대화를 피할 수 있어서 좋고, 사회는 게으른 부자가 지배 계층에서 빠져나가고 대신 다른 이들이 그 자리를 메워서 좋다.

귀족들, 그리고 귀족이 되고 싶은 자들은 영구 구속 금지 원칙이 마음에 들지 않았다. 가문의 안정을 방해하기 때문이다. 그렇다면 어떻게 해야 할까? 원칙을 폐기해야 한다. 이는 수세기 동안 초갑부들이 추구한 불가능한 꿈이자 성배였다.

사우스다코타 주로 돌아가보자. 이야기는 신용카드에서 시작된다. 1970년대 후반 씨티은행은 고금리를 제한한 규정 때문에 파산이 임박한 상태였다. 이자 제한은 기독교의 영향을 받아 대출금리에 상한을 둔 제도다. 명예욕이 강했던 사우스다코타 주 주지사 윌리엄 '와일드 빌' 잰클로는 씨티은행과 한 가지 거래를 했다. 신용카드 부서를 사우스다코타 주로 이전해 일자리 400개를 마련해주면 주에서 신용카드의 대출금리 상한을 풀어주겠다고 약속한 것이다. 당시 씨티은행은 1978년 연방대법원의 알 수 없는 판결 덕분에 (국법 은행의 신용카드 대출에서 본사가 소재한 주의 이자율을 적용할 수 있다고 판결해 이자율 제한을 우회할 통로가 생겼다-옮긴이) 사우스다코타 주의 고금리를 미 전역에 수출할 수 있었다. 이때 기만적이고 남용적인 여러 대출 관행이 함께 퍼져 나갔다. 다른 신용카드 회사들도 사우스다코타 주에 소규모 지점을 세우고 사우스다코타 주법에 의거해 전국적 영업을 벌였다. 그래서 요즘도 신용카드 대금을 결제할 때 사우스다코타 주 우편사서함을 이용한다(네바다 주나 델라웨어 주로 보내기도 한다. 이 지역들도 사우스다코타 주와 경쟁하기 위해 이자 제한 규정을 없앴기 때문이다). 이 작은 변화 때문에 미국 소비자 부채는 1조 달러까지 증가했다. 미래의 상환 능력을 넘어선 과잉 채무로 소비자들은 어떤 중대한 프로젝트가 있어도 추가로 돈을 빌릴 수 없게 됐다.

이러한 성공을 발판으로 잰클로는 세대간 부의 이전을 가로막는 장벽을 제거하는 데 착수했다. 단 열아홉 단어로 된 짧은 법규를 통해 잰클로는 사우스다코타 주 신탁에 명목상 존재했던 영구 구속 금지 원칙을 폐지했다. 탐사 기자 올리버 벌로는 사우스다코타 주가 세계적인 조세피난처로 떠오르자 "귀족 정치가 다시 게임에 등장했다"라고 표현했다.

사우스다코타 주는 자기네 지역에 오면 왕조 신탁dynasty trust을 설립할 수 있다고 홍보하기 시작했다. 이는 한 집안의 부를 영구히 유지하면서 상속세를 피하게 해주는 신탁을 말한다. 갑자기 사우스다코타 주는 강력한 자석처럼 전 세계 자금을 빨아들였다. 사우스다코타 주 대법원장은 주 의회에서 이렇게 증언했다. "누군가에게 사우스다코타는 그냥 건너뛰는fly-over 존재감 없는 곳이지만, 다수에게는 건너와야fly over할 이유가 있는 곳이다. 그들은 어떻게든 이곳에 자금을 묻어둘 방법을 찾는다."

아주 들뜬 발언이다. 그런데 사우스다코타에서 실제로 혜택을 보는 사람은 누구일까? 거의 없다. 사우스다코타 주민은 분명 아니다. 영구 신탁 사업이 존재한다는 사실을 알고 있더라도 이들은 수혜자가 아니다. 그렇다고 관광이나 투자가 활성화된 것도 아니다. 부유층은 원거리에서 신탁 계약을 맺을 뿐 사우스다코타에 오는 일이 없다. 서류에 서명하러 사우스다코타까지 오지도 않는다. 사우스다코타에 유입된 그 어떤 자금도 의미 있게 쓰이지 않는다. 그 돈은 오로지 법적으로만 이곳에 존재할 뿐이다. 신탁 위탁자와 수익자는 사우스타코타 주에서 소득세, 자본 이득세, 상속세를 전혀 내지 않는다.

주 내에서 생기는 유일한 수익은 과거에 잰클로 법을 지지했고 지금은 지역에 신탁을 만들어 관리하는 변호사, 은행가, 회계사 등 긴밀히 엮인 소수 집단에게 돌아간다. 사우스다코타 주의 한 의회 의원은 이렇게 말했다. "유권자들은 이 신탁에 대해 전혀 모른다. 이들은 봉건귀족을 본 적이 없고, 지금 자기네 주에서 무슨 일이 일어나는지도 모른다. 지금 이 일의 여파를 이해하는 사람은 우리 주에 채 100명도 안 된다."

사우스다코타에서 지역 엘리트들이 부유해지자 가족 재산 보호에 앞장서는 로비스트들이 이런 방식에 주목했다. 이들이 활동하는 주는 가난하지만 의회가 고분고분한 곳으로, 네바다와 델라웨어뿐 아니라 알래스카와 와이오밍 등이다. 현재 10여 개의 주가 신탁 관리 게임에 뛰어들었다.

1997년 알래스카 주는 재산 보호 자익 신탁을 홍보하기 시작했다. 신탁 위탁자와 수익자가 동일한 이 획기적인 신탁은 한마디로 내 돈을 나한테 주는 것이다. 이 신탁에 돈을 맡기면 내 재산을 채무자로부터 지키는 방화벽을 세울 수 있다. 재산의 법적 소유자가 신탁 관리자이므로 채권자는 신탁 재산에 손대지 못한다. 전 배우자와 자녀에게 양육비를 주지 않았거나 사업 실패로 진 빚을 갚지 않았을 때, 의료 과실로 피해 환자에게 지급해야 할 손해배상금이 있을 때도 재산을 보호할 수 있다.

알래스카의 도발에 위협을 느낀 사우스다코타는 판을 더 키웠다. 젠클로는 특별 팀을 구성해 최고 부자 가문들의 수요를 파악했다. 곧이어 사우스다코타는 새로운 재산 보호 자익 신탁을 내놓았는데 신탁 위탁자에게 더욱 관대한 규정을 집어넣었다. 그러자 네바다도 이에 뒤질세라 판돈을 올렸다. 이렇게 각 주들이 엎치락뒤치락하며 부자에게 마구 퍼주는 '바닥치기 경쟁'을 했다.

사우스다코타는 낭비자 신탁spendthrift trust을 추가했다. 이 신탁은 신탁 관리자가 수익을 지급하는 시기와 조건을 결정할 수 있다. 그러면 채권자가 중간에 수익자의 돈을 가로채지 못하고, 자금을 추적하지도 못한다. 또 이 신탁에 들면 고급차 마세라티를 몰다가 교통사고를 내고도 피해자에게 돈 한 푼 안 주는 무책임한 신탁 수익자에게도 신탁 관리자가 꾸준히 돈을 지급할 수 있다. 사우스다코타는 회피성 자금을 겨냥한 특수목적 신탁도 제공했다. 다른 주에서는 공공질서나 대중의 정서에 반한다는 이유로 허용하지 않는 신탁이었다(예를 들면 키우던 개에게 전 재산을 남기는 경우). 마지막으로 사우스다코타의 기밀 유지 원칙은 나한테 부당한 피해를 입은 사람들에게 내가 이곳에 투자한 사실을 알려주지 않는다.

어느 자산관리사의 표현처럼, 사우스다코타는 "자신을 특별한 고급 부티크로 포장하는 데 뛰어난 실력을 발휘"했다. 2010년 무렵, 사우스다코타의 신탁 회사들은 600억 달러의 자산을 긁어모았다.

2020년에는 그 액수가 3500억 달러를 넘어섰다. 이는 미국의 신흥 귀족뿐 아니라 부패한 재벌, 마약 두목, 제3세계 독재자에게서 흘러나온 자금이었다. 투기 자금을 감춰야 하고, 책임을 회피해야 하며, 부자 가문을 지켜야 하는 사람들도 이곳에 자금을 맡겼다.

현재 사우스다코타 주는 스위스, 케이맨 제도를 비롯해 전통적 조세도피처와 비밀 계좌로 유명한 지역들을 뛰어넘었다. 초갑부라면 이런 사실을 이미 알 테고, 나머지 사람들은 전 세계 잉여 자산을 현재 사우스다코타 신탁이 쫙 빨아들이고 있다는 사실에 놀랐을 것이다.

역사적으로 미국의 주들은 공유된 가치와 국익을 이렇게까지 일방적으로 해치지 않았다. 그런데 예의와 절제라는 오랜 규범이 사우스다코타의 주도로 무너지고 있다. 부유층 곁에서 조언하는 자들은 미국의 분산된 소유권 제도에서 기회를 발견했다. 한 주에서 정보에 어두운 유권자들만 자극하지 않으면 일탈이 가능하고 그렇게 일탈적 제도를 심어놓으면 전국에 퍼뜨릴 수 있다고 판단한 것이다.

사우스다코타 주에서는 누구도 왕조 신탁에 불만을 드러내지 않는다. 이 신탁의 피해자는 연방정부에 납세하는 사람들, 그리고 멀리 떨어진 뉴욕과 캘리포니아 등 세수가 감소해 공공 서비스가 줄어든 지역의 주민들이기 때문이다. 사우스다코타 신탁은 초갑부들에게 그야말로 일거양득이다. 자신이 원하는 곳에서 정당한 몫을 내지 않은 채 살아갈 수 있고, 사우스다코타에 묻어둔 돈으로 책임을 회피할 수 있다.

앞으로 수십 년에 걸쳐 베이비 붐 세대가 죽으면 약 30조 달러의 자산이 다음 세대로 넘어가면서 인류 역사상 가장 거대한 부의 이전이 시작될 것이다. 상속 재산은 대개 상속세를 면제받을 것이다. 제 힘으로 재산을 모으지 않은, 그렇지만 무책임하게 살아도 보호를 받는 자녀와 손주들에게 그 재산이 넘어갈 것이다. 어떻게 이 모든 일이 가능할까? 사우스다코타 주 같은 곳의 신탁법에 의하면 제멋대로 사는 자손들은 그 어떤 재산도 '소유'한 상태가 아니다. 재산은 오로지 신탁 회사가 갖고 있다.

반면 재산 보호 신탁으로 유산을 물려받지 않고 봉급을 받으며 살아가기로 한 사람은 그 서툰 판단 때문에 이러한 행운을 누리지 못한다. 봉급 생활자들은 자동차를 몰다가 사람을 쳤거나 자녀 양육비를 지급하지 않은 경우, 바로 주에서 월급을 압류한다. 법원의 판결을 이행할 때까지 중간에서 봉급을 가로채는 것이다. 초갑부한테는 이렇게 하지 않는데 말이다. 압류를 빠져나가는 건 낭비자 신탁으로 재산을 물려받은 사람만이 누리는 특권이다.

1890년대 이러한 불평등이 처음으로 모습을 드러냈을 때, 미국 최고의 재산법 학자였던 존 치프먼 그레이는 이를 강력하게 비난했다. "다 큰 성인이 평생 미성년자처럼 보호받고 빚도 안 갚으면서 상속 재산으로 호화롭게 사는 모습은 아무리 생각해도 비민주적인 정책이다." 그는 낭비자 신탁을 허용하면 "귀족정이, 그것도 한 나라가 여태껏 겪어보지 못한 가장 경멸스러운 귀족정이 반드시 나타날 것이다"라고 우려했다.

그레이가 이 글을 썼던 제1차 도금시대에는 극심한 불평등의 해악을 없애고 귀족 가문이 뿌리내리는 것을 막기 위해 소득세와 상속세를 서둘러 도입했다. 미국을 더욱 평등했던 시절로 되돌리기 위해서였다. 수십 년 동안 이러한 조세 제도는 효과가 있었다. 미국은 훨씬 더 평등해졌고 동시에 엄청난 부를 쌓았다.

그렇지만 지금 맞이하고 있는 제2차 도금시대는 정반대로 가고 있다. 이미 충분히 부유한 미국의 상위 1퍼센트가 미국 전체의 부 중 40퍼센트를 소유하고 있다. 그 비율은 더욱 커지고 있으며, 이들을 제외한 거의 모든 이는 소득과 부가 제자리거나 줄어들고 있다.

그레이보다 한 세기 전, 미국 건국의 아버지들은 이러한 위험성을 이미 꿰뚫어 봤다. 이들이 오늘날 새로운 도금시대를 말없이 받아들이는 우리들의 모습을 본다면 말문이 막힐 것이다. 토머스 제퍼슨은 1813년 존 애덤스에게 보낸 서신에서 "덕망과 재능을 바탕으로 한 미국의 자연적 귀족정"과 "부와 신분을 바탕으로 한 영국의 인위적 귀족정" 사이에는 유의미한 차이가 있다고 주장했다. 제퍼슨은 "인위적 귀족정은 통치에 해악이므로, 이것이 우세해지지 않게 막는 제도적 장치가 필요하다"라고 지적했다.

이에 애덤스는 건국자들이 만든 미국의 정치 제도는 제퍼슨이 우려하는 것보다 탄탄하다며 이렇게 답신했다. "명예, 부, 권력이 국내 법과 정치 제도로 세습되면 인위적 귀족정이 시작될 거라는 점은 인정하네. 그렇지만 부정선거가 만연해져서 통제 불능에 빠지기 전까지는 절대 그런 일이 없을 걸세." 애덤스는 또 이렇게 덧붙였다. "물론 우리는 그렇게 부패한 상태와는 거리가 멀다네. 우리가 부패해지려면 몇백 년은 흘러야 하지 않겠나."

제퍼슨은 위험성을, 애덤스는 경과를, 그레이는 결과를 지적했다는 점에서 각각 옳았다.

세습 지위에 반대하며 세운 나라에서 이제 사우스다코타와 네바다처럼 주 의회가 부의 세습과 책임 회피를 부추기는 곳들을 눈감아주고 있다. 이는 분명 진보적 태도가 아니다. 그렇다고 미국의 그 어떤 지성적 보수주의가 다룰 만한 주제도 아니다. 그들의 정치 전통은 개인의 자유, 기회, 시장을 중시하기 때문이다.

오늘날 인위적 귀족정은 법 위에 군림하는 태도를 드러내고 있다. 법에 대한 멸시는, 바보들이나 상속세를 낸다는 경제자문 콘의 발언뿐 아니라 부동산 억만장자 레오나 헴슬리의 말에서도 확인할 수 있다. 헴슬리는 평소 직원들에게 하대하고 자택 시공업체에 돈을 제대로 지급하지 않은 탓에 '비열함의 여왕'이라는 별명을 얻은 인물이다. 헴슬리는 조세포탈죄로 수감되기 전, 사우스다코타 주 신탁 위탁자들이 행동 강령으로 삼을 만한 유명한 말을 남겼다. "우리는 세금 안 내. 없는 사람들이나 내지."

자신의 주장을 입증이라도 하듯 헴슬리는 2007년 세상을 뜨기 전 자신이 키우던 몰티즈 트러블에게 신탁으로 1200만 달러를 남겨 매 끼니 고베 소고기와 게살 케이크를 먹을 수 있게 했다. 이 신탁 내용이 공개돼 논란이 일자 헴슬리의 오랜 라이벌이자 동지인 도널드 트럼프가 헴슬리를 두둔하고 나섰다. "그 개는 헴슬리를 사랑한 유일한 존재다. 그 정도 액수를 받을 만하다." 그럼에도 뉴욕 법원은 상속액이 공공질서에 어긋난다고 판단했다. 헴슬리의 신탁은 사우스다코타 주로 옮겨갔다. 개 간식비의 피난처를 제공하고 수수료를 받게 된 사우스다코타 주는 두 팔 벌려 환영했다.

요즘은 귀족 가문이 되려면 일단 어느 정도 자금이 있어야 한다. 변호사, 은행가, 자문, 로비스트뿐 아니라 안심하고 부릴 수 있는 의원까지 포섭해야 하기 때문이다. 사우스다코타의 신탁 전문 변호사가 2018년 주 의회 회기 때 귀족 가문의 혜택을 더욱 늘리는 법안을 제안하자, 주 의회 법사위 의장 마이크 스티븐스는 토론을 중단시키고 법안을 서둘러 통과시켰다. "질문은 더 받지 않겠습니다. 저는 법대 다닐 때 영구 구속 금지가 뭔지 이해하지 못했고 지금도 알고 싶지 않아요." 귀족 가문들은 스티븐스의 한결같은 무지를 지지했다.

사우스다코타는 비밀스러운 소유권 원칙을 자잘하게 뜯어고 쳤는데, 그 파장은 엄청났다. 이들은 미국이 전 세계 어느 주요 국가보다도 불공평한 재산 분배가 가능해지도록 길을 터주었다. 명심할 것은 이러한 변화가 우연히, 마법처럼, 자유시장을 통해, 그냥 자연스럽게 생긴 게 아니라는 점이다. 이는 치밀하게 고안한 날치기 수법을 통해 이뤄졌으며, 그 설계자는 귀족 가문을 대변하는 로비스트와 이에 협조한 의원들이었다. 그리고 초갑부에게 감세해주겠다는 것은 곧 이들을 제외한 다른 모든 이들에게 증세하겠다는 뜻이다. 상위 0.01퍼센트는 신탁법을 좌우하는 리모컨을 틀어쥐고 있다. 이들이 믿는 것은 이런 수단이 존재하는지도 모르는 우리들이다.

우리들 중에 사우스다코타의 왕조 신탁에 돈을 숨길 사람을 거의 없을 것이다. 또 우리는 이러한 신탁의 해악에 개별적으로 맞설 수단이 없다. 이는 모두 합심해 똑똑한 유권자가 되어야 가능한 일이다. 그런데 우리가 할 수 있는 실용적인 일이 있다. 헬러 교수는 해마다 '어른이 되는 법'이라는 주제로 수업을 한다. 핵심 내용은 한마디로 나름의 상속 계획을 세우라는 것이다. 생각만 해도 두려운 일이지만, 막상 해보면 어렵지 않다.

미성년자 자녀를 둔 부모라면 아이에게 후견인이 필요하다는 이유 하나만으로도 유언이 꼭 필요하다. 유언 없이 죽으면 아이를 키워줄 사람을 주에서 정한다. 모든 노년층은 자산가가 아니어도 유언을 남겨야 한다. 유언 작성은 유족에게 베푸는 마지막 친절로, 유언이 있어야 누가 무엇을 받을지 알게 된다. 앞서 나온 흔들의자 때문에 다툰 아서와 밀드레드의 사례처럼 현금가치가 없어도 정서적 가치가 큰 물건 때문에 사이가 틀어지는 가족이 무척 많다.

유언을 작성하는 김에 연명치료 거부 사전 의향서(주마다 명칭이 다른데 생전 유언장이나 의료 위임장이라고도 한다)를 작성해서 내가 의사전달을 못 할 정도로 많이 아플 때, 받고 싶은 치료와 거부하는 치료를 구체적으로 정해놓자. 이러한 문서는 코로나19가 확산되던 초기에 힘을 발휘했다. 당시 의사들은 부족한 의료 자원을 누구에게 배분할 것인지 정해야 했다. 이런 위급 상황이 아닐 때라도 이러한 문서는 꼭 있어야 한다. 생사가 오가는 순간에 다른 사람이 내 의사를 짐작해 조치하는 상황을 원치 않는다면 말이다.

간단히 작성할 수 있는 문서가 몇 개 더 있다. 예를 들어, 재정 위임장은 내가 재정을 관리할 수 없을 때 나를 대신할 사람을 지정하는 것이다. 유족의 삶에 도움을 주는, 쉽게 설정할 수 있는 신탁 상품도 있다. 미성년인 자녀가 성인이 됐을 때 돈을 제한 없이 받는 것을 원치 않는다면, 신탁이 필요하다. 이는 특별한 보살핌이 필요한 가족 구성원에게 남기는 신탁과 비슷하다. 마지막으로 금융계좌 및 소셜미디어 계정의 비밀번호와 연락처를 문서로 남겨서 비상 시 당황하지 않고 일처리를 할 수 있도록 배려하자.

이런 문서를 작성할 때, 내가 진정 바라는 게 무엇인지 잠시 생각해보자. 그리고 유언 집행인, 신탁 관리자, 후견인, 위임자와 대화를 하자. 이들은 모두 다른 사람일 수도 있다. 이들에게 내가 무엇을 원하는지 알리자. 그리고 이 모든 내용을 몇 년마다 고치자. 특히 결혼, 출산, 이혼 등 인생에 굵직한 사건이 생길 때마다 다시 검토하자.

상속 설계만큼은 변호사비를 쓰는 게 합리적이다. 변호사의 도움을 받는 게 망설여진다면 다른 방법도 있다. 온라인으로 검색해서 쉽고 저렴하면서도 법적 효력이 있는 문서를 만들면 된다. 이 모든 과정을 마무리하는 데 일주일도 안 걸린다. 이는 충분히 값어치 있는 일이다.

– 현명한 결혼과 이혼을 위한 소유권 설계법 –

유언과 신탁은 중요하지만, 이는 가족 소유권의 일부일 뿐이다. 우리는 내 몫을 평생에 걸쳐 주장하며, 이 주장은 가장 친밀한 사람과의 관계에 생각보다 큰 영향을 미친다.

부부간 소유권은 미국의 주마다 다루는 방식이 현저히 다르고, 주에서 암묵적으로 지지하는 이상적인 결혼관이 반영되어 있다. 어떤 주들에선 명의자 본인만 자산을 관리하거나 처분할 수 있다. 이러한 기본 원칙은 경제력을 쥐고 있는 배우자에게 유리한데, 전통적인 결혼 관계에서는 보통 남편이 그 대상이다.

부부간 평등한 자산관리를 기본 원칙으로 삼는 주는 명의와 상관없이 부부가 주택이나 은행 계좌를 동등하게 관리하게 한다.

이런 주에서는 인생의 중대 사안을 부부가 더욱 고심해서 결정해야 한다. 예를 들어, 집을 담보로 대출받아 거액을 투자할 때도 부부의 합의가 필요하다.

혹시 어떤 주에 어떤 기준이 적용되는지 짐작할 수 있겠는가? 지리와 역사가 기이하게 얽히고설켜 뉴욕 주는 결혼 기간 동안 남편에게 유리한 원칙을 적용하고, 텍사스 주는 부부간 더욱 평등한 원칙을 적용한다. 보통 사람들은 주의 경계를 넘으면 가족 소유권 원칙이 얼마나 달라지는지 잘 모르고 산다. 결혼 생활이 틀어지기 시작하면 그제야 그 차이를 뼈저리게 느낀다.

각 주마다 결혼 기간의 소유권에 대해 이런저런 규정이 많지만 이혼 절차와 관련해서는 더욱 세심한 규정들이 있다. 뛰어난 메조 소프라노 프레데리카 폰 스타데도 이를 뒤늦게 알았다. 2010년 4월 22일 카네기 홀 공연이 끝나고 막이 내리자 객석에서 우레 같은 박수가 터졌다. 무대 위로 꽃다발이 쏟아졌고 앙코르 요청이 네 번이나 이어졌다. 폰 스타데는 전 세계 유명 오페라 극장 무대에 올라 세계적인 오케스트라 및 지휘자와 협연하면서 40년간 오페라 가수로 활동했다.

젊은 시절, 폰 스타데는 '손님들이 노래를 들을 생각이 없고, 듣지도 않던' 칵테일 바에서 노래를 부르며 간신히 생계를 꾸렸다. 이후 뉴욕 메네스음악대학에 진학했고, 친구의 50달러 내기에 용기를 얻어 메트로폴리탄 오페라 극장 오디션에 지원해 단원이 되었다. 폰 스타데는 작은 역할부터 시작해 차츰 경력을 쌓았다.

오페라 무대의 주연 자리를 꿰차며 승승장구하는 동안 남편 피터 엘쿠스는 항상 폰 스타데 곁을 지켰다. 두 사람은 음대에 다닐 때 만났다. 전도유망한 바리톤 가수였던 엘쿠스는 자신의 경력은 제쳐둔 채 폰 스타데의 뒷바라지에 몰두했다. 엘쿠스는 아내에게 노래를 가르쳤고, 집안일을 도맡았으며, 언론 홍보를 담당했다. 이러한 동반자 관계는 빛을 발했다. 엘쿠스와 결혼한 해 2250달러였던 폰 스타데의 연수입은, 이혼한 해 62만 3000달러로 껑충 뛰었다. 오페라 가수로서 최고의 자리에 오르면서 수입이 275배나 늘어난 것이다.

두 사람의 이혼 과정에는 예상치 못한 변수가 있었다. 엘쿠스는 법정에서 폰 스타데가 결혼 기간에 얻은 '늘어난 수입 능력'은 그 자체로 '부부 재산'이므로 폰 스타데의 경력과 명성의 경제적 가치 증가분에 자신의 지분도 있다고 주장했다. 그러므로 앞으로 폰 스타데가 벌어들일 수입에 대해서도 공평한 몫을 받아야 한다고 요구했다.

한편 미국의 다른 지역에서는 유명하지도 부유하지도 않은 앤 그레이엄이라는 여성이 이와 비슷한 요구를 했다. 앤 그레이엄은 데니스 그레이엄과 6년간 부부로 살았다. 이 기간 동안 앤 그레이엄은 승무원으로 일하며 부부 수입의 70%를 벌었고 콜로라도 대학 MBA 과정에 들어간 남편의 학비로 수입의 상당액을 지출했다. 결혼 기간 내내 그녀는 남편이 무사히 학업을 마치도록 뒷바라지했다.

남편은 MBA 과정을 마치고 고소득 직장을 얻은 후 아내와 이혼했다. 이들 부부는 유형의 자산이나 투자 포트폴리오가 없었으므로 분할할 재산이 없었다. 아이가 없었으므로 자녀 양육비도 없었다. 게다가 둘 다 직업이 있었으므로 이혼 수당도 없었다. 대신 앤 그레이엄은 결혼 기간에 유일하게 투자한 대상에 대해 절반의 가치를 요구했다. 바로 MBA 학위로 생긴 남편의 늘어난 수입 능력이었다.

화려함과 부귀함이라는 면에서 차이가 있지만, 피터 엘쿠스와 앤 그레이엄 둘 다 배우자의 경력에 투자한 것을 근거로 자신의 소유권을 주장했다. 두 사람 다 자신의 경력을 희생했고, 결혼 공동체의 수입 잠재력을 키우기 위해 비용을 지출했다. 그렇다면 이렇게 늘어난 수입 잠재력을 부부가 공동 소유한 것으로 보고 이혼 시 분할할 수 있을까? 아니면 개인에게 속한 것으로 보고 분할 대상에서 제외해야 할까? 또 과거 배우자가 상대 배우자의 늘어난 수입 잠재력을 일부 소유한다는 것은 어떤 의미일까?

내조한 배우자가 이혼 후 상대 배우자의 수입 잠재력을 소유할 수 있는가는 엄밀히 말해 가족법의 영역이지만, 그 함의는 깊다. 내조 배우자 앞에 놓인 결론은 세 가지다.

- 늘어난 수입 잠재력 중 절반을 소유한다.
- 그동안 지출한 비용을 상환 받는다.
- 아무것도 얻지 못한다.

피터 엘쿠스와 앤 그레이엄이 보기에, 이는 간단한 문제였다. 두 사람 다 장기적인 재정적 성공을 바라며 현재의 즐거움과 소득과 기회를 희생했다. 이들은 부동산이나 주식에 투자할 수도 있었다. 실제로 투자해서 자산이 늘었다면 이혼할 때 배우자와 나눴을 것이다. 그렇지만 이들은 물적 자본이나 금융 자본이 아닌 인적 자본(배우자의 경력)에 투자했다. 이때도 투자 원칙은 동일했다. 훗날 얻을 공동의 이익을 기대하며 현재의 소비를 포기한 것이다. 따라서 부부가 같이 노력해 얻은 결실을 프레데리카 폰 스타데와 데니스 그레이엄이 몽땅 차지하는 것은 이들 입장에서 억울했다.

실제로 뉴욕 주는 이러한 입장에서 판결했다. 뉴욕 법원은 피터 엘쿠스에게 승소 판결을 내렸고, 이는 뉴욕 주 소송에서 하나의 이정표로 남았다.

뉴욕 주의 판결에는 설득력 있는 도덕적 논리가 있다. 늘어난 수입 능력을 공평하게 나눈다는 것은 두 배우자가 동등한 파트너로서 부부의 수입 능력을 결속력 강한 결혼 공동체에 어떻게 합칠 것인지 같이 결정한다는 인식이 깔려 있다. 이 방식은 법원이 결혼 생활을 시시콜콜 들여다보면서 누가 무엇에 얼마나 기여했고, 누가 무엇을 얼마나 받을 자격이 있는지 결정해야 한다는 입장에 반한다. 대신 결혼은 좋은 일이든 나쁜 일이든 부부가 동등하게 하나의 단위로 공유해야 한다고 본다.

미국 사회에 젠더 불평등이 여전한 현실을 고려할 때, 대등한 동반자 원칙은 적어도 결혼 기간 동안에는 남성의 지배력이 더 크다는 사실을 지워버린다. 이 원칙에 따르면, 성공한 경력을 동등하게 분할하는 것은 사회보장권이 아닌 결혼의 권리다.

그러나 뉴욕 주의 원칙은 집행하기가 까다롭다. 판사가 헤어진 배우자에게 이혼수당을 계속 지급하라고 명령할 경우, 갈라서는 것 외에는 바라는 게 없는 두 사람은 계속 엮여야 한다. 또 감정 전문가가 수입 능력 증가분을 수치화할 수 있지만, 그 감정 결과가 잘못됐다면 어떻게 될까? 폰 스타데가 적성을 이유로 메트로폴리탄 오페라단을 그만두고 평화봉사단에 들어가면 어떻게 될까? 다시 법정에 가서 이혼 수당을 낮춰달라고 요청해야 할까? 세인트루이스 카디널스 구단이 야구 선수 커트 플러드의 인생 경로를 통제할 수 없었듯이(5장에서 살폈다), 엘쿠스도 폰 스타데의 인생 경로를 결정할 수 없다.

이혼 시 수입 능력 증가분을 다루는 두 번째 방법이 있다. 내조를 맡은 배우자에게 그동안 투자한 비용을 상환해주는 것이다. 이는 뉴저지 주가 채택한 원칙이다. 이 원칙에 따르면 내조를 맡은 배우자는 돈벌이를 담당한 배우자의 경력 향상에 기여한 만큼 돈을 돌려받고 여기에 약간의 이자까지 받을 수 있다.

뉴저지 주의 결정은 부부가 함께 꾸린 공동체를 사실상 지워버리는 셈이다. 비용을 돌려주면 함께한 결혼 생활은 없던 일이 된다. 결혼 생활이 끝났으니 빚을 갚으면 모든 게 끝난다. 뒷바라지한 배우자는 결혼으로 얻은 게 전혀 없다. 모든 혜택은 돈벌이한 배우자에게 돌아간다. 부부를 동등한 파트너로 보는 뉴욕 주의 접근법과 달리 뉴저지 주는 결혼 생활을 하더라도 비용 정산이 가능하게끔 각자 별도의 계좌를 유지해야 한다고 암시한다. 우리가 원하는 게 이런 대차대조표 같은 결혼 생활일까?

이 방법에는 한 가지 중요한 장점이 있다. 뉴저지의 원칙은 이행하기 쉽다. 비용 상환 방식은 미래 경력의 가치를 계산해야 하는 번거로움이 없다. (보통 소액인) 일회성 지급을 하고 나면 앞으로 서로 엮이지 않아도 된다.

대부분의 나라는 뉴욕과 뉴저지의 접근법을 둘 다 거부한다. 대신 결혼 생활 기간에 늘어난 수입 능력에 대해 제3의 소유권 원칙을 따른다. 바로 수입 능력은 부부 공동 재산이 아니라는 것, 심지어 재산도 아니라는 원칙이다. 따라서 내조자는 권리 면에서 아무 것도 돌려받는 게 없다(물론 판사가 다른 재산을 공정하게 나눌 때 이러한 불균형을 감안할 것이다).

이것이 바로 콜로라도 주 법원이 그레이엄 부부 이혼 소송에서 내린 판결이다. 판사가 보기에 대학원에서 수업을 듣고, 보고서를 쓰고, 시험 공부를 한 것은 남편 혼자 한 일이었다. 판사들은 늘어난 수입 능력을 소유한다는 개념 자체를 이해할 수 없었다. 뉴욕 주에서는 오래전부터 그런 전통이 있었지만 콜로라도 주는 아니었다.

수입 능력은 부부의 소유 대상이 아니라는 원칙은 결혼 생활에 대한 냉혹한 시각을 강요한다. 주요 소득자가 여전히 남편이고 부부 공동 재산도 대부분 남편 명의로 되어 있는 사회에서 보통 손해 보는 쪽은 여성이다. 이 원칙은 수십 년 간 제도를 개선했어도 이혼 후 여성의 재정 상태는 계속 악화되는 반면 남성은 나아지는 이유를 설명해준다. 엘쿠스와 폰 스타데 이혼 소송과 달리 그레이엄 부부 이혼 소송은 매우 흔한 사례다. 각 주의 부부 소유권 원칙은 한 가지 오래된 결혼관을 강화한다. 내조하는 사람에게 결혼은 모험이라는 점이다. 요즘 결혼하는 부부 중에 이런 모험을 하려는 배우자가 있을까? 거의 없을 것이다.

유언과 신탁의 경우처럼, 부부 소유권은 강력한 사회공학적 도구로 가장 내밀해야 할 부부 관계를 조용히 조종한다. 미래의 수입 잠재력을 위한 오늘의 공동 희생은 결국 경력이 단절된 배우자의 독박 희생으로 바뀌고, 보통은 아내가 그런 처지에 놓인다.

이 이야기는 결말 부분이 중요하다. 2016년 뉴욕 주는 그동안 유지했던 수입 능력 증가분에 대한 평등적 대우 원칙을 포기했다. 이제 뉴욕 주도 다른 주들과 같은 노선을 걷고 있다. 즉, 미래의 수입 증가분에 대한 부부 소유권을 인정하지 않기로 했다. 따라서 이혼 시 분할도 없다. 뉴욕 시의 부유한 은행가와 변호사, 또는 올버니(뉴욕 주의 주도)의 주 의회 의원이 헤어진 배우자에게 이혼 수당을 주는 것이 지겨워서 이런 결정을 유도했는지도 모른다. 뉴저지 주는 내조를 한 배우자에 대한 비용 상환 원칙을 여전히 고수하고 있다. 그리고 현재 그 어떤 주도 늘어난 수입 잠재력을 이혼 시 분할해야 할 부부 재산으로 다루지 않는다.

- 결혼 계약서 -

놀랍게도(적어도 법대 교수인 우리들이 보기에는) 자신들이 원하는 대로 부부 소유권을 조정하는 커플은 거의 없다. 이들은 몇 달에 걸쳐 예식장 꽃장식을 디자인하고 피로연에서 선보일 첫 번째 춤을 고르면서도 부부 소유권은 주에서 정해주는 대로 따른다. 꼭 이렇게 할 이유는 없다. 부유층은 자신이 선호하는 출장요리업체와 결혼반지를 고르기도 하지만 혼전 계약서와 신탁을 이용해 최대한 본인들의 의사가 반영된 부부 소유권을 설계한다.

결혼하는 순간 수백 개(그렇다. 수백 개다)의 '필수 소유권'과 '기본 소유권'이 달라진다. 그중 몇 개만 꼽아보면 부부는 이제 노후 저축과 퇴직 연금을 공유한다. 또 연방과 주에서 제공하는 소득 공제,

배우자 증여 공제, 사회보장, 참전용사·군인·장애인을 위한 복지 혜택, 이혼 시 재산의 공정 분할이나 동등 분할, 사망 시 생존 배우자의 법정 상속 권리, 친족 상속권 등을 적용받는다. 각 주는 이 같은 부부 재산 원칙을 이용해 자신들이 선호하는 결혼관을 우리의 가장 내밀한 삶 속에 심어놓는다.

어떤 원칙을 필수나 기본으로 정하는 것은 소유권 설계의 중요한 특징이다. 주에서 필수 원칙으로 삼았다는 건 '진심으로 필요하다'는 뜻이다. 기본 원칙은 다른 것으로 바꿔도 되지만, 웬만하면 골라야 하는 원칙이다. 쉽게 말해, 각 주에서 '선호하는 원칙'이다. 그래서 다른 원칙으로 변경하는 경우가 드물다(2장에서 논의한 소유 효과를 떠올려보자). 소유권(과 계약)을 설계할 때는 보통 도덕적 가치를 따지고 실질적 효과를 계산해 어떤 원칙을 필수나 기본으로 정한다.

뭔가 복잡해 보이는가. 사실 세금 코드도 이런 식으로 만들어진다. 현재 미국인 중 40퍼센트 정도가 매해 온라인으로 세금 신고를 한다. 세금 신고 소프트웨어를 열면 몇 가지 간단한 질문들, 이를테면 참전 용사인지 농장 소유주인지 등을 묻는다. 해당 항목에 표시하면 더 많은 정보와 더 다양한 선택지가 나온다(세금 신고 소프트웨어 터보택스가 무료 세금 신고에 반대하는 로비를 수십 년간 줄기차게 하지만 않았어도, 또 터보택스로 수익을 올리려는 그들의 교묘한 관행만 없었어도 이 모든 게 공짜였을 것이다). 소프트웨어로 세금을 신고하는 것처럼 각자 결혼 생활에 맞게 부부 소유권을 설계할 때도 이런 도움을 받을 수 있지 않을까.

한 가지 알아둘 점은, 이는 한 번 정하면 돌이킬 수 없는 결정이 아니라는 것이다. 결혼 생활에서 소유권 원칙은 얼마든지 바꿀 수 있다. 오히려 부부 소유권을 갱신하지 않으면, 도리스 하나우처럼 말도 안 되는 일을 겪을 수 있다.

도리스는 일리노이 주에서 로버트와 결혼했다. 결혼 기간 동안 로버트가 돈도 벌고 주식도 샀는데, 주식 투자는 본인 명의로 했다. 이후 부부는 텍사스 주로 이사를 갔다. 이곳에서 로버트는 사망했고, 유산으로 자녀인 스티븐과 레슬리 앤에게 주식을 남겼다. 부인 도리스에게는 유산을 남기지 않았다.

로버트가 일리노이 주에서 사망했다면 도리스는 '선택분'이라는 권리를 행사할 수 있었을 것이다. 이는 유언에서 제외된 배우자를 보호하기 위해 일리노이 주가 채택한 도구다. 이는 단순히 로버트의 아내라는 이유로 도리스가 로버트의 재산 중 3분의 1을, 로버트에게 후손이 없으면 절반을 취하게 해준다. 영국 보통법을 따르는 40개 주는 이 장치를 이용해 상속받지 못한 배우자를 보호한다.

텍사스 주는 부부 재산 원칙에서 보통법을 따르지 않는다. 대신 멕시코 법에서 유래한, 더 나아가 스페인 법에서 유래한 '공동 재산법'을 따른다. 역사적으로 공동 재산제는 미국에서 가장 가부장적인 부부 재산 제도다. 5장에서 논의한 머리와 주인 법과 유사하다. 그러다가 1970년 텍사스 주는 이 관행을 뒤집어 결혼 기간 동안 배우자는 공동 재산의 동등한 관리자라고 인정했고, 이혼하거나 배우자가 사망했을 때 그 재산을 똑같이 나누게 했다.

공동 재산에는 결혼 기간 동안 그 주 '안'에서 부부가 취득한 대부분의 재산이 포함된다. 공동 재산법은 배우자에게 현 소유자이자 동등한 관리자라는 지위를 자동으로 부여해 각종 부동산 증서와 은행 계좌가 누구 명의이든 상관없이 배우자가 상속에서 배제되지 않게 보호한다. 이혼을 했든 배우자가 사망했든 배우자는 재산의 절반을 받는다. 현재 공동 재산권을 받아들인 9개 주 중 한 곳에 살고 있다면 당신은 미국에서 가장 평등한 부부 재산 소유권 체제에 자동으로 편입돼 있다고 보면 된다.

그렇지만 도리스는 아니었다. 로버트는 일리노이 주에서 주식을 본인 명의로, 즉 그의 개별 재산으로 취득했다. 재산의 성격은 이를 취득한 배우자가 거주지를 옮겨도 바뀌지 않는다(배우자가 공동 재산으로 바꿔주겠다고 적극 동의하지 않는 한 바뀌지 않는다). 그래서 하나우 부부가 텍사스로 이사 왔어도 주식은 여전히 로버트의 개별 자산이었다. 부부 재산 분할은 배우자가 사망한 주에서 관할한다. 텍사스 주는 선택분을 인정하지 않는다. 그러므로 로버트는 텍사스에서 사망했을 때 자신의 모든 개별 재산을 유언으로 자녀들에게 남기고 도리스에게는 아무것도 남기지 않는 게 가능했다. 거주지를 옮기는 바람에 도리스는 일리노이 주의 선택분이라는 보호 수단을 잃었으며, 공동 재산법이라는 보호 장치도 얻지 못했다. 왜 그럴까? 부부가 텍사스 주에 사는 동안 형성한 공동 재산이 없었기 때문이다. 그러니 분할할 공동 재산도 없었다. 결론적으로 도리스는 아무것도 얻지 못했다.

도리스는 영국 법과 스페인 법의 틈새에 빠져버렸다. 이 두 체제는 미국에 사는 거의 모든 부부의 결혼 생활을 자동으로 지배한다. 도리스가 일리노이 주를 떠나기 전 이러한 위험에 대처했더라면 스스로를 보호할 수 있었을 것이다. 이는 곧 이런 문제를 인지하고 변호사를 고용했어야 한다는 뜻이다. 그렇지만 평범한 부부가 이 정도 경각심을 갖고 살기란 쉽지 않다. 일부 주에서는 전입한 부부를 보호하기 위해 기술적으로 약간 변경할 수 있는 수단을 준다. 공동 재산법을 따르는 캘리포니아 주였다면 로버트의 주식 재산을 '준準, quasi' 공동 재산으로 보고 똑같이 나눴을 것이다. 그러나 도리스는 서부 지역으로 옮겨갈 생각을 하지 않았다.

세금 신고를 온라인 소프트웨어로 수정할 수 있다면, 부부 소유권도 결혼 생활에 맞게 수정할 수는 없을까? 주에서 제시하는 부부 소유권 메뉴를 보고 각자 결혼 생활의 핵심 요소를 반영해 어느 하나를 고르는 식으로 말이다.

알래스카 주는 보통법의 전통을 따르지만, 1998년부터 이러한 메뉴 방식을 도입해 다른 주에 사는 부부를 포함한 모든 부부가 부부 재산의 일부 또는 전체에 대해 공동 재산법을 적용할 수 있도록 했다. 그렇지만 알래스카 주가 결혼 메뉴를 확대한 것은 그릇된 동기에서 실시한 것으로, 그릇된 결과를 낳았다. 애초에 알래스카 주는 부부가 결혼 생활의 가장 내밀한 가치를 부부 소유권에 반영하도록 도우려는 의도가 없었다.

알래스카의 변호사와 은행가들은 다른 주에 사는 부유층의 신탁 자산을 끌어오는 도구로서 공동 재산법을 선택하게 해달라고 주 의회를 설득했다. 연방 조세 제도의 결함 때문에 가치가 높은 주식 재산을 다량 보유했다면 사망 시 그 재산을 보통법보다는 공동 재산법으로 처분하는 편이 더 유리하다. 생존 배우자와 수익자들이 자본 이득세를 피할 수 있기 때문이다. 알래스카 주는 바로 이런 재산을 최대한 세금을 피해 소유권을 변경하게 해준다. 이 모든 절차는 알래스카에서 결혼할 필요도 없고, 알래스카까지 가지 않아도 진행할 수 있다. 그렇지만 이러한 조세 회피 수단을 쓰려면 지역 전문가에게 상당한 수수료를 내야 한다. 알래스카가 결혼 메뉴에 새로운 항목을 추가한 것은 이러한 수수료를 얻기 위해서였다. 이는 사우스다코타 주에 보내는 도전장에 다름 아니다.

알래스카 변호사들이 (주로 남성인) 고객에게 들려주는 주의 사항처럼, 이러한 신탁 재산은 공동 재산법에 내재한 평등주의적 성격 때문에 문제가 생길 수 있다. 세금을 피하는 대신 신탁에 안전하게 넣어둔 부부 재산을 관리할 때 남편이 부인에게 동등한 발언권을 적어도 서류상으로는 줘야 하기 때문이다.

저자들이 보기에, 알래스카의 결혼 메뉴는 현명한 개념이지만 악용되고 있다. 이 선택지는 어딘가 구린 사람들을 정확히 겨냥한다. 이 복잡한 조세 회피 수단으로 혜택을 볼 만큼 부유한 사람들이 알래스카 주에는 거의 없다. 알래스카 주가 이러한 선택 절차를 간소화하면 어떨까? 부부가 결혼 허가증을 발급 받을 때 공동 재산법이나 보통법 중에서 하나를 고르게 하는 것이다. 마치 온라인에서 소득 공제 신청을 할 때 해당 항목을 보며 쭉쭉 클릭해 나가듯이 말이다. 이렇게 하면 변호사도, 은행가도, 수수료도 필요 없다. 결혼 메뉴를 더 확대할 수도 있을 것이다. 부부의 수입 능력 증가분에 대해서, 그리고 결혼 생활의 다른 핵심 사안에 대해서 어떤 원칙을 적용하고 싶은지 직접 고르게 하는 것이다. 인생에서 굵직한 사건을 겪은 뒤 선택을 변경하게 할 수도 있다.

잘 짜놓은 메뉴가 있으면 부유층뿐만 아니라 모든 부부가 결혼 생활에서 의미 있는 선택을 할 수 있다. 직접 선택을 하고 또 그 선택을 하기까지 내밀한 논의를 하는 것만으로도 부부는 더 주도적이고 탄탄한 결혼 생활을 할 수 있을 것이다. 결혼식 날 나오는 전채요리와 주요리 선택권을 예비 부부에게 주는 것처럼, 결혼식 당일뿐만 아니라 함께 살아가는 기간 내내 그런 선택이 가능하도록 메뉴를 확대하는 건 어떨까?

이제 결혼 메뉴를 새로 고민할 때가 왔다.

7장
모든 문제는
소유권으로 통한다

아무 신문이나 집어서 펼쳐보자. 소유권의 숨은 원칙을 이해한 독자라면 오늘자 신문의 주요 헤드라인 중 그 의미가 한눈에 들어오는 기사가 있을 것이라고 100퍼센트 확신한다. 우리가 이 책을 쓴 이유는 독자들이 이렇게 '아하' 하고 깨닫는 순간이 더 많아지길 바라서다.

오늘자 신문에 그런 기사가 반드시 있다는 확신은 어디에서 왔을까? 우리 사회는 소유권을 발판으로 삼아 우리 모두가 원하는 대상을 둘러싼 모든 투쟁을 조직하기 때문이다. 그런 대상은 매우 많다. 소유권의 미래를 보려면 어디를 봐야 할까? 어디든 부족한 자원을 차지하려고 사람들이 몰리는 곳을 보면 된다. 사실 어디를 봐도 그런 곳뿐이다.

이 장을 쓰면서 소유권에 관한 굵직한 기사들을 보니 주로 자연계가 받는 위협과 디지털 분야에 대한 우려를 다루고 있었다. 이

기사들은 통제를 벗어난 기후변화, 열대우림 파괴, 어획량 급감 등 환경이 받는 타격을 조명했다.

또 데이터 추적, 알고리즘으로 인한 차별, 만연한 감시 체제를 통해 거대 IT 기업과 정부가 개인의 자유를 위협한다는 사실도 전했다. 이 사안들은 국가적 차원, 나아가 전 지구적 규모의 과제이더라도, 기본적으로는 무릎보호걸쇠, 드론의 비행 경로, 주차 의자, 줄서기 대행 등을 둘러싼 싸움과 성격이 같다. 이 모두가 누가 무엇을 왜 얻어야 하는지 정하는 싸움이기 때문이다. 단지 판이 커졌을 뿐이다.

우리는 앞에서 소유권을 얻으려고 경합하는 여섯 가지 논리를 알아보았다. 바로 선착순, 점유, 노동, 귀속, 자기 소유권, 상속이다. 여기에 몇 가지 설계 도구도 살펴보았다. 바로 사전적 관점과 사후적 관점, 명백한 기준과 표준적 잣대, 배제와 통제, 기본 원칙 설정, 자유주의적 공유다. 사소하든 거대하든 모든 사안은 이 동일한 도구 세트로 통제할 수 있다.

미래를 전망해보자면 소유권이 정립되지 않은 분야에서 난해한 딜레마를 풀어야 할 때 우리의 과제는 한정된 소유권 논리와 설계 도구를 짜 맞추는 일이 될 것이다. 결국 소유권 획득 과정에 세심하게 주의를 기울이는 것이야말로 온실가스 배출이든 클릭스트림 데이터든, 지구를 살리고 우리의 자유를 지키기 위한 최선의 선택이 될 것이다.

– 정수 처리장이 없는 뉴욕의 비결 –

뉴욕 시 주민은 조용조용 말하는 법이 없다. 특히 뉴욕 시를 자랑할 때면 목소리가 더욱 커진다. 잡지 〈타임 아웃〉은 뉴욕 시가 '세상에서 가장 좋은 도시'인 이유 50가지를 열거했다. 훌륭한 스카이라인, 좋은 공연장 등이 그 목록에 있다. 이러한 자랑거리는 놀랍지 않다. 엠파이어 스테이트 빌딩과 타임 스퀘어 광장은 누구나 들어본 적이 있을 테니 말이다. 그렇지만 이 잡지가 꼽은, 뉴욕 시가 좋은 첫 번째 이유는 다소 의외다. 바로 식수다. 이 잡지 기사를 곧이곧대로 믿을 필요는 없다. 다만 뉴욕 시의 수돗물은 블라인드 테스트에서 값비싼 생수를 늘 이겼다.

뉴욕 시 주민은 자기네 수돗물의 물맛이 매우 뛰어나다는 사실은 알아도 뉴욕 시에서 북서쪽으로 200킬로미터 떨어진 곳에서 이 물을 끌어온다는 사실은 잘 모른다. 또 하루에 주민 900만 명에게 안전하고 상쾌한 물 10억 갤런을 공급하는 과정에서 혁신적 소유권 설계가 큰 역할을 했다는 사실은 더욱 모른다. 하지만 앨버트 애플턴은 이 사실을 잘 알고 있다.

곰처럼 덩치가 큰 애플턴은 재치 있는 순발력과 상대방을 무장해제시키는 솔직함을 갖췄다. 그는 1990년 뉴욕 시 환경보호국 위원으로 위촉되어 뉴욕 시의 상하수도 관리를 맡았다. 그는 곧 딜레마에 빠졌다. 미국의 다른 대도시와 달리 뉴욕 시에는 수돗물 정수 처리장이 없었다. 1900년대 초 앞날을 예견이라도 한 듯, 뉴욕 시는 거대한 송수관을 설치해 북서쪽으로 멀리 떨어진 미개발된 캐츠킬 산맥에서 뉴욕 시 인근의 대형 저수지로 깨끗한 물을 끌어왔다. 나뭇가지와 잎사귀를 걸러내는 여과 과정과 박테리아를 없애는 염소 소독 과정을 제외하면 물은 산맥에서 맨해튼의 아파트와 브롱스의 주택 수도꼭지로 곧바로 흘러들어갔다.

그런데 1980년대 무렵부터 캐츠킬 강 유역에 있는 작은 농가들이 경제적 압박에 시달리기 시작했다. 그래서 이들은 화학비료 사용을 늘리고 토지를 지역 개발업체에 팔아넘겼다. 인구 증가와 토지 남용으로 뉴욕 시가 당연시 하던 깨끗한 물은 위협받았다. 게다가 환경청의 식수 안전법이 개정되어 이제 뉴욕 시도 캐츠킬의 물을 관리할 거대 정수 처리장이 필요해 보였다. 그러자면 건설 비용이 최대 40억 달러 들고, 매해 정수 처리장 운영비로 2억 달러 이상 들어갈 것으로 보였다.

애플턴은 정수 처리장을 건설하는 데 착수하는 대신 한 발 물러나 소유권 도구 세트를 살폈다. 다들 정수 처리장을 건설하는 게 불가피하다고 했지만 애플턴은 다른 각도로 문제에 접근했다. 강유역의 초목과 토양은 오염 물질을 분해하고, 침전물을 가두고, 독소를 여과하는 등 거대 정수 처리장 역할을 대신 했다. 덕분에 식수의 수질이 놀랄 만큼 뛰어났다. 하류에 물을 처리하는 시설을 건설하는 것보다는 상류의 경관을 복구하는 일에 투자하는 것이 어떨까? 그러면 정수 처리 시설을 건설하는 데 거액을 쓸 필요가 없었다. 애플턴의 표현대로 "좋은 환경이 좋은 물을 제공"하기 때문이다.

이렇게 해서 뉴욕 시는 캐츠킬 지역단체와 장장 1년 6개월에 걸쳐 150회 넘게 만났다. 이들은 수질 보호를 위한 토지 관리 관행을 마련하려고 했다. 한 참가자는 이 끝없는 회의를 "1년에 한 번만 보고 싶은 친척과 만나 추수감사절 식사를 계속 하는 기분"이라고 표현했다. 타운 60곳, 빌리지 10곳, 카운티 7곳이 최종 합의서에 서명했다. 뉴욕 시는 15억 달러를 들여 환경이 취약한 지역을 매입하고 하천 생태 통로를 복원했으며 수질 향상과 강 유역 경제 발전을 지원하는 협력 기금을 만들었다.

결과는 인상적이었다. 수질 오염이 눈에 띄게 줄었다. 뉴욕 시의 투자는 업스테이트 뉴욕의 시골 땅 주인들에게도 인기가 있었다. 캐츠킬 유역 보호 정책이 안전한 식수를 제공하는 데 도움이 된다고 환경청을 설득한 결과, 연방정부는 뉴욕 시에 수십억 달러짜리 정수 처리장을 지어야 한다는 안건을 보류했다. 결국 순수하게 재정적 측면에서 보면 뉴욕 시는 물적 자본이 아닌 자연 자본에, 회색 기반시설이 아닌 녹색 기반시설에 투자해 유익한 결과를 얻었다.

그런데 이 모든 과정이 소유권과 어떤 관련이 있을까? 우리는 환경 문제를 다룰 때 소유권을 간과하는 경향이 있다. 깨끗한 공기, 안정적인 기후, 해양의 어류들, 아름다운 자연 경관 등 자연이 주는 혜택은 분명 모두가 누리는 공유재로 보인다. 그러나 이런 관점은 낭만적이지만 동시에 문제도 안고 있다.

공동 소유는 자원이 풍부할 때는 매끄럽게 굴러가지만, 인구가 늘고 기술이 발전하면 종종 문제를 일으킨다. 소중한 자원을 무료로 가질 수 있을 때, 인간은 이를 남용하는 경향이 있다. 이게 바로 4장에서 논의한 공유지의 비극이다. 어류 남획, 열대우림 벌목, 유례없는 온실가스 배출과 기후변화로 생긴 대기오염은 공유재가 낳은 비극이다. 이런 추세라면 우리의 자녀와 손주들이 사는 세상은 우리가 자란 세상과는 사뭇 달라질 것이다. 물론 좋은 쪽은 아닐 것이다.

캐츠킬의 환경이 깨끗한 식수를 제공하듯, 자연은 우리가 당연시 여기는 온갖 중요한 서비스를 제공한다. 곤충은 농작물을 수분시킨다. 토양 미생물은 폐기물을 분해해 농사에 적합한 옥토를 만들어준다. 해안 습지는 폭풍 해일을 막아주고 어린 물고기에게 서식지를 제공한다. 이 모든 공유 자원은 모두를 이롭게 하지만 아무에게도 소유되지 않는다. 우리 모두 주변을 날아다니는 야생 조류와 나비를 보며 즐거워한다. 그렇지만 토지 주인은 이 야생 생물에게 서식지를 제공하고도 아무런 보상을 받지 않는다. 자원을 소유하지 않은 상태에서는 비용을 부과할 수 없으므로 이들에게는 자원을 보호하거나 자원에 투자할 경제적 동기가 없다.

습지는 홍수 위험을 낮추고 식수를 여과해서 마을을 보호한다. 만약 토지 주인들이 습지를 메워 집을 짓거나 농사를 지으면 재정적으로 이익을 얻을 수 있을 테지만, 마을 공동체는 홍수와 오염된 물 때문에 살기 힘들어질 것이다. 홍수 예방과 수질 정화 같은 습지 서비스에는 소유권이 없기 때문에 토지 주인은 토지 용도를 결정할 때 이런 서비스의 가치를 고려하지 않는다. 습지의 물을 빼고 작물을 키워 생계비를 버느냐, 아니면 습지를 보존하고 아무것도 얻지 못하느냐를 놓고 고민한다면 답은 간단하다. 습지의 물을 뺄 것이다.

애플턴의 통찰이 뛰어난 이유는 우리가 4장에서 설명한 귀속 원리를 혁신적으로 활용했기 때문이다. 그는 캐츠킬 토지 주인들에게 뉴욕 시가 나서서 토지가 제공하는 환경 서비스에 대한 소유권이 있는 것처럼 대우할 것이라고 제안했다. 땅에서 나는 감자나 석탄에는 주저 없이 돈을 내면서 수질을 개선한 농부에게는 대가를 지불하지 않을 이유가 없다고 본 것이다. 애플턴은 새로운 소유권을 이용해 부유한 뉴욕 다운스테이트 도시 사람들이 가난한 업스테이트 농민들에게 환경을 깨끗이 유지하게 해준 대가를 지불하는 구조를 만들었다. 그는 가상의 귀속권으로도 사람들을 움직일 수 있다는 사실을 증명했다.

자연이 주는 혜택에 가상의 소유권을 부여하는 방식은 최근 수십 년 사이에 폭발적으로 늘어났다. 살츠먼(이 책의 또다른 저자다!)은 전 세계 정부와 수십 년째 협업하면서 자연이 주는 혜택을 누릴 수 있게 해준 토지 소유자에게 보상해주는 제도를 개발했다. 최근 연구에서 그는 현재 전 세계에서 550건이 넘는 보상 정책을 시행하고 있으며, 연간 거래액은 420억 달러로 추정된다고 밝혔다.

이 전략은 전 세계 열대우림을 보호하는 일에도 적용된다. 열대우림은 전 세계 다양한 생물들의 보고이자 대기 중 탄소를 다량 흡수하는 스펀지로 기후 재앙을 늦추는 결정적 역할을 한다. 열대우림 파괴는 지구 온난화의 원인 중 20퍼센트를 차지한다. 이 장을 쓰고 있는 현재도 지구의 허파인 아마존 열대우림에 엄청난 불길이 번지고 있다는 소식이 들려오고 있다.

기본적으로 열대우림 주민들에게 숲이 제공하는 환경 서비스에 대한 소유권이 없다는 게 문제다. 주민들은 야생 생물 서식지를 제공하거나 탄소 포획에 힘써도 그 비용을 청구하지 못한다. 이 자원들은 인류에게 대단히 중요한데도 우리는 이를 무상으로 사용하고 있다. 그러다 보니 열대우림의 토지 소유자와 점유자는 자신들이 팔 수 있는 대상에 주목한다. 이들은 숲을 태워 개간한 후 방목이나 벌목, 농경에 이용한다. 우리의 과제는 나무를 베는 것보다 보존하는 편이 더 가치 있는 구조를 만드는 것이다.

현재 노르웨이가 이런 노력을 기울이고 있다. 북해 유전 개발로 기후에 끼친 악영향을 상쇄하는 일환으로 노르웨이는 원유 판매 수익으로 만든 국부펀드 자금 중 일부를 아마존, 인도네시아, 멕시코 주민들의 삼림 벌채율을 낮추는 데 쓰고 있다. 삼림 손실률이 낮아지면 살아남는 나무가 많아지고 대기로부터 흡수하는 탄소도 늘어날 것이다.

중국은 노르웨이보다 훨씬 많은 액수를 투자하고 있다. 환경 보상금은 중국 전역의 환경 보호 전략에서 핵심을 차지한다. 중국이 삼림 면적을 넓힌 농가와 주민에게 지급한 돈은 이미 500억 달러를 넘어섰다. 나무를 베지 않고 심은 결과, 중국은 홍수를 예방하고 야생 생물 서식지를 얻었으며 수질이 개선됐다. 이 모두가 나무에 투자해 얻은 공유물이다.

그렇다면 소유권을 이용해 자연을 파괴하지 않고 보존하도록 개개인을 움직일 수 있을까? 물론이다. 전 세계에 환경 서비스를 활성화하는 새로운 형태의 소유권이 등장하면서 농가와 삼림 거주자, 목재 회사, 대지주의 행동이 달라지고 있다. 이들은 현재 경쟁적으로 환경을 보호하며, 그 과정에서 수익도 얻고 있다.

수십억 달러 규모의 정책이 여기저기서 시행되면서 생태계 서비스에 대한 소유권이 늘어나고 있다. 그러나 아직 부족하다. 세계적으로 심각한 환경 문제를 해결하기 위해서는 사람들이 더 많은 자연 영역을 자기 것으로 삼도록 유도해야 한다.

대게잡이 어선 타임 밴디트의 선원들은 배에 철제 통발을 가득 싣고 베링해에서 심야까지 조업을 한다. 이곳은 알래스카 연안의 안락한 모항과는 전혀 딴판이다. 선원들은 요동치는 갑판에서 균형을 잡느라 정신이 없다. 날씨도 고약하다. 울부짖는 바람이 선원들에게 차가운 물세례를 퍼붓는다. 난데없이 9미터 높이의 성난 파도가 뱃머리 왼쪽을 치며 갑판을 덮친다. 선원들은 간신히 균형을 잡고 물기를 털어내며 주변을 살핀다.

그때 날카로운 외침이 들린다. "제임스! 제임스!" 갑판원 제임스 토미가 보이지 않는다. 파도에 휩쓸려 얼음 바다로 떨어졌다면 그 길로 끝이다. 조타실에서 선장 조너선 힐스트랜드가 중얼거린다. "어디 있어? 제임스……." 힐스트랜드는 안전한 조타실에서 밖을 지켜보는 것 말고는 할 수 있는 게 없자 혼자 욕설을 내뱉는다. 정말 아무것도 할 수 없다.

그때 갑자기 제임스가 나타난다. 동료들이 달려와 그를 얼싸안는다. 파도에 휩쓸렸지만 통발에 걸린 덕분에 그는 기적처럼 목숨을 구할 수 있었다. 파도에 흠뻑 젖은 그는 별일 아니라는 듯 어깨를 으쓱거린다. "파도가 좀 세네요. 여긴 바다니까요, 늘 그렇죠, 뭐."

넋이 나가 있던 선장에게 선원 하나가 엄지손가락을 들어 보인다. 선장은 그날을 이렇게 기억했다. "기차가 덮치고 간 기분이었어요. 다들 순간적으로 얼어붙었지요. 정말 오랜만에 오싹했네요." 〈목숨 건 대게잡이Deadliest Catch〉에 온 걸 환영한다.

디스커버리 채널이 2005년 처음 선보인 이 시리즈는 흥행에 성공하면서 장수 리얼리티 방송 중 하나로 자리매김했다. 매해 알래스카에 대게 조업철이 돌아오면 카메라맨은 베링해 대게잡이 어선의 일상을 고스란히 보여준다. 개성 있는 인물들도 흥미롭지만, 진짜 이목을 끄는 것은 조업 환경이다.

다큐멘터리 제목이 〈목숨 건 대게잡이〉인 데는 그만한 이유가 있다. 선원들은 밤낮으로 300킬로그램이 넘는 철제 통발을 미끼로 채운 후, 크레인으로 들어 올려 바다 속 120미터 아래로 던진다. 몇 시간 뒤, 대게로 가득 찬(희망 사항이지만) 통발을 끌어올린 다음 대게를 꺼내 선창에 보관한다. 이 모든 활동이 거친 바다를 떠다니는 배 위에서, 종종 거센 바람이 불어닥치는 곳에서 이뤄진다. 갑판에 들이닥친 바닷물이 얼어붙으면 그 무게로 선박이 뒤집힐 수도 있다.

알래스카 대게잡이는 오래전부터 미국에서 가장 위험한 직업 중 하나로 손꼽혔다. 1989년부터 2005년까지 조업 중 숨진 사람만 수십 명에 이른다. 침몰한 어선도 열 척이나 된다. 수년 동안 베링해 대게잡이는 '미국에서 가장 치명적인 직업'이었다. 이라크에서 도보순찰하다가 사망할 확률보다 대게잡이에 나섰다가 사망할 확률이 더 높았다. 그러나 대게잡이가 이토록 위험해진 것은 날씨 탓만이 아니다. 대게를 차지하는 방식 때문이다. 한마디로 어선이 너무 많고 대게는 너무 적다.

인류 역사에서 어업은 야생동물 사냥과 동일하게 포획의 원칙을 따랐다(1장을 참고하라). 먼저 잡는 사람이 임자였다. 이 원칙은 잘 작동했다. 조업 방식이 단순하고, 바다 자원이 사실상 무한했기 때문이다. 풍요로운 바다에서는 사실 어떤 원칙이든(또는 원칙 자체가 없어도) 문제가 없었다.

그런데 자원이 부족해지고 포획 경쟁이 치열해지면서 소유권 원칙에 문제가 생겼다. 제2차 세계대전 이후 공해에서 바로 이런 일이 벌어졌다. 급속 냉동 기술이 발달하고 어선 규모가 그 어느 때보다 커진 데 따른 결과다. 무한한 줄 알았던 어류 자원이 급감했다. 페루 해안의 앤초비, 뉴잉글랜드 해안의 대구, 알래스카의 대게 역시 귀해졌다.

어획량이 줄어들자 어선들은 남은 어류를 최대한 많이, 누구보다도 빨리 잡아야 했다. 그런데 모든 어선이 같은 방식으로 대처하면서 어족 자원의 씨가 말랐다. 물리적 점유가 소유권을 결정한 탓에 어업은 공유지 비극의 전형적 사례가 되었다.

1980년 알래스카 대게 어업의 수확량은 9100만 킬로그램에 달했다. 이익을 보려는 어선들이 속속 등장하자 단 몇 년 만에 어획량이 90퍼센트 감소했다. 대게 개체 수가 대폭 줄어들자 지역 경제가 주저앉았다. 한 어업 관계자의 말에 따르면 당시 대게잡이 선주들은 생계비조차 벌지 못했다. "어선을 끌고 부두로 몰려온 선주들은 항만 관리소에 열쇠를 맡기고는 바로 다음 시애틀행 비행기를 타고 가버렸다."

어류 남획을 막고 대게 어업을 복구하기 위해 알래스카 주가 나서서 무제한 포획 원칙을 폐지하고 어획량을 제한했다. 목표는 매해 총 어획량을 지속가능한 범위에서 정하는 것이었다. 대게 번식을 안정화시키는 선에서 최대 어획량을 정했다. 대게 조업은 정해진 날짜에 시작해 정해진 한도에 도달하면 바로 금지했다. 이를 어기고 잡다가 걸리면 강력한 처벌을 받았다.

알래스카 주에서 대게 개체 수를 보호하기 위해 활용한 소유권 도구는 다음과 같다. 우선 1976년 주 차원에서 귀속 논리를 들어 소유권을 주장했다. 해저를 기어 다니는 대게를 "우리 해안과 가까이 있기 때문에 우리 것"이라고 주장했는데, 이는 200해리까지 연안 자원을 독점할 수 있는 배타적 경제수역을 알래스카 연안에 적용한 것이다(4장을 참고하라). 이를 근거로 외국 어선을 몰아냈다. 다음으로 알래스카 주는 대게의 총 허용 어획량을 정하고 이 한도를 채우면 바로 조업을 금지했다. 셋째, 잡아들인 대게의 소유권은 점유를 기준으로 인정했다.

이 새로운 제도로 대게 개체 수는 늘어났다. 그렇지만 알래스카 주가 설계한 소유권에는 여전히 심각한 문제가 있었다. 의도치 않게 경쟁을 부추겨서, 어선들이 계속 '목숨 건 대게잡이'에 뛰어들게 만든 것이다.

어획 한도를 채우면 조업철이 끝나기 때문에 어선들은 남들보다 빨리 잡으려고 경쟁했다. 마치 영화 〈매드 맥스Mad Max〉의 질주하는 자동차들처럼 조업철이 시작되면 저인망 어선이 앞다퉈 출항했다. 날씨가 험악하고 파도가 거세도 상관하지 않았다. 오히려 '그런 날일수록' 나가야 했다. 선원과 선장은 녹초가 되도록 일했다. 안전을 따질 겨를이 없었다. 그랬다가는 총 허용 어획량에서 내 몫이 줄어들기 때문이다. 조업은 순식간에 종료됐다. 단 며칠 만에 끝나는 경우도 있었다. 조금이라도 몸을 사렸다가는 경제적으로 심한 타격을 받을 수밖에 없었다.

조업 경쟁은 또 다른 해악을 낳았다. 불안정한 갑판 위에서 작업하다가 묵직한 어업 장비에 다치고, 파도에 휩쓸려 실종되고, 배가 침몰하는 사고가 빈번하게 일어났다. 이런 조업 경쟁을 더비식 어업derby fishing(더비는 연고지가 같거나 서로 라이벌인 두 팀의 경기, 또는 경마 대회의 극심한 경쟁을 뜻한다-옮긴이)이라고 부른다. 위험할 뿐 아니라 매우 비효율적인 관행이다.

선장들은 다른 선박을 제치려고 배에 점점 더 많이 투자했다. 그런데 모든 선장이 똑같이 투자하는 바람에 별다른 실익을 거두지 못했다. 승산 없는 기술 경쟁에 몰두한 탓에 모든 어선의 운영비가 올라갔다. 어획량은 고정돼 있으므로 당연히 수익이 떨어졌다. 모든 어선이 대게를 비슷한 시기에 잡아들인 것도 문제였다. 너도나도 대게를 잡아왔기 때문에 일시적인 공급 과잉으로 대게 가격이 낮게 형성됐다. 어획량 제한은 대게의 개체 수 유지에는 유익했지만, 대게잡이 어부에게는 재앙이었다.

결국 알래스카 주가 다시 나섰다. 알래스카 대게잡이는 이웃집 연못에 낚싯줄을 드리우는 방식에서 벗어나야 했다. 현명한 소유권 제도를 도입해 목숨 건 조업도 없애야 했다. 이번에 알래스카 주는 해외로 눈을 돌려 수산 자원을 보호하면서도 안전하고 수익성 있는 어업을 도모하기 위한 해결책을 모색했다. 이때 눈에 들어온 곳이 아이슬란드였다.

1970년대 아이슬란드 어업관리청은 기발한 아이디어를 내놓았다. 이들은 소유권 도구를 샅샅이 살피고 이리저리 조합해 전혀 새로우면서도 어업과 딱 맞는 소유권 제도를 만들어냈다. 이 원칙은 간접적이지만 효율적으로 사람들을 조종했다.

1800년대 미국 정부가 서부 지역에 정착민을 끌어들일 때, 점유 방식을 수정했던 사례를 떠올려보자. 즉, 정착하면 바로 토지를 줬지만 특정 형태의 유용한 노동을 해야 그 소유권을 최종적으로 인정했다. 따라서 정착민은 자영 농지 160에이커를 5년 안에 생산적으로 바꿔야 했다. 이들은 농지에 물을 대고 농작물을 키웠다. 아니면 광물을 찾아 캐내기도 했다. 듀크대도 열정 넘치는 대학원생들로 관중석을 채우기 위해 선착순 규정을 다듬어 적용했다. 즉, 대학원생들에게 복권 추첨 기회를 주되, 며칠간 캠프아웃을 해야 자격을 주었다. 이 모든 경우에서 자원 소유자들은 기존 점유 방식과 선착순으로는 사람들을 원하는 대로 움직일 수 없다는 사실을 알았다. 따라서 기존 원칙에 수정을 가했다.

아이슬란드도 동일한 과정을 거쳤다. 이들이 만든 소유권의 목적은 선장들이 돈을 덜 쓰고도 더 많이 벌고, 선원들이 안전하게 조업하면서도 활발한 어업을 유지하는 것이다. 간단히 말해, 아이슬란드는 어획량 제한을 어획량 할당으로 바꿨다. 이 새로운 제도는 배제가 아닌 통제에 집중했다(6장을 참고하라). 포획의 원칙을 유지하되 할당받은 어획량이 있어야 조업이 가능했다(이를 개별 어획량 할당제individual fishing quota, IFQ라고도 한다). IFQ 1개를 보유한 어선은 넙치 1톤을 포획하는 식으로 일정량 조업할 수 있는 권리를 얻는다. 특정 철에 넙치의 지속가능한 총 어획량을 1000톤으로 정했다면 지역에서 IFQ 1000개를 발행한다. 넙치 1톤을 잡으려면 어선 주인은 적어도 IFQ 1개가 있어야 한다. 어선들은 IFQ를 손에 넣어야 뭐라도 잡을 수 있다.

그렇다면 최초의 IFQ는 누가 얻어야 할까? 그게 바로 쟁점이었다. 한 가지 방법은 지역에서 어획 쿼터를 경매에 부치는 것이다.

이렇게 하면 지역 어선이 더 효율적인 외부 어선에 입찰 경쟁에서 밀릴 수 있다. 경매가가 오를수록 지역 어민은 자기네 수역에서 나는 어류 자원 덕분에 경제적 이익을 얻는데, 그 이익 중 일부를 할당해 일감을 잃은 지역 어민을 재교육하는 데 쓰면 될 것이라 생각할 수도 있다. 그러나 이는 이론적으로나 합당한 책상머리 공론일 뿐이다. 현실에서는 분노한 지역 선장들이 반발해 불법으로 넘치조업을 하거나 외부 어선을 공격할 가능성이 있다(2장에 나온 험악한 바닷가재 갱단을 떠올려보라). 그래서 아이슬란드는 초기에 IFQ를 분배할 때 귀속 원칙을 적용했다. 기존 어선에 어획량을 할당하되 지난 조업철의 평균 실적을 기준으로 나눠주었다.

이런 분배가 공정했을까? 별로 공정하지 않았다. 신참자와 외부인은 밑바닥부터 시작해야 했다. 지역의 어업권 경매 수익도 기대할 수 없었다. 오히려 예전부터 가장 탐욕스럽고 위험하게 조업한 선주들이 뜻밖의 횡재를 했을 뿐이다. 그렇지만 귀속 원칙에는 중요한 장점이 있다. 바로 기존 어선들이 새로운 소유권 제도를 거부하지 않고 받아들인다는 점이다.

IFQ는 더비식 어업을 끝냈다. 선장들은 조업철이 시작되기 전 IFQ를 통해 한 해의 어획량을 확보했다. 이는 선장들이 언제든 원할 때 조업할 수 있다는 뜻이다. 날씨가 좋지 않으면 맑게 갤 때까지 출항하지 않았다. 어류 시세가 낮으면 가격이 오를 때까지 기다렸다. 총 어획량을 처음부터 나눴기 때문에 경쟁할 이유가 없었다.

IFQ에는 또 다른 미묘한 효과가 있었다. 선주들이 전반적으로 어장의 상태에 신경써야 할 이유가 생겼다. 어류 자원이 건강해야 개별 선주에게 돌아오는 할당량이 늘어나기 때문이다. 따라서 모든 선박이 합심해 넙치의 불법 조업을 막았다. IFQ 소지자들은 저마다 이렇게 생각했을 것이다. '불법으로 낚이는 넙치 중 일부는 내 몫이다.'

다수의 선주들은 출항하지 않고 IFQ를 다른 어선에 빌려주거나 팔면 더 이득이라는 사실을 깨달았다. 그리고 조업 기간이 길어졌기 때문에 전보다 적은 수의 선박으로도 할당량을 채울 수 있었다. 그 결과, 연료비와 장비비, 인건비가 낮아졌다. 날씨가 좋아질 때까지 기다렸다가 출항했으므로 조업 환경도 개선됐다. 또 장기간에 걸쳐 조업했기 때문에 어류 가격이 전보다 안정됐다. 선원들도 암컷 게, 작은 게, 여타 딸려온 어획물을 골라 바다로 안전하게 돌려보낼 여유가 생겼다. 어획량 할당제로 어종 개체 수가 회복되고 어업이 안전해졌으며 어선들의 수익이 올라갔다. 모두에게 이득인 전략이었다.

다른 나라들도 이에 주목했다. 뉴질랜드와 호주는 아이슬란드가 만든 어획량 할당제를 뒤이어 채택했다. 미국은 이들 국가보다 천천히 도입했다. 미국에서 처음으로 할당제를 시도한 주는 알래스카로, 1995년부터 넙치 어업에 적용했다. 당시 알래스카는 더비식 어업이 너무 치열해서 24시간 넙치 조업을 1년에 딱 세 번만 허용할 정도였다. 알래스카의 대게 어장도 썩 좋은 상황은 아니었지만 대게잡이 선주들이 혁신적인 소유권에 심하게 저항했다. 그러다가 파산과 죽음을 수차례 겪고 나서야 2005년 마지못해 어획량 할당제를 받아들였다. 〈목숨 건 대게잡이〉가 방송을 탄 지 단 6개월 만의 일이었다.

결과는 놀라웠다. 베링해에서 벌어지던 광란의 무한경쟁이 사라져다. 2004년 3일이던 대게 조업 기간이 2006년 3개월로 늘어났다. 대게잡이 어선을 대상으로 대출 업무를 하는 에릭 올슨은 이 두드러진 변화를 이렇게 설명했다. 어획량 할당제가 시행되면서 "어부들은 전체 대게 어획량 중 ×퍼센트를 할당받습니다. 이를 달러로 환산하면 수익이 어느 정도인지 대충 감을 잡을 수 있습니다. 이는 엄청난 변화입니다. 말하자면 에너지 드링크를 한 판 입에 털어 넣고 날씨가 좋아지길 기도한 다음 '어디 한번 나가보자'라며 막무가내로 나서는 것과 '이제 우리에게도 사업 계획이 있다'며 느긋하게 움직이는 것의 차이죠" 선박마다 이윤이 4배씩 늘었다. 또한 2014년부터 2015년 조업철에 알래스카에서 상업적 어업을 하다가 사망한 사람이 단 한 명도 없었다. 연어, 넙치를 비롯해 어획량 할당제를 적용한 여러 어종에서도 비슷한 성과를 얻었다.

물론 모든 소유권 원칙이 그렇지만, 어획량 할당제에도 단점이 있다. 신참 어부는 '방구석 어부armchair fishermen'를 매수해야 어장에 진입할 수 있다. 최초의 IFQ를 얻어 횡재한 방구석 어부들은 할당받은 어획권을 팔거나 빌려주고 집에 가만히 앉아 수수료를 챙겼다. 어선이 너무 많아 이런 일이 불가피했더라도 어선이 줄어드는 것은 여러 지역사회에 곤란한 일이었다. 전체 선원 중 절반이 일자리를 잃었다는 추산도 있다. 남아 있는 선원들도 급료가 낮아졌다. 새로 온 선주가 방구석 어부에게 지불해야 하는 IFQ 대여료가 그 원인 중 하나였다. 치열한 경쟁에 밀려 어획권을 포기한 다수의 어민은 시급을 받고 선원으로 일했다. 〈목숨 건 대게잡이〉 시리즈는 계속 전파를 탔다. 그렇지만 조업하는 어선 수가 3분의 2로 줄었고, 더 크고 안전한 어선에서 낮은 임금을 받으며 지루하게 펼치는 조업 활동은 방송에서 편집됐다.

그럼에도 어획량 제한과 어획량 할당, 이 두 가지 덕분에 대게 어업이 살아날 수 있었다는 사실을 기억하자. 당신이 우선시하는 목표가 일자리 보호, 신참자의 자유로운 진입, 아드레날린이 솟구치는 방송이라면 더비식 어업을 고수하면 된다. 그렇지만 선원의 안전과 지속가능한 어업을 중시한다면, 그 해결책은 어획량 할당이다.

전 세계 어장 중 절반이 훨씬 넘는 곳에서 여전히 남획이 이뤄지고 있다. 이는 주요 단백질 공급원이 줄일 뿐 아니라, 다수 지역에서 어민들의 생계를 위협한다. 어획량 할당제는 베링해 대게 어업의 존속을 뛰어넘어 환경적으로 지속가능한 소유권 원칙의 가능성을 보여준다. 그렇지만 이는 주 차원에서 소유권 제도를 집행할 수 있어야 효력을 발휘할 수 있는 방법이다. 공해의 경우, 고래와 참치 등 몇몇 어종에 한해 어업 규제 조약과 지역별 어업 협정이 있지만, 대부분의 해역은 일단 한 나라의 배타적 경제수역을 벗어나면 더비식 어업이 재개된다. 언젠가 이런 곳에도 어획량 할당제가 적용되길 희망한다.

어획량 할당제는 지금까지 40개 국이 채택했으며, 이는 전 세계 어획량 중 5분의 1을 차지한다. 그러니 이 전략을 '우리 시대에 잘 알려지지 않은 가장 성공한 정책'이라고 부를 만도 하다.

- 탄소 배출 상한 거래제란 묘수 -

어획량 할당으로 어장을 보호하는 새로운 소유권 제도는 가연가솔린과 스모그, 산성비로 생긴 대기오염과의 전쟁에서도 효력을 발휘했다. 산성비의 경우, 이 방식이 어떻게 효과를 냈는지 살펴보자.

1970년대와 1980년대 미국 중서부와 남동부의 석탄화력발전소는 황 함유량이 높은 오염물질을 대거 뿜어댔다. 제트기류는 이오염 물질을 해안으로 실어 날라 미국 북동부 뉴잉글랜드 지역과캐나다에 산성비를 뿌렸다. 미국 메인 주와 버몬트 주의 호수, 숲, 개울 등 인간의 활동이 전혀 이뤄지지 않는 곳에서 물고기가 떼죽음을 당하고 나무가 성장을 멈췄다. 이러한 현상을 가리켜 독일어로 발트슈테르벤Waldsterben, 즉 '숲의 죽음'이라고 하는데, 이는 매우정확한 표현이다. 1990년 연방의회는 이 문제에 대처하고자 오염물질에 대한 소유권을 손질했다.

앞서 어획량 할당제로 어류를 차지하는 새로운 방식을 만든과정을 살펴봤다. 미국 정부는 한 해 총 어획량에 대한 IFQ를 어민에게 할당하거나 경우에 따라 경매에 넘겼다. 연방의회는 이 방식을 참고해 대기오염에 대한 소유권을 만들었다. 뭔가 직관에 어긋나고 엉뚱해 보이기는 하지만, 그 결과는 극적이었다.

미 환경청은 매해 허용하는 총 오염량을 발표한다. 이를테면이산화황은 1년에 100만 톤을 배출할 수 있다고 고지한다. 그런 다음 오염 물질 1톤을 방출할 수 있는 오염 물질 배출권 100만 개를만든다. 어부가 어획권이 있어야 어류 1톤을 잡을 수 있듯이, 발전소도 배출권이 있어야 이산화황 1톤을 굴뚝을 통해 내보낼 수 있다. 배출권이 없는 발전소는 대기를 오염시킬 권한이 없다.

총 어획량을 제한한 것은 지속가능한 어업을 위해서였다. 총 오염량 제한은 산성비를 차차 줄이는 게 목표였다. 처음에는 발전소의 지지를 얻기 위해 각 발전소에 배출권을 나눠주고 기존처럼 오염 물질을 배출하게 했다. 대신 해마다 총 배출량 상한을 낮췄다. 배출권도 갈수록 적게 발행했다.

이러한 소유권 형태를 오염 물질 배출 '상한 거래cap-and-trade'라고 하는데, 여기에는 흥미로운 면이 있다. 예전에 발전소들은 환경을 오염시키는 여느 원인 제공자와 마찬가지로 규제를 받았다. 즉, 규제기관이 정한 공중보건 지침과 환경 기준에 따라야 했다. 한 해 배출 한도를 1000톤으로 정하면 이를 넘기지 않아야 했다. 발전소가 1톤 적게 배출해도 별다른 이득이 없었다. 배출 상한 거래제는 이 통념을 뒤집었다. 이들에게 새로운 사업 기회를 제공한 것이다.

대형 발전소의 오염 물질 배출 한도가 규정상 1000톤이라고 해보자. 우선 발전소에 배출권 1000단위를 주면, 배출량은 종전과 같다. 그런데 관리자가 연료를 싼값에 고황탄에서 저황탄으로 대체할 수 있다는 사실을 알았다. 연료를 바꾸니 탄소 배출량이 700톤으로 줄었다. 이제 발전소에 불필요한 배출권 300단위가 생겼다. 배출 상한 거래제에서는 배출량을 줄인 발전소가 그렇지 못한 오염 물질 배출업체에 여분의 배출권을 판매할 수 있다.

이 제도는 오염 물질 소유권으로 온실가스 감축 사업을 만든다는 점에서 기발하다. 오염 물질을 줄일수록 수익이 생기는 구조이기 때문이다. 발전소는 이제 전기를 팔면서 '동시에' 이산화황 배출권도 판다. 오염 물질 감축 방법을 더 찾아내면 배출권을 더 많이 팔 수 있다.

무엇보다 환경청이 발전소나 특정 기술에 개입하지 않고도 이 모든 일이 일어난다. 환경청은 산성비를 차츰 줄이기 위해 오염 물질의 전반적 궤적만 추적하면 된다. 어떤 연료를 쓰라고 지시하지 않는다. 이런저런 기술을 장려하지도 않는다. 특정 발전소에 폐쇄 명령을 내리지도 않는다. 환경보호는 탄탄한 시장 거래를 통해 이뤄진다. 아주 획기적인 방법으로 배출량을 줄인 발전소는 수익을 얻고, 오염 물질을 계속 뿜어대는 최악의 발전소는 돈을 주고 배출 권한을 사야 한다. 결국 최소한의 비용으로 오염 물질이 줄어든다.

어획량 할당제처럼 배출 상한 거래제도 인상적인 결과를 얻었다. 발전소들이 저공해 연료와 개선된 유해가스 처리 기술을 채택하는 등 배출권을 팔기 위해 경쟁하다 보니 이산화황 배출이 예상보다 훨씬 빨리 줄어들었다. 이제 미국 북동부 지역에서 산성비는 옛말이 됐다.

얼핏 보면 배출 상한 거래제는 산성비뿐 아니라 기후변화에 대처할 수 있는 최적의 제도로 보인다. 1800년대 산업혁명 이후 석탄, 천연가스, 석유 같은 화석연료 의존도가 높아지면서 대기 중 이산화탄소 농도가 급증했다. 늘어난 온실가스로 지구가 더워지고 기후가 변하면서 더 거센 폭풍이 자주 발생했고, 해수면이 높아졌다. 기후변화에 가장 직접적으로 맞서는 방법은 온실가스 배출을 줄이는 것이다. 대기에는 모든 가스가 뒤섞이기 때문에 어디에서 온실가스를 줄였는지는 중요하지 않다. 이산화탄소를 아프리카에서 줄였든 미국에서 줄였든 똑같이 유익하다.

산성비 경우처럼 국가나 주들은 온실가스 배출 상한선을 정하고 오염물질 배출권을 발행해 기업끼리 배출권을 거래하도록 할 수 있다. 유럽연합은 2005년 이 원칙에 바탕을 둔 정책을 시행했고, 현재 31개 국 1만 1000개가 넘는 공장 및 발전소가 이에 동참하고 있다. 캘리포니아 주의 배출권 거래제는 2050년까지 온실가스 배출량을 80퍼센트 줄여 1990년 수준 아래로 유지하는 게 목표다. 중국은 세계 최대 규모의 온실가스 배출권 거래 시장을 준비하고 있다. 똑똑하게 설계한 소유권으로 지구를 살릴 수 있을 것만 같다.

그러나 아닐 수도 있다. 어업과 산성비의 경우, 새로운 소유권은 더 나은 행동을 유도했다. 그러나 의도치 않은 결과는 어디든 도사리고 있는 법이다. 공장과 발전소가 이산화황 배출권을 자유롭게 거래하다 보니 청정 공장과 오염 공장이 조각조각 나뉜다. 그런데 그 양상은 무작위가 아니다. 오염 물질 배출 공장은 보통 오염 지역에, 대부분 유색인종이 모여 사는 가난한 동네에 몰려 있다. 배출 상한 거래제는 또 다른 식으로 처참한 실패를 낳을 수 있다. 실제로 온실가스 감축을 위한 배출 상한 거래는 시행 초반, 환경단체들이 '역대급 환경 스캔들'이라고 부른 사건을 초래했다.

1997년 유엔 기후변화 협약, 즉 교토의정서에 서명한 국가들은 어업과 산성비 문제를 해결한 방식을 전 지구적 규모의 문제에 응용하기로 했다. 세계적 경제학자들이 설계한 교토의정서 대책은 또 다른 형태의 소유권을 만들었다. 바로 탄소 배출권certified emissions reductions, CERs이다. 어선이 어획권이 있어야 조업 가능하고 발전소는 배출권이 있어야 이산화황을 내보낼 수 있듯이, 정부와 기업도 탄소 배출권이 있어야 온실가스를 내보낼 수 있게 한 것이다.

이 정책에 참여한 기업들은 대기 중 온실가스를 감축에 기여한 만큼 탄소 배출권을 획득한다. 이렇게 생긴 여분의 배출권은 다른 나라나 기업에 팔 수 있다. 나무를 기르면 이산화탄소를 흡수하므로 열대 지역에서는 숲을 만들어 탄소 배출권을 얻을 수 있다. 그러면 배출 한도를 넘긴 다른 나라의 정유 공장이나 시멘트 공장에 이 배출권을 팔 수 있다. 경제학자와 환경운동가들은 이를 아주 뛰어난 제도라고 생각했다. 열대우림을 구해줄 거대한 시장이 생기기 때문이다. 적어도 계획은 그랬다.

처음에 탄소 배출권은 열대 지역의 숲 조성 사업을 활성화했다. 그러나 동시에 예기치 못한 활동도 증가했다. 냉장고 냉매제로 쓰이는 화학물질을 만들어내는 중국과 인도 회사가 있었다. 이 업체들의 제조 공정에서 수소불화탄소HFC-23라는 부산물이 생겼다. 이 화학물질은 보기 드문 특징이 있다. 아주 강력한 온실가스라는 점이다. 수소불화탄소 분자 하나가 일으키는 지구 온난화 효과는 이산화탄소의 1만 1700배에 이른다.

냉매 제조업체들은 탄소 배출권을 새로운 사업 기회로 삼았다. 탄소 배출권 거래제를 도입한 지 5년째에 접어들자 냉매 제조업체들은 냉매 생산량을 2배로 늘려 전 세계 탄소 배출권의 절반 정도를 얻어냈다. 냉매제 시장이 그만큼 성장하지 않았는데, 왜 이들은 생산량을 늘렸을까? 이 업체들의 사업 모델이 바뀌었기 때문이다. 이제 이들은 냉매제를 팔아 이윤을 얻지 않았다. 이들의 관심사는 그 부산물인 수소불화탄소를 만들고 없애는 일이었다. 업체들은 직접 만들어낸 수소불화탄소를 자기 손으로 소각했다. 이 초강력 온실가스를 없앨 때마다 탄소 배출권이 생겼다. 이를 오염물질을 배출하는 나라와 유럽 및 일본 회사에 팔았다. 네덜란드 출신 유럽의회 의원 게르벤 잔 게르브란디는 이렇게 설명했다. "완전히 왜곡됐다. 온실가스를 더 만들어 거액을 챙기려는 회사에 온실가스를 없앴다며 돈을 주고 있다."

수소불화탄소를 만들고 이를 다시 소각하는 사업은 좋은 수익모델이지만 환경에는 아무런 도움이 되지 않았다. 더 심각한 점은회사가 탄소 배출권을 얻을 때, 숲을 가꾸는 것보다 수소불화탄소를 없애는 게 비용상 저렴했다는 점이다. 그러다 보니 숲을 조성하는 사업에 자금이 거의 흘러들어가지 않았다. 이러한 악용 사례가알려져 방지 대책을 마련했을 때는 중국과 인도의 수소불화탄소 제조업체들이 이미 거액을 챙긴 후였다. 결국 전 세계 기후에는 아무런 보탬이 되지 않은 채, 수십억 달러가 낭비됐다.

교토의정서의 배출권 거래제는 똑똑하기로 손꼽히는 경제학자들이 설계했다. 그 취지는 전 세계 온실가스 감축 정책에 박차를가하고, 숲을 되살리자는 것이었다. 그렇지만 한 줌밖에 안 되는 중국과 인도의 냉매 제조업체들은 이들보다 한 수 위였다. 소유권 제도, 그리고 이를 통해 얻는 수익은 좋은 쪽으로든 나쁜 쪽으로든 사람들의 의지를 강력하게 모은다.

탄소 배출권 거래제, 개별 어획량 할당제, 오염물질 배출권은성공을 거두기도 했지만, 일정 부분 실패했다. 환경 자원을 보호하려는 취지의 대책들도, 복잡하게 설계된 여러 기발한 소유권 제도도 마찬가지였다. 어떤 경우든 결과를 속단해서는 안 된다. 물론 이정책들은 전반적으로 성과를 거뒀다. 우리는 소유권 제도를 통해 캐츠킬 농가, 베링해의 어부들, 미국 중서부 지역의 석탄 발전소 운영자를 비롯해 전 세계 여러 주체들이 환경과 대기를 보호하도록 이끌 수 있다는 사실을 알았다.

자연을 보호하는 일은 주로 정부가 주도한다. 이들이 채택한 기발한 소유권 제도가 악용되기도 하지만, 다시 한 번 시험하고 시도할 기회가 주어진다면 다음번에는 성공할 수 있을 것이다. 소유권 도구 세트는 종의 소멸을 막고, 숲을 보호하며, 물과 공기를 맑게 유지할 수 있는 길을 제시한다. 오염물질까지 포함해 더 많은 환경 자원을 내 것으로 삼게 하는 제도를 통해 생존이라는 인류의 가장 큰 소망이 이뤄질지도 모른다.

- 아마존은 알고 우리는 모르는 것 -

디지털 세계와 자연 세계에는 공통된 특징이 있다. 둘 다 소유권이 없는 상태에서 출발했다. 이는 새로 생긴 모든 자원의 특징이기도 하다. 이런 자원을 차지하려는 경쟁이 시작되면 서로 대립하는 주장들이 등장한다. 1장의 여우 사건은 '내가 먼저 했으니까', 2장의 주차 의자는 '내가 차지했으니까', 3장의 디즈니 주장은 '내가 노동했으니까'를 소유권 주장의 근거로 삼았다. 어떤 소유권 원칙이 가장 효율적이고 또 가장 공정해 보이는가? 우리의 자유와 공동 프로젝트에 가장 이바지할 논리는 어떤 것일까?

이제 우리는 온라인에서도 똑같은 질문을 던질 것이다. 그렇지만 천연자원과 가상의 자원 사이에는 중요한 차이점이 있다. 아직까지 정부가 온라인 영역의 소유권 정립에 나서지 않았다는 점이다. 엄밀히 말해, 나서야 했지만 그러지 않았다. 대신 기업이 온라인 영역의 소유권 개척에 앞장서면서 전략적 모호성, 기본 원칙 선점, 옵트 인 대 옵트 아웃 등의 도구를 활용하고 있다. 이들 기업은 법이 만들어질 때까지 기다리지 않으며, 허락을 구하지도 않는다. 또한 이들이 소유권을 수정하는 경우, 그 목적은 이윤 극대화이지 공익 추구가 아니다.

그렇다고 그 방향이 다 나쁜 건 아니다. 인터넷이 이끄는 혁신은 한 세대 넘게 현대 경제를 일군 생산적 엔진이었다. 그렇지만 이러한 역동성에는 대가가 따랐다. 앤더스 다 실바는 그 이치를 생생하게 체험했다. 수백만 명의 애플 아이튠스 이용자와 마찬가지로 그도 이 온라인 플랫폼에서 영화를 구입해서 본다. 그러던 어느 날 놀랍게도 실바가 예전에 구입한 영화 세 편이 계정에서 사라졌다. 고객센터에 문의했지만 언짢은 답변이 돌아왔다. 그는 애플 직원과 나눈 불만족스러운 대화를 각색해 트위터에 올렸고, 이는 인터넷에 널리 퍼졌다. 그 내용은 다음과 같다.

> 나: 이봐요, 애플. 내가 구매한 영화 세 편이 내 아이튠스 라이브러리에서 사라졌어요.
>
> 애플: 네, 그러시군요. 그 영화들은 이제 이용 못 하세요. 구입해주신 점 감사드리고요, 영화 두 편 대여권을 드릴게요!
>
> 나: 저기, 잠깐…. 그게 무슨 말이죠? 언제부터 이런 식으로 바뀌었나요?
>
> 애플: 아시겠지만, 저희는 단지 스토어 프런트(단기 임대 매장) 역할만

합니다.

나: 스토어 프런트요?

애플: 네, 저희는 고객님의 돈을 받지만 판매한 콘텐츠에 대한 책임은 없어요. 저희 매장에서 구입한 것을 고객님이 계속 보유하게 될 거라고 약속드린 적은 없습니다. 그렇지만 저희가 받은 고객님 의 돈은 계속 보유하고 있을 거라고 말씀드릴 수 있겠네요.

나: 그렇군요. 그러면 '구매하기' 버튼은 무슨 의미가 있죠? 차라리 '운 좋은 예감Feelin Lucky'이라고 불러야 하지 않을까요?

애플: 불편을 끼쳐드렸으니, 영화 대여권 2개 더 드릴게요.

린 니가드도 똑같이 불쾌한 경험을 했는데, 애플이 아닌 아마 존 때문이었다. 노르웨이 오슬로에서 IT 상담가로 일하는 니가드는 출장을 자주 다녔다. 한번은 잉글랜드에 갔다가 킨들을 구입했다. 이동하면서 독서하기에 제격이었다. 그때부터 하나둘 사 모은 책이 40권에 달했다. 편리한 기기 덕분에 이동 중에도 읽을거리가 풍성 해졌다. 그런데 어느 날, 니가드의 킨들 아마존 계정이 잠겨버렸다. 더 황당하게도 킨들에서 구입한 책들이 사라졌다. 이게 무슨 일인 가 싶어 니가드는 아마존에 이메일을 보냈고, 다음과 같은 답변을 받았다.

아마존과 그 제휴업체는 서비스 제공을 거부하고, 계정을 만료하며, 콘텐츠를 삭제하거나 편집하고, 재량으로 주문을 취소할 권한이 있습 니다.

아마존은 자신의 입장을 못 박으려는 듯 이렇게 덧붙였다.

새로운 계정을 열어도 이 사실에는 변함이 없으니 참고하시기 바랍
니다.

깜짝 놀란 니가드는 자신이 오랫동안 아마존을 이용한 성실
한 고객이었다고 답했다. 그러나 아마존의 최종 답변은 더욱 냉정
했다.

고객님의 요구를 더 잘 반영하는 업체를 찾아보시길 바랍니다. 저희는
이 문제와 관련해 더 이상 어떤 입장을 전하거나 조치를 취하지 않을
것입니다.

니가드의 친구는 이 일련의 사건을 블로그에 올렸고, 실바의
트윗과 마찬가지로 그 글도 인터넷에 쫙 퍼졌다. 며칠 후 니가드의
계정과 그간 구입했던 책들이 아무런 설명도 없이 복구됐다. 들끓
는 여론을 의식한 아마존의 조치였다. 그런데 아마존은 몇 년 전에
도 이와 비슷한 논란을 낳았다. 그때도 저작권에 문제가 있다는 이
유로 킨들 독자들이 구입한 조지 오웰의 디스토피아 소설《1984》
를 삭제해버렸다. 《1984》 삭제 사건은 역설적이게도 이 소설에 나
오는 감시자 빅 브러더Big Brother를 연상시킨다.

이런 사례들은 디지털 영화나 전자책의 범주를 넘어선다. 이
제 물리적인 물체도 온라인 소프트웨어로 작동하는 경우, 이런 일
을 겪을 수 있다. 알로 길버트는 집 안의 문과 경보기, 조명을 통제

해주는 스마트홈 장비 리볼브를 사용하고 있었다. 어느 날 아침, 길버트가 잠에서 깨보니 기기가 작동을 멈춘 상태였다. 멈춘 정도가 아니라 '벽돌 상태bricked(전원이 켜지지 않거나 제어가 안 되는 상태-옮긴이)'였다. 길버트의 제품만이 아니었다. 전 세계 모든 리볼브가 그 날부터 먹통이 됐다.

알고 보니 구글이 원격으로 모든 리볼브 제품의 스위치를 잠근 것이었다. 왜 그랬을까? 구글은 2014년 사물인터넷 시장에 뛰어들면서 스마트홈 기기 생산업체인 리볼브를 인수했다. 그런데 얼마 후 구글은 네스트라는 다른 스마스홈 제품군에 주력하면서 리볼브에 대한 지원을 중단했다. 생각해보라. 리볼브에 탑재된 소프트웨어를 종료하는 것만큼 네스트의 매출을 올리는 방법이 또 있을까? 리볼브 제품의 이용약관을 자세히 읽어보면, 구글이 모든 서비스를 중단할 권한이 있다는 항목이 나온다.

길버트는 블로그에 올린 글에서 이렇게 물었다. '이제 구글은 또 어떤 하드웨어 장치를 일부러 벽돌로 만들어버릴까? 여러분이 쓰는 넥서스(구글이 하드웨어 제조사와 합작해 만든 모바일 제품군-옮긴이) 장비는 무사한가? 네스트 화재경보기는? 드롭캠(가정용 CCTV)은? 크롬캐스트(멀티미디어 재생장치)는 어떤가?' 길버트는 운이 없었다. 그는 아직도 리볼브를 갖고 있지만 문 받침대로나 쓸 뿐이다.

아마존이 동네 책방을 운영하고 있는데 니가드와 똑같은 논쟁을 벌였다고 해보자. 분명한 점은 책방 직원이 니가드의 집 현관문을 열고 들어가 서재로 걸어간 다음, 아마존 책방에서 구입한 모든 책을 치워버릴 수는 없다는 것이다. 마찬가지로 현실 세계의 상점이라면 애플도 다 실바의 영화를 빼앗지 못하고, 구글도 길버트의 기기를 벽돌로 만들지 못했을 것이다. 그런데 바로 그런 행동을 디지털 세상에서 거대 온라인 기업들이 하고 있다. 이들은 그렇게 할 수 있도록 자신들의 소유 권한을 설계했다. '계정을 종료하고, 콘텐츠를 제거하거나 편집'할 수 있는 것은 전적으로 자신들의 재량이라며, 자기들이 직접 만든 이 권리를 아무도 읽지 않는 온라인 계약서에 명시해놓았다.

아마존, 애플, 구글은 디지털 콘텐츠의 소유 권한을 바꿔서 수익을 얻고 있다. 우리가 살아온 역사는 대개 농장, 말, 망치, 빵이 지배하던 세상이었다. 그런 세상에서 소유권은 대개 형체가 뚜렷한 물리적 사물을 대상으로 했다. 그래서 내 땅에 발 딛고 서거나, 내 물건을 손에 꽉 쥐는 것이 가능했다. 뭔가를 소유했다는 것은 대개 타인을 배제할 수 있다는 뜻이었다. 즉, 소유물을 통제하고 그 물건의 운명을 좌우할 권한이 내 손에 있다는 뜻이었다. 우리는 보통 소유권이라고 하면, 직관적으로 예나 지금이나 이러한 배타성을 떠올린다. 이러한 소유권의 이미지를 이 책에서는 온 오프 스위치로 표현했다. 쉽게 말해 이런 뜻이다. '내 것이니, 손대지 마.'

온라인 기업들도 이 사실을 잘 알고 있다. 이들은 온-오프 반응을 이용해 소유권에 대한 감정적이고 실로 본능적인 정서를 자극한다. 그렇지만 이는 미끼일 뿐이다. 인터넷 쇼핑몰은 쇼핑 카트 모양의 작은 아이콘을 보여준다. 우리는 이를 슈퍼마켓에 있는 쇼핑 카트처럼 여긴다. 그래서 여기에 '물건을 담아 계산하러' 간다. 온라인 세상은 물리적으로 소유하는 세상을 흉내 내고, 그 세계의 정서를 떠올리도록 세심하게 고안됐다. 여기에 속으면 안 된다.

최근 한 설문조사에 따르면, 응답자의 83퍼센트는 디지털 콘텐츠를 소유하는 것이 물리적 제품을 소유하는 것과 동일하며, 이를 자기 마음대로 다뤄도 된다고 믿고 있다. 친구에게 자유롭게 빌려주고, 여러 번 사용하고, 다른 곳에 팔거나 기부하고, 심지어 이를 분해해 매시업mash-up(여러 노래를 섞어 만든 새로운 노래-옮긴이)이나 콜라주를 통해 새로운 작품을 만들어도 된다고 생각했다. 이 설문 조사를 진행한 공동 연구자 중 1명은 이렇게 설명했다. "'바로 구매'라는 표현에는 여러 가지 함의가 있다. 이는 '바로 대여'도 아니고 '조건부 이용'도 아니다. 말 그대로 '구매'한다는 것으로, 대다수 소비자에게 이는 매우 구체적으로 다가온다. 그런데 디지털 콘텐츠는 이에 해당하지 않는다."

대부분의 경우 디지털 제품은 다시 사용하고, 팔고, 기부하고, 변형하는 권한이 매우 제한적이다. 온-오프 스위치가 디지털 세상으로는 쉽게 옮겨가지 않았다. 소유라는 일상의 친숙한 상징은 온라인 세상에서 의미를 잃는다. 그 희미한 흔적만 있을 뿐이다. 그런데도 우리는 이 새로운 현실을 과거 방식대로 움켜잡으려고 한다. 온라인에는 우리에게 친숙한 선택지인 소유 또는 대여만 있는 게 아니다. 온라인 소유권은 어중간하고 생소한 개념으로, 스위치보다는 조절기에 가깝다.

보통 인터넷 경제를 설명할 때 그 혁신성을 지나치게 포장하는 경향이 있다. '전례가 없다'거나 '비할 데 없다'는 식으로 과장한다. 이렇게 표현하면 가상 경제를 인류 역사에서 근본적으로 새로운 현상처럼 보기 쉽다. 어떤 면에서는 그럴지도 모른다. 그렇지만 소유권의 맥락에서는 새로울 게 없다.

가끔 변호사들은 소유권을 '나뭇가지 다발bundle of sticks'이라고 표현한다. 이 비유가 한 세기 전부터 쓰이기 시작하면서, 법대 수업과 법률 업무가 근본적으로 바뀌었다. 이 표현은 소유권을 쪼개거나 합칠 수 있는 개인간 권리의 집합으로 보이게 한다는 점에서 유용하다. 어떤 자원에 대해 '내 것'이라고 주장하면, 보통 전체 다발을 구성하는 나뭇가지를 많이 갖고 있다는 뜻이다. 판매하는 가지, 빌려주는 가지뿐만 아니라 저당 잡히고, 라이선스를 주고, 무료로 주고, 심지어 파괴할 수 있는 가지도 갖고 있다는 뜻이다. 보통 땅한 뙈기를 놓고도 여러 사람이 가지를 나눠 갖는다. 땅 주인, 대출은행, 땅을 빌린 임차인, 통행권을 지닌 이웃, 그 땅에 들어가도 되는 배관공, 채굴권이 있는 정유 회사 등이 바로 그들이다. 이 각각의 당사자들은 다발에서 가지 하나씩을 차지한다. 모든 소유권을 다 가졌어도 그 권리는 제한적이다. 민폐 끼칠 권한, 땅을 이용해 범죄를 저지를 권한, 어떤 식으로든 사람을 차별할 권한은 갖지 못한다.

다 실바, 니가드, 길버트는 우리가 온라인에서 뭔가를 구입할 때 우리가 사는 건 다발 전체가 아니라 나뭇가지 두세 개뿐이라는 사실을 호된 경험으로 배웠다. 나머지 다발은 판매자가 장악한다. 아마존에서 영화를 보려고 '바로 구매' 버튼을 누르면 우리는 '개인적이고 비상업적인 용도'로만 이용 가능한 '독점할 수 없고, 양도할 수 없으며, 서브라이선스 설정이 불가능한 제한된 라이선스'를 얻는다.

이게 다 무슨 말일까? 온갖 난해한 법률 용어를 제거하고 보면 별 내용이 아니다. 아마존이 허락하지 않는 한 구매자는 '이전, 복제, 전시'할 권한이 없고, 어떤 식으로든 구매한 것을 '판매, 대여, 유통, 배포'할 권한도 없다는 뜻이다. 아마존은 대부분의 가지를 쥐고 있다. '바로 구매'를 눌러도 우리에게 주어지는 건 나뭇가지 몇 개뿐이다.

아이튠스, 킨들, 리볼브의 라이선스도 이와 거의 비슷한 구조다. 난해한 규정 또한 마찬가지다. 내가 얻은 소유권의 한계는 웹 사이트에 올라온 끔찍하게 세세한 법 조항에 나와 있지만 아무도 이를 읽지 않으며 이해하는 사람도 (저자들을 포함해) 거의 없다.

그런데도 모두가 '바로 구매' 버튼을 누른다. 사람들은 구매를 마치고 얼른 일상으로 돌아가고 싶어 한다. 이용약관을 읽더라도 너무 복잡해서 협상한다거나 뭔가 바꿔볼 엄두가 나지 않는다. 보통 기업들은 언제든 원할 때, 소비자에게 알리지 않고 약관을 고칠 수 있는 권한이 있다. 구매 버튼을 클릭하는 순간, 우리는 장차 통보 없이 내 소유권의 범주가 달라지더라도 이를 감수하겠다고 동의하는 셈이다.

한마디로 요즘 우리가 구입하는 것은 제한적 이용이라는 나뭇가지일 뿐이다. 나머지 다발은 애플, 아마존, 구글이 전부 차지한다. 게다가 이들은 내가 구입한 나뭇가지에 조건까지 붙여서 자기네 필요에 따라 내 나뭇가지를 도로 가져갈 수도 있다. 아마존의 온라인 라이선스 계약서를 꼼꼼히 읽어보면 아마존이 이 분야의 선구자임을 알 수 있다. '구매'를 클릭하면 우리는 그 온라인 콘텐츠를 '대체로 계속 이용할 수 있다'는 사실에 동의할 뿐이다. 아마존은 그 어떤 보장도 하지 않는다. 오히려 그 반대다. 계약에 따라 구입한 콘텐츠는 공급자 라이선스 제약 사항이나 다른 이유들로 이용 불가능해질 수도 있다. 여기서 다른 이유란 무엇일까? 아마존은 결코 말해주지 않는다.

아마존은 니가드의 킨들 계정을 막거나 이용자가 다운로드한 《1984》를 삭제했을 때, 놀랍게도 '구매자에게 법적 책임을 지지 않는다'고 답변했다. 즉, 아마존은 니가드나 소비자에게 돈을 한 푼도 줄 필요가 없다. 이것이 아마존의 전자책을 온라인에서 소유한다는 것의 의미다. 이런 이유로 구글이 길버트의 리볼브 스위치를 원격으로 꺼버리거나 애플이 다 실바의 아이튠스 계정에서 영화를 삭제하는 일이 가능했다. 이런 일은 아마존, 구글, 애플에서만 벌어지지 않는다. 우리의 권한이 가지 다발에서 가지 하나로 바뀌는 현상은 온라인 영역에서 비일비재하게 일어나고 있다.

인터넷 속도가 빨라지고 클라우드 저장 비용이 저렴해질수록, 우리가 디지털로 접하는 재화와 서비스는 더욱 늘어날 것이다. 이해하기 힘든 라이선스들이 우리가 듣는 노래와 구입한 책에 적용될 뿐 아니라, 커피 메이커와 온도 조절기부터 보안 장치와 음향 장비 등 사물인터넷 전체로 적용 범위가 넓어질 것이다. 오랄비가 전동 칫솔을 먹통으로 만든다 해도(가능한 일이다) 크게 걱정할 일은 아니지만 당뇨 측정기, 심장박동기, 가정용 경보 장치에 예기치 못한 소유권 변동이 생기면 이는 치명적일 수 있다.

우리의 직관은 아직도 하드웨어를 소유하는 것이 중요하다고 속삭인다. 그동안 인류의 역사에서는 대체로 맞는 이야기였다. 그렇지만 갈수록 중요해지는 건 물리적 제품에 탑재된 소프트웨어다. 디지털 경제에서 우리는 0과 1로 이루어진 스트리밍 데이터를 잠깐 손에 넣을 뿐이다. 다시 한 번 강조하지만, 이 데이터는 기계 속 유령처럼 홀연히 사라질 수도 있다.

나뭇가지 다발이라는 개념은 소유권 설계 기술에서 강력한 도구다. '바로 구매' 버튼은 소유권 다발을 완전히 뜯어고쳐서 얻는 상업적 이익 중 한 가지 뚜렷한 예일 뿐이다. 우리가 온라인에서 접하는 기업들은 소유권 설계에 아주 능숙하다. 이들은 소유권을 바꿔서 이익을 얻는다. 게다가 정부는 이들이 그렇게 하도록 내버려둔다. 이제 우리는 소비자로서 애플의 오랜 슬로건을 가져다 외칠 때가 왔다. '다르게 생각하라Think different.'

우선 우리는 내가 소유했다고 느끼는 것과 실제 소유한 것 사이의 간극이 점점 벌어지고 있다는 사실을 인지해야 한다. 이는 우연한 현상이 아니다. 교묘한 디지털 소유권 때문에 생기는 일이다. 디지털 소유권은 우리가 실제 가진 것보다 더 많이 가졌다고, 나뭇가지 하나가 아닌 다발을 가졌다고 착각하게 만든다. 그렇지만 온라인에서 구입하면 '내 것'이라는 원초적이고 본능적인 권한과 그에 따른 범주는 자동으로 따라오지 않는다.

이 새로운 세상에서 우리는 무엇을 잃게 될까? 과거에는 물리적 소유권이 흩어져 있었다. 책의 경우, 우리는 형체가 있는 인쇄본을 소유했다. 요즘은 책과 영화가 문자 그대로 사라질 수 있다. 소유권 다발도 극소수 회사가 몽땅 소유할 수 있다. 나머지 사람들은 나뭇가지 하나만 손에 쥐게 될 수도 있다. 클라우드 어딘가에 있는 버튼 하나만 누르면, 우리가 구입한 책과 영화가 모두 사라질 수 있다. 어느 평론가는 이렇게 표현했다. "소수가 소유권을 장악한다는 담론을 가장 암울하게 해석하자면 우리가 일종의 기술 봉건주의

techno-feudalism로 가고 있다고 할 수 있다. 그곳에서 우리 모두는 한때 실리콘밸리의 벼락부자였던 자들의 농노로 살아갈 것이다. 이런 점에서 소유권의 종말 그 자체를 개인 소유권의 종말로 보기는 힘들다.”

두 번째로 치르는 대가는 우리가 누리는 자유다. 물리적 대상을 소유할 때는 폭넓은 선택 범주가 자동으로 주어졌다. 책을 샀다면 여러 번 읽고, 남에게 주고, 친구에게 빌려주고, 문 받침대로 쓰고, 일부를 오려 스크랩북에 붙여도 된다. 다른 사람에게 허락을 구할 필요가 없다. 항의의 표시로 책을 갈가리 찢는 것도 내 마음이다. 책 판매자도 출판사도 이런 행동을 막지 못한다. 그런데 온라인에서 ‘바로 구매’를 누를 때는 이런 자유를 상당 부분 잃는다. 판매자는 우리의 행동이 마음에 안 들면 우리가 켠 나뭇가지를 없애버리거나, 디지털 장비를 벽돌로 만들 수 있다. 레이 브래드버리는 1953년 발표한 소설 《화씨 451Fahrenheit 451》에서 이러한 디스토피아 세상을 정확히 예측했다. 책을 금지하고 몇 권 안 남은 책마저 ‘방화수’가 모조리 불태우는 세상에는 검열을 거친 정보만이 텔레비전으로 흘러나온다.

기술 봉건주의와 잃어버린 자유는 해결하기 쉬운 문제가 아니다. 물론 우리는 아마존에 온라인 콘텐츠에 대해 ‘바로 구매’라는 표현을 쓰지 말고 대신 ‘매우 제한적인 라이선스를 위한 클릭’처럼 덜 기만적인 표현을 쓰라고 요구할 수도 있다. 또 온라인 판매업체들이 소비자에게 다음과 같은 공지를 강조해서 전달하도록 강제할 수도 있다. ‘이 영화는 사실 여러분이 소장하는 게 아닙니다.’ 물론 이런 요구가 도움이 될 수도 있다. 시도해볼 만도 하다. 그렇지만 여러 연구 결과를 보면 사람들에게 억지로 정보를 보게 해도 제한된 효과밖에 거두지 못했다. 우리는 짜증 나는 소유권 세부 조항을 무시하는 데 금방 익숙해진다. 그 원인 중 하나는 디지털 경제에서 얻는 순간적인 만족감이 무척 크기 때문이다.

스트리밍 서비스가 집 안의 책장을 대체해가는 이유가 있다. 벽면을 빼곡히 채운 보물 같은 CD에 향수를 느끼는 사람도 있지만, 대다수 사람은 방대한 음악 보관함과 스포티파이에서 클릭 한 번으로 추천받는 음악을 선호한다. 오래된 인기곡도 듣고 신곡을 발견하는 기쁨도 있기 때문이다. 소비자 입장에서는 나뭇가지 하나를 라이선스로 얻는 것이 묶음 전체를 갖는 것보다 비용 면에서 저렴하므로 좋다. 회사는 소비자가 당장 원하는 것을 제공해 수익을 극대화할 수 있다. 이렇게 함으로써 우리는 전보다 더 많이 소유한 기분이 들지만, 실은 그렇지 않다.

- 소유에서 체험으로 -

소유권의 개척지를 탐방하는 여정에서 마지막 종착지만 남았다. 바로 공유경제다. 어찌 보면 공유경제는 디지털 소유권의 이면이라고 할 수 있다. 공유경제에서 우리는 실제보다 더 많이 가졌다고 착각하기보다 의도적으로 덜 가지려고 한다. 소유권 다발을 안줘도 좋으니, 대신 다른 사람의 재화나 서비스를 잠시 이용할 권한을 달라고 요구한다. 소액결제를 하고 대신 아주 작은 소유권micro-ownership을 얻으려고 한다. 이곳은 나뭇가지도 아닌 잔가지의 세상이다.

"집에 전동드릴 갖고 계신 분 손들어보시겠어요?" 시드니에서 열린 테드엑스 강연에서 레이첼 보츠먼이 객석을 가득 메운 관중에게 강한 호주 억양으로 질문했다. 대부분 손을 들었지만 이 간단한 질문이 어디로 튈지는 아무도 짐작하지 못했다. 보츠먼은 우리의 소비 행태를 관찰해서 새로운 흐름을 잡아내는 연구자다. 〈타임〉은 보츠먼이 2010년에 출간한 책 《위 제너레이션What's Mine Is Yours》을 '세상을 바꾸는 열 가지 아이디어' 중 하나라고 소개했다. 이 간단한 질문도 뭔가 깊은 통찰로 이어질 게 분명했다.

"그 전동드릴을 우리는 평생 얼마나 쓸까요?" 대답하기 쉽지 않은 질문이다. 보츠먼은 평균 12~13분이라고 대신 답했다.

"어이없는 일이죠? 우리에게 필요한 건 구멍이지 드릴이 아니니까요." 그러더니 보츠먼은 물었다. "드릴을 빌려 쓰는 건 어떨까요? 내가 가진 드릴을 남에게 빌려주고 대가를 받으면 더욱 좋겠지요?" 듣고 보니 공유경제가 합리적인 것 같다. 왜 우리는 진작 이런 생각을 못 했을까?

보츠먼이 말한 전동드릴 공유의 이점은, 전동드릴이 존재하는 기간 내내 해당된다. 그렇다면 왜 〈타임〉은 이를 세상을 바꿀 참신하고 중요한 아이디어로 선정했을까? 예상치 못한 큰 변화가 있었기 때문이다.

바뀐 건 전동드릴이 아니다. 새로운 재화와 서비스를 빌려준다는 아이디어도 아니다. 큰 변화란 스마트폰과 인터넷으로 마이크로 소유의 가능성이 열렸다는 점이다. 어느 IT 전문 기자는 이렇게 설명했다. "아이폰 덕분에 인터넷과 GPS가 사람들 주머니 속으로 들어왔다. 2008년 대불황 때문에 사람들이 위기를 겪고 파산에 처했다. 이 두 가지 큰 사건이 맞물리면서 공유경제의 씨앗이 뿌리내릴 최적의 토양이 마련됐다. 소비자들은 새로운 절약 방법을 찾고 노동자들은 새로운 돈벌이를 찾던 상황에서 스마트폰은 양쪽 모두에게 새로운 거래 방법을 제시했다."

20년 전에는 전동드릴, 빈 방, 차량을 빌려주고 싶어도 거래 비용이 너무 크고 절차도 복잡했다. 거래할 사람과 연락하고, 가격과 조건을 협상하고, 비용을 주고받는 이 모든 과정을 저렴하게 처리할 도구가 없었다. 집 안에 뒹구는 온갖 물건과 주차장 진입로에서 먼지만 쌓여가는 차량이 남들에게 유용하게 쓰일 수 있더라도 그들과 간단하게 거래를 틀 방법이 없었다. 이 모든 비용을 인터넷이 대폭 낮췄다. 어떤 학자의 표현대로, '덩어리'로만 살 수 있던 물건을 이제 '조각'으로도 얻게 됐다. 이제까지 없었던 시장이 등장했다.

미국인이 하루 중 차량을 이용하는 시간은 평균 4퍼센트밖에 안 된다. 이제 나머지 96퍼센트의 시간 동안 놀고 있는 차량으로 가치를 창출할 수 있는 여건이 마련됐다. 그렇다면 새로운 사업 기회가 열릴 것인가? 튜로, 겟어라운드, 메이븐을 비롯한 차량 공유 스타트업들은 당연히 열리길 바랐다. 이들은 차량이 필요한 사람들이 차량 대여업체 허츠나 어비스를 찾지 않고 다른 사람의 개인 차를 빌려 타길 바랐다. 차량을 공유한다는 것은 집카(차량 공유 서비스)와 동일하지만, 모든 개인 차량을 대상으로 한다는 점이 다르다. 한 IT 전문 기자는 이런 환상에 잠겼다. "재산을 네트워크로 연결해서 프로그래밍할 수 있는 세상, 또 초고속 소액 결제가 자동으로 이뤄지고 누가 무엇을 소유했는지 소프트웨어로 기록되는 세상에서는 잠재적으로 무한한 거래가 가능하다."

결혼식을 하는데 값비싼 웨딩드레스를 사는 게 망설여진다면? 의류 대여업체 렌트더런웨이에 접속해보자. 고를 수 있는 드레스가 수백 벌이다. 대부분의 사람은 행사용 드레스를 평생 일곱 번도 입지 않으며 웨딩드레스는 딱 한 번만 입기를 바란다. 렌트더런웨이에서는 옷 한 벌을 30회 '돌려' 입고, 어떤 옷은 150회나 빌려준다. 처음 가보는 도시에서 주말을 보내야 한다면? 에어비앤비에서 묵을 곳을 찾아보자. 흥미로운 동네에서 호텔보다 저렴한 숙박업소를 찾을 수 있다. 다음 주까지 우리 집 아파트 주차 공간을 비울 예정이라면? 저스트파크에서 그 공간이 필요한 사람을 찾아보자.

비즈니스나 IT 뉴스를 꼬박꼬박 챙겨 보는 사람이라면, 또는 어쩌다 보는 사람이라도 이런 종류의 스타트업 목록이 계속 늘어나고 있다는 사실을 알고 있을 것이다. 의류, 자전거, 심부름, 식료품, 전기콘센트 등등 그 대상도 다양하다. 인터넷 플랫폼 덕분에 내가 소유한 재화와 서비스를 거래할 수 있는 시장이 열리고 있다.

물론 모든 아이디어가 성공하는 것은 아니다. 다시 보츠먼이 예로 든 전동드릴로 돌아가보면 DIY족은 여전히 자신만의 전동드릴을 갖고 싶어 한다. 줄줄이 실패한 일상용품 공유 서비스가 그 증거다. 네이버구즈, 이코모도, 크라우드 렌트, 셰어 섬 슈거, 싱루프, 오소위, 스냅구즈는 모두 실패했다. 사실 동네 철물점에서 30달러에 살 수 있고 아마존에서 당일 배송되는 전동드릴을 굳이 시간과 돈을 써가며 하루 동안 빌리려는 사람은 없다. 게다가 많은 경우 사람들이 원하는 것은 드릴도 아니고 구멍도 아니다. 커튼 봉에 매달린 커튼, 조립이 끝난 이케아 서랍장을 원한다. 이런 수요를 간파한 태스크래빗(인력 중개 서비스)은 소비자에게 드릴과 인력을 함께 보내 일을 깔끔하게 마무리해준다.

이 새로운 시장은 다양한 이름으로 불린다. '협력적 소비', '긱 경제gig economy', '이웃 경제peer economy'는 모두 동일한 시장을 가리킨다. 이 시장에 대한 전망은 쉴 새 없이 쏟아진다. '놀랍도록 많은 젊은이들이 미국 문화의 핵심 교리 중 하나에 의문을 품기 시작했다. 바로 소유권이다.' 적어도 이론상으로는 장래성이 있어 보인다. 우리의 필요와 욕구를 채우기 위해 모든 소유권이 필요하지는 않기 때문이다. 〈뉴욕타임스〉의 한 기자는 이렇게 썼다. '요즘 우리는 구입을 잘 안 한다. 온라인 서비스를 구독할 뿐이다. 구독을 안 하고는 못 배긴다.' 결국 중요한 것은 사물이 아니라 서비스라는 얘기다.

공유경제 낙관론은 소비자가 딱 필요한 만큼만 서비스를 구입할 것이라고 전망한다. 그래서 아무것nothing도, 어떤 사물no thing도 낭비되지 않는다고 본다.

사실 우리는 물질적인 것에 너무 집착한다. 우리 중 불교 신자가 있다면 한마디 훈계할지도 모르겠다. 사회구성원의 한 사람으로서 우리는 지나치게 많이 만들고 지나치게 많이 소유한다. 물건 때문에 버거워하는 사람도 많다. 다락방이나 지하실 또는 보관 장소까지 임대해서 쳐다보지도 않는 물건들로 가득 채우는 경우가 얼마나 많은가? 자주 안 쓰는 물건을 손에서 놓아버리면 걱정이 줄어들고 영혼이 자유로워지며 기쁨이 샘솟을 것이다(정리 전문가 곤도 마리에의 말이다). 그때그때 필요한 물건만 구입하면 더욱 친환경적으로 살 수 있다. 어느 논평가는 이렇게 지적했다. "많은 사람이 물건을 소유한다는 게 어떤 의미인지 되짚어보기 시작했다. 미국의 사회적 풍경과 상업적 지형이 바뀌고 나아가 삶의 방식까지 달라지고 있다." 현재의 소비 수준을 유지하면서도 자원 사용량을 줄일 수 있다. 이를테면 차고에 방치돼 있거나 혼잡한 도시 주차장에서 자리만 차지하고 있는 차량을 처분할 수 있다.

그런데 이러한 목가적 전망은 매력적이긴 하나 커다란 맥락을 놓치고 있다. 공유경제의 핵심은 사실 공유가 아니다. 소유권의 종말도 아니다. 그 목적은 소유권 기술을 발달시켜 시민이자 소비자로서 우리의 정체성을 바꾸는 데 있다. 어획량 할당제, 패스트패스 플러스, 원유 공동 개발, 왕조 신탁이 소유권의 모습을 바꾼 것처럼 말이다. 소유권의 귀속성과 이중철조망이 미국 중부 대평원의 지형을 완전히 바꿨듯이, 마이크로 소유와 휴대폰이 교차하는 지점에서 우리 삶은 송두리째 바뀔 것이다.

소유하는 삶에서 체험하는 삶으로 바뀌면 예기치 못한 대가를 치를 것이다. 우선 공유경제는 불교의 소박함을 권장하는 게 아니라 과시적 소비를 훨씬 더 부추긴다. 생각해보라. 푸짐하게 차려진 뷔페 식당에서 접시를 반만 채우는 사람은 거의 없다. 접시마다 음식을 수북이 담는다. 각각의 재화나 서비스의 가격이 저렴해질수록 사람들은 더욱 다양하게 소비할 것이다. 그래서 개별 소비량은 줄어도 전체 소비량은 늘어날 것이다. 명품 드레스나 핸드백을 체험하며 살다 보면 만족감보다는 사치에 길들여질 뿐, 결코 지금 가진 것에 만족하지 못하고 항상 또 다른 훨씬 더 비싼 서비스를 체험하려고 하게 된다.

공유경제는 부를 쌓지 않는다. 대개는 부를 소비한다. 역사적으로 미국에서 주택 구입은 여유 있는 사람들에게 가장 큰 재산 축적 수단이었다(인종간 부의 격차를 낳는 가장 큰 요인이기도 하다). 주택 담보대출을 다 갚고 나면 퇴직자들은 안전한 주거 공간을 얻고, 더 작은 집으로 옮겨 현금을 얻기도 한다. 그러나 공유경제에 길들여져 빌려 쓰느라 다달이 돈을 내고 소비 체험을 하느라 매일 돈을 쓰는 사람은 아무것도 쌓을 수 없다.

동네에 오래 거주한 주민은 없고 다들 숙박시설 이용자라면, 지역 공동체에도 악영향을 줄 것이다. 바퀴 달린 여행가방을 여기저기 끌고 다니는 에어비앤비 이용자들만 동네에 있다면 독립기념일 블록파티block party(특정 공휴일에 동네의 일정 구역을 막아놓고 여는 마을 잔치-옮긴이)는 누가 준비하겠는가? 예전처럼 옆집에서 설탕 한 컵을 얻어오거나 옆집 꼬마의 생일을 축하해주는 일도 사라질 것이다. 유명 관광지의 경우, 실제로 동네가 해체되고 있다. 오로지 단기 숙소 임대를 목적으로 아파트를 구입하는 투자자들 때문에 오랫동안 살았던 주민들이 떠났기 때문이다. 이러한 이유로 집값이 오르면 지역 토박이들은 거주하기가 더욱 힘들어진다. 지역사회의 결속력은 형체가 없고 측정하기도 힘들지만, 결속력 상실이야말로 큰 피해다. 이는 공유지의 비극으로, 집주인들이 에어비앤비에 등록해 이윤을 얻는 합리적 선택을 하면서 집단으로 볼 때 우리 모두는 동네에 대한 유대감과 공간이 주는 안도감을 잃어버리고 있다.

캘리포니아 산타 모니카 같은 일부 지역은 단기 임대를 금지하기 시작했고, 에어비앤비를 사실상 막아버렸다. 자발적 주택 매매를 제한함으로써 산타 모니카는 이미 뛰어버린 집값을 잡고 공동체 의식이 깨지지 않도록 애쓰고 있다. 그렇지만 이 정책 때문에 산타 모니카는 해변에 잠시 머무는 사람을 제외하면 여전히 부유한 백인 동네로 남게됐다. 게다가 이 정책은 집 말고는 가진 자산이 없는 주택 소유자들에게 큰 부담을 준다.

에어비앤비 금지 정책을 이해하는 한 가지 방식은 소유권 조절기를 조금 아래로 내린 것으로, 즉 시장에서 벗어나 비화폐적 가치를 중시하는 쪽으로 돌아섰다고 보는 것이다. 현재 산타 모니카는 이웃과의 연대감을 회복하기 위해 힘쓰고 있지만, 그 과정에서 개인의 자율성과 인종적 평등을 희생했다(종합적으로 볼 때 이는 너무 큰 대가로 보인다). 모든 소유권 원칙은 어느 정도 타협이 필요하다.

그렇다면 우리 삶이 얼마나 알라카르트à la carte(기호에 맞게 단품 요리를 주문하는 방식으로, 다양한 메뉴를 골고루 체험할 수 있다-옮긴이) 식으로 바뀔지 누가 결정할까? 그 답은 늘 그렇듯 소유권 리모컨을 만지는 자가 결정한다. 그렇다면 그 선택에 개별 소유자, 콘도 조합, 지역주민, 도시, 주의 이해가 반영되지 않을까? 누가 결정하든 중립적 선택은 없으며 각각의 선택에 따라 소유의 의미가 달라진다.

앞으로의 세상을 예견해보자면, 머지않아 소유권의 모든 권리 다발은 비교적 소수 기업에 집중될 것이고, 이들을 제외한 다른 모든 이들은 잔가지 정도의 이용 권한을 얻을 것이다. 그렇다면 각 개인이 재화 및 서비스와 잠깐씩 연결되는 세상에서 산다는 것은 어떤 의미일까?

이웃이나 지역공동체와의 유대감이 끊기는 선에서 끝나지 않을 것이다. 인격적 측면에서 보면, 종래의 소유권이 주던 신성한 경험이라는 끈을 잃어버릴 수도 있다. 무심코 수천 번 클릭하다 보면 내가 가장 아끼는 대상을 소유하고, 개인화하고, 가까이할 때 얻는 창의성, 자기 표현, 자기 인식을 포기하게 될 수도 있다. 이를테면 부모님이 밑줄을 쳐놓은 소설책, 여백에 남긴 메모와 얼룩진 자국이 있는 요리책은 옛 유물이 될 것이다. 대신 우리는 요리 사이트에 들어가 재료별로 검색해보거나, 그럽허브에서 무심코 저녁을 주문해 먹을 것이다. 20세기 자유의 상징이었던 포드의 머스탱 컨버터블이나 폭스바겐의 버그를 모는 운전자라면 엔진오일 교환 방법을 배우기보다는 차량 관리 앱을 열고 정비소를 예약해 서비스를 받을 것이다.

이러한 소비 방식의 변화가 중요한 이유는, 우리는 단지 소비자로만 존재하지 않기 때문이다. 나를 구성하는 정체성 중에는 내가 소유한 사물과 관련된 것들이 많다. 우리는 나의 집, 자동차, 책, 옷에 애착을 느낀다. 어느 저널리스트는 다음과 같은 아련한 기억을 떠올리며 물었다. "새로 산 음반의 포장지를 벗기던 소리, 새로 뽑은 차량에서 나던 냄새, 새로 구입한 집 현관문을 열 때의 설렘을 기억하는 사람이 얼마나 될까? 내 인생은 각 시기마다 소유의 기쁨이 있었고, 소유의 감각은 실제로 피부에 와닿았다."

무엇something(어떤 사물some thing)을 소유하지 않고, 다른 사람의 나뭇가지 다발에서 잔가지 하나를 잡는 것으로 바뀐 이 중대한 변화 속에서 우리는 단순한 물질적 소유와 그에 대한 애착이 주는 심오한 가치를 잃어버리고 있다. 내 몸과 마찬가지로 내 물건은 개인으로서뿐만 아니라 의미 있는 공동체의 구성원으로서 나의 정체성을 규정하고 구성한다. 이렇게 달라진 세상에서 아픈 이웃에게 음식을 해주고, 친구와 뜰에 나무를 심고, 마을의 방치된 땅을 다 같이 청소하고, 동네 놀이터를 만들기 위해 장비와 기술을 공유하는 일은 아마 없을 것이다.

공유경제에서 무수한 클릭 끝에 도달하는 곳은 물리적 점유의 법적 권한이 정말로 10퍼센트 아래로 뚝 떨어지는 세상이다. '내가 붙잡고 있지만 내 물건은 아닌' 그런 세상이다. 소유권은 우리가 잠시 소유하는 사물에서 벗어나 자유롭게 떠다닌다. 알라카르트 방식의 삶은 아주 편리할지도 모른다. 그렇지만 내 약혼반지와 기르던 개를 남에게 빌려주는 세상을 진정 바라는가? 무엇이든 잠깐 체험할 뿐, 아무것도 소유하지 않는 사람에게 선물이란 것을 할 수 있을까?

누가 리모컨을 쥘 것인가

이 책의 내용에는 전반적으로 공통된 맥락이 있다. 우리는 늘 가치 있는 물건들에 둘러싸여 있지만, 어떤 물건이 갖고 싶다고 그냥 낚아채지는 않는다. 우리는 도둑이 아니기 때문이다. 또 남들도 내 물건을 그냥 빼앗지 않는다. 우리는 호구가 아니기 때문이다. 소유권에 대한 공통된 이해가 있어야 서로 모르는 사람끼리도 평화롭게 어울려 살아갈 수 있다.

또한 대부분의 소유 원칙은 복잡하지 않다. 원칙이 복잡하면 우리는 단 하루도 버티기 힘들 것이다. 판사가 중재하는 소유권 갈등은 기껏해야 100만 건 중 하나꼴이다. 나머지는 우리끼리 알아서 해결해간다. 이런 일이 어떻게 가능할까?

한 학기가 무사히 흘러 마지막 수업 시간이 오면, 우리는 가끔 학생들이 준비한 재미난 선물에 깜짝 놀라곤 한다. 어떤 해에는 나뭇가지 한 다발을 받았다. 그렇다. 실제 나뭇가지를 한데 묶어 만들었다. 또 어떤 해에는 여우 인형을 받았다. 고전적 사건인 피어슨 대 포스트 소송에서 영감을 얻은 선물이었다. 그중 기억에 남는 선물은 가슴 부분에 유아의 소유권 원칙을 나열한 티셔츠였다(이 문구는 인터넷에 여러 버전이 돌아다닌다. 우리는 이를 검색해봤지만 원저작자를 찾지 못했다. 그렇다면 이 글의 소유권은 누구에게 있을까?) 티셔츠에 쓰여 있는 원칙은 다음과 같다.

> 1. 내 마음에 들면 내 것이다.
> 2. 내 손에 있으면 내 것이다.
> 3. 내가 빼앗았으면 내 것이다.
> 4. 좀 전까지 나한테 있었으면 내 것이다.
> 5. 내 것이면, 누가 뭐래도 남 게 아니다.
> 6. 내가 뭔가를 하거나 만들고 있으면, 그 모든 조각도 내 것이다.
> 7. 내 것과 닮았으면 내 것이다.
> 8. 내가 먼저 봤으면 내 것이다.
> 9. 남이 가지고 놀다가 내려놓으면 내 것이다.
> 10. 망가진 건 너의 것이다.

이 원칙들은 재밌게도 하나같이 맞는 말이다. 유아가 처음 배우는 단어 중 하나가 '내 거'라는 건 결코 우연이 아니다. 아이들은 어린 시절부터 강한 소유욕을 보이고, 소유가 무슨 뜻인지 놀랍도록 정확히 안다. 장난감 트럭을 붕붕 밀며 노는 건 좋지만 이를 여동생에게 집어 던지면 그 트럭은 이제 내 것이 아니다. 유아들은 원칙들 사이의 공백에 대해 협상하는 일에도 전문가다. 우리도 모두 그렇다. 일상을 헤쳐 나가려면 그럴 수밖에 없다.

자원에 대한 정해진 소유권 원칙은 없다. 연방대법원 방청석이든, HBO의 스트리밍 서비스든, 우리 집 위를 맴도는 드론이든, 부서지는 파도에서 즐기는 서핑이든, 눈 쌓인 날 주차 공간이든 사람들은 서로 소유권을 주장한다. 보통은 이 책의 기본 뼈대인 소유권 격언으로 해결한다. 그렇지만 기존 소유권을 뒤집는 또 다른 논리가 늘 나온다. 즉 '먼저 가도 나중에 대접받고, 점유해도 법적 권한이 10퍼센트로 떨어지며, 남이 뿌린 것을 내가 거둔다.' 심지어 가끔 유아의 원칙이 우세할 때도 있다.

이러한 갈등에서 흥미로운 일들이 펼쳐진다. 이윤을 추구하는 사람과 공익을 도모하는 사람 모두에게 흥미로운 일이다. 디즈니랜드에서 유아적 세계관은 내가 앞에 섰으니 먼저 타야 한다는 주장이다. 새치기를 용납하지 않는다. 그렇지만 디즈니는 초갑부가 앞쪽으로 건너뛰는 방법을 고안해냈다. 아이튠스에서 유아적 세계관은 장바구니에 담은 〈탐험가 도라Dora the Explorer〉를 우리 엄마가 '바로 구매'를 눌러 샀으니, 이 영상은 내 것이라는 주장이다. 도로 빼앗아가지 말라는 뜻이다. 그렇지만 애플은 이용약관에 도로 가져갈 수 있다고 아주 작게 써놓았다. 자원을 가진 자들은 항상 소유권을 수정해 우리를 이리저리 조종한다. 열광적 농구팬을 확보하려는 듀크대, 유전자 코드를 모으려는 23앤드미, 베링해에서 안전하고 지속적인 대게 어업을 유도하려는 알래스카 주의 정책 모두 여기에 해당한다.

이 책 첫머리에 나온 무릎보호걸쇠를 기억할 것이다. 우리가 이 책의 원고를 쓰는 동안 항공기 좌석에 변화가 생겼다. 현재 항공사들은 좌석 등받이에 달린 스크린을 떼어내고 있다. 이렇게 되면 접이식 테이블의 쓰임새가 더욱 늘어나 승객들의 공간 다툼이 더 치열해질 것이다. 모바일 기기를 테이블에 안정적으로 장착시켜야 내가 원하는 콘텐츠를 감상할 수 있을 테니 말이다.

아메리칸항공은 전에는 등받이를 4인치까지 편하게 젖힐 수 있었지만 이제 상징적 수인 2인치(아메리칸 항공의 예전 로고들에는 문자 AA가 항상 들어갔다-옮긴이)까지만 허용한다. 델타항공도 그 뒤를 따르고 있다. 스피리트항공을 비롯한 여러 저가 항공사들은 한 걸음 더 나아가 좌석을 미리 젖혀놓는다. 즉, 등받이를 일정 각도로 고정시키고 조절 버튼을 아예 없앴다. 왜 그랬을까? 더 안락한 기내 경험을 위한 것은 아니다. 등받이를 고정시키면 좌석이 단순하고 가볍고 날씬해진다. 그러면 좌석 관리가 쉽고, 연료가 절약되며, 승객을 더 많이 실어 나를 수 있다. 소유권의 모호성이 사라져 무릎보호걸쇠도 필요 없어진다. 유일한 대가는 승객들이 약간 불편해진다는 점뿐이다.

현재 이코노미 클래스의 소유권 갈등은 발 받침대와 팔걸이, 창문 덮개 쪽으로 옮겨가고 있다. 특히 창문 덮개가 문제인데, 창밖을 내다보려는 승객과 눈이 부시다며 불평하는 승객 사이의 실랑이가 그것이다. 이렇게 소유권의 기준을 놓고 다투는 모습은 물웅덩이가 늪인지 습지인지, 붉은삼나무와 태양 전지판 중 무엇이 우선인지를 가르는 싸움과 비슷하다. 차이라면 1만 미터 상공에서 벌어진다는 점뿐이다.

이 책에 한 가지 교훈이 있다면 나의 것, 즉 소유는 서로 경쟁하는 논리 중에 선택한 내용을 반영한다는 점이다. 우리 모두는 모든 대상에 대해 단 여섯 가지 논리로 소유권을 주장한다. 그리고 어떤 논리가 우세할지는 아무도 모른다. 이제 숨은 원칙을 알아보는 눈이 생겼으니, 나 자신과 지역사회와 공공선을 더욱 효과적으로 옹호할 수 있을 것이다. 줄 서서 대기할 때, 웹 서핑을 할 때, 비좁은 비행기 좌석에 끼어 있을 때 이렇게 자문해보자. 지금 누가 리모컨을 쥐고 있는가? 누가 무엇을 어떤 근거로 얻고 있는가?

옮긴이

김선영

이화여자대학교 신문방송학과를 졸업하고 서울대학교 대학원에서 경제학을 공부했다. 현재 바른번역에서 전문 번역가로 활동 중이다. 옮긴 책으로는《정의는 어떻게 실현되는가》《개소리는 어떻게 세상을 정복했는가》《금융의 지배》《엑소더스》《연금술사들》《식량의 종말》등이 있다.

마인

초판 1쇄 인쇄 2022년 8월 31일
초판 1쇄 발행 2022년 9월 16일

지은이 마이클 헬러, 제임스 살츠먼
옮긴이 김선영
펴낸이 유정연

이사 김귀분
책임편집 신성식 **기획편집** 신성식 조현주 심설아 유리슬아 이가람 서옥수 **디자인** 안수진 기경란
마케팅 이승헌 반지영 박중혁 김예은 **제작** 임정호 **경영지원** 박소영

펴낸곳 흐름출판(주) **출판등록** 제313-2003-199호(2003년 5월 28일)
주소 서울시 마포구 월드컵북로5길 48-9(서교동)
전화 (02)325-4944 **팩스** (02)325-4945 **이메일** book@hbooks.co.kr
홈페이지 http://www.hbooks.co.kr **블로그** blog.naver.com/nextwave7
출력·인쇄·제본 (주)성광인쇄 **용지** 월드페이퍼(주) **후가공** (주)이지앤비(특허 제10-1081185호)

ISBN 978-89-6596-526-8 03300